# 東大の地理

## 25ヵ年［第9版］

年代雅夫 編著

教学社

# はしがき

　本書は 1999 年度から 2023 年度までの 25 年間の東大入試の地理の問題を年度別に収録し，解答例と解説を付けたものである。

　地理は現在の世界について出題されるのだから，古い問題なんかやってもしょうがないと思う人もいるかもしれない。しかし，今回，25 年分の問題を検討してみて，東大の問題は地理の本質的理解を問うものがほとんどであり，出題年が古くても問題としてはまったく古びていないということを改めて認識した。さすがに農作物などの生産統計は変わっているところがあるし，世界情勢の変化はいかんともしがたいが，逆に，現在と事情が違うところは，なぜ違うのか，現在はどうなっているのかを考える手がかりともなるだろう。また，25 年間の問題を通して検討してみると，ほぼ地理の全テーマ，世界の全地域をカバーできる一方で，繰り返し出題されているテーマがあることもわかる。25 年分というのは，東大の地理問題の傾向を知り，練習問題として取り組むには必要にして十分な量であると思われる。

　本書の解説では，一般的な知識のまとめや細々とした関連知識の紹介などはやめ，論述問題の考え方，書き方に絞って説明している。本書を利用して論述練習ができるように，それぞれの問題ごとに，原則として論述の指針と論述のポイントに分け，論述の指針では題意のとらえ方や指定語句の使い方，文章の構成の仕方などを説明し，論述のポイントでは答案に必要な構成要素を示しておいた。問題を見て，書く内容が思いつかないとか，どう書けばいいのかわからないとか，指定語句の使い方がわからないという場合は，まず論述の指針だけを読んで自分なりにヒントをつかんでほしい。それでもなかなか書けないという場合は，論述のポイントを読んで解答に必要な要素を把握してほしい。論述問題では唯一無二の正解というものはないが，これは書くべきだという要素がある。論述のポイントではそうした要素をあげておいたが，大切なことはそれを覚えることではなく，自分で理解した上で自分の言葉で書いてみるということである。

　東大を目指す皆さんには，ぜひ本書を十分に活用して合格の栄冠を勝ち取ってほしい。本書がその役に立つことができれば望外の幸せである。

編著者しるす

# 目　次

# 東大地理の研究

## 1 出題の形式

　大問3題での出題が定着している。大問は，通常，アルファベットのA，B，…などが付けられた2～3の設問に区分されており，設問ごとに個別の小テーマが設定されている場合もある。それぞれの設問は単独で1つの論述問題をなすこともあるが，近年はさらに，(1)，(2)，…などで示される複数の小問に分割されることが多い。通常，各大問には，**語句記述問題や統計表の項目判定などの記述式・選択式問題と論述問題の両方が含まれており**，論述問題だけの大問は少ない。ただし，**分量的には論述問題に大きなウェイトがある**。かつては白地図への記入などの描図問題も出題されたことがあるが，最近はみられなくなった。

　試験時間は地歴2科目で150分であるから，単純計算では，地理1科目で75分，大問1題を25分以内で解答しなければならない。正解を導く力はもちろんのこと，**答案を仕上げるスピードも要求される**であろう。選択式問題や記述式問題を手際よく，かつ確実に解答し，論述問題に時間をかけて取り組む必要がある。

### ▶選択式・記述式問題

　分量的に（おそらく配点上も）全体の2～3割程度が選択式・記述式問題である。大問あるいは設問の最初の問いとして，統計表の項目判定やリード文の空欄補充問題が出題されることが多い。中でも統計表の項目判定の問題が多いが，近年はこのほか，グラフや雨温図の判定問題が頻出している。これらは選択式で問われることがほとんどであり，解答数と選択肢数が同じであることが多い。リード文の空欄補充問題や一問一答式の問題は記述式で出題されることが多い。地理用語を答える問題が多いが，地誌的な問題では基本的な地名が問われることもある。これらの**選択式・記述式問題は，平易なものがほとんどである。**

▶論述問題

　なんといっても**大きなウェイトがあるのは論述問題**である。問題数は大問によって異なるが，１題につき４〜６問程度が多い。字数は行単位（１行30字）で指定される。かつては行数の多い論述問題もあったが，近年は１〜４行の範囲内の出題である。２行が最も多く，次いで３行で，ほとんどの問題はこのどちらかである。形式的には，**使用語句の指定がある問題とない問題**があり，指定語句は２個または３個がほとんどである。指定語句は必ず使用し，**解答中では下線を施さなければならない**。複数の小問で使用する語句が列挙されている問題もみられ，この場合は，解答の際に，語句群の中から自分で使用語句を選ぶことになり，**適切な語句を選ぶ力**が必要になる。また，必ずしもすべての語句を使用しなければならないというわけではない。指定語句は自由な論述の制約になることもあるが，指定語句によって論述の内容や論述の流れ（論理の展開）を考えることができるため，**出題の意図の把握**や出題者が求める解答の**ヒ**ントとなることが多い。

　論述問題は，ある地理的事象の特徴や時間的変化などの事実について述べる問題，２つの項目を比較して共通点や相違点などを述べる問題，ある事象の理由や背景について述べる問題などに分類できる。東大ではいずれのタイプの問題も出題されている。**事実について述べる問題や２つの項目の共通点や相違点などを述べる問題は，比較的平易なものが多い**。題意も把握しやすく，通常の地理学習をこなしていれば，何を書けばよいのかわからないというような問題はあまりないであろう。特に，比較論述は２つの事柄を対比的に述べればよいから，論理の展開もしやすい問題である。これに対して，**理由や背景について述べる問題の中には，やや難しい問題もみられる**。他大学でもよく出題されているような定番問題ならば，理由を述べるのも難しくないだろうが，東大ではそのような問題は少ない（年度の古い問題の中には，今では入試問題として定番化している問題もみられるが，多くは東大が初めて出題した問題であり，その後，各大学で出題されるようになって定番化したという問題である）。とりわけ**統計表やグラフの読み取りから理由を問う問題では，深い考察力を必要とする場合が多い**。これまでどこにもなかったような問題であろうから，**積み重ねた知識を駆使しながらその場で考える力**も試される。「基本的な地理学習を積んでいるか」「自然や社会・経済などの現象の背景や要因について考える力があるか」などを論述問題の形で問うというのが東大の地理問題のねらいであり，特徴であると言えるであろう。

▶使用素材

　ほとんどすべての大問で，**統計表や地図，グラフなどの資料**が用いられ，近年は各設問ごとにこれらの資料を使用することが多い。最もよく使われているのは統計表である。各設問の最初の導入的な問いとして，統計表の項目判定が求められることが多い。論述問題でも統計表の読み取りとその考察を書かせる問題がしばしばみられる。使用される統計は，高校生用の統計集などでよく見かけるものもあるが，それらを独自の切り口で加工している場合や，ほかでは見かけない目新しい統計が使われることもある。最近は統計表のほかにグラフもよく使われている。特に，経年変化については統計表よりもグラフの方が扱いやすいため，折れ線グラフや棒グラフなどを使った問題が増えてきた。統計表やグラフの項目判定では数値や順位の記憶が必要なものはほとんどない。世界の中での各国の位置について理解しているかといった大局的な理解度を試すものがほとんどである。雨温図の都市判定では，地図を併用することが多く，緯度などの位置関係や気候区の分布についての理解が問われている。自然環境に関する問題で分布図がよく使われるようになったことも最近の傾向である。リード文は，大問全体の導入用というよりは，1つの設問内の空欄補充問題用として使われることが多い。地形図を用いた問題は，2009 年度から 2015 年度まで 1 年おきに出題され，2022 年度・2023 年度は続けて出題された。地形図以外にも 2016 年度の地形分類図や 2018 年度の陰影で起伏を示した地図など地形図と類似の地図が使用された問題がみられる。いずれも地形や土地利用の特徴や変化，集落立地などについての基本的な地図記号や等高線の読図力があれば対応できる問題である。2020 年度の地形断面図，2021 年度の衛星写真など特に最近は，多彩な資料から自然環境の特徴を問うようになってきた。

## 2 出題のテーマ

　出題のテーマは多岐にわたり，**地理の全分野**から出題される。ただ，ごく大まかなとらえ方をすると，多くの問題は，自然環境と人間生活との関係に関する問題，各国（とりわけ日本）の産業や経済，都市や地域構造の特徴や変化に関する問題，エネルギー問題や人口問題，食料問題などの現代世界の課題とそれらの国や地域による違いに関する問題のいずれかに関連するテーマとなっている。いずれも地理学習の重要テ

## 出題テーマ

| 出題テーマ／年度 | 2023 | 2022 | 2021 | 2020 | 2019 |
|---|---|---|---|---|---|
| 自然環境と人間生活 | [1]-A,B<br>[3]-A | [1]-A<br>[3]-A | [1]-A,B | [1]-A,B<br>[2]-A | [1]-A,B<br>[2]-A |
| 産業や経済，都市など | [2]-A,B | [1]-B<br>[2]-A,B<br>[3]-B | [2]-A,B<br>[3]-B | [2]-B<br>[3]-A,B | [2]-B<br>[3]-A,B |
| 現代世界が抱えるさまざまな課題 | [3]-B | | [3]-A | | |

ーマであり，地理の本質的理解を真正面から問う正統派の問題となっている。

　自然環境と人間生活では，地形や気候・植生の分布，特色，成り立ちなどの**自然地理**の問題や，農牧業の自然条件，食生活，自然災害，環境問題など**人間と自然との関係**についての問題がよく問われている。特に，**河川と水資源**や，森林の特色，その利用，森林破壊の要因などの**森林と林業**に関する問題は，比較的出題例が多い。一般論的な問題のほか，ヨーロッパや中国などの特定の地域を取り上げた問題も出題されている。このテーマに関しては，自然環境の成因などの理科的な問題を出題する大学もあるが，東大ではそのような問題は少なく，人間生活と関わりのある事項について問われることが多い。

　**産業や経済，都市などのテーマ**に関しては，高度経済成長，石油危機，プラザ合意後の円高，バブル経済とその崩壊といった第二次世界大戦後の世界と日本の経済の大まかな流れを理解し，それと産業の変化，人口の動向，都市化などの地理的な現象を結びつけて考えることができるかを問う問題がしばしば出題されている。外国を扱った問題は先進国，発展途上国を問わず広く出題されているが，特に，近年は，アメリカ合衆国とヨーロッパの産業，人口，都市に関する問題が頻出している。また，アジア諸国の経済成長やその要因，国による特徴など，**新興国の経済発展についての問題**も目立つ。外国の産業や経済に関しては，教科書に記述があるような基本的な事柄を問う問題が多く，細かい知識を要する問題は少ない。ただし，論述式で問われると単純な知識問題とはいかない。どのような問題でも知識を組み合わせて論じるという力が必要である。これに対して，**日本の産業や都市に関する問題，特に統計を利用してその読解力を要する問題**にはやや難しいものがある。最近は第3問で日本について問われることが多い。これらの中には，現代日本の社会・経済問題や地域問題などの現状と課題についての理解と洞察力を求めるものもあり，**通常の地理学習から一歩踏み込んだ時事的な内容**となっていることもある。

　エネルギー問題や食料問題，人口問題，発展途上国の社会・経済問題などの**現代世界が抱えるさまざまな課題**についてもこれまでしばしば問われてきた。人口問題のように類似の内容が繰り返し出題されているものもある。これらの地球的課題に関しては，教科書にも比較的まとまった記述があり，その内容を理解していれば論述できる問題がほとんどである。テーマの性質上，**課題の所在を明らかにし，背景などを考察する力を持っているかどうかを問う論述問題らしい問題**が多い。時には 2003 年度第 1 問設問 B のように，発展途上国の社会に関してかなり深い理解を必要とする問題もみられる。

**出題内容一覧**　　　　　注＊　2＝2 行／③＝3 行・指定語句あり

| 年度 | 大問 | 設問 | テーマ | 使用素材 | 論述＊ |
|---|---|---|---|---|---|
| 2023 | 1 | A | 人間活動が地球環境に与える影響 | リード文・グラフ | 2・2・1・2 |
| | | B | 南アジアの環境問題 | 分布図 2 | 2・2 |
| | 2 | A | いくつかの国の水産物養殖業 | 統計表 | 2・② |
| | | B | 4 カ国の小麦の単位収量の変化 | グラフ | 1・②・② |
| | 3 | A | 自然災害が発生した地域の地形図読図 | 地形図 | 1・3・2 |
| | | B | 日本の住宅 | グラフ 2 | 2・2・③ |
| 2022 | 1 | A | 人獣共通感染症の発生リスクと自然環境・社会環境 | リード文・分布図 | ②・3・2 |
| | | B | 世界の航路の変化 | 分布図 2 | 2・2・③ |
| | 2 | A | アメリカ合衆国の人口 | 分布図・統計表 | 2・2・1・1 |
| | | B | ブラジルの地域格差 | 地図・統計表 | ③・2・② |
| | 3 | A | 東京郊外の変化 | リード文・地形図 2・グラフ | 1・2・③ |
| | | B | 日本の果樹生産とその変化 | 統計表・グラフ 3 | 1・③・2 |
| 2021 | 1 | A | 地球温暖化による環境変化と二酸化炭素排出 | リード文・分布図 2・雨温図・グラフ 2 | ③・1・③ |
| | | B | 海岸地形と環境問題 | 衛星写真 2 | ②・2 |
| | 2 | A | 世界の言語状況 | リード文 | 1・③・2 |
| | | B | アジア諸国から英語圏諸国への留学者数 | 統計表 | 3・2・② |
| | 3 | A | 各国の女性の労働力率と管理職に占める女性の割合 | 統計表 | 2・3 |
| | | B | 日本の女性の職業別就業者数と合計特殊出生率 | 統計表・グラフ | 2・②・3 |

| 年度 | 大問 | 設問 | テーマ | 使用素材 | 論述＊ |
|---|---|---|---|---|---|
| 2020 | 1 | A | 日本列島の地形と地形改変事業・農業形態 | 断面図・地図 | ②・1・1・2 |
| | | B | ５つの県の土地利用 | 統計表 | 2・3・2 |
| | 2 | A | 動物性食品の摂取割合の変化 | グラフ | 1・3・④ |
| | | B | 東南アジアの主要な米生産国 | 統計表 | 2・2 |
| | 3 | A | ドイツの州別人口増減率 | リード文・統計表・地図 | 2・③・1 |
| | | B | 三大都市圏の転入超過人口の推移 | グラフ | 2・3・2 |
| 2019 | 1 | A | 東アジア・東南アジアの自然と人間活動 | 地図・グラフ | 2・2 |
| | | B | メッシュマップの読図 | メッシュマップ2 | 3・2 |
| | 2 | A | 窒素排出量からみた国際貿易 | グラフ | 2・3 |
| | | B | 世界と日本の外国人旅行者数 | 統計表2 | 2・③ |
| | 3 | A | 産業構造と都道府県の特徴 | 統計表2 | 2・2・2・2 |
| | | B | 日本の５つの半島の社会・経済 | リード文・地図 | 1・③ |
| 2018 | 1 | A | 大気中の二酸化炭素濃度の変化と将来予測 | グラフ2 | 1・2・③ |
| | | B | 熱帯低気圧と地球環境 | 分布図2 | 1・1・2 |
| | 2 | A | 国際海運と港湾・輸出入品輸送 | 統計表2 | ②・③ |
| | | B | インド洋周辺地域の住民と域内協力 | | 2・②・2 |
| | 3 | A | 日本の地域別人口増減 | グラフ・分布図 | ②・③ |
| | | B | 地方都市の地形と自然災害 | 分布図 | 1×3・2 |
| | | C | 大都市の暮らし | 会話文 | ③・2 |
| 2017 | 1 | A | 太平洋の島々の自然，経済，領域 | 分布図 | 2・2・③・2 |
| | | B | 世界の３つの島の自然と産業 | 地図 | 1・3 |
| | 2 | A | 世界の水資源 | 統計表 | 1・2・② |
| | | B | 大気汚染 | 統計表 | 2 |
| | 3 | A | ヨーロッパ諸国の人口・人口問題 | グラフ2・統計表 | 2・2・② |
| | | B | 日本の製造業 | 統計表2 | 2・③ |
| 2016 | 1 | A | 合衆国の人口分布の特徴 | 分布図 | 1・2・③ |
| | | B | メガロポリスの人口変化 | リード文・統計表 | 2・1・3 |
| | | C | 社会・文化指標によるヨーロッパ諸国の区分 | 分布図 | 1 |
| | 2 | A | 植物油とその原料 | グラフ・統計表・雨温図 | 2・② |
| | | B | 各国の農産物自給率 | 統計表 | 2・2 |
| | 3 | A | 地形と災害 | 地図・グラフ | 1・2・3 |
| | | B | 市町村の境界設定・合併の課題 | 地図・分布図 | 2・2・3 |

| 年度 | 大問 | 設問 | テ ー マ | 使用素材 | 論述＊ |
|---|---|---|---|---|---|
| 2015 | 1 | A | 土地利用とその変化の地形図読図 | 地形図 3 | 3・2・3 |
| | | B | アジアの山岳における植生帯の分布 | 模式図 | ②・2・2 |
| | 2 | A | アフリカの 3 カ国の貿易 | 統計表 | 2・2・2 |
| | | B | 日本の生鮮野菜の輸入 | 統計表 | 2・2 |
| | 3 | A | 大都市内の中心部と周辺部の比較 | グラフ 2 | 3・1 |
| | | B | 日本各地の人口・高齢化率の推移 | グラフ | 1 |
| | | C | 三大都市圏の比較と郊外の変化 | リード文・統計表・グラフ 2 | ②・③ |
| 2014 | 1 | A | 二酸化炭素排出量・バイオマス燃料 | リード文・統計表 | ②・2 |
| | | B | 再生可能エネルギー | グラフ・統計表 | 2・1 |
| | 2 | A | 国際電話やインターネットでの情報通信 | 分布図・統計表 | 2・2・2 |
| | | B | 国際航空交通 | グラフ 2 | 2・2 |
| | 3 | A | ヨーロッパ諸国の輸出品構成・研究開発支出 | グラフ | ②・② |
| | | B | EU に加盟しているヨーロッパ諸国の貿易 | 統計表 2 | 2・3・2 |
| 2013 | 1 | A | 風化作用からみた世界の気候・土壌 | 分布図 | 2・2・3 |
| | | B | 土砂崩れの地形図読図 | 地形図 | 1・2・2 |
| | 2 | A | 世界の自然と農業 | 地図 | 3・1 |
| | | B | 農業の大規模化・グローバル化の問題点 | | 3 |
| | | C | 世界の水産業 | 統計表 | 2・③ |
| | 3 | A | 6 カ国の都市と農村の年齢階層別人口構成比率 | 人口ピラミッド | 2・② |
| | | B | 日本の地方工業都市 | リード文・グラフ | 1・2 |
| 2012 | 1 | A | ユーラシアの北緯 50° 付近の自然・社会経済 | 地図・グラフ 2 | 2・② |
| | | B | 合衆国の産業・地域経済 | 統計表 2・地図 | 2・3 |
| | 2 | A | 4 つの農作物の生産と輸出 | 統計表 | 2・② |
| | | B | 中国の農産物の貿易 | | 2・2 |
| | | C | 世界の 6 地域の森林の増減 | グラフ | 2・1 |
| | 3 | A | 古地図の読図 | 地図 | 2・③・2 |
| | | B | 東京の人為的地形変化 | メッシュマップ | 3・②・2 |
| 2011 | 1 | A | 世界の自然災害 | 分布図・グラフ | 2・3 |
| | | B | 沖積平野の地形図読図 | 地形図 2 | 2・②・4 |
| | 2 | A | 4 つの金属資源の生産量の推移 | グラフ | 1・1 |
| | | B | レアメタルの供給と資源政策 | グラフ | 2・2 |
| | | C | 非金属資源の特色 | グラフ | ③ |
| | 3 | A | 日本の人口変化の特徴 | グラフ・統計表 | ②・1・2 |
| | | B | 都道府県間の人口移動 | 統計表 2・グラフ | 1・③ |

| 年度 | 大問 | 設問 | テーマ | 使用素材 | 論述* |
|---|---|---|---|---|---|
| 2010 | 1 | | 世界と日本のダムと環境 | 分布図・グラフ | 2・2・③・3・③ |
| | 2 | A | 訪日アジア人の特徴・旅行先 | 統計表 | 2・2・2 |
| | | B | 東アジアの地域政策・産業構造の変化 | 雨温図 | ③・③ |
| | 3 | A | 日本の貨物輸送 | グラフ | ③・2 |
| | | B | 日本の主要港湾 | 統計表 | 2・3 |
| | | C | ドイツと日本の都市分布 | リード文・グラフ2 | ②・③ |
| 2009 | 1 | A | 世界の森林と年平均流出量 | 分布図2 | 2・2・2 |
| | | B | 火山の地形図読図・観光開発 | 地形図 | ②・1・2 |
| | 2 | A | ヨーロッパ各国と日本の食料自給率 | 統計表3 | 3・2・2・2 |
| | | B | 東南アジア4カ国の米生産量の推移 | グラフ | 2 |
| | | C | 中国の大豆輸入 | グラフ | ② |
| | 3 | A | 日本の産業別従業者数・変化の要因 | 統計表 | 2 |
| | | B | 日本の大都市圏と地方圏の市町村数の変化 | 統計表 | ③ |
| | | C | 日本の都心と郊外の年齢別人口推移 | グラフ2 | 4 |
| 2008 | 1 | A | 世界の主要5河川 | 地図・統計表 | 2・3 |
| | | B | 海洋と排他的経済水域 | リード文 | 3 |
| | 2 | A | 鉄鋼生産とエネルギー効率 | グラフ | 4 |
| | | B | ピッツバーグの産業構造と市街地の変化 | 統計表 | 2・1・3 |
| | 3 | A | 海外在留邦人の国別人数の変化 | 統計表 | 2 |
| | | B | 日本で生活するブラジル人の増加 | 統計表 | ③ |
| | | C | 海外長期滞在者数上位10都市 | 統計表 | ②・② |
| 2007 | 1 | A | ヨーロッパの自然環境 | リード文・分布図・雨温図 | 2・1・1 |
| | | B | 北ヨーロッパ各国の発電量 | 統計表 | 2・2・1 |
| | 2 | A | 各国の食料供給量 | 統計表 | 1・2・1 |
| | | B | 窒素の循環 | 図 | 1・3・2 |
| | 3 | A | 日本の小売業・卸売業販売額と都市規模 | 統計表 | 2・②・② |
| | | B | 合衆国の製造業の地域的特色 | グラフ | 1・③ |
| 2006 | 1 | A | 南アメリカ諸都市の自然 | 雨温図・地図 | 2 |
| | | B | 南アメリカ6カ国の農業 | 統計表 | ③ |
| | | C | 南アメリカ3カ国の輸出 | 統計表 | 2・2 |
| | 2 | A | 各国の森林と木材生産 | 統計表 | |
| | | B | 日本の林業 | グラフ2 | 1・2・③ |
| | | C | 日本の木材供給 | 統計表 | 2 |
| | 3 | A | パソコンの生産と利用 | 統計表2 | 2・② |
| | | B | 日本の2地方の高校卒業者の就職先の変化 | 統計表 | ②・②・③ |

| 年度 | 大問 | 設問 | テ ー マ | 使用素材 | 論述＊ |
|---|---|---|---|---|---|
| 2005 | 1 | A | 世界の植生と環境問題 | 分布図 | 2・2・② |
| | | B | 世界の水資源と農業 | 統計表 | 1・2・2 |
| | 2 | A | 中国の気候と農業 | 雨温図・地図 | 2・② |
| | | B | ウイグル族の宗教と食生活の特徴 | | 2 |
| | | C | 中国の第10次5カ年計画 | | 3 |
| | 3 | A | 日本の都市―交通・地方中小都市 | 時刻表 | ②・②・② |
| | | B | 日本の都市―昼間人口と夜間人口 | 統計表 | 2・② |
| 2004 | 1 | A | ASEAN・EU―人口・経済 | | ③ |
| | | B | 隣接する二国間の貿易構造や地域間格差 | 統計表 | 3・2・2 |
| | 2 | A | 日本と世界の米生産 | 統計表 | 2・2 |
| | | B | 日本の農家分類 | 表・統計表 | 3・2 |
| | 3 | A | ダムと河川環境 | リード文 | ③ |
| | | B | 自然エネルギー | 統計表 | 1・③・2 |
| 2003 | 1 | A | 発展途上国の開発と自然環境 | リード文 | |
| | | B | 男女の識字率からみた言語・民族 | 統計表 | 2・2・3 |
| | 2 | A | 緯度による気温の違い | 模式図 | 2 |
| | | B | オリンピック開催都市の自然環境・文化的特色 | 表・雨温図 | 2・3 |
| | 3 | A | 日本の産業構造の変化―工業出荷額・用水利用状況 | 統計表3 | ② |
| | | B | 日本の自動車とカラーテレビの国内生産・輸出入の推移 | グラフ2 | ③・③ |
| 2002 | 1 | A | 合衆国の自然環境と農業 | リード文 | ③ |
| | | B | 合衆国の農産物貿易の特徴 | 統計表 | 2・1・1 |
| | 2 | A | 先進国と発展途上国の人口構造 | 統計表 | ② |
| | | B | 高い人口増加率 | | |
| | | C | 一人あたりGDPからみた人口増加率 | | 1・1 |
| | | D | 人口高齢化の進行 | | ③ |
| | 3 | A | 河川の作る地形と集落立地 | 地図・地形図2 | ②・2・2 |
| | | B | 自然災害 | | ④ |
| 2001 | 1 | A | 南アジアの河川流域―民族・宗教 | 地図 | |
| | | B | 南アジアの河川流域―自然災害と農業 | | ③ |
| | | C | 南アジアの河川流域―宗教・社会経済状況 | | ③ |
| | 2 | A | 世界4カ国の放牧地・牧草地 | 統計表 | 3・2 |
| | | B | 世界各国の森林の状況 | 統計表 | 3・2・2 |
| | 3 | A | 世界各国のエネルギー消費量とCO$_2$排出量 | 統計表 | 1・2 |
| | | B | 日本の一次エネルギー消費量とGNP | 統計表 | 2・② |

| 年度 | 大問 | 設問 | テーマ | 使用素材 | 論述＊ |
|---|---|---|---|---|---|
| 2000 | 1 | A | 地中海沿岸地域の地勢 | 地図 | |
| | | B | 地中海沿岸地域の植生・文化，日本との比較 | リード文 | 2・3・2 |
| | 2 | A | 発展途上国の社会構造 | 統計表 | 3 |
| | | B | 発展途上国の産業構成の変化 | | ③ |
| | | C | 発展途上国の都市人口率 | | ③ |
| | 3 | A | モータリゼーションの地域格差 | 統計表2 | 3 |
| | | B | 日本の観光の実態の変化 | 統計表 | 2・③ |
| 1999 | 1 | A | ユーラシア北部の自然景観の特徴 | 地図・リード文 | |
| | | B | 緯度の活用 | | |
| | | C | ユーラシア北部の自然景観 | | 2 |
| | | D | ユーラシア北部の産業 | | ③ |
| | | E | ユーラシア北部の混合農業 | | ③ |
| | 2 | A | 外国人労働力の受け入れ | 統計表 | 2・3 |
| | | B | 日本の人口性比 | 統計表 | 1・2 |
| | 3 | A | 日本における自然災害 | リード文 | |
| | | B | 水災害 | | 2・2 |
| | | C | 河川洪水 | グラフ | 2・②・1×2 |

# 3 どのような対策を立てればよいのか？

　二次試験の地歴2科目というのは東大受験者だけに課せられた試練である。地理が好きだ，得意だという人もいれば，やむを得ず地理を選択したという人もあろう。東大地理の問題は，二次試験で地理を課す他大学の問題と比べてもそれほど難しいわけではない。こうした問題には，細かい知識を詰め込むよりも，地理の基本的な内容をしっかりと身につけ，それを文章で表現する力を養うことが何よりも大切である。

## ▶共通テスト過去問の活用

　東大地理の選択式や記述式の問題は平易であるから，これを取りこぼすと論述問題で取り返すのはかなり厳しい。というより，これらの問題を正解できない人が論述問題で合格点の取れる答案が書けるとは思えない。地理の基本的な知識が十分でないという人は，まずは教科書を一通り読んで，地理という科目の内容を把握することが必

要である。また，共通テストの地理を受ける受けないにかかわらず，共通テスト地理の過去問は一通りやっておいた方がいいだろう。特に，東大地理でよく出題される統計やグラフの判定問題は繰り返し出題されているから，豊富な例題がある。統計の判定問題などに不安のある人は共通テスト地理の過去問を使って練習をしておこう。難易度もちょうど同じくらいである。

### ▶教科書を使った論述練習

　地理の内容がある程度理解できたら論述練習に入ろう。1行くらいの文章なら思いついたことをそのまま書くだけでも解答になる。しかし，2行や3行となると，書く内容に加えて，それをどう表現し，どうまとめるかという文章の構成や流れを考えなければならない。いくら知識があってもそれを表現できなければまったく評価されないのが論述問題である。頭で考えるだけでなく，とにかく書いてみよう。論述練習のためには，手元にある教科書を利用するのが手軽でかつ効果的である。教科書の小項目を要約することや，索引に出てくる用語の意味や内容を説明することから始めよう。理由や背景について書かれているところはそのまま書き写すだけでもよい。書いているうちに知識も身につくし，文章も次第に上達するだろう。「教科書レベル」とよくいうが，現在の教科書は，近年の地理学や関連の学問の研究成果を取り入れてかなり詳しく記述されている。教科書の内容が理解でき，それを自分で再現できれば，東大入試対策としても十分であろう。

### ▶字数制限への対応

　文章が書けるようになったら，今度は字数を決めて書いてみよう。本書の解答例ではほぼ制限字数いっぱいで解答を書いているが，実際の入試答案ではそこまでする必要はない。行数で字数が指定されているというのは，字数に関してはかなり幅を持たせていると言える。ただ，3行で書けという問題で2行しか書けなければ「何かが抜けている」と思った方がよい。学習が進んでくればわかると思うが，制限字数にあわせて書くというのは，実は書く内容を決めることよりもずっと厄介であり，普段から練習しておかなければ入試の時にあわてることになる。答案作成の際は，まず短く根幹となる文を書いてそれに枝葉を付けていく方法と，やや長めに下書きを書いて不必要な部分を削ったり，語句を言い換えたりしながら制限字数にあわせる方法とがある。どちらがよいかはケースバイケースだが，どちらにも対応できるように普段から練習しておこう。それには同じ内容を2行で，あるいは3行でといったように字数を変え

て書いてみるのがよい。字数を減らす場合は，内容を精査して絶対必要不可欠なもの
とそれほどではないものとを見抜く力が必要になる。字数を増やす場合は，つぎはぎ
の文章にならないように一貫した文章を書く力が必要になる。

#### ▶日本や世界の経済・社会問題，地域問題などに対する問題意識を持つこと

　出題のテーマの項でも述べたように，東大地理では，日本や世界の第二次世界大戦
後の大きな経済の流れに関係する産業立地や産業構造の変化，人口の地域間移動の動
向，都市の成長と衰退などの地理的な現象の状況や背景などを問う問題がよく出題さ
れている。高度経済成長，石油危機，円高，バブル経済とその崩壊などの時期・背
景・影響などについては十分に理解しておかなければならない。それに加えて，少子
高齢化，外国人の増加，貿易自由化と農業問題，地域格差などの近年の日本の社会・
経済問題や地域問題についても，日頃から新聞などを読んで関心を持っておきたい。

#### ▶ほかの人に読んでもらうこと

　最後に，書いた答案はできるだけほかの人に読んでもらおう。答案は自己満足の文
章であってはならず，読む人にわかるように書かなければならない。自分ではわかっ
たつもりで書いた文章でも説明不足で読む人に伝わらないこともある。学校の先生な
どに添削をしてもらえるのであれば一番よいが，先生でなくても，友人に読んでもら
ってわかるかどうか確かめるだけでもよい。

　いくつか注意事項をあげておこう。理由が問われている問題では，原則として「～
であるため。」あるいは「～のため。」と締めくくるべきである。たとえば，人口増加
の理由が問われているとしよう。解答では「～で出生率が高く，～により死亡率が低
いため。」と書くのがよい。「～で出生率が高く，～で死亡率が低い。」で終わったの
では状況の説明ではあっても，理由の説明とはなっていない。

　東大地理では2つの項目の比較についての問題がよく出題されるが，そのような問
題の解答で項目を表すために前者，後者と書いてはならない。たとえば，「インドと
インドネシアの旧宗主国と大多数の国民が信仰する宗教について述べよ」という問題
の解答として，「前者は旧イギリス領でヒンドゥー教徒が多く，後者は旧オランダ領
でイスラーム教徒が多い」と書いてはならない。答案というのは，それ自体で完結し
ていなければならないものである。読む人には何が前者で何が後者なのかわからない。
したがって，この答案は意味不明である。前者・後者というのは自分の書いた文章内
で既出の語句を受ける際に使うものである。問題文は自分が書いたものではないから，

それを受ける際には，前者，後者は使ってはならない（ただし，使うよう問題に指定
があれば別だが）。

#### ▶設問記号・小問番号の付け方

　解答は解答用紙（「解答用紙のサンプル」は19ページに掲載）に書くのだが，解答
用紙は原稿用紙風のものが各大問に1枚ずつ与えられているだけである。設問記号や
小問番号は問題の指示にあるように自分で記入しなければならない。設問記号や小問
番号はどう付ければよいか。問題の指示を素直に読むと，それぞれに設問記号と小問
番号を付けるのが原則であろう。たとえば，第1問に設問Aと設問Bがあって，設問
Aには(1), (2)という小問があり，設問Bは単独の論述問題であったとする。この場合，

　　　A(1)○○○○○……
　　　　(2)○○○○○……
　　　B○○○○○……

とすべきであろう。

　ただし，

　　　A(1)○○○○○……
　　　(2)○○○○○……
　　　B○○○○○……

や

　　　A
　　　(1)○○○○○……
　　　(2)○○○○○……
　　　B○○○○○……

としても許容されるだろう。

　　　A
　　　(1)
　　　○○○○○……
　　　(2)
　　　○○○○○……
　　　B
　　　○○○○○……

のように，小問番号や単独の論述問題からなる設問記号で1行使うことは，厳密に言

うと，1行超過ということになるから，問題の指示に従っているとは言えないだろう（これで減点になるかどうかは不明であるが）。

　絶対にしてはならないことは，解答欄の欄外に設問記号や小問番号を書くことである。解答欄の欄外に記号や文字を書いていると，何らかの合図やサインと受け取られ，すべて0点とされる恐れもあるからである。

●解答用紙のサンプル●
このページを以下の設定でコピーすると，実際の解答用紙に近いものが出来上がります。
用紙：Ａ４，倍率：141％

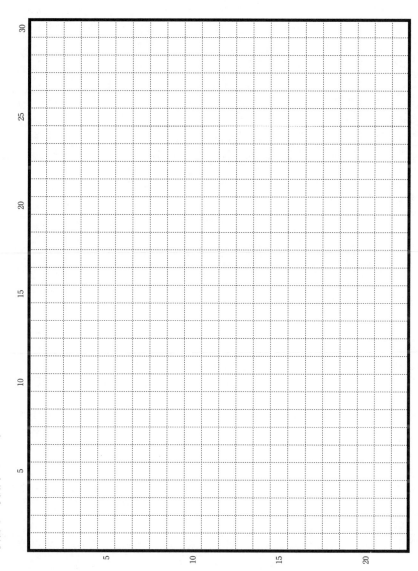

横書きで使用すること。

# 第1章　2023～2019年度

解答用紙は，横書きで〈地理歴史〉共通。1行：30字詰。

# 1　人間活動と地球環境の関わり　（2023 年度　第 1 問）

　設問 A は，人新世の 3 つの開始時期と人間が作った物質に関する問題で，人間活動が地球環境に及ぼした影響についての理解度が問われている。人新世という言葉を知らなくても設問文を読めば何を書くべきか明瞭であろう。設問 B は，南アジアの大気汚染についての問題であるが，南アジアの気候と農業の特徴を理解していれば説明できるだろう。

## 設問 A

(1)　**論述の指針**　16 世紀に全地球的に広がった動物と植物の例をあげ，どのような過程で全地球的に広がったのかを述べる。16 世紀は大航海時代であり，ヨーロッパ人が南北アメリカを植民地化し始めた時期である。

> **論述のポイント**　16 世紀に全地球的に広がった動植物の例は，旧大陸から新大陸へ広がった
> 　**ポイント①**　牛（羊，豚など）。
> 植物の例は，新大陸から旧大陸へ広がった
> 　**ポイント②**　トウモロコシ（ジャガイモなど）。
> その過程は，
> 　**ポイント③**　ヨーロッパ人による新大陸の植民地化。

(2)　**論述の指針**　18 世紀後半を**人新世**の開始時期とする意見は，どのような人間活動と証拠に基づくものかを述べる問題である。「証拠が全地球的に同時期に起こったわけではない」点に留意すると，人間活動の証拠として，18 世紀後半にヨーロッパで始まった産業革命，およびそれによる化石燃料（石炭）の利用の増加とその影響があげられる。

> **論述のポイント**　18 世紀後半は，
> 　**ポイント①**　イギリス（ヨーロッパ）で産業革命が始まった。
> それにより
> 　**ポイント②**　（それまでほとんど利用されていなかった）化石燃料（石炭）がエネルギー源として利用され，
> 　**ポイント③**　（地層中に）化石燃料を燃やした際に出る炭素のすすが証拠として残っている。

(3)　**論述の指針**　1950 年代に放射性物質のピークが地層中に現れる理由は，この時期に放射性物質が大量に放出されたためである。それについて具体的に説明する。

> **論述のポイント**　冷戦期の 1950 年代には，
> 　**ポイント①**　（米ソを中心に）各地で核実験が実施された。
> このため，拡散したプルトニウムが世界各地の地層中に認められる。

(4) A，B，Cで重量のスケールが異なることに注意する。また，Cは生産量が急増
する時期が1960年頃からと，A・Bに比べてやや遅れていることにも着目する。

(5) **論述の指針** プラスティックの生産の増加が引き起こした環境問題を述べる。プ
ラスティックの生産過程や，廃棄物となった際の問題について説明すればよいが，
現在最も問題になっているのはプラスティックゴミ，特に海洋プラスティックゴミ
の問題であろう。ここでは海洋プラスティックゴミの問題を中心に述べ，字数に余
裕があれば他の問題にも言及するとよいだろう。

> **論述のポイント** 大量のプラスティックが廃棄物となるが，
> **ポイント①** プラスティックは自然分解されない。
> このため，
> **ポイント②** 微細粒となって海洋中に残留し，生物に悪影響を及ぼす。
> また，廃棄物を焼却しても
> **ポイント③** 温室効果ガス（二酸化炭素等）が発生する。
> 別解として，低温で焼却すると
> **ポイント③′** 有毒なダイオキシンが発生する。

## 設問B

(1) Aの地域はガンジス川下流域である。ここでは湿地と同様の環境で栽培される農
作物の生産が盛んである。

(2) **論述の指針** Bの地域は，インドからパキスタンにかけてのパンジャブ地方であ
る。南アジアでは，季節風の影響で，おおよそ5〜10月が雨季，11〜4月が乾季
となるから，5月は雨季の初め，11月は乾季の初めである。この時期に林野火災
の発生が極大となる理由を人間活動（農業）と関連づけて説明する。

> **論述のポイント** Bのパンジャブ地方では，雨季は米，乾季は小麦の二毛作が行われて
> いる。雨季の始まる5月は，
> **ポイント①** （小麦の収穫が終わり）米の作付けが始まる前に，
> 乾季の始まる11月は
> **ポイント②** （米の収穫が終わり）小麦の作付けが始まる前に，
> **ポイント③** 地力回復や害虫駆除を目的に，刈り株を焼き払う野焼きが行われるため。

(3) **論述の指針** 粒子状大気汚染物質の主な発生源は，自動車の排ガス，工場や火力
発電所から出る煤煙などである。都市部で発生する粒子状大気汚染物質がヒマラヤ
山脈の中腹まで達するのは気候条件による。「毎年6月から9月にかけて」とある
ので，この時期の気候条件に関連させて説明する。

> **論述のポイント** 粒子状大気汚染物質の発生源は，
> **ポイント①** インド北部の大都市における自動車，工場，発電所など。
> 汚染物質が遠く離れたヒマラヤ山脈中腹まで達するのは，
> **ポイント②** 夏の南西季節風によって運ばれるため。

## 解 答 例

設問A (1)旧大陸の牛や新大陸のトウモロコシが，ヨーロッパ人の植民活動
を契機とした新旧大陸間の移動により全地球的に広がった。

(2)ヨーロッパで起こった産業革命によって化石燃料の利用が始ま
り，その燃焼によって生じた炭素のすすが地層中に残っている。

(3)冷戦下で核開発が進められ，各地で核実験が行われたため。

(4)A－アルミニウム　B－コンクリート　C－プラスティック

(5)廃棄物は焼却の際に温室効果ガスを排出し，また自然分解されず
微細粒となって海洋中に残留し生物などに悪影響を及ぼす。

設問B (1)メタン，米

(2)米の作付けが行われる雨季の初めと小麦の作付けが行われる乾季
の初めに，地力回復や害虫駆除を目的に野焼きが行われるため。

(3)北部の大都市で自動車や工場・発電所などから発生した汚染物質
が，夏の南西季節風に乗ってヒマラヤ山脈中腹まで運ばれるため。

# 2　第一次産業の国際比較

（2023 年度　第 2 問）

設問 A は，水産物養殖業について，いくつかの国の特徴，養殖生産量増大の背景，養殖業の持続性における課題の解決に向けた取り組みなどが問われた。設問 B は，中国とハンガリーについて，小麦の単位収量の増減の背景が問われた。設問 B の(2)・(3)は，知識による説明ではなく指定語句をもとにした論理的考察力が問われている。

## 設問 A

(1)　アは養殖生産量のうち淡水域の割合が高いことが決め手である。海水域の割合の高いイとウのうち，イで割合が高い水生植物はノリやワカメなどの海藻類と考えられる。

(2)　**論述の指針**　水産物の養殖生産量が増大している背景が問われている。需要については世界的に水産物の需要が増大していること，供給については漁業生産量の伸び悩みと養殖水産物の供給の安定性について言及する。

> **論述のポイント**　水産物の需要では，
> 　**ポイント①**　世界的に水産物の需要が増大している。
> 水産物の供給では，
> 　**ポイント②**　漁業生産量（漁獲量）が伸び悩んでいる。
> 　**ポイント③**　養殖水産物は冷凍・輸送技術の進歩で安定供給できる。

(3)　(A)中国やインドネシア，ベトナムなどの東南アジア諸国では，河川や池沼での淡水養殖が盛んである。(B)汽水域とは海水と淡水が混じる水域である。インドネシア，ベトナムなどの汽水域では，潮間帯に分布するマングローブ林を開発して養殖が行われている。(C)チリとノルウェーの海水域では，ともにフィヨルドの入り江を利用した養殖が盛んである。

(4)　**論述の指針**　養殖業の持続性における課題はいくつかあるが，「生態系」という指定語句から，えさとなる小魚の過剰漁獲による資源量への影響，飼料や薬剤による海洋への影響などが考えられる。「解決に向けた取り組み」は，これらの環境や天然資源への負荷を少なくする取り組みについて述べるが，指定語句の「稚魚」から**栽培漁業**について説明するとよい。

> **論述のポイント**　養殖業の課題は，
> 　**ポイント①**　えさとなる小魚の大量漁獲や
> 　**ポイント②**　飼料や薬剤による海洋汚染が「生態系」の破壊につながること
> などがある。その解決に向けた取り組みとして，
> 　**ポイント③**　「稚魚」を放流して資源量を増やす栽培漁業を行う。

## 設問B

(1) **論述の指針** 中国で 1980 年前後に起きた農業の制度改革を答える。

> **論述のポイント** 1980 年代前半に中国の小麦の単位収量が急激に増加したのは,
> **ポイント①** （1970 年代末に改革開放政策に転換し）生産責任制の導入による生産意
> 欲が高まったこと
> による。

(2) **論述の指針** ハンガリーで 1990 年代に小麦の単位収量が大幅に低下した理由を説
明する問題である。ハンガリーが旧社会主義国であったことを踏まえて,市場経済
化がどのような変化をもたらすかを考えてみる。「農業補助金削減」という指定語
句は,社会主義時代は農業補助金が潤沢に与えられていたことを示唆している。

> **論述のポイント** ハンガリーは旧社会主義国であり,社会主義時代には国内農業を手厚
> く保護していた。しかし,1990 年代以降,
> **ポイント①** 市場経済に転換し,
> **ポイント②** 「農業補助金削減」が行われた。
> このため,
> **ポイント③** 化学「肥料」の購入が難しくなり使用量が減ったため,単位収量が低
> 下した。

(3) **論述の指針** 中国で,一時期減少した小麦生産量がその後急激に増加した政策的
背景を説明する問題である。指定語句の「肉類消費」の増加が何をもたらしたか,
その事態が「食料安全保障」とどう関わり,小麦の生産量増加をもたらしたのかを
説明する。

> **論述のポイント** 中国では,経済成長と生活水準の向上により,
> **ポイント①** 「肉類消費」が増加した。
> これにより,飼料作物や主食となる小麦の輸入量が増え,
> **ポイント②** 穀物自給率が低下した。
> しかし,このまま穀物自給率が低下し続けると,食料を外国に依存することとなり,
> 安全保障上見過ごすことができない。つまり,
> **ポイント③** 「食料安全保障」の観点から
> **ポイント④** 主食の小麦は自給する政策をとった。
> このため,小麦の生産量が増加した。

## 解 答 例

**設問A**　(1)アーベトナム　イー韓国　ウーチリ

(2)世界的な水産物需要の増大に対して漁獲量が増えていないため，冷凍・輸送技術の進歩で安定供給できる養殖業が発展した。

(3)A－コイ，河川や池沼　B－エビ，マングローブ林

C－サケ，フィヨルド

(4)えさとなる魚の漁獲や薬剤などによる海洋汚染が生態系の破壊につながるので，稚魚を放流して資源量を増やす栽培漁業を進める。

**設問B**　(1)生産責任制を導入したことで農民の生産意欲が高まったため。

(2)社会主義経済から市場経済に転換したことで農業補助金削減が行われ，化学肥料の購入が難しくなってその使用量が減少したため。

(3)肉類消費の増加により飼料作物などの穀物自給率が低下したが，食料安全保障の観点から主食の小麦は自給する政策をとったため。

# 3　居住と自然環境

（2023 年度　第 3 問）

> 　設問 A は，災害が起きた地域の地形図の読図問題で，地図記号の知識と地形や災害との関わりが問われた。設問 B は，日本の住宅と自然環境や都市化・高齢化などとの関わりについて問われた。(2)の北海道の平屋根についての説明は，雪があまり降らない地域の受験生にとっては難問であろう。

## 設問 A

(1)　鉄道より北西側の住宅地域は，山麓の緩傾斜地に位置する。

(2)　**論述の指針**　山地における土地被覆に関する 2 種類の地図記号は，**針葉樹林**と**荒地**である。それぞれどのような地形にあるかを述べる。

> **論述のポイント**　2 種類の地図記号は針葉樹林と荒地。
> **ポイント①**　針葉樹林は尾根や山腹。
> **ポイント②**　荒地は谷（の一部）。

(3)　**論述の指針**　A・B はせきの記号であり，構造物は**砂防ダム**である。説明すべきことがらは，砂防ダムが建設された目的，山地のうち谷が荒地となった理由，2014年に発生した自然災害の特徴であるが，時系列で説明するとよい。

> **論述のポイント**　2014 年に発生した自然災害の特徴は，
> **ポイント①**　集中豪雨により山地斜面が崩壊し，土砂が谷を流れ下る土石流が発生したこと。
> これにより
> **ポイント②**　住宅が被災し，（土石流が流れた）谷が荒地になった。
> この地域では，今後も集中豪雨による土石流の発生が予想されるため，
> **ポイント③**　住宅地の上流側に砂防ダムを建設し，
> **ポイント④**　新たな土石流による災害を防ごうとした。

(4)　**論述の指針**　災害リスクの高い土地でも宅地化が進むのは，住宅需要が旺盛なことはもちろんであるが，災害リスクが低い土地（自然堤防など）はすでに古くからの集落があり，開発ができないこともあげられる。図 3 − 1 は広島市安佐南区周辺で，広島市の都心から直線距離で 10 km ほどのところである。

> **論述のポイント**　宅地化が進むのは，
> **ポイント①**　（都市近郊に位置する）住宅需要が旺盛なところ。
> このような地域で災害リスクの低い土地は，
> **ポイント②**　すでに宅地になっている（旧集落が立地する）。
> このため，災害リスクが高くても
> **ポイント③**　鉄道駅に近いなどの利便性の高い土地ならば開発が進む。

**設問B**

(1) 1世帯当たり人員数，1住宅当たり居住室数とも，大都市圏で少なく地方圏で多いが，地方圏でも，沖縄県は住宅の規模が小さく，北海道は1世帯当たり人員数が少ない。

(2) **論述の指針** 北海道と沖縄県の都市部で平らな屋根の住宅が多い理由を，気候に関連づけて説明する問題である。北海道では降雪（積雪），沖縄県では台風（強風）との関係を説明すればよい。

> **論述のポイント** 冬季の降雪量が多い北海道では，
> **ポイント①** 屋根からの落雪を防ぐため。
> しばしば台風が襲来する沖縄県では，
> **ポイント②** 強風による家屋の被害を防ぐため。

(3) **論述の指針** マンションなどの集合住宅の多くは非木造であり，非木造住宅の割合が上昇してきたのは，日本の住宅の中で集合住宅が増えたためである。その背景を「日本における人口移動の特徴」を踏まえて説明する。

> **論述のポイント** 日本における人口移動の特徴は，
> **ポイント①** 地方圏から大都市圏への移動が多い。
> それに伴って，
> **ポイント②** 大都市圏では住宅需要が旺盛。
> しかし，大都市圏では
> **ポイント③** 用地に余裕がなく，地価も高いために，
> **ポイント④** 建設される住宅は非木造の集合住宅が中心。

(4) **論述の指針** 住宅総数が長期的に増加を続けてきた理由と近年空き家率の上昇が著しい理由の2点を説明する問題である。指定語句のうち，「世帯規模」はその縮小が住宅総数の増加につながることを説明し，「地方圏」と「高齢化」は空き家率の上昇と関連づける。空き家は「地方圏」でも大都市圏でも増加しているが，指定語句から「地方圏」に限定して説明してよいだろう。

> **論述のポイント** 日本において，住宅総数が長期的に増加を続けてきたのは，
> **ポイント①** 核家族化や少子化により「世帯規模」が小さくなったため。
> 近年，空き家率が上昇しているのは，「地方圏」では
> **ポイント②** 若年層の流出と「高齢化」により，
> **ポイント③** 高齢者だけの世帯が増加し，
> **ポイント④** 高齢者の死亡（老人ホームなどへの入居，子ども世帯との同居のための移住）などにより，居住者がいなくなったため。

## 解答例

**設問A** (1)扇状地

(2)尾根や山腹は針葉樹林に覆われ，一部の谷に荒地がみられる。

(3)集中豪雨により土砂が谷を流れ下る土石流が発生し，住宅が被災するとともに谷が荒地になった。そこで住宅地の上流側の谷に砂防ダムを建設し，新たな土石流による災害を防ごうとした。

(4)災害リスクが低い土地はすでに宅地化されていたので，住宅需要の増加に伴い利便性の高い鉄道の駅に近い土地が開発されたため。

**設問B** (1)A－富山県　B－沖縄県　C－北海道　D－東京都

(2)冬季の降雪量の多い北海道では屋根からの落雪を防ぐため，台風が頻繁に襲来する沖縄県では強風による家屋の被害を避けるため。

(3)地方からの人口移動により大都市圏では住宅需要が旺盛であるが，地価が高く，非木造の高層集合住宅の建設が増えているため。

(4)核家族化や少子化により世帯規模が小さくなり住宅総数は増加したが，若年層の流出と高齢化が進む地方圏では高齢者だけの世帯が増え，高齢者の死亡などで居住者のいない住宅が増加したため。

# 4 世界規模の事象の分布や変化 （2022年度 第1問）

設問Aは，人獣共通感染症の発生リスクを示した世界地図をもとに，人獣共通感染症の増加への地球温暖化の影響，発生リスクの高い地域の原因などが問われ，設問Bは，2つの時期の船の航路を示した地図の読み取りから，航路の変化や技術的進歩などが問われた。いずれも分布図の読み取りと，分布の背景についての知識と考察力が問われている。

## 設問A

(1) 地域間の人や物資の移動が活発になれば，感染症が増加すると考えられる。

(2) **論述の指針** 地球温暖化による気温の上昇や降水量の増加が，人獣共通感染症の増加に影響することを説明する。指定語句の「媒介生物」は，蚊などの人獣共通感染症を媒介する生物のことである。地球温暖化により「気象災害」の発生頻度が高まることは予想できるが，それがどのようにして感染症の増加要因となるのかを考えてみる。

> **論述のポイント** 気温の上昇により，
> **ポイント①** 「媒介生物」の生息域が拡大する。
> 降水量の増加により，
> **ポイント②** 洪水などの「気象災害」の発生頻度が高まり，
> **ポイント③** 災害発生時における衛生環境が悪化する。
> これらが感染症の増加要因となる。

(3) **論述の指針** 図1−1から，気温が高く降水量の多い地域や人口密度の高い地域が人獣共通感染症の発生リスクの高い地域と読み取れる。それを踏まえて，南アジア・東南アジアから東アジアにかけての地域の自然環境と，それに対応して営まれている生業を説明し，それらが人獣共通感染症のリスクの高さにどのように影響しているのかを述べる。

> **論述のポイント** 南アジア・東南アジアから東アジアにかけての地域は，
> **ポイント①** （モンスーンの影響で）夏に高温多雨となる。
> この地域の生業は，
> **ポイント②** 水田稲作が中心。
> これらにより，この地域は，
> **ポイント③** 森林や農地の生態系が豊かであり，生物の多様性に富む。
> **ポイント④** 農業人口が多く（農村の人口密度が高く），家畜の飼育頭数も多い。
> このことは，
> **ポイント⑤** 人と生物の接触機会が多くなり，
> 人獣共通感染症の発生リスクを高める要因となる。

(4) **論述の指針** 日本で近年人獣共通感染症の発生リスクが高まっている原因を，「人

と野生動物との接触機会の増加」と「土地利用形態の変化」と関連づけて説明する。これまで野生動物の生息していた地域に人の生活圏が及ぶようになったことや，逆に，人の生活圏だった地域に野生動物が侵入するようになったことが，人と野生動物との接触機会の増加にあたるが，これらはどのような土地利用形態の変化によるものであるかを述べればよい。

> **論述のポイント**　人の生活圏の拡大として，
> **ポイント①**　都市近郊における山林の宅地化。
> 人の生活圏への野生動物の侵入として，
> **ポイント②**　農山村における耕作放棄地の増加。
> これらの土地利用形態の変化により，
> **ポイント③**　人と野生動物との接触機会が増加している。

## 設問B

(1)　**論述の指針**　かつては赤道付近と中緯度において特定の緯度に沿って船が移動する傾向があった理由を説明する問題である。図1−2は18世紀後半から19世紀半ばまでの時期であるから「当時の船の構造」は帆船が主体である。

> **論述のポイント**　当時は風を受けて航行する帆船が主体であったから，
> **ポイント①**　赤道付近は貿易風
> **ポイント②**　中緯度付近は偏西風
> を利用して航海していたため。

(2)　**論述の指針**　図1−2の時期には活発であったが図1−3の時期にはすたれた水運の経路の例とその理由を説明する。2つの図を比べてみると，大西洋の南米南部の航路と，南米南部と北米西岸を結ぶ太平洋の経路の衰退が顕著である。

> **論述のポイント**　すたれた経路の例は，
> **ポイント①**　大西洋の南米南部の航路と，南米南部と北米西岸を結ぶ太平洋の経路
> 　　　　　　　（南米南端のマゼラン海峡を経由して北米東岸と西岸を結ぶ航路）。
> この航路がすたれた理由は，
> **ポイント②**　パナマ運河の開通により，北米東岸と西岸を結ぶ航路の距離が短縮されたため。

(3)　**論述の指針**　「水運の分布の拡大」は図から読み取って説明する。特に増加したのは経済発展を遂げた東アジアと北米を結ぶ北太平洋で，以前から多かったヨーロッパと北米を結ぶ北大西洋でもさらに増加している。これらの海域では，以前に比べると，より「高緯度」を経由する航路が増えていることも読み取れる。その理由を「水運の経済性を高めるために行われてきた技術的な進歩」から考える。指定語句の「等角航路」は以前の航路の説明として用いるとよい。

> **論述のポイント** 水運分布の拡大として，
> **ポイント①** 北米とヨーロッパを結ぶ航路に加えて，北米と東アジアを結ぶ航路が
> 　　　　　　　増加。
> これらの航路では，以前に比べて
> **ポイント②** より「高緯度」の海域を経由することが多くなっている。
> これらの航路は，以前は距離は長くなるが目的地まで確実に到達できる
> **ポイント③** 「等角航路」をとっていたが，
> 水運の経済性を高めるために行われてきた技術的進歩として，
> **ポイント④** GNSS が利用されるようになったため，
> **ポイント⑤** 距離の短い「高緯度」の航路をとるようになった。

## 解答例

**設問A** (1)交通機関の発達による人流・物流の増加。

(2)蚊などの媒介生物の生息域の拡大と，洪水などの気象災害が頻発
することによる衛生環境の悪化が感染症の増加に影響する。

(3)夏に高温多雨となる気候で，集約的な水田稲作を生業とし，森林
や農地に生息する生物の多様性に富む。それに加えて，家畜の飼育
頭数や農業人口も多く，人と生物との接触機会が多いため。

(4)都市近郊での山林の宅地化や農村部での耕作放棄地の増加によ
り，野生動物が人の居住域に侵入する機会が増加しているため。

**設問B** (1)当時は風を利用して進む帆船が使用されており，赤道付近は貿易
風，中緯度は偏西風を利用して航海していたため。

(2)パナマ運河の開通により北米東岸と西岸を結ぶ航路の距離が短縮
されたため，マゼラン海峡を経由する南米回りの航路がすたれた。

(3)北米とヨーロッパを結ぶ航路に加えて，北米と東アジアを結ぶ航
路が増加し，これらの航路は従来の等角航路に代わり，GNSS の
利用により最短距離となる高緯度の海域を経由するようになった。

# 5 南北アメリカの社会と経済 （2022年度 第2問）

設問Aは，アメリカ合衆国のいくつかの州を比較して，人口増加率の違いや高齢者人口割合の背景などが問われた。設問Bは，ブラジルの地域格差についての問題である。両国の国内の地域差についての理解度が試されている。

## 設問A

(1) **論述の指針** ア州（カリフォルニア州）で人口増加率が低下し，イ州（アリゾナ州）で人口増加率が高いままである理由が問われている。ともに**先端技術産業**が発達した州であるが，その内容に違いがあることから説明する。

> **論述のポイント** ア州（カリフォルニア州）では，
> **ポイント①** 先端技術産業の生産機能の縮小により人口流入が抑制された。
> イ州（アリゾナ州）では，
> **ポイント②** 新規の工場立地が進み，人口流入が続いた。

(2) **論述の指針** ウ州（アイオワ州）とエ州（フロリダ州）で75歳以上人口比率が高い理由の違いが問われている。高齢者比率が高くなる要因は，**若年層の流出**と**高齢者の流入**である。その背景とともに説明する。

> **論述のポイント** ウ州（アイオワ州）は，
> **ポイント①** 農業州で，他の産業はあまり発達していない。
> **ポイント②** 雇用不足のため若年層が州外に流出している。
> エ州（フロリダ州）は，
> **ポイント③** 温暖で過ごしやすい気候。
> **ポイント④** 退職した高齢者が他州から流入している。

(3) **論述の指針** 中西部の州の中心都市における「基幹産業の斜陽化，およびそれが引き起こした社会問題」とは，**インナーシティ問題**である。インナーシティ問題のうち2つあげて述べればよい。

> **論述のポイント** 基幹産業の斜陽化により，
> **ポイント①** 失業者が増加し，治安が悪化する。
> それを嫌った富裕層や若年層が郊外などに流出し，中心都市では，
> **ポイント②** 購買力の低下により商業機能が衰退した。
> 別解として，
> **ポイント②′** 老朽化した建物のスラム化。
> **ポイント②″** 市税収入の低下による道路などの整備の遅れ。
> などもあげられる。

(4) **論述の指針** フロリダ州ではヒスパニックのうちキューバ系の人口が多い。その

理由を簡潔に説明する。

> **論述のポイント**　フロリダ州はキューバに近い。このため，
> **ポイント①**　社会主義革命後のキューバから亡命者が移住した。

(1)　サンパウロやリオデジャネイロの位置する南東部や南部は1人あたりGDP（国内総生産）が高いが，北東部や北部は低い。北部は熱帯雨林が広がるため人口は少ないが，北東部は最初にポルトガルの植民地となった地域で人口は多い。

(2)　**論述の指針**　それぞれの地域の自然環境と経済開発・経済発展を具体的に説明する。指定語句の「ブラジル高原」と「農地」は中西部で，「自由貿易地区」はウ地域（北部）の説明で使用する。

> **論述のポイント**　中西部は
> **ポイント①**　「ブラジル高原」の一部で，セラードとよばれる原野が広がっていた。
> **ポイント②**　「農地」開発が進み，輸出向けの大豆の生産地となった。
> ウ地域（北部）は，
> **ポイント③**　熱帯雨林が広がる。
> **ポイント④**　（マナオスにアマゾン開発の拠点として）「自由貿易地区」が設置され，
> 外国資本が進出し工業化が進んだ。

(3)　**論述の指針**　南東部とイ地域（北東部）の経済格差は，表2－2にあるように，1人あたりGDPに大きな差があることである。この点はほとんど自明なので，その背景を中心に説明する。北東部は，植民地となった当時からの大土地所有制に基づいたサトウキビのプランテーションが現在も行われている。

> **論述のポイント**　南東部とイ地域（北東部）の間の経済格差は，
> **ポイント①**　南東部は所得が高く，イ地域は所得が低い。
> その背景として，南東部は，
> **ポイント②**　大都市があり，商工業が発達した地域。
> イ地域（北東部）は，
> **ポイント③**　植民地時代からの農業が中心で，貧困層が多い。

(4)　**論述の指針**　南東部の巨大都市が抱える問題のうち「国内の地域的な経済格差を背景に持つ問題」とは，貧困地域からの人口流入に伴う**スラム**の拡大の問題である。

> **論述のポイント**　国内の地域的な経済格差を背景に，
> **ポイント①**　貧しい農村地域から都市に「低所得層」が移住している。
> これらの人々は，
> **ポイント②**　定職を持てず「インフォーマルセクター」に従事し，
> **ポイント③**　スラムに居住している。

## 解答例

**設問A** (1)ア州では先端技術産業の生産機能の縮小により人口流入が抑制されたが，イ州では新規の工場の立地が進み人口流入が続いたため。

(2)農業地域で雇用不足のウ州は若年層が他州に流出したためで，温暖な気候のエ州は退職した高齢者が他州から移住してきたため。

(3)失業者の増加により治安が悪化し，商業機能が衰退した。

(4)社会主義革命後のキューバから多数の亡命者が移住したため。

**設問B** (1)アー南部　イー北東部　ウー北部

(2)ブラジル高原にありセラードの原野であった中西部では農地開発により輸出向けの大豆の生産が増え，熱帯雨林の広がるウ地域では自由貿易地区が設置され，外国資本の進出により工業化が進んだ。

(3)大都市がある南東部は商工業が発展し所得が高いが，植民地時代からの農業が中心のイ地域は貧困層が多く，所得格差が大きい。

(4)貧しい農村地域から都市に移住した低所得層は，定職を持てずインフォーマルセクターに従事しながらスラムを形成している。

# 6　日本の都市と農業 (2022 年度　第 3 問)

> 設問Aは，新旧地形図の読図による東京郊外（千葉県柏市）の変化についての問題で，(4)の東京郊外における新たな街づくりの特徴についての問題は難しい。設問Bは，日本の果樹生産とその変化についての問題で，教科書的な内容ではないが，グラフの読み取りと一般的知識に基づく考察力が問われている。

## 設問A

(1)　**論述の指針**　**台地面**と**侵食谷**に分け，それぞれの土地利用を説明する。土地利用は「従来からの地形と土地利用との対応関係」に該当するものだけを述べる。

> **論述のポイント**
> **ポイント①**　台地面は，森林と古くからの集落。
> **ポイント②**　侵食谷は，田。

(2)　**論述の指針**　図 3 － 2 では，高速道路のインターチェンジ付近に大型の建物が多数みられる。これらが「新たな施設」である。これらが何かを明らかにし，東京郊外のインターチェンジ付近に立地する理由とともに述べる。

> **論述のポイント**　高速道路のインターチェンジ付近にみられる「新たな施設」は，
> **ポイント①**　大型倉庫や配送センターなどの物流施設。
> これらが東京郊外のインターチェンジ付近に立地するのは，
> **ポイント②**　広い土地が得られる。
> **ポイント③**　高速道路の整備により，首都圏内や全国各地との輸送に便利。

(3)　3 つの地区の**住宅地の建設時期の違い**から判断する。建設時期の古い住宅地がある地区ほど高齢化が進んでいるといえる。③は図 3 － 1 ですでに住宅地になっているから，最も古い住宅地，②は公園や大学などの施設が大部分を占めており，人口は南部の住宅地が多いと考えられるが，この住宅地は住宅密度が高く，鉄道の新線（つくばエクスプレス，2005 年開業）ができる前からの住宅地である。①は住宅の密度が低いから，鉄道の新線と駅ができてから住宅地となった地区である。また，図 3 － 3 の C 地区は 2010 年から 2020 年にかけて高齢者の割合がほとんど増加していないが，これは新しい住宅地で，若い新住民の移住が進行していることを示している。

(4)　**論述の指針**　「これまでの X 市の産業構造を変えるような動き」と「スマートシティ」について説明する。「これまでの X 市の産業構造」は，図 3 － 1 で工業団地が建設されているように，工業中心の産業構造と考えられる。それを変える動きは，第 3 次産業が中心となる産業構造への変化であり，具体的には，「情報通信技術」

を活用したサービス業などの「新規創業」である。スマートシティもこうした動きに対応した取り組みである。**スマートシティ**とは，情報通信技術を活用して，インフラや施設，サービスなどを最適化・効率化した都市であり，これによって住民や企業の快適性や利便性の向上を目指すとともに，「高齢化社会」や都市型災害などの課題の解決を図る取り組みである。

> **論述のポイント**　これまでのX市の産業構造は工業中心であったが，それを
> **ポイント①**　サービス業が中心となる産業構造に変える。
> そのために
> **ポイント②**　「情報通信技術」を活用した「新規創業」を促す。
> これにより，
> **ポイント③**　都市のインフラや業務などの最適化・効率化を進める。
> その目的は，
> **ポイント④**　住民の利便性を高め，「高齢化社会」の課題の解決を図ること。

## 設問B

(1)　ア〜ウは，千葉県，長野県，和歌山県のいずれかである。

(2)　**論述の指針**　ブルーベリーの特徴から，その栽培は地価が高くても成立する近郊農業となることを述べる。

> **論述のポイント**　ブルーベリーは，
> **ポイント①**　傷みやすく収穫後日持ちしない（ので長距離輸送に適さない）。
> しかし，
> **ポイント②**　価格は高く高収益（なので地価が高い東京近郊でも生産できる）。

(3)　**論述の指針**　1960年代から1970年代初めまでのみかんの作付面積の急増とその後の変化の理由を説明する。指定語句の「政策」は，1961年の農業基本法において，選択的拡大部門の1つに畜産などとともに果樹があることから，作付面積増加の理由として用いるとよい。また，作付面積減少の理由となる，各種果物（特にオレンジ）の輸入自由化「政策」としても用いることができる。

> **論述のポイント**　1960年代から1970年代初めまでの作付面積の急増は，
> **ポイント①**　高度経済成長期で，所得が向上したことから，
> **ポイント②**　「需要」の増加を見込んだ栽培拡大「政策」による。
> その後の減少は，
> **ポイント③**　みかんの「生産調整」が行われたから。
> 「生産調整」の理由は，
> **ポイント④**　果実「需要」の多様化や
> **ポイント⑤**　（オレンジなどの）輸入自由化「政策」
> により，みかんの消費量が伸び悩み，供給過剰となったため。

(4) **論述の指針**　りんごの輸出先がどのような国かということがポイントとなるから，輸出先の国名（地域名）をあげて説明する。りんごの輸出量が増加しているのは，輸出国側（日本の産地）の販売努力もあるが，ここではそれよりも輸出先の国や地域で日本産りんごの需要が増加したのはなぜかという点から説明するとよい。

> **論述のポイント**　りんごの主な輸出先は，
> **ポイント①**　台湾と香港で，
> **ポイント②**　温暖なため，りんごが栽培できない（国内で供給できない）。
> このため日本から輸入しているが，日本のりんごは
> **ポイント③**　高品質であるが高価格。
> にもかかわらず輸入量が増えているのは，
> **ポイント④**　経済成長により所得が増加しているため。

---

## 解 答 例

**設問A**　(1)台地面には森林と古くからの集落，侵食谷には田が分布する。

(2)高速道路網の整備が進み，首都圏内や全国各地との輸送に便利で広い土地が得られるため，大型倉庫や配送センターが建設された。

(3)A―②　B―③　C―①

(4)情報通信技術を活用したサービス業の新規創業を促進し，都市のインフラや業務などの最適化・効率化を進める。これにより住民の利便性を高め，高齢化社会の課題の解決を図ろうとしている。

**設問B**　(1)アー和歌山　イー長野　ウー千葉

(2)傷みやすいが高収益で，消費地近くでの栽培が適しているため。

(3)高度経済成長期は所得向上による需要の増加を見込んだ栽培拡大政策により増加したが，その後は果実需要の多様化や輸入自由化でみかんの消費量が伸び悩み，生産調整が行われたため減少した。

(4)りんごの栽培が難しい温暖な気候の台湾・香港などで，所得増により高価格でも高品質な日本産りんごの需要が拡大しているため。

# 7 世界の環境と地形

(2021年度 第1問)

設問Aは，地球温暖化の影響と，温暖化と関係する二酸化炭素の排出や一次エネルギー供給についての問題，設問Bは衛星写真を使った2地域の海岸地形についての問題で，資料の読解力と環境問題への関心，自然環境に関する基本的知識などが問われている。

## 設問A

(1) **論述の指針** 図1−1の「平均気温3℃以上上昇」する地域は，北極海とその周辺の陸地で，海では**海氷**，陸では**永久凍土**が広がっている。気温が上昇すると，これらが融けて，さらにさまざまな影響が生じる。これらについて，指定語句から考えられることを説明する。指定語句の「航路」は海，「地盤」は陸の説明で用いる。「資源」と「生態系」は海と陸の両方に関係するが，一方だけで用いてもよいだろう。因果関係や事例を具体的に説明しすぎると字数が足りなくなるので，一般的な説明にとどめる。

**論述のポイント** 気温の上昇により，
　**ポイント①** 海・陸の両方の動植物の「生態系」に変化をもたらす。
気温の上昇の海への影響は，
　**ポイント②** 北極海の海氷が融け（凍結期間が短縮し），新たな「航路」の開拓や，
　**ポイント③** 海底「資源」の開発
が可能となること。
陸への影響は，
　**ポイント④** 永久凍土の融解により，「地盤」の陥没や，
　**ポイント⑤** メタンガスの放出が進むこと。

(2) 図1−2で降水量が減少する大陸上の地域は，緯度30度前後の乾燥帯や地中海性気候（Cs）の地域が多い。図1−3には乾燥帯の雨温図はないが，地中海性気候の雨温図はある。降水量が増加する大陸上の地域は，緯度60度以上の寒帯・亜寒帯の地域と北アフリカの乾燥地域，インド西部などである。図1−3には寒帯，亜寒帯や砂漠気候（BW）の雨温図はないが，乾季のあるインド西部の雨温図はある。

(3) **論述の指針** 図1−2で降水量が減少すると予想されている地域は，現在でも降水量の少ない地域である。さらに降水量が減少すればどのような災害が発生するかを考える。

**論述のポイント** 現在でも降水量が少なく，水不足となりやすいが，さらに水不足となり，
　**ポイント①** 干ばつや

ポイント②　森林火災

が発生しやすくなる。

(4)　図1−4で，aとcは，1980年代に比べるとそれ以降の二酸化炭素排出量が減少している。このうち，aは2010年代，cは1990年代の減少が顕著である。bは近年の増加傾向が顕著であり，dは1990年代以降増加も減少もしていない。図1−5では，石油が最も多いaとd，石炭が最も多いb，天然ガスが最も多いcという特徴が読み取れる。

(5)　論述の指針　図1−5から中国とアメリカ合衆国の一次エネルギー供給の特徴を読み取り，それに対する政策的対応を説明する。図1−5から中国は石炭中心，アメリカ合衆国は石油・天然ガスが中心とわかる。政策的対応は指定語句からわかることを述べればよい。石炭中心の中国は，二酸化炭素排出量の抑制のため「太陽光発電」の導入を進めていることが推測できる。石油・天然ガスの「需要」の旺盛なアメリカ合衆国では，「シェール」オイル・「シェール」ガスの開発を進めている。

> 論述のポイント　図1−5から，中国とアメリカ合衆国の一次エネルギー供給の特徴は，
> ポイント①　中国は石炭が中心。
> ポイント②　アメリカ合衆国は石油・天然ガスが中心。
> 両国の政策的対応としては，石炭が中心の中国は，
> ポイント③　二酸化炭素排出量の抑制のため，「太陽光発電」の導入を進め，
> 石油・天然ガス中心のアメリカ合衆国は，
> ポイント④　国内「需要」を満たすため，「シェール」層の石油・ガスの開発を進める。

## 設問B

(1)　図1−6（ガンジス川河口付近）は海岸線が海に張り出した地形，図1−7（チェサピーク湾）は海岸線が内陸へ向かって湾入した地形である。

(2)　論述の指針　地形が異なるのは成因が異なるからである。三角州とおぼれ谷の成因を述べる。

> 論述のポイント　図1−6は，
> ポイント①　河川の運搬した「土砂」が河口付近に堆積してできた。
> 図1−7は，
> ポイント②　「河谷」（河川によって形成された谷）が沈水したことでできた。

(3)　論述の指針　図1−7のチェサピーク湾はカキの養殖で有名である。他の地域でも陸側に深く入り込んだ入り江では海面養殖業が盛んである。「漁業の形態が発達した理由」は，この地形のどのような点が養殖業に適しているのかを述べ，「その持続を脅かす環境問題」は，閉鎖的な入り江であることから生じる問題を説明する。

> **論述のポイント**　主要な漁業の形態名は,
>
> 　**ポイント①**　養殖業。
>
> これが発達した理由は,
>
> 　**ポイント②**　波が穏やかで, 栄養分が豊富。
>
> その持続を脅かす環境問題は,
>
> 　**ポイント③**　生活排水や廃棄物の流入による海洋汚染。

## 解答例

**設問A**　(1)気温上昇で海陸とも動植物の<u>生態系</u>に影響が及ぶが, 海では海氷の融解により北極海の航路や海底資源の開発が可能となり, 陸では永久凍土の融解により<u>地盤</u>の陥没やメタンガスの放出が進む。

　　　(2)減少－D　増加－B

　　　(3)水不足により干ばつや森林火災が頻繁に起こるようになる。

　　　(4)a－EU　b－インド　c－ロシア　d－日本

　　　(5)石炭の供給が多い中国は二酸化炭素排出量の抑制のため<u>太陽光発電</u>を増やし, 石油・天然ガスの供給が多いアメリカ合衆国は国内<u>需要</u>を満たすため<u>シェール層</u>の石油・ガスの開発を進めている。

**設問B**　(1)図1－6三角州（デルタ）　図1－7おぼれ谷

　　　(2)図1－6は河川の運搬した大量の<u>土砂</u>が河口付近に堆積してできたが, 図1－7は河谷が沈水したことで形成されたため。

　　　(3)養殖業。波が穏やかで栄養分が豊富なため発達しているが, 沿岸に大都市が多く生活排水や廃棄物の流入で海洋が汚染されやすい。

# 8 世界の言語状況と教育 (2021年度 第2問)

設問Aは，国連の公用語のほか，インドとインドネシアの公用語の使用範囲の違い，東南アジアの華人社会の言語など世界の言語についての知識が問われている。設問Bはアジア5カ国から英語圏4カ国への留学者の統計から各国の特徴などが問われている。表の国名は後の論述問題にも関係するので確実に判定する必要がある。

## 設問A

(1) アは安全保障理事会の常任理事国の1つである国の言語，イは1973年に公用語に加えられた言語。ウは東アフリカで共通語として用いられている言語。

(2) **論述の指針** インターネットはアメリカ合衆国で開発され，進化してきたことから説明する。

> **論述のポイント**
> **ポイント①** もともと英語は国際共通語として認知されてきた
> が，インターネットの普及により，
> **ポイント②** その地位がさらに高まった。

(3) **論述の指針** インドの連邦公用語であるヒンディー語とインドネシアの国語であるインドネシア語の公用語としての使用範囲の違いを説明する。使用が限定的か広範囲かを述べればよい。指定語句の「英語」と「州」はインドの説明で用いる。インドでは「英語」が共通語で，「州」ごとに公用語があることは基本的知識であろう。「地域語」はどちらの国でも使えるが，バランス上インドネシアの説明で使うとよい。

> **論述のポイント** インドでは，
> **ポイント①** ヒンディー語の使用地域や人口が限定されている。
> その背景として，
> **ポイント②** （言語分布に基づいて定められた）「州」ごとに公用語があること。
> **ポイント③** （旧宗主国の言語である）「英語」が共通語として普及していること。
> インドネシアでは，
> **ポイント④** 各地に（言語系統が同じ）「地域語」があるが，
> **ポイント⑤** 共通語としてインドネシア語がほぼ全国で通用する。

(4) **論述の指針** シンガポール，マレーシア，インドネシアなど東南アジアの華人社会では，現在でも標準中国語（普通話）ではなく中国語の方言が用いられている。その理由を「歴史的背景」から説明する問題である。これらの華人が中国南部からの移住者の子孫であることはよく知られているが，それに加えて，移住当時の中国南部の言語状況，華人社会の特徴などについても考えてみよう。

> **論述のポイント**　東南アジアの華人社会では中国南部の方言が用いられる。それは
> **ポイント①**　広東語（ほかに閩語〈福建語〉、客家語など）。
> その歴史的背景は、
> **ポイント②**　華人は中国南部からの移住者の子孫。
> **ポイント③**　移住当時は中国南部では標準中国語は普及していなかった。
> **ポイント④**　華人は同郷者のコミュニティを形成していたので、出身地の方言が保
> 　　　　　　　持された。

## 設問 B

(1)　**論述の指針**　表は、20～24 歳人口 1 万人に対する比率なので、人口の絶対数がそ
のまま反映されるのではなく、**1 人当たり所得などの経済水準や留学の必要性**など
の各国固有の事情が数値に大きく関係する。留学者数の合計で見ると、A が最も少
なく、B が最も多い。C 以外の 4 カ国の最大の留学先はアメリカであるが、C はイ
ギリスであり、オーストラリアへの留学者も多い。論述では、C からイギリスとオ
ーストラリアへの留学者が多い理由を説明する。

> **論述のポイント**　C のマレーシアは、イギリス、オーストラリアとともに、
> **ポイント①**　教育制度の類似したイギリス連邦の構成国。
> このうち
> **ポイント②**　イギリスは旧宗主国のため、
> **ポイント③**　オーストラリアは距離が近いため、
> 留学者が多い。

(2)　**論述の指針**　アジア諸国の留学者にとって、オーストラリアが留学しやすい国で
ある理由を述べる。オーストラリアが表中の他の 3 カ国とは異なる点、あるいは他
の 3 カ国と共通していても、よりオーストラリアが卓越している点を、2 つ考えて
みる。

> **論述のポイント**　オーストラリアは、
> **ポイント①**　多文化主義政策がとられ、アジアからの移民も多く、差別や偏見があ
> 　　　　　　　まりないこと。
> **ポイント②**　生活費が安く治安がよいこと。

(3)　**論述の指針**　B の韓国の留学者が日本よりもはるかに多いのは、経済水準以外の
理由があるからである。表の 4 カ国は英語圏の国であるから、留学の目的の 1 つと
して英語の習得があると思われる。なぜ英語の習得が必要なのかという点から考え
てみる。指定語句の「学歴社会」は韓国社会の特色として、「国際競争」は英語が
必要な背景の 1 つとして取り上げる。

> **論述のポイント**　韓国は、

> ポイント① 厳しい「学歴社会」の国。
> 大学卒業者の就職先として人気のある大企業は，
> ポイント② 激しい「国際競争」下にあり，
> ポイント③ 英語に堪能な人材を求めている。
> このため英語圏への留学者が多い。

## 解答例

**設問A** (1)ア—中国語　イ—アラビア語　ウ—スワヒリ語
　　　(2)国際社会の共通語としての英語の地位がさらに高まった。
　　　(3)インドは州ごとに公用語があり，英語が共通語となるため，ヒン
　　　ディー語の使用地域や人口は限られるが，インドネシアでは地域語
　　　に加えて，共通語としてインドネシア語が国内全域で使用される。
　　　(4)広東語。華人は標準中国語が普及していなかった中国南部からの
　　　移住者の子孫で，方言を母語とする同郷者の社会を形成したため。
**設問B** (1)A—インド　B—韓国　C—マレーシア　教育制度の類似した
　　　イギリス連邦の構成国への留学者が多く，イギリスは旧宗主国のた
　　　め，オーストラリアは距離が近いためである。
　　　(2)多文化主義政策がとられアジアからの移民が多く差別や偏見があ
　　　まりない。生活費などの費用が安く治安がよいため生活しやすい。
　　　(3)厳しい学歴社会の国で，激しい国際競争下にある大企業への就職
　　　には大学卒業だけでなく，英語に堪能なことが求められるため。

# 9　世界と日本における女性の労働 （2021年度　第3問）

　設問Aは，いくつかの国の女性の労働に関する統計を示し，国による違いと社会経済的・文化的背景が問われている。設問Bは，日本の女性労働と合計特殊出生率に関して，その地域差と変化の要因などが問われている。設問Bは統計を読み取る力とともに日本の産業構造の変化や人口移動に関する知識も必要である。

## 設問A

⑴　Bは女性の労働力率が低い。A・Cは女性の労働力率は同程度であるが，管理職に占める女性の割合が異なる。

⑵　**論述の指針**　イスラエルで女性の労働力率が高い要因と，周辺に位置する国で低い要因を述べる。イスラエルの女性の労働力率が高い要因は，その数値が表3─1中のドイツなどのヨーロッパ諸国と同程度であることから考えてみる。

> **論述のポイント**　イスラエルの周辺に位置する国は，いずれも，
> **ポイント①**　イスラム教国で，女性の社会的地位が低い。
> イスラエルは，ヨーロッパ諸国と同様に，民主主義・自由主義の価値観を有する国であり，
> **ポイント②**　（女性の）教育水準が高く，
> **ポイント③**　男女平等と個人の自由が重んじられている。

⑶　**論述の指針**　フィリピンでは女性の労働力率が高くないにもかかわらず，管理職に占める女性の割合が高い。その理由が問われている。女性の労働力率が低いのは女性の社会進出が進んでいないからであるが，その背景は何か。また，管理職になるのはどのような属性の人かなどの点から考えてみる。統計上，**家事労働は労働力に含まれない**ことに注意する。

> **論述のポイント**　フィリピンでは貧富の差が大きい。
> **ポイント①**　大多数の貧困層の女性は十分な教育を受けられないでいる。
> このため，
> **ポイント②**　貧困層の女性は社会進出が阻まれ，主に家事労働に従事している。
> したがって，女性の労働力率が低い。これに対して，
> **ポイント③**　少数の富裕層の女性は，高等教育を受け，社会進出が活発。
> **ポイント④**　高等教育を受けた人は，（男性でも数が少ないので，男女にかかわらず）管理職に登用される機会が多い。
> したがって，管理職に占める女性の割合が高くなる。

## 設問B

(1) アは北海道を除く各地方で増加している。全国で減少しているイとウの判別は，全体としてイよりウの減少数が多いこと，大都市圏ではもともと農林漁業就業者は少ないことから考える。

(2) **論述の指針** 販売従事者が減少している理由を，ウの生産工程従事者と比較して述べる。ともに減少している理由としては，大きく分けて，1つは働く場所はあるが，働く人数が少なくて済むようになったこと，もう1つは働く場所そのものが減りつつあることが考えられるが，これらについて具体的に説明する。

> **論述のポイント** 働く場所はあるが，働く人数が少なくて済むようになったことでは，生産工程従事者が減少した理由は，
> **ポイント①** 生産工程の自動化（工場のオートメーション化）が進んだこと。
> それと同様に，実店舗での販売従事者が減少した理由は，
> **ポイント②** 電子商取引（インターネットを利用した通信販売）が普及したこと。
> **別解** 働く場所そのものが減りつつあることでは，
> **ポイント①** 工場の海外移転（や後継者不足）などによる工場の廃止。
> それと同様に，
> **ポイント②** （商店の店主や従事者の）高齢化，後継者不足などによる商店の廃業。

(3) **論述の指針** 管理的職業従事者，専門的・技術的職業従事者，事務従事者が，首都圏で増加している理由を述べる問題である。3つの職業のうち，最も人数が多く，女性の占める割合が大きいのは**事務従事者**である。指定語句に「オフィス」と「若年層」があることから，ここでは，首都圏で「若年層」の女性の事務従事者が増加している理由を考える。

> **論述のポイント** 3つの職業の従事者が増加しているのは，主に「若年層」の女性が多い事務従事者の増加による。事務従事者の増加は，
> **ポイント①** 企業などの管理部門に勤務する「若年層」の女性の雇用が増加しているからであるが，それは
> **ポイント②** 首都圏で「オフィス」が増加したためで，その背景は，
> **ポイント③** 首都圏への中枢管理機能の集積が進んだため。

(4) **論述の指針** 1960年代後半から1970年にかけて首都圏で合計特殊出生率が高かった理由と，その後，他の地方と比べて大幅に低下した理由を述べる。1960年代後半から1970年にかけての時期については，**合計特殊出生率が高くなる首都圏の特徴**を考える。その後低下した理由は，全国的に共通するが，特に首都圏で顕著な理由を答える。

> **論述のポイント** 1960年代後半から1970年にかけては，高度経済成長期で，
> **ポイント①** 首都圏への人口流入が活発で若年層の人口が多かった。

> **ポイント②** （サラリーマン世帯の多い首都圏では）結婚後の女性は仕事を辞め，育児に専念する人が多かった。
>
> このため，首都圏の合計特殊出生率は全国的にも高かった。その後は，首都圏では，
>
> **ポイント③** 女性の結婚年齢の上昇（晩婚化）と結婚しない女性の増加（非婚化）に加え，
>
> **ポイント④** （結婚後も働く女性が増えたにもかかわらず）育児と就労を両立させる環境整備が進んでいない。
>
> このため，首都圏の合計特殊出生率は大幅に低下した。

## 解答例

**設問A** (1)A－スウェーデン　B－トルコ　C－日本

(2)周辺諸国は女性の社会的地位の低いイスラム教国だが，イスラエルは教育水準が高く男女平等と個人の自由を尊重する社会のため。

(3)少数の富裕層の女性は高等教育を受け，社会進出が活発で，管理職に就く機会を有するが，大多数の貧困層の女性は十分な教育を受けられず，社会進出が阻まれ，主に家事労働に従事しているため。

**設問B** (1)ア－サービス職業　イ－農林漁業　ウ－生産工程

(2)生産工程の自動化で工場での雇用が減少したのと同様に，電子商取引などの無店舗販売の増加で実店舗での雇用が減少したため。

**別解** (2)海外移転などによる工場の廃止で生産工程従事者が減少したのと同様に，高齢化や後継者不足により廃業する商店が増加したため。

(3)首都圏への中枢管理機能の集積によりオフィスの立地が進み，企業の管理部門に勤務する若年層の女性の雇用が増加しているため。

(4)高度経済成長期は人口流入による若年層が多く，結婚後の女性は仕事を辞め育児に専念したが，その後は晩婚化・非婚化に加えて，結婚後の育児と就労を両立させる環境整備が進んでいないため。

# 10　日本列島の地形と自然資源利用　(2020年度　第1問)

　設問Aは，日本列島の3カ所の地形断面図を用いて，地形環境，およびそれと農業など との関係について問われている。設問Bは，5つの県の統計データを用いて，地形，資源， 農業などが比較地誌的に問われている。日本各地の地誌的知識が必要である。

## 設問A

(1)　**論述の指針**　アは瀬戸内海を横切る線分③の地形断面図で，X山地は中国山地， Y山地は四国山地である。X山地とY山地の地形的特徴の違いと，Y山地でそのよ うな特徴が生じた理由が問われている。理由を説明するのはY山地だけであり，指 定語句の「内的営力」と「外的営力」は地形の成因であるから，いずれもY山地の 説明で用いる。

> **論述のポイント**　X山地は，
> 　**ポイント①**　低くなだらか（起伏が小さい）。
> Y山地は，
> 　**ポイント②**　高く険しい（起伏が大きい）。
> その成因は，
> 　**ポイント③**　「内的営力」により大きく隆起した（高くなった）。
> 　**ポイント④**　「外的営力」により激しく侵食された（深い谷が形成された）。

(2)　**論述の指針**　イは線分②の地形断面図で，Z山脈は奥羽山脈である。両側にある のは北上高地と出羽山地で，奥羽山脈に比べると低くなだらかである。奥羽山脈の 標高が高くなったのは両側の山地とは成因が異なるからである。それについて説明 する。

> **論述のポイント**　Zの奥羽山脈は，
> 　**ポイント①**　褶曲山脈であり，
> かつ，
> 　**ポイント②**　火山活動が活発なため，
> 標高が高くなった。

(3)　**論述の指針**　aは宍道湖，bは八郎潟干拓地である。bは元来aと同じく湖であ ったが，現在は干拓されて陸地になっている。この干拓事業が行われた社会的背景 を述べる。

> **論述のポイント**　bで行われた大規模地形改変事業は，
> 　**ポイント①**　干拓。
> それが20世紀半ばに形成された社会的背景は
> 　**ポイント②**　戦後の食糧不足と，（その解消のための）農地の拡大。

(4) **論述の指針** ウは線分①の地形断面図で，c は石狩平野，d は十勝平野である。両平野で卓越する地形の名称と農業形態を比較説明する。

> **論述のポイント** c の石狩平野は，
> **ポイント①** 沖積平野が広がる。
> **ポイント②** （水利がよいため）稲作が行われる。
> d の十勝平野は，
> **ポイント③** 台地が卓越。
> **ポイント④** （水が得にくく）畑作や酪農が中心。

(5) ア〜ウの地形断面図の水平距離は，高さと水平距離が等倍になっているとすると，標高の目盛りから考えて，5000 m ほどである。しかし，線分①〜③の実際の水平距離は，200〜250 km であることから計算する。

## 設問B

(1) **論述の指針** b/a の値は，総面積が可住地面積の何倍かを示している。その値が高い県は，**総面積に占める可住地面積の割合が小さい県**である。このような県は山地の面積割合が大きく，平地の面積割合が小さい。解答はこれで終わるのではなく，このようになる背景としての和歌山県と高知県に共通する地形の特徴を説明する。

> **論述のポイント** 和歌山県と高知県は，ともに，
> **ポイント①** 山地が広く平地が狭い。
> 山地が広いのは，
> **ポイント②** 西南日本外帯に位置し，山地が高く険しくなるため。
> 平地が狭いのは，
> **ポイント③** 河川が小規模で，沖積平野が未発達なため。

(2) **論述の指針** 高知県と香川県でやりとりされている資源は水資源である。やりとりが生じる理由のうち，供給面については両県の自然環境の違い，消費面については両県の人口や産業の違いを取り上げる。

> **論述のポイント** 高知県と香川県でやりとりされている資源は，
> **ポイント①** 水資源。
> 両県で水資源がやりとりされるのは，供給面では，
> **ポイント②** 高知県は太平洋側で降水量が多いが，香川県は瀬戸内海側で降水量が少ない。
> 消費面では，
> **ポイント③** 高知県は人口が少ないが，香川県は人口が多く産業も発達している。
> このため，
> **ポイント④** 水が余っている高知県から水不足になりがちな香川県に水が供給される。

(3) **論述の指針** レタスは涼しい気候を好むので，茨城県では春と秋に出荷されるが，長野県では夏に出荷される。茨城県が近郊農業，長野県が輸送園芸（高冷地農業）という知識から，両県の出荷時期が異なる理由を説明する。

> **論述のポイント** 茨城県ではレタスは春と秋に出荷される。その地形的要因は，
> **ポイント①** （標高が低い）平地が広がり，春と秋がレタスの栽培に適している。
> 経済的要因は，
> **ポイント②** 市場に近く，輸送費が安い。
> 長野県では夏に出荷される。その地形的要因は，
> **ポイント③** 標高が高いため，夏でも平地よりも冷涼となり，レタスの栽培に適する。
> 経済的要因は，
> **ポイント④** （競合する産地が少ないので）価格が高い。

## 解答例

**設問A** (1)X山地は低くなだらかであるが，Y山地は内的営力により大きく隆起し，外的営力の激しい侵食作用も受けたため，高く険しい。
(2)褶曲山脈であり，火山活動も活発なため，標高が高い。
(3)戦後の食糧不足を背景に，干拓による農地の造成を図った。
(4)cは水利のよい沖積平野のため，稲作が行われているが，dは台地が卓越し，水が得にくいため，畑作や酪農が中心である。
(5)$5 \times 10^1$倍

**設問B** (1)西南日本外帯に位置するため高く険しい山地の面積が広く，河川は小規模で沖積平野が未発達なため可住地となる平地は狭い。
(2)水資源。降水量の多い太平洋側の高知県は人口が少なく水が余っているが，雨の少ない瀬戸内海側の香川県は人口が多く産業も発達しており水が不足しがちなため，高知県から水が供給されている。
(3)市場に近く輸送費が安い茨城県は平地での栽培に適した時期に出荷し，高地で冷涼な長野県は価格が高くなる夏に出荷するため。

# 11　世界の食料の生産と消費

（2020年度　第2問）

　設問Aは，各国の1人あたりGDPの伸びと動物性食品の摂取割合の変化を示したグラフから，食生活の変化とそれに関係する環境問題が問われ，設問Bは，東南アジアの主要な米生産国の生産量と国内供給量の関係とその変化の表から，自給率とその推移の特徴などが問われている。統計データの読み取り力とその背景についての知識が求められている。

## 設問A

(1)　**論述の指針**　食生活に占める動物性食品の割合が増えるということは，肉類・乳製品の生産が増えることである。それによる陸上の自然環境に及ぶ悪影響を述べるが，その直接の要因についても説明しておきたい。

> **論述のポイント**　陸上の自然環境に及ぶ悪影響は，
> 　**ポイント①**　砂漠化や森林破壊（植生破壊）が進むこと。
> その要因は，
> 　**ポイント②**　家畜の飼育頭数の増加や放牧地の造成。

(2)　**論述の指針**　1～6の国々は，いずれも早くから動物性食品の摂取量の多い先進国である。これらの国々で動物性食品の割合が増えないか減少しているのは，**動物性食品の摂取による悪影響**が意識されるようになったためである。1つは健康への影響，もう1つは環境への影響である。

> **論述のポイント**　動物性食品は，
> 　**ポイント①**　高カロリー・高脂質で，過剰な摂取は健康に悪影響を与える。
> また，その生産には，
> 　**ポイント②**　水などの資源を大量に消費し（または，家畜の排せつ物などにより），
> 　　　　　　　　環境への影響（悪臭や水質汚濁など）も大きい。
> このため，動物性食品の摂取量の多い先進国では，
> 　**ポイント③**　健康維持や，
> 　**ポイント④**　環境保全への意識が高まり，
> 　**ポイント⑤**　動物性食品の摂取を避けたり，減らしたりする人が増えている。

(3)　**論述の指針**　ペルーは動物性食品の割合が低いだけでなく，1人あたりGDPが上昇しても動物性食品の割合はあまり上昇していない。これらがアルゼンチンやブラジルとは異なる特徴であり，その理由が2つ問われている。理由の1つは「民族構成」の違いとそれに関係する「食文化」の違い，もう1つは地形などの自然環境の違いに由来する「農業」の違いである。これらについてペルーとアルゼンチン・ブラジルを比較しながら説明する。

> **論述のポイント**　ペルーの「民族構成」は，

> ポイント① 先住民の人口が多い。
>
> アルゼンチン・ブラジルは，
>
> ポイント② ヨーロッパ系白人の割合が高い。
>
> ペルーの先住民の「農業」は，
>
> ポイント③ 「山岳地帯」で行われる自給的「農業」。
>
> アルゼンチン・ブラジルは，
>
> ポイント④ 広大な平原で行われる大規模な牧畜が中心。
>
> このような「民族構成」と「農業」の違いから，先住民の多いペルーの「食文化」は，
>
> ポイント⑤ ジャガイモやトウモロコシなどの植物性食品が中心（動物性食品の摂取量は少ない）。
>
> ヨーロッパ系白人の多いアルゼンチン・ブラジルは，
>
> ポイント⑥ 動物性食品の摂取量が多い。

### 設問B

(1) 5 カ国の中で，ベトナムとタイは米の輸出国であるから自給率は高い。国内供給量は人口に比例すると考えられる。

(2) **論述の指針** 表 2 − 1 から読み取れることとその背景を述べる。Aマレーシアの米の自給率は低く，かつ，次第に低下している。生産量と国内供給量はいずれも増加しているが，国内供給量の増加率のほうが高い。生産量の増加量以上に国内供給量が増加したことが自給率低下の理由である。以上が表から読み取れることである。

> **論述のポイント** A（マレーシア）の自給率の水準とその推移にみられる特徴は，
>
> ポイント① 自給率は低く，次第に低下している。
>
> 生産量・国内供給量の推移は，
>
> ポイント② 生産量・国内供給量とも増加しているが，国内供給量の増加が生産量の増加を上回る（これが自給率低下の要因）。
>
> 国内供給量が増加した背景は，
>
> ポイント③ 工業化による経済発展（所得の向上）や人口増加で，輸入量が増加。

(3) **論述の指針** (2)と同様に，表 2 − 1 から読み取れることとその背景を述べる。Dのインドネシアは自給率が上昇し，近年は 100 ％であるから，米はほぼ自給できている。生産量の増加率が国内供給量の増加率をやや上回っており，生産量の増加が自給率の上昇の背景と考えられる。

> **論述のポイント** D（インドネシア）の自給率の水準とその推移にみられる特徴は，
>
> ポイント① （かつては自給できなかったが）近年はほぼ自給できている。
>
> 生産量・国内供給量の推移は，
>
> ポイント② 生産量・国内供給量とも増加しているが，生産量の増加が上回っている。
>
> 生産量が増加した背景は，
>
> ポイント③ 高収量品種の導入などの緑の革命の成果。

## 解答例

**設問A**　(1)家畜頭数の増加や放牧地造成により砂漠化や森林破壊が進む。

　　　　(2)動物性食品は高脂質で，その生産には水などの資源が大量に使用されるから，その摂取量の多い国々では過剰摂取の悪影響が意識され，健康維持や環境保全の目的で摂取を控えるようになったため。

　　　　(3)アルゼンチンやブラジルはヨーロッパ系白人の割合が高い<u>民族構成</u>で，広大な平原で大規模な牧畜が行われているため動物性食品の摂取量が多いが，ペルーは，<u>山岳地帯</u>で自給的な農業を行う先住民の人口が多く，その<u>食文化</u>はジャガイモや穀物が中心であるため。

**設問B**　(1)A－マレーシア　B－ベトナム　C－タイ　D－インドネシア
　　　　　　E－フィリピン

　　　　(2)生産量は増加したが，工業化による経済発展や人口増加で輸入量が増え，国内供給量の増加が上回り，自給率がさらに低下した。

　　　　(3)人口増加に伴って国内供給量も増加したが，高収量品種の導入などによる生産量の増加が上回り，近年は自給できるようになった。

# 12　ドイツと日本の人口の動向　（2020 年度　第 3 問）

　設問 A は，ドイツの州別人口増減率の統計をもとに，人口増減率の地域差の背景などを問う問題で，ドイツの実情についての知識が必要でありやや難しい。設問 B は，三大都市圏の転入超過人口のグラフをもとに，各都市圏の人口動向の違いとその背景が問われている。これまでにもしばしば出題されてきた高度経済成長期以降の日本経済の動向と人口移動に関する問題である。

## 設問A

(1)　アは「豊富な石炭資源」「製鉄や化学といった重化学工業」からルール工業地域を含む州。イは「エルベ川の上流部」から旧東ドイツ南部の州。ウは「欧州中央銀行の本部」からフランクフルトの位置する州。

(2)　**論述の指針**　表 3 − 1 から人口増加率の高い州と低い州の地域差を読み取り，1990 年〜2000 年という時期の特徴を踏まえて説明する。人口増加率の高い州は順に，ニーダーザクセン（4），ラインラント・プファルツ（7），バーデン・ヴュルテンベルク（9），バイエルン（10）などである。逆に，人口減少率が高い州は順に，ザクセン・アンハルト（14），メクレンブルク・フォアポンメルン（11），ザクセン（16），テューリンゲン（15）などである。

> **論述のポイント**　人口増減率の地域差の特徴は，
> 　**ポイント①**　旧西ドイツの州で人口が増加，旧東ドイツの州で人口が減少。
> その要因は，
> 　**ポイント②**　東西ドイツの統一後の
> 　**ポイント③**　雇用と高所得を求める（東から西への）人口移動による。

(3)　**論述の指針**　1970 年代から 1980 年代にかけては，西部ドイツの州のうち，南部の州で人口増加率が高く，北部の州で人口増加率が低かった。2000 年代以降になると，南部の州の人口増加率が低下し，北部の州の人口増加率が上昇している。この変化の要因が問われている。1970 年代から 1980 年代にかけては，製造業が中心であったから，人口増加率の南北差の要因は，南部と北部の「産業構造」の違いが関係する。「国際競争力」のある産業が立地する地域では人口が増加したと考えられる。2000 年代以降の人口増加率の地域差の縮小は「サービス経済化」の進展が関係する。

> **論述のポイント**　1970 年代から 1980 年代にかけては，南部は，
> 　**ポイント①**　「国際競争力」のある機械工業が発達し，人口が増加した。
> 北部は，
> 　**ポイント②**　鉄鋼や造船が中心で，「産業構造」の転換に後れ，人口が停滞していた。

2000年代以降は，ドイツ全体で，
**ポイント③**　「サービス経済化」が進展し，
**ポイント④**　大都市の多い北部でも雇用機会が増加したため，人口が増加した。

(4)　**論述の指針**　ドイツ全体では自然減少が続いているから，近年の人口増加の要因は**社会増加**である。どの地域からの人口流入によるものであるかを述べる。

**論述のポイント**　ドイツ全体で人口が増加したのは，
**ポイント①**　東欧諸国からの移民や，
**ポイント②**　中東諸国からの難民の流入による。

## 設問B

(1)　**論述の指針**　1960年代前半を中心とした**高度経済成長期**に，人口が三大都市圏に集まってきた理由を，産業構造の変化と産業の立地の観点から説明する問題である。「産業構造の変化」は重化学工業化，「産業の立地」は重化学工業の三大都市圏への立地について述べる。

**論述のポイント**　1960年代前半を中心とした時期は高度経済成長期で，日本の産業構造は，
**ポイント①**　（農業・軽工業から）重化学工業へと変化した。
これらの重化学工業は，
**ポイント②**　三大都市圏（やその周辺の臨海部）に立地した。
このため，
**ポイント③**　三大都市圏では雇用機会が増え，農村部から大量の労働力が移動してきた。

(2)　**論述の指針**　1980年代以降の東京圏，大阪圏，名古屋圏の人口の転出入の違いとその理由を説明する問題である。図3－2から転入超過の東京圏，転出超過の大阪圏，転出入の差の小さい名古屋圏という違いが読み取れる。1980年代以降の**日本経済の動向と産業構造の変化**からこの理由を説明する。

**論述のポイント**　1980年代以降，三大都市圏の転出入の違いは，
**ポイント①**　東京圏は転入超過，大阪圏は転出超過，名古屋圏は転出入の差が小さい。
その背景として，東京圏は，
**ポイント②**　日本経済の国際化，情報化，サービス化による諸機能の首都への一極集中。
大阪圏は，
**ポイント③**　産業構造の転換（サービス経済化）に後れたこと。
名古屋圏は，
**ポイント④**　（製造業が中心であるが，国際競争力のある）自動車工業が発達。

(3) 　論述の指針　1990年代初めを境とする，東京圏内部における人口分布の空間構造
の変化を述べる問題である。人口分布の空間構造は人口増減の地域的違いと考えれ
ばよい。図3－2の東京都特別区部は東京圏の中心部であり，その推移に注目し
て説明する。1990年代初め以降の変化の内容を述べるが，それ以前の状況も簡潔
に述べておく。

> 　論述のポイント　1960年代後半から1990年代初め以前は，東京都特別区部では，
> 　ポイント①　郊外への転出超過が続いていた。
> 1990年代初め以降は，
> 　ポイント②　転入超過に転じ，人口の都心回帰が進んだ。
> その要因は，
> 　ポイント③　バブル経済崩壊後の地価下落と再開発。

## 解答例

**設問A**　(1)アー5　イー16　ウー6
　　　　(2)東西ドイツ統一後の雇用と高所得を求めた人口移動により，旧東
　　　　ドイツの州では人口減少，旧西ドイツの州では人口増加となった。
　　　　(3)かつては国際競争力のある機械工業の発達した南部で人口が増加
　　　　し，産業構造の転換に後れた北部は人口が停滞していたが，サービ
　　　　ス経済化の進展で大都市を中心に北部でも雇用機会が増えたため。
　　　　(4)東欧諸国からの移民や中東諸国からの難民の流入が増えたため。
**設問B**　(1)重化学工業が産業の中心となり，工業立地によって雇用機会が増
　　　　加した三大都市圏に，農村部から大量の労働力が移動したため。
　　　　(2)経済の国際化・情報化により諸機能の首都への一極集中が進んだ
　　　　ため東京圏は転入超過が続くが，産業構造の転換に後れた大阪圏は
　　　　転出超過，自動車工業が発達した名古屋圏は転出入の差が小さい。
　　　　(3)郊外への転出超過が続いた東京都特別区部が，バブル経済崩壊後
　　　　の地価下落や再開発で転入超過となり，人口の都心回帰が進んだ。

# 13　アジアの自然と人間活動，およびメッシュマップの読図

（2019年度　第1問）

設問Aは東・東南アジアの自然環境と人間活動，設問Bはメッシュマップの読図に関する問題である。設問Aでは基本的な知識が問われ，設問Bのメッシュマップの読図も地形図の読図よりは平易で答えやすい。

## 設問A

(1) Pは年中多雨，QとRは高日季（夏季）に多雨，低日季（冬季）に少雨であるが，Rは雨季と乾季が明瞭である。

(2) **論述の指針**　「ため池が作られてきた」理由と，家屋が「高床式となっている」理由を説明する。ため池は**水不足**への対応であり，高床式家屋は**浸水を防ぐ**目的がある。水不足と浸水という相反する現象がみられる理由とともに述べる。

> **論述のポイント**　ため池が作られてきたのは，
> 　**ポイント①**　少雨の際に，生活用水や農業用水を確保するため。
> 家屋が高床式となっているのは，
> 　**ポイント②**　多雨の際に，河川が増水して浸水するのを避けるため。
> 水不足と浸水（水の過剰）という相反する現象がみられるのは，この地域が
> 　**ポイント③**　雨季と乾季が明瞭な気候のため。

(3) **論述の指針**　熱帯の沿岸地域でみられる植生は**マングローブ林**である。論述ではベトナム沿岸でこの植生が失われている理由が問われている。理由は1つではないので，字数の許す限り複数の要因を述べておきたい。

> **論述のポイント**　植生名は，
> 　**ポイント①**　マングローブ林。
> ベトナム沿岸で，この植生が急速に失われているのは，
> 　**ポイント②**　エビの養殖池の造成，
> 　**ポイント③**　薪炭材としての伐採，
> 　**ポイント④**　農地への転用
> など。

## 設問B

(1) **論述の指針**　メッシュマップの標高データから，どこにどのような地形が分布するかを述べる。設問文にある5つの地形の分布を，例文のように「位置—地形」の順に説明すればよい。ただし，説明の順序は工夫を要する。

> **論述のポイント** 海面は，標高0mなので，
> **ポイント①** 南西部には海面がある。
> 沖積低地は，海面近くの標高が低いところなので，
> **ポイント②** 南西部の標高10m未満の地域は沖積低地。
> 台地は，標高10m以上で，沖積低地より内陸側にあるので，
> **ポイント③** 南西部の標高10m以上の地域は台地。
> 山地は，標高の高いところなので，
> **ポイント④** 北部・東部は山地。
> 比較的大きな河川は，山地から流れ，海に注ぐので，
> **ポイント⑤** 北東部から南西部にかけての標高の低いところは，比較的大きな河川。

(2) 人口密度は人口÷面積で計算する。人口は図1－4の数値を全部足すしかない。面積はメッシュの1辺500mから計算する。人口密度の単位は人/km²である。

(3) **論述の指針** 地形と人口分布の対応について述べる。どこで人口が多いのか，どこで人口が少ないのかを述べればよいが，南西部には人口の多いところと少ないところがあることに留意する。

> **論述のポイント** 北部・東部の
> **ポイント①** 山地，谷間などは
> **ポイント②** 平地に乏しいため人口が少ない。
> 南西部では
> **ポイント③** 河川沿いの沖積低地は人口が少ないが，
> **ポイント④** 水害を受けにくい
> **ポイント⑤** 台地や沖積低地中の微高地では人口が多い。

## 解答例

**設問A** (1)P－ウ Q－ア R－イ

(2)雨季と乾季が明瞭な気候で，高床式家屋は雨季の浸水を避けるため，ため池は乾季の生活・農業用水を確保するため。

(3)マングローブ林。薪炭材としての伐採や農地への転用のほか，市場経済化に伴い輸出向けのエビの養殖池の造成が急増したため。

**設問B** (1)北部と東部に山地が広がり，北東部では山地の間を比較的大きな河川が南西に向かって流れている。河川が注ぐ南西端は海面で，南西部の河川沿いや河口付近には沖積低地，山麓には台地がある。

(2)722人/km²

(3)平地に乏しい山地や谷間，河川沿いの低地などは人口が少なく，水害を受けにくい台地や沖積低地中の微高地では人口が多い。

# 14　世界の国際貿易と国際旅行者　　（2019年度　第2問）

設問Aは窒素の排出量から見た国際貿易について，設問Bは外国人旅行者受け入れが多い国や中国・タイからの訪日旅行者数が増加している理由などが問われている。設問Bはよく問われる内容であるが，設問Aはほとんどの受験生にとって初めて見る資料が用いられており，(2)の国名判定や(4)の論述が難しい。

## 設問A

(1)　窒素酸化物による大気の汚染，窒素による水の富栄養化などを考える。

(2)　窒素は，農産物や化石燃料の生産過程で排出されるので，図2−1中で，「輸入品の生産過程での排出の方が多い」国はこれらの産品の輸入国，「輸出品の生産過程での排出の方が多い」国はこれらの産品の輸出国と考えられる。問題文中の窒素の種類についての説明もよく読んで判断しよう。(ア)は輸入品の生産過程での排出の方が多いから，農産物，軽工業製品，化石燃料の輸入国である。(イ)は水溶性窒素だけ輸出品の生産過程での排出の方が多いから，農産物の輸出国と考えられる。(ウ)は窒素酸化物だけ輸出品の生産過程での排出の方が多いから，化石燃料の輸出国と考えられる。(エ)はいずれも輸出品の生産過程での排出の方が多いが，水溶性窒素は農産物以外に衣類などの軽工業製品の生産過程でも排出されることや，窒素酸化物の排出には火力発電での排出が含まれることから，軽工業製品を輸出し，その生産過程で火力発電による電力を多く使用する国と考えられる。

(3)　**論述の指針**　窒素排出量の多い化石燃料や農産物の輸出が多い国は，輸出品の生産過程での排出の方が多くなる。オーストラリアの主要輸出品をあげて説明する。

> **論述のポイント**　オーストラリアは，窒素排出量の多い
> **ポイント①**　肉類，羊毛，小麦などの農産物，
> **ポイント②**　石炭，天然ガスなどの化石燃料の輸出が多い（が，これらの輸入は少ない）。

(4)　**論述の指針**　世界全体の窒素排出量を削減するために，国際的なルール作りが必要とされているのは，各国の自主的な規制に任せるだけでは，国際貿易が行われる限り，世界全体の窒素排出量の削減にはつながらないからである。それは具体的にどういうことなのかを述べる。**農産物や化石燃料などの輸入国は，それらの生産過程で排出される窒素を排出していない**（それゆえ削減もできない）ことから考えてみよう。

> **論述のポイント**　農産物や化石燃料などの輸入国は，
> **ポイント①**　生産過程で窒素を排出していないから，その削減もできない。
> したがって，国ごとの規制では

ポイント② 輸入国は規制の対象外となり，
ポイント③ 輸出国だけに排出削減を課すことになる。
しかし，排出削減の対象となる生産物の多くは国外に輸出されるものであるから，輸出
国は，
ポイント④ 費用等がかかり，生産コストの上昇や生産の縮小を招く窒素の排出削減
には，積極的にはならない。

　このため，国ごとの規制ではなく，たとえば，輸出国が排出した窒素の半分は輸
入国が排出したものとみなすといった排出削減のための国際的なルール作りが必要
である。

## 設問B

(1)　ドイツとロシアは，他の 3 カ国に比べて，外国人旅行者受け入れ数が少ないので
除外できる。

(2)　**論述の指針**　(ア)国と(ウ)国は，フランスとスペインのいずれかである。ともに地中
海に面するヨーロッパの国であることから，共通する自然的，社会的条件を考える。

**論述のポイント**　フランスとスペインの自然的条件は，
ポイント① 夏に晴天の多い気候で，
ポイント② （地中海沿岸などにリゾートに適した）美しい海岸がある。
社会的条件は，
ポイント③ 歴史・文化遺産が多い。
ポイント④ （長期滞在に適した）宿泊施設が整備されている。

(3)　**論述の指針**　中国とタイからの訪日旅行者数が増加している共通の理由を述べる
問題である。指定語句はいずれも旅行者が増加する要因や背景に関するものである
が，「所得階層」は中国・タイ側の理由，「航空」は路線の拡大や運賃の低下などの
理由，「政策」と「入国管理」は日本側の理由として使用する。「政策」と「入国管
理」の使い分けが難しいが，「政策」は包括的な「政策」，「入国管理」はその具体
策として使用するとよいだろう。

**論述のポイント**　中国とタイでは，
ポイント① 経済成長により，（外国旅行が可能な）中・高「所得階層」が増加。
ポイント② （両国と日本を結ぶ）LCC（格安「航空」会社）の就航により，「航空」
路線・便数の増加や「航空」運賃が低下。
これらにより，旅行者数が増加したが，日本の側も，
ポイント③ 「入国管理」に関して，ビザ発給要件の緩和などの
ポイント④ 外国人観光客誘致「政策」を進めている。

## 解答例

**設問A**　(1)大気汚染（酸性雨，水質汚濁なども可）

(2)㋐—日本　㋑—アメリカ合衆国　㋒—ロシア　㋓—中国

(3)窒素排出量の多い肉類，羊毛，小麦などの農産物や石炭，天然ガスなどの化石燃料の輸出は多いが，これらの輸入は少ないため。

(4)生産過程で窒素を排出していない輸入国は削減の対象外で，輸出国だけに排出削減を課すことになり，また輸出国は輸出品の生産において費用等のかかる排出削減には積極的にはならないため。

**設問B**　(1)㋐—フランス　㋑—アメリカ合衆国　㋒—スペイン

(2)夏に晴天が多く，リゾートに適した美しい海岸があり，歴史・文化遺産などの観光資源に恵まれ，宿泊施設も整備されている。

(3)近年の経済成長による中・高所得階層の増加や，LCCの就航増加による航空運賃の低下に加えて，日本の入国管理に関してもビザ発給要件の緩和などの外国人観光客誘致政策が進められたため。

# 15 都道府県の産業構造と 5 つの半島の社会・経済

(2019 年度 第 3 問)

設問 A は産業別就業者比率の変化から見たいくつかの都道府県の産業構造の変化や経済的特徴が問われ，設問 B は 5 つの半島を例に，人口構成の変化や地域経済の変化が問われている。設問 A のような日本に関する統計表の読み取りと背景の考察は思考力が必要であり，設問 B のように地誌的知識が必要な問いは難問となろう。

## 設問 A

(1) **論述の指針** 知識経済化・情報社会化の進展により，全国レベルでどのような地域的変化が生じるかを考える問題である。全国レベルの地域的変化とは，**都道府県間の地域差**と考えてよい。表 3 － 1 の産業のうち，知識経済化・情報社会化の進展に関係する産業は，「情報通信業」と「学術研究，専門・技術サービス業」である。これらが 2010 年から 2015 年の間でどのように変化したかを読み取り，将来の予測を立ててみよう。

> **論述のポイント** 表 3 － 1 で，東京都の「情報通信業」や「学術研究，専門・技術サービス業」の就業者比率が他の道府県よりも高く，かつ 2010 年から 2015 年にかけて，比率が増加している。つまり，
> **ポイント①** （知識経済化・情報社会化の中心となる）情報通信業や学術研究，専門・技術サービス業は，現在でも東京への集中度が高く，
> **ポイント②** 将来は東京への集中度がさらに高くなる
> と考えられる。このため，知識経済化・情報社会化が進展すると，
> **ポイント③** 地方と東京との経済格差が現在以上に大きくなる。

(2) **論述の指針** 医療，福祉の就業者比率が高い都道府県の特徴を 2 つあげて説明する問題である。表 3 － 1 では高知県が該当するが，高知県のような大都市から離れた地方の県で，医療，福祉の就業者比率が高くなる特徴を，表 3 － 1 を踏まえて，一般的に述べればよい。2 つの点は，医療，福祉の就業者比率が高くなる**人口的な特徴**と，医療，福祉の就業者比率が高くならざるを得ない**経済的背景**と考え，それぞれについて説明する。

> **論述のポイント** 高知県で医療，福祉の就業者比率が高いのは，1 つは，
> **ポイント①** （人口流出で）高齢化が進んでおり，医療，福祉の需要が多く，雇用も多い
> からである。しかし，若年労働者の主な雇用先となる
> **ポイント②** 製造業が未発達で，その雇用は少ない。
> そのため，相対的に医療，福祉の就業者比率が高くなる。

(3)　**論述の指針**　表3−1中の東日本大震災の被災地は福島県なので，2010年から2015年の間の福島県の産業構造の変化とその理由を述べる。就業者比率が大きく上昇した「建設業」と，低下した「宿泊業，飲食サービス業」と「製造業」の変化と理由を説明すればよい。

> **論述のポイント**　就業者比率が上昇した
> **ポイント①**　建設業は震災後の復興需要が多い。
> 低下した
> **ポイント②**　宿泊業，飲食サービス業は観光客が減少した。
> **ポイント③**　製造業は工場等が被災した。

(4)　**論述の指針**　北海道と沖縄県に共通する経済的特徴を，表3−1から読み取って述べる。「宿泊業，飲食サービス業」と「建設業」の就業者比率の高さ，「製造業」の就業者比率の低さに着目する。

> **論述のポイント**　北海道と沖縄県は，
> **ポイント①**　（消費地である）大都市圏から離れ（輸送面などの条件が不利なため），製造業は未発達。
> **ポイント②**　豊かな自然に恵まれているため，観光業は盛ん。
> **ポイント③**　公共事業に依存した建設業も多い。

## 設問B

(1)　Aは「遠洋漁業の拠点」「大都市の通勤圏」などから三浦半島，Bは「リアス式海岸」「真珠の養殖」などから志摩半島，Cは「大規模工業基地の建設が計画」「核燃料廃棄物関連の施設が立地」などから下北半島である。

(2)　**論述の指針**　大都市圏に比較的近い半島にもかかわらず，高齢化や人口減少が進んでいるのは，「高度成長期に大都市の通勤圏が外側に拡大するなかで，住宅地開発が盛んに進められた」ことと関係している。

> **論述のポイント**　高齢化と人口減少が進んでいる理由は，
> **ポイント①**　（高度成長期に）住宅地開発により移住してきた人々の高齢化。
> **ポイント②**　（その子どもの世代である）若年層の大都市など他地域への流出。

(3)　**論述の指針**　Dは「海を挟んだ隣の県」「ミカン」などから⑦の国東半島，Eは「漆器産業」などから⑥の能登半島である。空港の整備によって国東半島と能登半島の地域経済がどのように変化したのかを述べる。指定語句の「グローバル化」は結論として用いると説明しやすい。「外国人」は能登半島，「ハイテク産業」は国東半島の説明で用いる。

> **論述のポイント**　国東半島では，

> **ポイント①** （大分空港に近いという利点を生かして）国際航空輸送を利用する「ハイテク産業」が立地。
>
> 能登半島では,
>
> **ポイント②** （空港の開設により, 国際チャーター便が利用できるようになり）「外国人」観光客が増加し, 観光業が成長。
>
> これにより, 両半島では
>
> **ポイント③** 地域経済が「グローバル化」した。

## 解答例

**設問A** (1)知識経済の中心となる情報通信業や専門・技術サービス業が現在以上に東京に集中し, 地方と東京との経済格差が大きくなる。

(2)人口流出で高齢化が進んでおり需要のある医療や福祉の雇用は多いが, 製造業が未発達で若年労働者の雇用先として不十分である。

(3)復興事業の需要の多い建設業は増加したが, 製造業や宿泊業, 飲食サービス業は工場の被災や観光客の減少により縮小している。

(4)大都市圏から離れていて製造業は未発達だが, 豊かな自然を生かした観光業や公共事業に依存した建設業が相対的に発達している。

**設問B** (1)A―② B―⑤ C―①

(2)住宅地開発時に移住した人々の高齢化と若年層の流出のため。

(3)D半島では空港に近接した地域に国際航空輸送を利用するハイテク産業が立地し, E半島では空港を利用した外国人観光客の増加により観光業が成長するなど, 地域経済のグローバル化が進んだ。

# 第 2 章　2018〜2014 年度

解答用紙は，横書きで〈地理歴史〉共通。1 行：30 字詰。

# 16　地球環境と気候

（2018年度　第1問）

　設問Aは，大気中の二酸化炭素濃度の変化を示したグラフを用いて，変化の背景や将来予測などが問われ，設問Bは，熱帯低気圧の経路を示した地図を用いて，経路の特徴，発生しない海域の理由，被災者増加の理由となる自然的，社会的変化などが問われている。図の読み取り力と環境問題や自然災害への関心を見る問題である。

## 設問A

(1)　**論述の指針**　二酸化炭素濃度の増加に関係する人間活動を2つあげる。

> **論述のポイント**　2つの人間活動とは，
> **ポイント①**　（産業，運輸などにおける）化石燃料の消費増。
> **ポイント②**　（二酸化炭素を吸収する役割を持つ）森林の伐採。

(2)　**論述の指針**　図1－1で，二酸化炭素濃度は半年間増加すると半年間減少し，それを規則的に繰り返しながら全体として増加している。詳しく見ると，北半球の冬季に増加し，夏季に減少しており，その理由を考える。**大気大循環**の影響で，北半球と南半球の大気は混ざりにくいが，北半球の同緯度帯の大気は比較的混ざりやすい。太平洋の真ん中にあるハワイであっても，北半球の他地域の二酸化炭素の排出と吸収の影響を受けている。

> **論述のポイント**　北半球の冬季に二酸化炭素濃度が増加し，夏季に減少している。夏季には，
> **ポイント①**　（陸地の多い）北半球では植物も多く，植物の光合成が活発。
> このため，二酸化炭素の吸収量が増加し，二酸化炭素濃度が減少する。冬季には，
> **ポイント②**　植物の光合成が不活発。
> このため，二酸化炭素の吸収量が減少し，二酸化炭素濃度が増加する。また，北半球では，
> **ポイント③**　冬季には暖房などによる二酸化炭素の排出量が増える
> ことも関係している。

　南半球では，二酸化炭素濃度が北半球よりも低く，季節変動も小さい。陸地の少ない南半球では植物の量が少ないため，光合成による季節変化が小さく，人口も少ないため，人間活動による排出量も少ないからである。

(3)　**論述の指針**　図1－2のAは温暖化対策が行われずに，二酸化炭素濃度が上昇し続けるシナリオ，Dは温暖化対策が行われ，二酸化炭素濃度の上昇が抑えられるシナリオである。それぞれ人間活動がどのようになり，地球環境がどのようになるかを，指定語句を用いて説明する。指定語句の「固定」は使い方が難しいが，温暖化対策の1つとして，二酸化炭素の「固定」がある。

> **論述のポイント**　Aのシナリオは,
> 　**ポイント①**　温暖化対策がなされず,「エネルギー」消費量が増え続け,
> 二酸化炭素濃度が上昇し続けるため,
> 　**ポイント②**　「気温」が上昇し続ける。
> Dのシナリオは,
> 　**ポイント③**　省「エネルギー」や二酸化炭素の「固定」などの温暖化対策が行われ,
> 二酸化炭素濃度の上昇が抑えられるため,
> 　**ポイント④**　「気温」の上昇が抑えられる。

## 設問B

(1)　台風以外の他の2つは, サイクロンとハリケーンである。

(2)　**論述の指針**　熱帯低気圧の進路は恒常風の影響を受ける。

> **論述のポイント**　低緯度で西に向かうのは,
> 　**ポイント①**　貿易風の影響。
> 中緯度で東に向かうのは,
> 　**ポイント②**　偏西風の影響。

(3)　**論述の指針**　低緯度の海域でも熱帯低気圧が発生しないのは, **海水温が低い**ためである。海水温が低い理由とともに答える。

> **論述のポイント**　南米大陸の周辺の海で熱帯低気圧がほとんど発生しないのは,
> 　**ポイント①**　寒流やその延長となる海流が流れており,
> 　**ポイント②**　海水温が低いため。

　太平洋のペルー海流は寒流であり, 大西洋のブラジル海流は暖流であるが, 寒流のベンゲラ海流の続きで水温が低い（赤道付近の大西洋は幅が狭いため, この間の水温上昇は小さい）。

(4)　**論述の指針**　熱帯低気圧の強度や発生頻度が増大しなくても, 被災者が増えるのは, 自然と社会の変化によって被害を受ける地域が拡大するためである。それぞれについて具体的に説明する。

> **論述のポイント**　被災者が増えるのは, 自然の変化として,
> 　**ポイント①**　地球温暖化による海面上昇で,
> 　**ポイント②**　高潮による被害を受ける地域が拡大するため。
> 社会の変化としては,
> 　**ポイント③**　人口増加に伴い
> 　**ポイント④**　沿岸低地などの被害を受けやすい地域に居住地が拡大するため。

**解 答 例**

**設問A** (1)化石燃料の消費量の増加と森林伐採の拡大。

　　　　(2)植物の多い北半球では，夏は光合成が活発で二酸化炭素濃度が減少するが，冬は不活発で暖房等による排出が多いため増加する。

　　　　(3)Aでは，温暖化対策が行われずにエネルギー消費量が増え続け，気温が上昇し続けるが，Dでは，省エネルギーや二酸化炭素の固定などの強力な温暖化対策が実行され，気温上昇が抑えられる。

**設問B** (1)サイクロン—南アジア～オーストラリア～東アフリカ
　　　　　ハリケーン—北～中央アメリカ

　　　　(2)低緯度で東寄りの貿易風，中緯度で偏西風の影響を受けるため。

　　　　(3)沖合を寒流やその延長となる海流が流れ，海水温が低いため。

　　　　(4)地球温暖化による海面上昇で高潮の被害を受ける地域が拡大し，人口増加により浸水しやすい沿岸低地へ居住地が拡大するため。

# 17 海域をはさんだ地域のつながり （2018年度 第2問）

設問Aは，アジアの港湾の変化，海運による貿易品目，パナマ運河拡張工事の影響など国際海運に関する問題であり，設問Bは，インド洋を取り巻く国々について，統治と宗教，インド系住民の居住理由，経済関係などが問われている。いずれも具体的事例に関する問題で，基本的知識とその応用力が必要である。

## 設問A

(1) **論述の指針** コンテナ取扱量で，香港は地位が低下したが，シンガポールは地位を維持している理由を説明する問題である。香港の地位低下は，表2−1で，上海，深圳，寧波などの**中国の港湾の順位が上昇している**ことと関係している。シンガポールの地位が維持されているのは，ASEANの域内分業の進展と関係している。指定語句のうち，「製品」は工業「製品」あるいはそのまま「製品」として，「中継」は「中継」貿易あるいは「中継」機能として使用し，「経済発展」は中国と関連づけるのがよいだろう。

> **論述のポイント** 香港の地位が低下したのは，中国では，
> **ポイント①** 「経済発展」により，
> **ポイント②** （上海，深圳，寧波などの）他の港湾が整備され，工業「製品」を扱うコンテナの取り扱いが分散したため
> であり，シンガポールの地位に変化がないのは，
> **ポイント③** ASEANの域内分業の進展により，
> **ポイント④** 「中継」機能が維持されているため。

(2) 鉄鉱石と石炭の主要輸出国が該当する。

(3) **論述の指針** パナマ運河の拡張工事により，東アジアの輸出入品輸送はどのような影響を受けるかを説明する問題である。パナマ運河を利用するのは，東アジアと「アメリカ大陸」東部を結ぶ輸送である。どちらからどちらへどのような品目が輸送され，運河拡張による船舶の大型化や「陸上輸送」を経由しないことが「輸送費」にどのような影響をもたらすのかを述べる。「コンテナ船」は主に工業製品，「ばら積み船」は，設問Aの問題文にあるように，鉱石や穀物の輸送に用いられるが，鉱石専用船は「非常に大型のものが多い」とあり，拡張工事後のパナマ運河では「非常に大型の船舶以外は通行が可能になった」とあるので，穀物に限定してよい。

> **論述のポイント** 東アジアの輸出入でパナマ運河を利用する地域と輸出入品は，
> **ポイント①** 「アメリカ大陸」東部への「コンテナ船」を利用した工業製品の輸出
> **ポイント②** 「アメリカ大陸」東部からの「ばら積み船」を利用した穀物の輸入

である。パナマ運河の拡張工事により，
　**ポイント③**　これらの船舶が大型化し，
　**ポイント④**　「陸上輸送」を経由しなくても済むため，
　**ポイント⑤**　「輸送費」が低下し，輸送量も増加する。

## 設問B

(1)　**論述の指針**　世界最大のムスリム人口を擁するA国は**インドネシア**である（B国
　はインド）。イランとインドネシアの統治のあり方の違いを，宗教の位置づけの違
　いから説明する。宗教に基づいた統治が行われる国家か，世俗国家かの違いである。

　　**論述のポイント**　イランは，
　　**ポイント①**　イスラーム法に基づいた政教一致のイスラーム国家。
　　A国は，
　　**ポイント②**　政教分離の民主主義国家。

(2)　**論述の指針**　マレーシアと南アフリカ共和国にインド系住民が多数居住する歴史
　的背景を説明する。いずれも**イギリス植民地時代**に移住した人々の子孫が多い。

　　**論述のポイント**　マレーシアと南アフリカ共和国は，
　　**ポイント①**　ともにイギリスの植民地時代に，プランテーション農業が行われ，
　　**ポイント②**　マレーシアは「ゴム」農園，
　　**ポイント③**　南アフリカ共和国は「さとうきび」農園の
　　**ポイント④**　労働力として，インドから移住した。

(3)　**論述の指針**　東南アジア諸国とアフリカ東南部インド洋沿岸諸国との経済関係は，
　東南アジアの方が工業化が進み，経済が発展しているため，東南アジアからアフリ
　カへの輸出や投資が活発になると考えられる。その分野について，理由とともに述
　べる。

　　**論述のポイント**　東南アジア諸国からアフリカ東南部インド洋沿岸諸国へは，
　　**ポイント①**　工業製品の輸出が増え，
　　**ポイント②**　資源開発への投資も増える。
　　その理由は，アフリカ東南部インド洋沿岸諸国は，
　　**ポイント③**　人口増加率が高く，市場としての魅力があり，
　　**ポイント④**　未開発の資源が豊富。

## 解答例

**設問A** (1)香港は中国の経済発展で他の港湾に工業製品の貿易が分散したが，シンガポールは域内分業の進展で中継機能を維持しているため。

(2)(ア)－オーストラリア　(イ)－ブラジル

(3)アメリカ大陸東部との間のコンテナ船による工業製品の輸出やばら積み船による穀物の輸入は，船舶の大型化と陸上輸送を経由しない輸送路の利用により，輸送費が低下し輸送量が増加する。

**設問B** (1)A－インドネシア　B－インド　イランはイスラーム法に基づく政教一致の国家であるが，A国は政教分離の民主主義国家である。

(2)イギリスの植民地時代にマレーシアへ天然ゴム，南アフリカ共和国へさとうきびのプランテーションの労働力として移住したため。

(3)人口増加率が高く市場が拡大しているため工業製品の輸出が増え，未開発の資源が豊富なため資源開発への投資が活発になる。

## 18　日本の人口と都市　　　　(2018年度　第3問)

　設問Aはいくつかの都道府県の人口減少とその地域差，設問Bは自然条件から見た鹿児島，広島，金沢の都市の成立と拡大，設問Cは大都市の土地利用と生活に関する問題である。日本の人口と都市の諸問題に関して，現状の理解力と思考力が問われているが，論述量が多く難易度もやや高めである。

### 設問A

(1)　AとDは1985年から2015年まで人口増加が続いているが，常にAの方が人口増加率が高い。Bは1990〜95年のみ人口が減少したが，近年は人口増加率が高い。Cは1995年以前の人口増加率が高かったが，近年は低下している。

(2)　**論述の指針**　山梨県と和歌山県の人口減少率が大きい共通の理由が問われている。両県の人口減少率が大きいのは，周辺の都府県に比べて，**社会減少率が大きいため**と考えられる。両県の共通点を考えると，大都市との「距離」は比較的近いこと，「地形」が山がちであること，新幹線のような「高速交通」がないことなどがあげられる。これらの点が人口の社会減少にどうつながるかを考えてみる。

> **論述のポイント**　山梨県と和歌山県の共通点は，
> **ポイント①**　大都市から比較的近「距離」に位置すること。
> しかし，
> **ポイント②**　山がちな「地形」であること，
> **ポイント③**　「高速交通」が発達していないこと，
> などにより，
> **ポイント④**　「移動」に時間がかかり，
> **ポイント⑤**　（通勤圏とはならず）県外への人口の流出が多い。

(3)　**論述の指針**　①三大都市圏に近い県と遠隔地の県との人口減少率の違い，②同じ地方ブロック内での県による人口減少率の違いの理由が問われている。①と②の人口減少率が小さい県の理由は若干異なるが，まとめて説明してもよいだろう。①と②の人口減少率が大きい県は，理由が共通しているので，まとめて説明する。これらの県では，人口の社会減少とともに**自然減少**も大きい。

> **論述のポイント**　同じ地方ブロックでも，人口減少率が小さい県は，
> **ポイント①**　「都市規模」が大きい「広域中心」都市を有する県
> であり，三大都市圏に近い県とともに，
> **ポイント②**　「工業化」が進み，商業・サービス業が発達。
> このため，
> **ポイント③**　雇用機会が多く，人口流出が少ない。
> その他の県（遠隔地の県や地方ブロック内で人口減少率が大きい県）は，

ポイント④ 「農村」の「過疎化」が進み，雇用機会も少なく，
ポイント⑤ 少子高齢化による自然減少と人口流出による社会減少が著しい。

## 設問B

(1) **論述の指針** 3都市とも**城下町**であり，「当初の都市域の場所」は城跡の記号の周辺である。それがどのような地形か，その後拡大した場所はどのような地形かを，図3－3の地図から読み取る。

> **論述のポイント** 鹿児島：当初の都市域の場所は，
> ポイント① 丘陵の麓。
> その後拡大した場所は，
> ポイント② 海岸沿いの平野，埋立地，丘陵上など。
> 広島：当初の都市域の場所は，
> ポイント③ 三角州。
> その後拡大した場所は，
> ポイント④ 三角州末端の沖積低地，山麓や谷筋。
> 金沢：当初の都市域の場所は，
> ポイント⑤ 河川沿いの台地（河岸段丘）。
> その後拡大した場所は，
> ポイント⑥ 扇状地，海岸砂丘。

(2) **論述の指針** 広島と鹿児島では，海岸の低地と山地・丘陵の麓や上に市街地が拡大した。海岸付近で発生する自然災害と山地・丘陵の麓などで発生する自然災害について述べる。

> **論述のポイント** 広島と鹿児島でリスクが増大した自然災害は，海岸沿いの低地に市街地が拡大したことによる
> ポイント① 台風襲来時の高潮による浸水，地震の際の液状化など。
> また，山地・丘陵の麓や上に市街地が拡大したことによる
> ポイント② 豪雨によるがけ崩れや土石流などの土砂災害。

## 設問C

(1) **論述の指針** 大都市の土地利用と生活圏との関係について説明する問題である。土地利用と生活圏の関係という出題の意図の解釈が難しいが，会話文の内容と指定語句から，都心と郊外を取り上げ，土地利用の違いとそれに関係する生活圏の違いを説明する。生活圏は**通勤圏**や**買い物圏**を思い浮かべればよい。

> **論述のポイント** 大都市の都心と郊外では「地価」の違いにより土地利用が異なる。都心では，
> ポイント① 「地価」が高いため，

　　ポイント②　オフィスの集積する「中心業務地区」とデパートや専門店が立地する商
　　　　　　　　業地区が形成される。
　そこは，生活圏としては
　　ポイント③　郊外からの通勤者が集まり，高級衣類などの買い回り品の購入先となる。
　地価の安い郊外では，
　　ポイント④　住宅地が広がり，
　　ポイント⑤　近所のスーパーなどで「生鮮食品」などの最寄り品を購入する日常的な
　　　　　　　　生活圏となる。

(2)　論述の指針　かつては日常の買い物が便利であったが，最近ではそれが不便になっ
　た地域がある理由を説明する問題である。それはどのような地域で，どのような
　理由があるのかを説明する。理由は消費者側と商業施設側の両面から考えてみる。

　　論述のポイント　地域の例として，
　　ポイント①　郊外のニュータウンなど。
　消費者側の理由として，
　　ポイント②　少子化や高齢化が進み，購買力が低下していること。
　商業施設側の変化として，
　　ポイント③　（遠方の幹線道路沿いの）大型商業施設が増え，
　ポイント②の理由とも合わさって，
　　ポイント④　徒歩圏内にあった日用品を扱う商店がなくなってしまったこと。

## 解答例

設問A　(1)A─沖縄県　B─東京都　C─埼玉県　D─福岡県
　　　　(2)大都市からの距離は近いが，地形が山がちで高速交通が未発達な
　　　　ことから，移動に時間がかかり，人口の流出が進んでいるため。
　　　　(3)三大都市圏に近い県や都市規模が大きい広域中心都市をもつ県は，
　　　　工業化の進展やサービス業の発達で雇用機会が多いが，その他の県
　　　　は農村の過疎化が進み，少子高齢化と人口流出が著しいため。
設問B　(1)鹿児島は丘陵の麓から海岸沿いの低地や丘陵上へ拡大した。
　　　　広島は三角州からその末端の沖積低地と山麓や谷筋に拡大した。
　　　　金沢は河川沿いの台地から扇状地や海岸砂丘に拡大した。
　　　　(2)海岸低地では台風の際の高潮による浸水や地震の際の液状化，山
　　　　地や丘陵では豪雨時のがけ崩れや土石流などのリスクが増大した。
設問C　(1)地価の高い都心には郊外から通勤者が集まる中心業務地区や買い
　　　　回り品を購入する商業地区が形成され，地価の安い郊外は住宅地と
　　　　なり，近隣で生鮮食品などの最寄り品を購入する生活圏ができる。
　　　　(2)郊外のニュータウンでは，少子高齢化による購買力の低下と域外
　　　　の大型商業施設の増加で，徒歩圏内にあった商店が廃業したため。

# 19　太平洋の島々の自然，経済，領域，および世界の 3 つの島の自然と産業

(2017 年度　第 1 問)

設問 A は太平洋の島々の自然の特徴，経済的困難さの背景，領域の定義について，設問 B は世界の 3 つの島の自然と産業について問う問題である。設問 A の(2)と設問 B の(3)はやや漠然とした問いで，内容を絞りづらいが，それ以外は書くべきことが明瞭である。

## 設問 A

(1) **論述の指針**　「太平洋の中央部で，火山島とサンゴ礁島が，北西から南東の方向に並んでいる」のは，北緯 15°〜30°，西経 150°〜180°の範囲にある島々で，ハワイ諸島とミッドウェー諸島である。北西から南東に一列に並んでいる理由と，**北西にサンゴ礁島，南東に火山島がある理由**を説明する。

> **論述のポイント**　北西から南東に一列に島が並ぶのは，
> **ポイント①**　南東端にあるホットスポットで形成された火山島が
> **ポイント②**　太平洋プレートとともに北西に移動
> したためで，
> 　北西にサンゴ礁島，南東に火山島があるのは，火山島が形成されるのは南東端だけで，そこで形成された火山島は，プレートの移動とともに，
> **ポイント③**　長い間に侵食作用や沈降作用を受けて小さくなり，周囲にサンゴ礁が形成された
> ためである。

(2) **論述の指針**　「先進国からの支援や，移民の出稼ぎによって経済が維持されている」ということは経済的自立が困難なことを示している。これに関わる「小島嶼国の地理的な特徴」としては，面積が小さい，資源がない，孤立的で他地域と離れているなどが考えられる。

> **論述のポイント**　小島嶼国の地理的な特徴は，
> **ポイント①**　面積が小さいため，農地も狭く，食料生産が不十分。
> **ポイント②**　資源がないため，産業も未発達。
> **ポイント③**　孤立的で，交通の便が悪く，他地域との交流があまりないので，貿易や観光も盛んではない。
> 以上から，経済的自立が困難である。

(3) **論述の指針**　領海と排他的経済水域の定義を述べる。指定語句から，沿岸からの範囲，沿岸国の「主権」の強弱のほか，「資源」「環境」，船舶等の「航行」などについて具体的に説明する必要がある。

> **論述のポイント** 領海は,
> **ポイント①** 沿岸から12「海里」の範囲。
> **ポイント②** 沿岸国の完全な「主権」が及ぶ。
> 排他的経済水域は,領海の外側で,
> **ポイント③** 沿岸から200「海里」の範囲。
> **ポイント④** 「資源」開発や「環境」保全に関しては,沿岸国の管轄権が及ぶ。
> しかし,
> **ポイント⑤** 船舶等の「航行」は自由。

(4) aは日本の東端,bは日本の南端の島である。

(5) **論述の指針** 小笠原諸島の年降水量が少なく,南西諸島の年降水量が多いのは,両者の位置の違いによる。大洋上にある小笠原諸島で年降水量が少ない理由と,大陸に近い南西諸島で年降水量が多くなる理由を説明する。

> **論述のポイント** 小笠原諸島は,大陸から離れた太平洋上の島々で,
> **ポイント①** 太平洋高気圧(小笠原高気圧)の影響を受ける。
> よって年降水量が少ない。
> 南西諸島は,大陸に近く,
> **ポイント②** 移動性低気圧,梅雨前線,台風などの影響を受けやすい。
> よって年降水量が多い。

## 設問B

(1) aはカリマンタン島,bはマダガスカル島,cはバフィン島である。

(2) **論述の指針** 出入りの多い海岸線の特徴を,高緯度に位置することから説明する。

> **論述のポイント** 海岸線の特徴は,
> **ポイント①** 奥行きのある細長い湾が連続している(フィヨルド)。
> それが生じた原因は,
> **ポイント②** 氷食谷に海水が浸入したため。

(3) **論述の指針** aは熱帯雨林気候で,新期造山帯に属する。bは熱帯雨林気候のほか島の西部には乾燥気候も分布する。乾燥気候が分布するのは南東貿易風に対して山地の風下になるためである。大地形は安定陸塊に属する。これらの違いから農林水産業と鉱業の特徴を述べる。

> **論述のポイント** aは熱帯雨林気候が広がり,
> **ポイント①** 林業や油ヤシの栽培が盛ん。
> 新期造山帯なので
> **ポイント②** 原油の採掘も行われる。
> bは南東貿易風の影響で,東部は多雨,西部は少雨となり,東部では
> **ポイント③** 稲作などの農業が盛ん。

安定陸塊なので

ポイント④ 各種のレアメタルの採掘も行われている。

## 解答例

**設問A** (1)南東端のホットスポットで形成された火山島が，プレートととも
に北西に移動し，侵食や沈降によってサンゴ礁島となったため。

(2)国土が狭く食料生産が不十分なうえ，資源も乏しく産業が未発達
であり，孤立的で交通の便が悪く貿易や観光も盛んではないため。

(3)<u>領海</u>は沿岸から12<u>海</u>里の範囲で沿岸国の完全な<u>主権</u>が及ぶ。排他
的経済水域は領海の外側の沿岸から200海里の範囲で，船舶等の<u>航</u>
<u>行は自由</u>であるが，資源開発や環境保全は沿岸国が権利を有する。

(4) a ー南鳥島　 b ー沖ノ鳥島

(5)大洋上に位置する小笠原諸島は太平洋高気圧の影響下にあるが，
大陸に近い南西諸島は低気圧や梅雨前線の影響を受けやすいため。

**設問B** (1) a ー赤道　 b ー南回帰線　 c ー北極線

(2)氷食谷に海水が浸入してできた細長い湾が連続している。

(3) a は熱帯雨林気候の下で林業や油ヤシの栽培が盛んで，新期造山
帯のため原油も採掘される。 b は南東貿易風の影響で多雨となる東
部で稲作が行われ，安定陸塊のためレアメタルの採掘もみられる。

# 20　世界の水資源と環境問題 （2017年度　第2問）

　設問Aはエチオピアとエジプトの水資源，仮想水の考え方などについて，設問BはPM
2.5の増加やその発生原因などについて問う問題である。設問Aの(3)は題意の把握が難し
いが，他の論述問題は答えやすい。

## 設問A

(1)　ウとエは年平均降水量から容易に判定できる。アとイの区別は水資源量の差や，
　　水資源量と1人あたり水資源量から人口が計算できることから判定する。

(2)　**論述の指針**　水資源量は「国内で利用することができる再生可能な水資源の量
　　（表層水と浅層地下水の合計）」とある。表層水は河川，湖などの水であり，国外
　　で降った雨を集めて流れてくる河川の水も含まれる。

　　**論述のポイント**　エジプトの水資源量が年降水総量よりも多いのは，
　　　**ポイント①**　外来河川のナイル川の水が利用できるため。

　　　なお，エジプトの水資源量については，2005年度第1問設問B(2)でも出題され
　　ているが，その問題と2017年度の問題では水資源量の定義が異なるようである。

(3)　**論述の指針**　エチオピアの水資源の特徴を自然と社会の両面から説明する問題で
　　ある。「エチオピアとエジプトの間には水資源をめぐる対立」があり，その対立に
　　は，「エチオピアの水資源の特徴が背景となっている」とある。エチオピアは，エ
　　ジプトを流れるナイル川の上流に位置するから，両国の対立はナイル川の水利用に
　　関することと考えられる。ただし，両国の対立ではなく，エチオピアの水資源の特
　　徴を述べる問題であることに注意する。エジプトは1人あたり水資源量よりも1人
　　あたり水使用量が多いが，エチオピアはその逆で，1人あたり水資源量に比べて，
　　1人あたり水使用量がきわめて少ない。エチオピアでは水資源は豊富であるが，そ
　　れが有効に利用されていないと言える。その要因は，1つはエチオピアの自然環境
　　（地形と降水のあり方），もう1つはエチオピアの経済水準が関係している。

　　**論述のポイント**　エチオピアは，
　　　**ポイント①**　内陸の高原に位置し，降水は雨季に集中する。
　　　**ポイント②**　経済水準の低い後発発展途上国。
　　このため，水資源の特徴として，これまでは
　　　**ポイント③**　雨季の豊富な水を十分に利用しないまま，下流に流出させていた。
　　現在は，
　　　**ポイント④**　ナイル川（青ナイル川）にダムを建設している。
　　　これによりナイル川の水量が減少し，下流のエジプトで利用できる水が少なくなるの
　　で，両国が対立した。

(4)　**論述の指針**　水資源の間接的利用とは，指定語句から判断すると，**バーチャルウォーター（仮想水）**のことと考えられる。農畜産物を輸入すると，間接的にその生産に使用された水も輸入しているという考え方である。

> **論述のポイント**　日本のような
> **ポイント①**　食料「自給率」の低い国は，
> 食料輸入の際に，
> **ポイント②**　「穀物」の生産に使用された水，
> **ポイント③**　「家畜」の飼育に使用された水
> も輸入しているという考え方。

## 設問 B

(1)　A と B は，エネルギー供給量が 1 位と 3 位の国で，いずれも石炭の供給割合が高い。

(2)　**論述の指針**　PM2.5 の発生原因には，自然的なものと人為的なものとがあるが，ここでは物の燃焼などによって直接排出される人為的起源のものを考える。エネルギー使用の増加やエネルギー構成の特徴だけでなく，PM2.5 の発生を抑える対策がとられていないことにも触れておく。

> **論述のポイント**　A の中国，B のインドで，PM2.5 の増加をもたらしている原因は，
> **ポイント①**　経済発展が著しく，エネルギー使用量が急増している
> ことと，エネルギー構成で，
> **ポイント②**　（PM2.5 の排出が多い）石炭の割合が高い
> ためである。
> その社会的背景として，
> **ポイント③**　経済発展が優先され，環境技術の開発など大気汚染対策が遅れている
> ことが指摘できる。

(3)　「人口密度が希薄な地域」とは，砂漠，熱帯雨林，タイガなどの地域が該当する。ここでは微粒子発生の自然的要因を考える。

## 解答例

設問A　(1)ア—オーストラリア　イ—カナダ　ウ—マレーシア
　　　　エ—クウェート
　　　(2)水資源量には外来河川のナイル川の水が含まれるため。
　　　(3)内陸の高原国で経済力もないため，雨季の豊富な水を有効利用で
　　　きずに下流に流出させていたが，現在はダム建設を進めている。
　　　(4)食料自給率の低い国は，農畜産物の輸入先から穀物生産や家畜飼
　　　育のために使用された水も間接的に輸入しているという考え方。
設問B　(1)A—中国　B—インド
　　　(2)経済発展によりエネルギー使用量が急増し，中でも汚染をもたら
　　　す石炭の割合が高く，発展優先で大気汚染対策が遅れているため。
　　　(3)黄砂の飛散（大規模な森林火災でも可）

# 21 ヨーロッパと日本の産業・社会の変化

**（2017 年度 第 3 問）**

設問Aはヨーロッパ 4 カ国の人口と人口問題について，設問Bは工業種の立地の違いやいくつかの県の工業の変化などが問われている。設問Bは，頻出の日本に関する統計を使用した問題であるが，最近の日本の工業や経済の動向についての知識と関心が必要であり，やや難しい。

## 設問A

(1) ウとエは人口が減少している。ヨーロッパで人口が減少しているのは東ヨーロッパ諸国とドイツが該当する。アとイの区別はやや難しいが，2010 年まではアよりもイのほうが人口増加率が高いことから判断する。また，一般に，経済が成熟するにつれて，生産工程・労務的職業や事務・サービス・販売職よりも，管理的・専門的・技術的職業の割合が高くなることも判断材料となる。

(2) **論述の指針** ウ国（ドイツ）では，図 3 － 2 から若年層の人口割合が低下し，高齢化が進んでいることがわかる。それぞれに関連する経済的問題を説明する。

> **論述のポイント** 若年層の減少は，
> **ポイント①** 労働力不足をもたらし，産業発展や経済成長を遅らせる。
> 高齢者の増加は，
> **ポイント②** 社会保障費の増大をもたらし，財政を圧迫する。

(3) **論述の指針** エ国（ブルガリア）における人口減少の要因は，自然減少と社会減少である。1990 年以降のそれぞれの背景を含めて説明する。

> **論述のポイント** 自然減少は，
> **ポイント①** 社会主義体制の崩壊による社会不安から生じた出生率の低下と死亡率の上昇による。
> 社会減少は，
> **ポイント②** EU 加盟による西欧諸国への若年層の流出による。

(4) **論述の指針** 年少層の人口規模が相対的に大きいのは，出生率が高いことを示している。その要因について，政策に関連することを説明する。指定語句のうち，「女性の社会進出」は，表 3 － 1 の管理的・専門的・技術的職業に従事する女性の割合が高いことと結びつけるとよい。こうした「女性の社会進出」を促す，またはその結果としての政策による「労働環境」の整備が出生率の上昇をもたらしたとまとめる。

> **論述のポイント**　ア国（スウェーデン）では，管理的・専門的・技術的職業に従事する
> 女性の割合が高いことから，
> 　**ポイント①**　「女性の社会進出」が活発。
> これを背景に，
> 　**ポイント②**　育児休業制度の充実，勤務時間の短縮
> などの
> 　**ポイント③**　育児と就労の両立ができる「労働環境」が整備された。
> このため，出生率が上昇した。

## 設問B

(1)　Cは食料品，Dは化学および石油製品・石炭製品や鉄鋼業などの臨海立地型の重
　　化学工業で上位の都道府県である。AとBは時代が進むにつれてどの業種も順位を
　　下げているが，重化学工業ではAよりもBが上位にある。

(2)　**論述の指針**　1963 年〜1988 年の間で，輸送用機械は上位 5 都道府県の割合がほと
　　んど変わっていないが，電気機械では大きく低下している。その理由を説明する問
　　題である。輸送用機械は立地移動があまりなく，**特定の都道府県に集中**しているが，
　　電気機械は全国に**分散立地**したと言える。その理由をそれぞれの業種の特徴から説
　　明する。

> **論述のポイント**　輸送用機械は，
> 　**ポイント①**　関連産業の集積の利益があり，立地移動しにくい。
> 電気機械は，
> 　**ポイント②**　労働集約的で，安価な労働力と土地を求めて，各地に移転した。

(3)　**論述の指針**　2008 年から 2013 年にかけて出荷額等が大幅に減少したのは，情報
　　通信機械や電子部品等が上位業種の県である。わずかな減少にとどまったのは，輸
　　送用機械や鉄鋼・化学が上位業種の県である。出荷額等の減少は世界的な金融危機
　　の影響だが，「アジア」諸国との競争，製品の国内需要，「輸出」競争力などの点か
　　ら製品（産業）による違いを説明する。

> **論述のポイント**　出荷額等が大幅に減少したのは，
> 　**ポイント①**　世界金融危機後の「アジア」諸国との競争に敗れた
> 　**ポイント②**　「デジタル家電」の生産が多かった県。
> 出荷額等の減少がわずかだったのは，
> 　**ポイント③**　自動車などの輸送用機械や鉄鋼など
> 　**ポイント④**　世界金融危機後も国内需要や「輸出」競争力のある産業が上位の県。

## 解答例

**設問A** ⑴アースウェーデン　イースペイン　ウードイツ
エーブルガリア

⑵若年層の減少による労働力不足が産業発展や経済成長を鈍化させ,
高齢者の増加による社会保障費の増大が財政を圧迫する。

⑶社会主義体制崩壊後の社会不安から生じた出生率低下と死亡率上
昇による自然減と EU 加盟後の西欧諸国への若年層の流出による。

⑷女性の社会進出を背景に育児休業制度の充実や勤務時間の短縮な
ど育児との両立可能な労働環境を整備したため出生率が上昇した。

**設問B** ⑴A－東京　B－大阪　C－北海道　D－千葉

⑵輸送用機械は関連産業の集積の利益から移動しにくいが,労働集
約的な電気機械は生産費の安い地域を求めて各地に移転したため。

⑶世界金融危機後も国内需要や輸出競争力のある鉄鋼や自動車など
の産業が上位の県はわずかな減少にとどまり,アジア諸国との競争
に敗れたデジタル家電の生産が盛んだった県は大幅に減少した。

## 22　アメリカ合衆国の人口と都市，ヨーロッパ諸国の社会・文化指標

　　設問Aはアメリカ合衆国の人口分布の特徴，設問Bはメガロポリスの人口変化，設問C
はヨーロッパ諸国の社会・文化指標による区分に関する問題である。設問Aの(2)と(3)は題
意の把握が難しい。特に(3)は中西部の位置がわからなければ解答できないだろう。

---

### 設問A

(1)　**論述の指針**　東半分と西半分の地形と気候の違いから説明する。

> **論述のポイント**　東半分は
> **ポイント①**　湿潤で平野が広い。
> 西半分は
> **ポイント②**　乾燥し，山岳部が多い。

(2)　**論述の指針**　Aはデンヴァー，Bはフェニックスであるが，A・B個別の成立事
情を説明するのではなく，一般的な説明が求められていると思われる。乾燥地域で
都市が成立する一般的条件を考えればよいが，AとBに共通する要因にも留意する。

> **論述のポイント**　A・Bはともに，乾燥地域だが，人口密度が高い自然的要因として，
> **ポイント①**　山地（ロッキー山脈）からの融雪水が流れる河川の流域にある。
> 社会的要因としては，
> **ポイント②**　州都，および交通（特に航空交通）の要衝で，政治的，経済的な中心地
> 　　　　　　　である。

(3)　**論述の指針**　**中西部**とは，五大湖沿岸から西経 100° 付近までの北部の地域であ
る。州で言えば，東はオハイオ州から西はカンザス州，ネブラスカ州までの地域を
指す。「中西部における人口分布の空間的パターンの特徴」とは，この地域全体の
実際の人口分布について説明するのか，あるいは典型的な中西部の「農業」地帯の
人口分布のパターンを説明するのか，題意の把握が難しいが，ここでは「人口分布
の空間的パターン」を，一般的な規則性，法則性を持つ分布パターンとみなして，
後者として考えてみる。

> **論述のポイント**　中西部は，タウンシップ制が施行された
> **ポイント①**　「農業」地帯で，散村形態の「集落」が点在する。
> このため，人口分布の空間的パターンは，
> **ポイント②**　全体の人口密度が低く，均等に人口が分布する。
> 一部に人口密度の高い地点があるのは，
> **ポイント③**　「交通」の要衝が農産物の集散地などとして発展した
> からであり，その空間的パターンは，

ポイント④ ほぼ等間隔に分布する。

## 設問B

(1) 論述の指針 表1−1を見ると，メガロポリスの人口は増えているが，対全米人口比率は減少している。アメリカ合衆国では，メガロポリス以外の地域の人口増加が著しいことがわかる。その理由を，メガロポリスの停滞理由とともに述べる。

> 論述のポイント メガロポリスは，
> ポイント① 製造業の衰退により人口増加も停滞したが，
> アメリカ合衆国全体では，
> ポイント② 南部，西部などのサンベルトの人口増加が著しい。
> その理由は，
> ポイント③ 先端技術産業などの新しい工業が発展した。

(2) 論述の指針 表1−1から，メガロポリスに該当する統計区域の大部分が都市地域になったこと，中心都市の人口割合が低下し，郊外地区の人口割合が大きく上昇したことがわかる。この点について，短くまとめる。

> 論述のポイント
> ポイント① 郊外地区の人口が増え，
> ポイント② メガロポリスの都市化が進んだ。

(3) 論述の指針 ジェントリフィケーションの用語説明である。「荒廃した都市内部の再開発による高級化」について具体的に説明すればよい。

> 論述のポイント 富裕層や若者が流出し，低所得者層や高齢者が多くなった
> ポイント① 都市内部地域の老朽化した建物を一掃して再開発を行い，
> 新しく，
> ポイント② 高級住宅や商業施設などを建設した。
> その結果，
> ポイント③ 富裕層や若者が流入し，地区が高級化した。
> これにより，家賃や地価が上昇し，
> ポイント④ これまでの居住者である低所得者層の流出や従来のコミュニティ（地域社会）が失われる
> という問題も生じている。

## 設問C

(1) 最も値の大きいグループと最も値の小さいグループに注目して判定する。わかりやすいものから決めていけばよい。(a)はロシア，ルーマニア，ギリシャ，(c)は西欧諸国，(e)は中東諸国が最も値が大きいグループである。

(2) **論述の指針** ×を付したエストニア，ラトビア，カザフスタンの共通点を考えて
みる。

> **論述のポイント** いずれも旧ソ連の構成国で，かつロシアに隣接しており，
> **ポイント①** ソ連時代にロシア人が移住した。

## 解答例

**設問A** (1)低平で湿潤な東半分に対し，西半分は乾燥し山地が多いため。
(2)ロッキー山脈からの融雪水が流れる河川の流域で用水が豊富なこ
とと，州都や交通の要衝として政治的経済的な中心地であること。
(3)<u>タウンシップ制が施行された農業地帯</u>で，散村形態の集落のため
人口密度が低く人口が均等に分布するが，<u>交通</u>の要衝が農産物集散
地として発展して都市となり，それらがほぼ等間隔に分布する。

**設問B** (1)メガロポリスでは製造業の衰退で人口も停滞したが，全米では先
端技術産業が発展した南部や西部の人口増加が顕著であったため。
(2)郊外地区の人口が増え，メガロポリスの都市化が進んだ。
(3)荒廃した都市内部地域の老朽化した建物を一掃し，高級住宅や商
業施設などを建設する再開発を行ったことで富裕層や若者が流入し
たが，低所得者層の流出や地域社会の崩壊などの問題も生じた。

**設問C** (1)(a)—(エ) (b)—(ウ) (c)—(イ) (d)—(カ) (e)—(オ) (f)—(ア)
(2)旧ソ連の構成国で，ソ連時代に移住したロシア人が多いため。

# 23 植物油とその原料，各国の農産物自給率

（2016 年度 第 2 問）

> 設問Aは植物油とその原料の生産，および生産拡大が引き起こす環境問題，設問Bはいくつかの国の農産物自給率とそれに関連する農業の特徴が問われている。統計判定などの選択問題は平易であり，論述問題も答えやすい。

## 設問A

(1) 表2－1②欄の原料生産国から判定できる。ココヤシとごまは熱帯の国々が主産地である。

(2) 図2－2の首都の雨温図から，(a)は熱帯雨林気候，(c)は南半球の国とわかる。(b)と(d)は首都が温帯と亜寒帯の境界付近に位置する国である。

(3) 論述の指針 植物油の主な用途は，食用油，石けん・洗剤，燃料（バイオディーゼル）である。人口増加率よりも需要の増加が上回っている要因は，生活水準の向上による食用需要の増加，食用以外の用途の増加の2点が考えられる。

> 論述のポイント 植物油の需要が増加しているのは，
> ポイント① 新興国の経済成長と生活水準の向上による食用油の需要増，
> ポイント② 地球温暖化を背景としたバイオ燃料（バイオディーゼル）の需要増による。

(4) 論述の指針 A（パーム油）の原料は油ヤシである。油ヤシは熱帯雨林を切り開いて農園が造成されている。森林破壊とそれに伴う問題を述べればよい。

> 論述のポイント A（パーム油）の原料である
> ポイント① 油ヤシは熱帯雨林を切り開いて農園が造成された。
> 森林が破壊されると，
> ポイント② 森林を生活の基盤としている動植物の「生物多様性」が失われ，
> ポイント③ 「二酸化炭素」の吸収量が減り，地球温暖化が促進される。

## 設問B

(1) (イ)は小麦の自給率が高い国，(ロ)は小麦の自給率が0なので，国内で小麦が生産できない国である。

(2) 論述の指針 トルコの農業の特徴を，自然環境と社会条件に関連づけて説明する問題である。表2－2から，トルコでは全体に自給率が高く，特に小麦と果実類は高いことがわかる。自給率が高い作物は輸出していると考えられるから，これらの生産基盤となる自然環境と輸出に有利な条件を考える。

> **論述のポイント** 小麦と果実類の自給率が高いのは，自然環境として，
> **ポイント①** 地中海性気候が分布し，これら作物の栽培に適している。
> 社会条件として，近隣にはこれらの需要の多い
> **ポイント②** 大市場で関税のかからないEU，
> **ポイント③** 食料が不足しがちな中東諸国
> などがあり，それらの国々に輸出している。

(3) **論述の指針** 題意は「メキシコで自給率が高い農産物と自給率が低い農産物がある理由を説明せよ」ということであろう。「同国をとりまく社会経済状況」としては，隣接するアメリカ合衆国とNAFTA（現在はUSMCA）を締結していることがあげられる。

> **論述のポイント** メキシコは，自給率が高い野菜類，果実類を輸出し，自給率が低い穀物を輸入している。その背景は，
> **ポイント①** アメリカ合衆国とメキシコ（およびカナダ）ではNAFTA（USMCA）が締結されていて自由貿易が行われている。
> このため，
> **ポイント②** 労働集約的な野菜類や果実類は生産コストの安いメキシコでの生産が有利。
> しかし，
> **ポイント③** 大規模農業や機械化が適している穀物はアメリカ合衆国での生産が有利。
> このため，メキシコは野菜類や果実類をアメリカ合衆国に輸出し，穀物をアメリカ合衆国から輸入している。

---

## 解答例

**設問A** (1)A—パーム油　B—大豆油　C—菜種油

(2)(a)—マレーシア　(b)—中国　(c)—アルゼンチン
(d)—ウクライナ

(3)新興国の経済成長と生活水準の向上による食用油の需要に加え，地球温暖化対策からバイオ燃料としての需要も増加しているため。

(4)油ヤシ農園は熱帯雨林を伐採して造成されたため，森林の<u>生物多様性</u>が失われ，<u>二酸化炭素の吸収量</u>が減り地球温暖化につながる。

**設問B** (1)(イ)—アメリカ合衆国　(ロ)—タイ　(ハ)—中国

(2)地中海性気候を生かした果実類や小麦の生産が多く，近隣の大市場で関税のかからないEUや食料不足の中東諸国へ輸出している。

(3)NAFTA締結を背景に安価な労働コストが有利な野菜類や果実類はアメリカに輸出し，大規模生産が適した穀物は輸入している。

# 24 日本の都市，環境と災害 （2016年度 第3問）

設問Aは濃尾平野の地形分類図を用いて地形と災害について問う問題，設問Bは地方都市とその周辺における市町村の境界設定の考え方，人口集中地区の拡大，市町村合併の課題などを問う問題である。設問Aの平野の地形と災害については過去にも頻出しており，2012年度第3問設問B，2002年度第3問設問Bなどと類似の問題である。設問Bは普段の地理学習ではあまり目にしないテーマであり，思考力が試されている。

## 設問A

(1) アは河川が山地から平地に出たところで，扇形に広がっている。イは拡大図から河川沿いに分布する地形，ウは氾濫原と埋立地・盛土地の間にあるが，埋立地は元は海なので，氾濫原と海の間にみられる地形である。

(2) **論述の指針** 短い論述であるが，「その目的」は，「合流させず」と「直線状」の2つの目的である。それぞれについて説明しなければならない。

> **論述のポイント** 複数の河川を合流させないのは，
> **ポイント①** 他の河川の増水の影響を受けないようにするためであり，
> 直線状になるように整備しているのは，
> **ポイント②** 河川水をすみやかに海に流すためである。

(3) **論述の指針** 地盤沈下の主な要因を考え，1970年代半ばまでの背景と，その後沈下が止まった要因を説明する。

> **論述のポイント** 1975年頃まで地盤沈下が進んだのは，
> **ポイント①** 高度経済成長期の工業化により，工業用水として地下水の過剰揚水が行われていた
> ためであり，その後沈下が安定化したのは，
> **ポイント②** 地盤沈下が公害とみなされて，揚水が規制されたためである。

(4) **論述の指針** ウ（三角州）は低平で軟弱な地盤である。自然災害としては，河川の氾濫，大雨による内水氾濫，高潮，津波はいずれも大きく**水害**としてくくることができる。もう1つは地震災害があげられる。

> **論述のポイント** 自然災害の例は，
> **ポイント①** 河川の氾濫や高潮，津波などの水害と地震の際の揺れや液状化。
> 水害対策としては，
> **ポイント②** 堤防のかさ上げ，地下貯水池の建設，遊水地の整備など。
> 地震対策としては，
> **ポイント③** 建物の耐震補強や地盤の固化。

## 設問B

(1)　**論述の指針**　1950年当時のA市の範囲は，1965年当時の人口集中地区とほぼ同じ
である。A市は市街地だけで市域を構成していたと考えられる。山間部は図3－3
の等高線の読み取りから**尾根**が境界になっていたとわかる。その背景も含めて述べ
る。

> **論述のポイント**　1950年当時のA市は，
> 　**ポイント①**　商工業地区である市街地だけが市域になっていた。
> 山間部は，
> 　**ポイント②**　尾根が境界になっている。
> 　**ポイント③**　それは谷筋が農業水利や交流の便から生活圏となっていた
> ためである。

(2)　**論述の指針**　人口集中地区の面積は拡大したが，人口はあまり増えていないとい
うことは，新しく人口集中地区となった地区は，それまでの人口集中地区に比べて
人口密度が低いということである。どのような地区が新しく人口集中地区になった
のかについて述べる。

> **論述のポイント**　従来の人口集中地区は，
> 　**ポイント①**　（商工業地区である古くからの）市街地で，人口密度が高い。
> しかし，新しく人口集中地区となったのは，
> 　**ポイント②**　その周辺部に広がる新興住宅地であり，人口密度が低い。
> このため，面積は拡大したが人口はあまり増えていない。

(3)　**論述の指針**　市町村合併の結果，新A市域内の山間部となった旧町村で発生する
行政上および生活上の問題を述べる問いである。「行政上」は行政側から見た問題，
「生活上」は住民側から見た問題と考えればよいが，東大の問題としては珍しく多
様な解答が考えられる。

> **論述のポイント**　行政上の問題は，
> 　**ポイント①**　産業振興策や災害対策などが中心部とは異なるため，地域独自の課題へ
> 　　　　　　　の対応がおろそかになる。
> 　　　　　　　議員数の削減などにより，地域住民の意見が行政に反映しにくくなる。
> など。
> 　生活上の問題は，
> 　**ポイント②**　役場の廃止や公共施設の中心部への移転により，従来よりも行政サービ
> 　　　　　　　スが低下する。
> 　　　　　　　役場や公共施設がなくなると中心地としての機能が失われ，地域が衰退
> 　　　　　　　する。
> 　　　　　　　中心市との制度の違いにより，水道料金などの住民負担が増える。
> 　　　　　　　地域社会の一体感が薄れ，地域の歴史，文化，伝統などが失われる。
> など。

**解 答 例**

設問A　(1)ア－扇状地　イ－自然堤防　ウ－三角州

(2)他の河川の増水の影響を受けずに，すみやかに海に流すため。

(3)高度経済成長期に工業用に地下水が過剰揚水され沈下したが，その後公害として社会問題化したため揚水が規制されて安定化した。

(4)河川の氾濫や高潮，津波などによる水害と地震の際の揺れや液状化に対して脆弱である。前者には堤防のかさ上げや地下貯水池の建設，後者には建物の耐震補強や地盤改良による固化が有効である。

設問B　(1)A市は商工業の盛んな市街地が市域であったが，山間部は農業水利や交流の便から谷筋が生活圏のため尾根が境界となっていた。

(2)従来は人口密度の高い古くからの市街地だけが人口集中地区だったが，新たに周辺部の人口密度の低い新興住宅地に拡大したため。

(3)行政上の問題は災害対策など中心部とは異なる地域独自の課題への対応がおろそかになること，生活上の問題は役場の廃止や公共施設の移転などにより行政サービスを受けにくくなることである。

# 25　土地利用とその変化の地形図読図，およびアジアの山岳における植生帯の分布

（2015 年度　第 1 問）

　設問Aは，長野県の伊那谷（天竜川右岸）の新旧 3 枚の地形図を用いて土地利用とその変化を説明させる問題，設問Bは，アジアの湿潤地域の山岳における植生帯の模式図から植生，林業，森林破壊について論述させる問題である。論述量は多いが，いずれも基本的な知識をもとに説明できる比較的平易な問題である。

## 設問A

(1)　**論述の指針**　台地と低地の境界は，鉄道と街道が南北に走り，それらに沿って集落が列状に並ぶ一帯である。それよりも西側が台地，東側が低地である。それぞれの土地利用をあげ，自然条件（農業的土地利用では**水利**が重要），社会条件（当時の**主産業**や**食生活**）から説明する。

> **論述のポイント**　台地の東部の土地利用は，
> 　**ポイント①**　桑畑。
> 自然的理由は，
> 　**ポイント②**　高燥なため水が得にくい。
> 社会的理由は，1916 年当時は，
> 　**ポイント③**　生糸を生産する製糸業とその原料となる繭を作る養蚕が盛んで，桑の葉は蚕のえさとなる。
> 　低地の土地利用は，
> 　**ポイント④**　水田。
> 自然的理由は，
> 　**ポイント⑤**　（低平で河川や台地端からの湧水などにより）水が得やすい。
> 社会的理由は，
> 　**ポイント⑥**　主食で消費量の多い米は最も重要な作物。

(2)　**論述の指針**　1951 年の地形図では，台地の東部の一部が**桑畑から水田に変化**しており，「それを可能とした技術」も地形図から読み取れる。土地利用の変化が台地の一部にとどまっている理由についても説明しておきたい。

> **論述のポイント**　土地利用の変化は，台地東部の一部が
> 　**ポイント①**　桑畑から水田に変化したこと。
> それを可能とした技術は，
> 　**ポイント②**　西天龍水路（灌漑用水路）が建設されたこと。
> 土地利用の変化が一部にとどまっているのは，
> 　**ポイント③**　用水路よりも標高の低い側にしか水を送れないため。

(3)　**論述の指針**　低地では水田が減少し，住宅や工場が増えている。台地では住宅が

増えたほか，工場（工業団地），ゴルフ場などができ，桑畑がほぼなくなり，畑や果樹園に変わっている。農業的土地利用の変化の要因は知識から答えるが，都市的な土地利用の変化の要因は地形図から読み取れる。(1)とは問われ方が若干異なることに注意。(1)では台地と低地の「それぞれについて」土地利用と理由を述べるが，ここでは台地と低地を「あわせて」変化の内容とその要因を述べる。

> **論述のポイント** 低地では，
> **ポイント①** 水田が減少し，住宅・工場が増えた。
> 台地では，
> **ポイント②** 桑畑がほぼなくなり，畑・果樹園となった。
> また，
> **ポイント③** 農地・森林から工業団地やゴルフ場などへの変化もみられる。
> これらの要因について，住宅，工場，ゴルフ場などが増えたのは，
> **ポイント④** 中央自動車道（高速道路）の開通により，大都市への時間距離が短縮した（交通の便がよくなった）。
> 桑畑が畑・果樹園となったのは，
> **ポイント⑤** （化学繊維の普及などによる）養蚕の衰退。

住宅の増加は，1951年から2002年までのこの地域における人口の増加によるところが大きいが，特に述べなくてもよいだろう。

## 設問B

(1) 「アジアの湿潤な地域」とあるので乾燥気候の植生帯であるステップは除かれる。北緯30度前後の低地は温帯気候となり，サバンナはみられないので，Dはサバンナではない。残りの4つを高地から低地，あるいは高緯度から低緯度の順に並べればよい。

(2) **論述の指針** Cの「落葉」広葉樹林は，低地では温帯気候の高緯度側に分布する。「落葉」広葉樹林が「落葉」する理由は冬季の「低温」である。低緯度地域では，海抜高度が高くなってもその条件に該当する地域が存在しないことを説明する。

> **論述のポイント** Cは，
> **ポイント①** 冬季に「低温」のため「落葉」する。
> 低緯度地域では，
> **ポイント②** 気温の「年較差」が小さい。
> このため，
> **ポイント③** 海抜高度が高くなっても，冬季だけ「低温」となる地域は存在しない。

厳密ではないが，最寒月の平均気温がおよそ−3℃〜3℃の範囲が「落葉」広葉樹林が生育する条件である。これよりも気温が低いと針葉樹林となり，気温が高いと常緑広葉樹林となる。また，森林は月平均気温10℃以上の月がなければ生育し

ない。気温の「年較差」の小さい低緯度地域では、海抜高度が高くて冬季に－3℃〜3℃の範囲となる地域があっても、その地域は夏季も「低温」で10℃以上にならないから、森林そのものが生育しない。

(3)　**論述の指針**　図1－4から、B（針葉樹林）は、北緯50度から60度付近に位置するロシアでは、低地に生育しているが、北緯35度から40度付近に位置する本州では、標高1,000〜2,000m以上でないと生育しないと読み取れる。林業的利用が盛んか否かはこの違いによる。標高の高い地域では森林伐採や搬出のコストが高く、そもそも人口希薄で労働力も得られない。しかも、水源涵養や防災などで山岳地域の森林の林業的利用には制約がある。これらの点について説明する。

> **論述のポイント**　Bは、北緯50度から60度付近に位置するロシアでは、
> **ポイント①**　平地に分布する。
> このため、林業が盛んである。しかし、北緯35度から40度付近に位置する本州では、
> **ポイント②**　標高の高い山岳地域に分布し、
> **ポイント③**　（生産費や労働力の面から）伐採・搬出が困難。
> かつ、山岳地域では、
> **ポイント④**　水源涵養などの保安林として保護される森林が多い。
> このため、木材生産があまり行われていない。

(4)　**論述の指針**　近年の東南アジアにおけるD（常緑広葉樹林）の面積の減少の理由を、伝統的な焼畑との伐採の方法や伐採後の用途の違いから説明する。

> **論述のポイント**　伝統的な焼畑では、
> **ポイント①**　森林の回復を待って伐採・火入れを行ってきた。
> このため、森林面積の減少にはつながらなかった。しかし、近年は、
> **ポイント②**　焼畑周期の短縮により、森林の回復を待たないで伐採・火入れを行う。
> **ポイント③**　大規模なプランテーション農園を造成し、永続的な農地とする。
> このため、森林面積の減少につながっている。

## 解 答 例

設問A　(1)台地東部は高燥で水が得にくく，製糸業の原料を作る養蚕が盛ん
だったため，蚕のえさとなる桑の栽培に利用されたが，低平で水の
得やすい低地は，主食で消費量の多い米を作る水田になっていた。

(2)西天龍水路が建設され，水路より東側の標高の低い地域に水の供
給が可能になったため，台地の一部が桑畑から水田に変化した。

(3)高速道路の開通で大都市への交通の便がよくなったことや，養蚕
が衰退したため，低地では水田が減少し住宅や工場が増え，台地で
は桑畑や森林が畑・果樹園や工業団地，ゴルフ場などに変化した。

設問B　(1)A―ツンドラ　B―針葉樹林　C―落葉広葉樹林
　　　　D―常緑広葉樹林

(2)気温の年較差が小さいので，海抜高度が高くなって気温が低下し
ても樹木が落葉する冬季だけ低温となる地域が存在しないため。

(3)Bはロシアでは平地に分布するが，本州では山岳にしか分布せず，
伐採や搬出が困難で，保安林として保護する必要もあるため。

(4)伝統的焼畑は森林の回復後に伐採・火入れを行ったが，近年は焼
畑周期の短縮と，永続的な大規模農園を造成する伐採が多いため。

# 26　アフリカの3カ国の貿易，および日本の生鮮野菜の輸入

（2015年度　第2問）

　設問Aはアフリカの3カ国の貿易，設問Bは日本の生鮮野菜の輸入に関する問題である。いずれも統計表を題材に，項目の判定と関連した論述問題という頻出の形式であるが，設問A⑷を除くと，論述問題は統計を正しく判定した上でなければ説明できない形であり，慎重に判定する必要がある。設問Aは比較的答えやすいが，設問Bはあまりなじみのない統計が使われており，論述問題もやや難しい。

## 設問A

⑴　アフリカ諸国の貿易相手国では，**旧宗主国**が上位にある国が多いが，資源輸出の多い国では，旧宗主国でなくても資源の需要の多い国が輸出先の上位に入っている。A国はフランスとスペインに近い国と考えられる。A国とB国は，輸入先にサウジアラビアが入っているので，原油の輸入国（非産油国）と判断できる。

⑵　**論述の指針**　A国（モロッコ）は旧宗主国のフランスや近隣の先進国との結びつきが深い国である。B国（南アフリカ）は世界の主要工業国が輸出先の上位に並んでいる。輸出相手先の特徴は輸出品の特徴と関係することから，それぞれの背景を説明する。

> **論述のポイント**　A国の輸出相手国の特徴は，
> **ポイント①**　旧宗主国を含む近隣の先進国の割合が高い。
> その背景は，
> **ポイント②**　衣類などの軽工業品を先進国向けに輸出している。
> B国の輸出相手国の特徴は，
> **ポイント③**　世界の主要工業国。
> その背景は，
> **ポイント④**　資源の輸出が多く，資源需要の多い工業国が上位となる。

⑶　**論述の指針**　C国（ナイジェリア）が大幅な輸出超過になっているのは原油の輸出が多いためである。「経済・社会発展上の課題」のうち，経済の課題は原油の輸出に依存した**モノカルチャー経済**の課題を説明すればよいが，社会発展上の課題は，そこから派生する貧富の格差を取り上げるとよいだろう。

> **論述のポイント**　C国は経済が
> **ポイント①**　原油の輸出に依存した国である。
> こうした国では，
> **ポイント②**　原油価格の変動に経済が影響を受ける。
> また，国内経済に占める石油産業の地位が非常に高いため，それに関わる
> **ポイント③**　一部の国民に利益が集中し，

大多数のそれ以外の国民との
　**ポイント④**　貧富の差が大きい。

(4) **論述の指針**　アフリカ諸国で中国からの輸入が急増している背景が問われているが，中国から何を輸入しているのかという点から，その輸入が増えた背景を考える。輸入が増えた背景は，アフリカ側の背景と中国側の背景の両面から考えるとよい。

> **論述のポイント**　アフリカ諸国は，
> 　**ポイント①**　人口増加や経済成長（所得の増加）により，
> 　**ポイント②**　安価な工業製品の需要が増大した。
> また，
> 　**ポイント③**　インフラ整備のための工業製品の輸入も増えた。
> その背景には，中国が
> 　**ポイント④**　（豊富な資源を有する）アフリカとの関係を強める目的がある。

## 設問B

(1) 平均単価に注目する。1997 年のB国からの輸入の平均単価が高いのは，第 1 位品目の(イ)の単価が高いためであると考えられる。逆に，2013 年のA国からの輸入の平均単価が低いのは，第 1 位の(ア)が安価なためと考えられる。なお，A～Cの国名判定は求められていないが，国名がわからなければ，以下の論述問題は解答できない。生鮮野菜の輸入額が最も多いA国は中国，第 3 位のB国は韓国，かぼちゃの輸入先であるC国はニュージーランドである。

(2) **論述の指針**　A国（中国）で(ア)（たまねぎ）の生産と日本向け輸出が増えた理由，B国（韓国）で(ウ)（ジャンボピーマン）の生産と日本向け輸出が増えた理由を，それぞれの国の自然的条件と社会的条件から説明する。自然的条件は気候条件を考えがちであるが，それ以外に国土の広さや空間的な距離なども含まれる。社会的条件は労働力，技術，政策などさまざまな面から考える。

> **論述のポイント**　A国で(ア)が増加したのは，
> 自然的条件では，
> 　**ポイント①**　国土が広いため，収穫時期の異なる産地がある。
> このため，貯蔵できるたまねぎは周年供給ができる。
> 社会的条件では，
> 　**ポイント②**　低賃金労働力を利用できる。
> このため，生産コストが安い。
> 　B国で(ウ)が増えたのは，
> 自然的条件では，
> 　**ポイント③**　日本に近い。
> このため，鮮度が求められ，日本ではあまり生産されていないジャンボピーマンの日本向け輸出に有利。

社会的条件では，

> ポイント④　温室やビニールハウスなどの施設園芸が発達。

(3)　**論述の指針**　国内産かぼちゃの収穫期は夏から秋にかけてであり，冬から春にかけては，国内産は市場にはほとんど流通しない。それを補うために外国産のかぼちゃが輸入されている。こうした事情を知らなければ難しいが，メキシコとC国（ニュージーランド）の自然的条件から，国内産の流通しない時期に，それぞれの国でかぼちゃが収穫され，輸入されている理由を説明する。

> **論述のポイント**　メキシコ産かぼちゃもC国産かぼちゃも，国内産が市場に出回らない時期に輸入されている。その理由は，
> メキシコは，
> > ポイント①　低緯度で日本よりも温暖なため，ほぼ年中かぼちゃの栽培が可能（収穫期に幅がある）。
> 
> C国は
> > ポイント②　南半球にあり，日本とは季節が逆のため，収穫期も日本とは正反対。
> 
> このため，いずれも，
> > ポイント③　国内産が出回らない端境期に出荷できる。

## 解答例

**設問A**　(1)A－モロッコ　B－南アフリカ　C－ナイジェリア

(2)軽工業品の輸出が多いA国は旧宗主国など近隣の先進国の割合が高く，資源の輸出が多いB国は世界の主要工業国が上位を占める。

(3)原油の輸出に依存したC国の経済は原油価格の変動による影響を受けやすく，一部に利益が集中するため国内の貧富の差が大きい。

(4)人口増加や所得の増加により安価な工業製品の需要が増大したことと，中国がインフラ整備などを通して関係を強化しているため。

**設問B**　(1)㋐－たまねぎ　㋑－まつたけ

㋒－ジャンボピーマン（パプリカなど）

(2)国土の広いA国は収穫期の異なる産地で低賃金労働力を利用して生産でき，B国は日本に近く日本向けの施設園芸が発達したため。

(3)低緯度のメキシコは温暖でほぼ年中栽培でき，南半球のC国は日本とは季節が逆なので，ともに国内産の端境期に出荷できるため。

# 27 日本の都市と社会の変化 （2015 年度 第 3 問）

> 高度経済成長期以降の日本の都市と社会の変化に関する問題で，設問Aでは大都市内の中心部と周辺部の比較，設問Bでは日本の各地の人口や全国の高齢化率などの推移の違いが問われている。設問Cは三大都市圏の比較と郊外の変化についての問題である。大都市内部の地域構造の違い，大都市圏の都心と郊外の変化などは頻出のテーマであるが，設問C(1)の大阪圏と名古屋圏の比較をはじめとして，全体にやや難しい。

## 設問A

(1) 図3－2からア～ウがそれぞれどのような性格の区で，大都市の中のどこに位置するかを判断し，図3－1の人口密度の推移（区の面積は変わらないと考えられるので人口の推移と同じと判断できる）からそれぞれの大都市内での位置を考え，合致するものを選ぶ。図3－2の読み取りポイントは，アは従業地ベースの事務の割合が高いこと（**業務地区**である），事務は常住地ベースよりも従業地ベースの構成比が大きいこと（通勤による流入が多いことを意味する），生産工程等の割合が低いこと（工業はあまり立地していない）などである。イは常住地ベースと従業地ベースの構成比がほぼ同じであること（通勤による移動が少ない）と，1965 年では生産工程等の割合が非常に高いこと（**工業地区**である），ウは事務では常住地と従業地の構成がアとは反対であること（通勤による流出が多い）である。図3－1では，AとCは高度経済成長期に人口密度の低下＝人口の減少がみられたので，大都市の都心の区や都心周辺の区である。大都市の都心の区は，居住者の少ない業務・商業地区の面積割合が大きいので，都心周辺の区よりも人口密度が低い。したがって，Aが都心周辺の区，Cが都心の区と考えられる。Bは高度経済成長期に人口密度が急増（人口が急増）し，その後も継続的に増加しているので，大都市の周辺部の区である。

(2) **論述の指針** A・Cともに高度経済成長期に人口流出が進み，人口が減少したが，その理由は同じではない。都心周辺のAの人口減少の理由は，図3－2のイで1965 年から 2010 年にかけて生産工程等の割合が大きく低下していることと関係する。Cの理由は，都心の業務・商業地区であることから考える。

> **論述のポイント**　人口密度の低下は
> **ポイント①**　いずれも人口の流出（社会減）による。
> その理由は，Aは，
> **ポイント②**　かつては職住近接の町工場の多い地区であったが，
> **ポイント③**　（騒音などの）公害の深刻化により（または産業構造の変化により），
> **ポイント④**　工場の閉鎖や，他地域への移転が進んだためで，
> Cは，

ポイント⑤　都心部の地価高騰により,
ポイント⑥　住宅がオフィスなどに転換したためである。

(3) ▊論述の指針▊　バブル経済崩壊後の人口の**都心回帰**の要因を説明する。1行しかないので最重要ポイントだけを答えればよい。

▊論述のポイント▊　都心のCでは,バブル経済の崩壊後,
ポイント①　地価が下落し,(高層住宅などの)住宅供給が増え,
ポイント②　人口が流入した(社会増となった)。

## 設問B

(1) 6つのデータがどのような増減を示すのかを考え,該当するグラフを選ぶ。①の東京都都心3区の人口は,高度経済成長期からバブル経済崩壊の頃まで他地域への移動により減少し続けたが,その後は人口の都心回帰が進み,増加に転じた。②の東京都多摩市の人口は,1970年代にニュータウンの建設により急増したが,その後は横ばいである。③の北海道夕張市の人口は,1960年代以降,石炭産業の衰退により著しく減少している。④の全国の高齢者率は,1950年以降現在まで継続的に上昇している。⑤の全国の完全失業率は,高度経済成長期やバブル経済期などの好景気の時期には低いが,景気が悪い時期には高くなる。景気は循環するので上昇と下降を繰り返す。⑥の1市区町村当たりの人口は,市区町村数が減少すると増加する。1950年以降,市区町村数は減少している。

(2) ▊論述の指針▊　Cは1市区町村当たりの人口を示す。この指標は,市区町村の数が減少した時期に増加する。2つの時期に市区町村数が減少した理由を答える。

▊論述のポイント▊　Cの1市区町村当たりの人口は,
ポイント①　市区町村数の減少により,増加する。
1950年〜1960年と2000年〜2010年に市区町村数が減少したのは,
ポイント②　市町村合併が盛んに行われたことによる。

## 設問C

(1) ▊論述の指針▊　表3−1から,大阪大都市圏は,名古屋大都市圏に比べて,中心市からの通勤者の割合が低く,中心市以外からの通勤者の割合が高いことがわかる。その理由を説明する問題である。大阪大都市圏は名古屋大都市圏に比べて都市圏(通勤圏)が大きいことを述べればよいが,指定語句からその背景を説明しなければならない。指定語句の「中枢管理機能」は,企業の本社等の管理機能を指し,中心市に集積するが,その集積度の違いが都市圏の大きさの違いに関係する。「住宅地開発」は郊外への都市圏の拡大要因である。表3−1に,中心市の就業者総数,

および面積が記してあることにも注意したい。就業者総数は「中枢管理機能」の集積度と関係する。中心市の面積の違いは，都市圏の大きさが同じであっても，中心市と中心市以外からの通勤者の割合に違いを生じさせる。

> **論述のポイント** 大阪市は名古屋市よりも就業者総数が多いので，
> **ポイント①** 「中枢管理機能」の集積度が高い。
> これに加えて，
> **ポイント②** 大阪市は名古屋市より面積が小さい。
> これら2つの要因により，大阪大都市圏では名古屋大都市圏よりも
> **ポイント③** 中心市以外の郊外での「住宅地開発」が進み，
> **ポイント④** 都市圏（通勤圏）が広がった。
> このため，大阪大都市圏では，中心市からの通勤者の割合は名古屋大都市圏より低く，中心市以外からの通勤者の割合は名古屋大都市圏より高い。

(2) **論述の指針** 東京大都市圏および大阪大都市圏における郊外住宅地の形成とその後の変化を説明する問題である。図3－4，図3－5から，A町，B市とも，1995年まで中心市への通勤者が増加しているが，その後は減少していることがわかる。通勤者の増加は**住宅地化**によるものであるが，その後の減少にはどのような背景があるのかを考えてみる。指定語句では，住宅地化には「地価」，その後の変化には「団塊世代」が関係するだろう。なお，A町，B市とも中心市から「50～60km圏に位置する」とあるが，この距離は都市圏（通勤圏）としては最外縁部と考えてよい。このことも住宅地化の時期およびその後の変化の要因と無関係ではない。

> **論述のポイント** A町，B市とも，
> **ポイント①** 中心市から遠い「距離帯」にあるが，
> **ポイント②** バブル経済期の「地価」高騰により，遠方のこれらの地域にも住宅地化が進展した。
> このため，1995年まで通勤者が増加したが，バブル経済の崩壊後は，
> **ポイント③** 「団塊世代」が徐々に退職し，
> **ポイント④** その子供の世代も独立により（中心市などへ）転居したため，
> 通勤者が減少した。

## 解答例

**設問A**　(1)アーC　イーA　ウーB

(2)Aは職住近接の町工場が多かったが，公害の深刻化により工場の
閉鎖や移転が進んだことで，Cは都心部の地価高騰により住宅地が
業務・商業地区へ転換したことで，それぞれ人口が流出したため。

(3)バブル崩壊後の地価下落で住宅供給が増え人口が流入したため。

**設問B**　(1)A—④　B—①　C—⑥　D—③　E—②　F—⑤

(2)市町村合併が盛んに行われた時期で市区町村数が減少したため。

**設問C**　(1)大阪市は名古屋市より中枢管理機能の集積度が高く面積が小さい
ので，郊外での住宅地開発が進み通勤圏がより広くなったため。

(2)バブル経済期の地価高騰により中心市から遠距離帯のこれらの地
域も宅地開発が進み通勤者が増加したが，バブル経済崩壊後は団塊
世代の退職とその子の世代の独立と転居により通勤者が減少した。

# 28 世界と日本の化石燃料と再生可能エネルギー

(2014年度　第1問)

設問Aは二酸化炭素排出量の国名判定とバイオマス燃料について，設問Bは再生可能エネルギーによる発電能力の統計判定と地熱発電・風力発電の立地条件などを問う。タイトルには化石燃料が入っているが，化石燃料については二酸化炭素排出量として間接的に問われているだけである。いずれも比較的答えやすい問題である。

## 設問A

(1) 二酸化炭素排出量が多いのは，先進工業国と人口の多い国である。1人あたり排出量は，先進国では多いが，発展途上国では少ない。

(2) **論述の指針** 燃料の燃焼が地球温暖化につながるのは，温室効果ガスである「二酸化炭素」を排出するからである。バイオマス燃料も燃焼により「二酸化炭素」を排出するが，植物を利用していることと「バイオマスが再生産されれば」という条件に着目すれば，「二酸化炭素」を排出しても地球温暖化につながらないとみなされる理由がわかるだろう。

> **論述のポイント** バイオマス燃料の
> **ポイント①** 燃焼によって排出される「二酸化炭素」の量は，
> バイオマス燃料が再生産されれば，
> **ポイント②** 植物が「光合成」により取り込む「二酸化炭素」の量と同じ。
> このため，燃焼しても地球温暖化につながらないということになる。

(3) **論述の指針** アメリカ合衆国のバイオマスエネルギー生産によってどのような問題が生じているかを説明する問題である。新しい用途であるバイオマスエネルギーの原料用が増加すると，従来の用途に向けられる量が減る。また，大豆など他の作物からトウモロコシへの転作も進む。原料のトウモロコシの生産だけでなく，影響は広範囲に及ぶことを述べておきたい。

> **論述のポイント** アメリカ合衆国のバイオマスエネルギーの原料はトウモロコシである。
> バイオマスエネルギーの生産が増えると，
> **ポイント①** 従来の飼料用のトウモロコシの供給が減少し，
> **ポイント②** 転作により，大豆などの他の作物の生産にも影響し，
> **ポイント③** さまざまな食品（穀物，肉類，その他の加工食品）の価格高騰を招く。
> トウモロコシや大豆は輸出が多いので，外国にも影響し，
> **ポイント④** 途上国の食料不足をもたらす。

## 設問B

(1) Dは設備容量が大きく早くから利用されてきたものである。Aは利用が停滞して

おり，表1−2から火山や温泉の多い県で設備容量が大きいとわかる。B・Cは最近になって利用が急増したものであるが，Bは日照時間が少ない青森県や北海道が表1−2で上位を占める。

(2) **論述の指針** 日本で地熱発電が停滞している理由は，その立地条件にある。地熱発電は火山地帯で行われることが多いが，火山地帯では規制と他の利用との競合がある。この点について説明する。

> **論述のポイント** 地熱発電の立地は，
> **ポイント①** 火山地帯が適している。
> しかし，日本の火山地帯の多くは，
> **ポイント②** 国立公園に指定されているため開発規制がある。
> また，温泉の適地でもあり，地熱発電により温泉の湧出量などに影響するかもしれないため，
> **ポイント③** 温泉観光業者などの反対がある。

(3) 風，降水，日照など気候と関係するものは太陽エネルギーによるといえる。太陽エネルギーによらないものは気候と無関係なものである。

(4) **論述の指針** 青森県と北海道で風力発電所が立地するのは，主に日本海側の沿岸部である。日本海側の沿岸部が有利な条件を説明する。

> **論述のポイント** 青森県と北海道の日本海側では，
> **ポイント①** 冬の北西季節風だけでなく，年間を通して強い風が吹く。
> こうした条件に当てはまる
> **ポイント②** 海岸線が長い
> ことも立地に有利となる。

## 解答例

**設問A** (1)アー中国　イーアメリカ合衆国　ウーインド　エーロシア
(2)燃焼で排出する<u>二酸化炭素</u>の量は，バイオマス再生産の際に植物が光合成により吸収する<u>二酸化炭素</u>の量と同じとみなされるため。
(3)アメリカートウモロコシ　ブラジルーサトウキビ
飼料用の供給減と転作による大豆などの他作物の供給減を招き，穀物や肉類など食料全般の価格高騰と途上国の食料不足をもたらす。

**設問B** (1)A―地熱　B―風力　C―太陽光　D―水力
(2)火山地帯が立地に適しているが，多くは国立公園内で開発規制があり，温泉への影響を懸念する観光業者などの反対もあるため。
(3)地熱
(4)海岸線が長く，北西季節風をはじめ年間を通して強い風が吹く。

# 29 世界のヒト・モノ・情報の流動 （2014年度 第2問）

設問Aは国際電話の通信量，設問Bは国際航空交通に関する問題である。見慣れない統計地図やグラフが用いられているが，図の読み取りは必要ではないので，知識問題といってよい。設問Aでは，問われている2国間の関係，設問Bでは，人の移動の活発なヨーロッパと国際航空貨物の増加しているアジアについて，それぞれの背景の理解が求められている。

## 設問A

(1) **論述の指針** 電話通信量が多くなるのは，人的・経済的関係が緊密なためである。アメリカ合衆国とイギリス，アメリカ合衆国とプエルトリコとの間の人的・経済的関係を指摘し，言語，政治面の背景についても加えておきたい。

> **論述のポイント** イギリスは，
> **ポイント①** 同じ英語圏，
> **ポイント②** 経済関係が強く，商用での通話が多い。
> プエルトリコは，
> **ポイント③** アメリカ合衆国の自治領，
> **ポイント④** 移民が多く家族，親族，知人などとの通話が多い。
> なお，プエルトリコでは英語ではなくスペイン語が使用される。

(2) **論述の指針** アメリカ合衆国とインドとの通信量が近年急増した理由もやはり経済的関係から説明できるが，「近年」急増した理由なので，**新しい産業**の立地とその背景を，具体的に述べておきたい。

> **論述のポイント** インドは，
> **ポイント①** 英語の話せる人が多い。
> そのことと，
> **ポイント②** アメリカ合衆国との時差がおよそ12時間である
> ことから，アメリカ合衆国向けの
> **ポイント③** ソフトウェア開発や
> **ポイント④** コールセンターが立地した。

(3) 国際金融センターで都市国家のシンガポールは，1人あたりの国際電話の通話時間が長いと予想される。日本は，ヨーロッパ諸国に比べると，1人あたりの国際電話の通話時間は短いと考えられる。アイスランドとフランスの判定には，北欧諸国ではインターネットの普及率が高いという知識が必要となる。

(4) **論述の指針** インターネットの利用率や1人あたりの国際電話の利用は，インフラの整備状況や1人あたり所得などが関係する。この点について説明する。

> **論述のポイント**　インドでは,
> **ポイント①**　電話回線などのインフラの整備が後れている。
> **ポイント②**　国民の多くが貧困層であり,
> **ポイント③**　国際電話を利用する機会が少ないし, 通信機器の普及率が低い（購入が困難）。

## 設問B

(1)　**論述の指針**　ヨーロッパの空港の国際旅客数が多いことと最近の増加率が高いことは, ヨーロッパ域内の人的交流が最近特に活発になったためだが, その背景について説明する。図2－2の注記に「トランジットを含む」とあることにも注意する。トランジットとは乗り継ぎ客のことである。

> **論述のポイント**　ヨーロッパでは,
> **ポイント①**　EU 加盟国が増加した。
> **ポイント②**　多くの国で人の移動が自由化された。
> このため, アメリカ合衆国やアジアに比べて,
> **ポイント③**　国境を越えた人的交流が活発になった。
> また, 国際ハブ空港を整備したため,
> **ポイント④**　乗り継ぎ客が増えた。

(2)　**論述の指針**　香港, ソウル, 上海, 台北で国際航空貨物の取り扱い量が大幅に増加した理由を説明する問題である。航空機で運ばれる貨物の種類と性質についての知識が問われているが, 国際航空貨物は輸出だけでなく輸入も含まれることに注意する。

> **論述のポイント**　航空機で運ばれるのは,
> **ポイント①**　軽量高価な貨物であるが, 電子部品や電子機器が多い。
> 香港, ソウル, 上海, 台北周辺の地域では,
> **ポイント②**　電子部品や電子機器の生産が盛ん。
> また,
> **ポイント③**　ハブ空港を整備し世界各地と結ばれている。
> このため,
> **ポイント④**　電子部品・電子機器の輸出入とも活発。

## 解答例

**設問A** (1)英語圏で経済関係が強いイギリスとは商用での通話が多く，自治領で移民の多いプエルトリコとは家族などとの通話が多いため。

(2)インドでは英語の話せる人の多さと約半日の時差を生かして，アメリカ向けのソフトウェア開発やコールセンターが立地したため。

(3)a－アイスランド　b－日本　c－シンガポール　d－フランス

(4)電話回線などのインフラの整備が後れ，国民の多くが貧困層で，国際電話を利用する機会が少なく，通信機器の普及率も低いため。

**設問B** (1)EU加盟国の増加と人の移動の自由化により国境を越えた移動が活発化したことと，国際ハブ空港となり乗り継ぎ客が増えたため。

(2)航空機で輸送される電子部品や電子機器の生産が盛んで，ハブ空港の整備で世界各地と結ばれ，これらの輸出入が増加したため。

# 30 ヨーロッパ諸国の貿易と工業 （2014年度 第3問）

貿易統計を題材にしているが，内容は，主としてヨーロッパ各国の工業の特徴や研究開発などに関する問題である。設問Aの(2)・(3)は，使用語句を語群から選んで論述する形式であるが，使用不可能な語句も含まれているので慎重に選ぶ必要がある。

## 設問A

(1) Aは食品・農産物原料の割合がデンマークに次ぐ。Bはあまり特徴がないが，研究開発支出の割合が最も低いことに注目する。Cは鉱物燃料・非鉄金属の割合がきわめて高い。Dは化学・医薬品の割合が高く，研究開発支出の割合も高い。

(2) **論述の指針** 「第3のイタリア」における繊維製品の生産の特徴が問われている。生産の主体，製品や製造過程の特徴などを説明すればよい。語群では，「家族」「中小企業」「分業」「デザイン」などが必須の語句であろう。

> **論述のポイント** 「第3のイタリア」の繊維生産の特徴は，
> **ポイント①** 「家族」経営の「中小企業」が
> **ポイント②** 同じ地域に「集積」し，
> **ポイント③** 同業者間の「分業」（や情報交換）により，
> **ポイント④** 「デザイン」性の高い高級品を生産（多品種少量生産）する。

(3) **論述の指針** 北欧諸国でGDP（国内総生産）に占める研究開発支出の割合が高いのは，研究開発型の**知識集約型産業**が発達しているためで，ノキアなどの有名な「多国籍企業」がある。知識集約型産業では，労働力の中でも研究開発に従事する「高度人材」が必要で，「教育」はその育成と関係する。また，GDPに占める研究開発支出の割合が高いのは，GDPが少ないためでもあるが，その主な要因は「人口」の少なさである。

> **論述のポイント** 北欧諸国は，
> **ポイント①** 「人口」が少ない。
> このため，経済規模が小さくGDPは少ない。しかし，
> **ポイント②** 「教育」が普及し，「高度人材」が豊富。
> それを利用した
> **ポイント③** 「多国籍企業」の研究開発が盛ん。

## 設問B

(1) **論述の指針** フランスでは，機械類や輸送用機器のEU（ヨーロッパ連合）域内との貿易が赤字で，EU域外との貿易が黒字となる理由を説明する問題である。これらの生産工程の特色から説明する。

> **論述のポイント**　機械類や輸送用機器は部品を組み立てて完成品とする。フランスは，
> **ポイント①**　国内に自動車や航空機の組立工場があり，
> **ポイント②**　そこで使用する部品を EU 域内各国から輸入しているが，
> **ポイント③**　完成品は EU 域外に輸出することが多い。

(2) **論述の指針**　スペインで輸出向けの自動車生産が盛んになった理由を説明すれば
よいが，「世界的に知られている自動車のブランドが見られない」とあるから，自
動車生産の多くは外国メーカーによることがわかる。どのような国のメーカーが，
どのような理由でスペインに進出したかという点を中心に述べればよい。

> **論述のポイント**　スペインは，1986 年の EU（当時は EC）加盟後，
> **ポイント①**　ドイツ，フランス，アメリカ，日本などの自動車メーカーが進出した。
> その理由は，
> **ポイント②**　EU 加盟により関税が廃止された。
> **ポイント③**　スペインは賃金水準が低かった。
> このため，
> **ポイント④**　EU 市場向けの自動車生産が盛んになった。

(3) **論述の指針**　中国，ロシア，日本との貿易が EU の赤字となっている理由を説明
する問題である。EU からこれらの国への輸出上位品目にはあまり違いはない。
「どう異なっているのか」という問いなので，それぞれの国から EU が輸入してい
る品目の違いを簡潔に述べる。

> **論述のポイント**　中国との貿易では，
> **ポイント①**　労働集約型工業製品（衣類などの軽工業品）の輸入が多い。
> ロシアとの貿易では，
> **ポイント②**　（原油，天然ガスなどの）エネルギー資源の輸入が多い。
> 日本との貿易では，
> **ポイント③**　（自動車，機械類，電子部品などの）高付加価値工業製品の輸入が多い。

## 解答例

**設問A**　(1)A－オランダ　B－ポーランド　C－ノルウェー　D－スイス

(2)家族経営を主体とした中小企業が地域内に集積し，業者間の分業や情報交換により，デザイン力を生かした高級品を生産している。

(3)人口の少なさから経済規模は小さいが，教育の普及により高度人材が豊富で，知識集約型の多国籍企業の研究開発が盛んなため。

**設問B**　(1)国内に自動車や航空機の組立工場があり，使用する部品をEU各国から輸入しているが，完成品はEU域外への輸出が多いため。

(2)賃金水準が比較的低く，EU加盟により域内関税が撤廃されたので，ドイツ，フランスなどの域内やアメリカ，日本などの域外の自動車メーカーが進出し，EU市場向けの生産が盛んになったため。

(3)中国からは労働集約型工業製品，ロシアからはエネルギー資源，日本からは高付加価値の工業製品の輸入が多いため。

# 第3章　2013〜2009年度

解答用紙は，横書きで〈地理歴史〉共通。1行：30字詰。

# 31 風化作用の強度分布と世界の気候・土壌，および土砂崩れの地形図読図

(2013年度 第1問)

> 設問Aは，風化作用の強度分布図を題材に，世界の気候や土壌について問い，設問Bは，土砂崩れが生じた前と後の地形図をもとに，地表の変化の読図や土砂災害などを問う問題である。分布図や地形図の判読に基づく自然環境の問題としては，2009年度第1問と類似している。

## 設問A

(1) **論述の指針** 図1－1を見ると，風化作用が微弱な地域は，高緯度では北アメリカ大陸北部，ユーラシア大陸北部，南極大陸などの寒冷で降水量が少ない冷寒帯地域，低緯度では北アフリカやアラビア半島などの乾燥地域が該当する。逆に，風化作用が極めて活発な地域は，主として熱帯の多雨地域であるから，風化作用の強弱は，主に地表における水の多少と関係し，水の条件が同じならば気温の高低と関係すると考えられる。ただし，風化の定義やメカニズムを説明する問題ではないことに注意したい。

> **論述のポイント** 風化は，水が豊富で，気温が高い地域で進む。したがって，風化作用の弱い地域は，水が不足する地域や気温が低い地域である。
> 高緯度で風化作用の弱い地域は，冷寒帯地域であるから，
> **ポイント①** 低温で少雨である。
> 低緯度で風化作用の弱い地域は，砂漠などの乾燥地域であるから，
> **ポイント②** 少雨で乾燥しており，水に乏しい。

(2) **論述の指針** 風化作用の激しい地域は，主に熱帯の多雨地域であるから，このような地域でみられる植物の生育に好ましい条件とは何かを説明すればよい。高温，多雨のほか，光合成に必要な日射量の多さもあげておこう。

> **論述のポイント** 風化作用の激しい地域は，低緯度の多雨地域である。このような地域が備えている植物の生育に好ましい条件とは，
> **ポイント①** 年中気温が高い。
> **ポイント②** 降水量が多い。
> **ポイント③** 日射量が多い。

(3) **論述の指針** 風化作用の激しい地域では，土壌中の養分が溶けて流出するが，養分を含んだ土壌が繰り返し供給されると，土壌の肥沃度が維持される。(a)ガンジス・ブラマプトラ川下流域と(b)ジャワ島について，養分を含んだ土壌が繰り返し供給される自然的要因を説明する問題である。それぞれの自然的要因を一言で述べると，(a)は河川の氾濫，(b)は火山噴火であるが，これらの背景や肥沃な土壌が形成さ

れる過程を含めて述べる。

> **論述のポイント** (a)のガンジス・ブラマプトラ川下流域では,
> **ポイント①** 夏の季節風（モンスーン）やサイクロンによる降水が多い。
> このため,
> **ポイント②** 河川が氾濫する。
> これにより,
> **ポイント③** 上流から運ばれた肥沃な土砂が下流域に堆積する。
> (b)のジャワ島は,
> **ポイント④** 火山が多い（火山島である）。
> このため,
> **ポイント⑤** 火山が噴火するたびに,火山灰が降下して堆積する。
> 塩基性の火山灰は風化して,
> **ポイント⑥** 栄養分に富む土壌となる。

## 設問B

(1) **論述の指針** 風景の変化が問われているので,地形と植生の変化を述べる。等高線や地図記号を読み取ると,アの地点Xは標高2280mくらいで,等高線が低い方に凸となり,周囲には針葉樹林の記号がみられる。イの同じ地点は,標高2120mくらいで,等高線が高い方に凸となり,付近は砂れき地の記号となっている。これらから風景の変化について簡潔にまとめる。

> **論述のポイント** 地点X付近の地形は,
> **ポイント①** アの尾根からイの谷に変化した。
> 植生は,
> **ポイント②** アの針葉樹林からイの砂れき地（植生がない状態）に変化した。

(2) **論述の指針** 土砂崩れで生じた土砂は,谷を流下し,下方のどこかに堆積するが,ここではYとZの地表面の変化に注目して説明する。Yはアの針葉樹林からイでは砂れき地に変化している。Zも砂れき地に変わっているが,標高が1630mくらいから1610mくらいに下がっている。これは流下する土砂によって元の地形が侵食されたことを示している。

> **論述のポイント** 土砂崩れで生じた多量の土砂は,
> **ポイント①** 谷を流下した。
> Y付近では,
> **ポイント②** 針葉樹林が砂れき地に変化している。
> これは,土砂の一部が
> **ポイント③** 谷壁を乗り越えてY付近に堆積したためである。
> Z付近では,
> **ポイント④** 標高が下がっている。

　　　このことから地形図の範囲内では，流下する多量の土砂が
　　　**ポイント⑤**　元の谷を侵食したことがわかる。

(3)　**[論述の指針]**　地形図の読図とは直接関係のない小問である。土砂が集落，耕地，
　道路を押し流したり，埋めたりするという災害はすぐに思い浮かぶが，土砂が谷を
　流下し，川をせき止めることで，新たな災害を引き起こす恐れもある。2つの例と
　しては，**直接的な土砂災害**と**間接的に起こる災害**をあげるとよい。

　　　**[論述のポイント]**　土砂の流下により，下流部では，
　　　**ポイント①**　集落，耕地，道路などが埋没し，人的，経済的被害が生じる。
　　　土砂が河川をせき止めることにより形成される
　　　**ポイント②**　せき止め湖が決壊（土砂ダムが崩壊）すると，下流部で水害が生じる恐
　　　　　　　　　れがある。

## 解答例

**設問A**　(1)高緯度の地域は低温少雨のため風化が進まず，低緯度の地域は極
　　　　めて少雨の乾燥地域で，風化を促進させる水に乏しいためである。
　　　　(2)低緯度の多雨地域のため，年中気温が高いこと，降水量が多く水
　　　　が豊富なこと，日射量が多いことなどの条件が該当する。
　　　　(3)(a)は夏の季節風やサイクロンによる豪雨で河川が氾濫し，上流
　　　　から運ばれた肥沃な土砂が堆積するためで，(b)は火山が多く，噴火
　　　　のたびに降下した火山灰が風化し，栄養分に富む土壌となるため。
**設問B**　(1)尾根から谷に変化し，針葉樹林が失われて砂れき地となった。
　　　　(2)土砂は元の谷を侵食しながら流下し，Z付近の標高を低くしたが，
　　　　一部は谷壁を乗り越えてY付近に堆積し森林を砂れき地にした。
　　　　(3)集落，耕地，道路が土砂で埋まり，人的，経済的被害が生じ，土
　　　　砂が河川をせき止めてできる土砂ダムが崩壊すると水害が生じる。

# 32　世界の農業と水産業

（2013年度　第2問）

　設問Aは3地域の自然と農業，設問Bは農業の大規模化やグローバル化の問題点，設問Cは世界の水産業に関する問題である。設問Aは，設問自体は平易であるが，地域名を地図（経緯度）から判定した上でなければ解答できないため，ややハードルが高い。設問Bと設問C(3)は農業や水産業のグローバル化，資源管理などに関する論述問題らしい問題である。

## 設問A

(1)　**論述の指針**　地図に記されている経緯度から，地域Aは南アメリカのペルー付近，地域Bは北アフリカのアルジェリア付近，地域Cはインド南西部である。地域Aの砂漠気候は低緯度の大陸西岸沖を流れる寒流の影響であり，地域Bの砂漠気候は亜熱帯高圧帯に年中覆われることによる。

> **論述のポイント**　地域Aの砂漠気候は，
> 　**ポイント①**　海岸側に分布。
> 成立理由は，
> 　**ポイント②**　沖合を流れる寒流により大気が安定して雨が降らないため。
> 地域Bの砂漠気候は，
> 　**ポイント③**　内陸側に分布。
> 成立理由は，
> 　**ポイント④**　亜熱帯高圧帯に年中覆われ，降水量より蒸発量が多いため。

(2)　「地域Aの概ね2000m以上の山岳地帯」はアンデス山脈である。この地域が原産の農作物と特有の家畜をあげればよい。

(3)　**論述の指針**　地域Cはインド南西部であるから，夏の南西季節風の影響で多雨となる。

> **論述のポイント**　降雨が集中するのは，
> 　**ポイント①**　5〜10月。
> その理由は，
> 　**ポイント②**　海洋から湿潤な南西季節風が吹くため。

(4)　インド南西部の海岸地帯は年降水量が1,000mmを超える。山麓の丘陵地帯も多雨で排水がよい。

## 設問B

**論述の指針**　「生産された地域のみで消費する」いわゆる**地産地消**は，生産地＝消費地であるが，「最適な地域で大規模に生産して国際的に取引する」場合は，生産地（生

産国）と消費地（消費国）が分離することになる。こうした場合にどのような問題が
生じるのかを論じる問題である。問題点は多数あるが，生産国（輸出国）側で生じる
問題，消費国（輸入国）側で生じる問題，世界全体にかかわる問題などに分けて考え
れば，整理しやすい。

**論述のポイント** 生産国（輸出国）側の問題点として，適地適作や大規模生産は，
**ポイント①** 単一耕作や機械化による効率性を追求することになり，
**ポイント②** 地力の低下や土壌侵食などの農地の荒廃を招きやすい。
〔環境への影響〕

**別解** として，特定の作物への依存は，
**ポイント①′** 国際市況や景気動向による農産物の価格変動，自然災害による生産量の
変動の影響を受けやすく，
**ポイント②′** 生産国の農業経営や世界の食料需給が不安定になりやすい。
〔農業経営や国際市場への影響〕

消費国（輸入国）側の問題点として，安価な外国産の食料に依存することになり，
**ポイント③** 国内の農業が衰退し，食料自給率が低下する。

さらに，これにより，
**ポイント④** 食の安全や食料の安定供給が脅かされる。 〔食の安全保障への影響〕

世界全体にかかわる問題として，生産国と消費国の分離は，
**ポイント⑤** 農産物の輸送距離が増大し，
**ポイント⑥** エネルギー消費量の増加，二酸化炭素排出量の増加など地球環境への負荷
が大きくなる。 〔環境への影響〕

　以上のうちから，生産国と消費国の問題，あるいは環境と政治・経済の問題などの
2つを選んでまとめる。生産国の問題で2つ，あるいは環境問題で2つというように，
同じ視点から2つという解答は避けた方がよいだろう。

## 設問C

(1) （ア）は 1970 年に最大の漁獲量をあげていたが，漁獲量の変動が大きい。（イ）は
漁獲量が一貫して増加傾向にある。（ウ）は漁獲量の変動が小さい。

(2) **論述の指針** （イ）のインドネシアと（ウ）のアメリカ合衆国とは，2009 年の漁獲量
(a)にあまり差はないが，養殖業生産量(b)が大きく異なる。インドネシアで(b)／(a)の
比率が高いのは，養殖業生産量が多いためである。したがって，この小問は，イン
ドネシアで養殖業が盛んな理由を述べる問題と考えてよい。インドネシアで養殖さ
れる魚介類としてはエビが多く，主に日本などに輸出されている。エビ養殖を念頭
に置いて，養殖に適した自然的条件と輸出向け生産が多いという社会的条件を説明
する。

**論述のポイント** インドネシアで養殖業が盛んな自然的条件は，熱帯の島国なので，
**ポイント①** 海岸線が長い。

　　　**ポイント②**　海岸には，養殖池に転換しやすいマングローブ林が多い。
社会的条件は，
　　　**ポイント③**　日本などで需要が多く，外貨獲得源となるエビなどの魚介類の生産には
　　　　　　　　　養殖が適している。

(3)　**論述の指針**　水産資源を管理する目的は，乱獲を防ぎ，資源を保全するためであ
るが，その「国際的な取り組み」が必要なのは，水産資源の種類によっては，1国
だけでいくら管理しても資源の保全の意味をなさない場合があるためである。繁殖
から成育までが1国の「排他的経済水域」内にとどまっている水産資源なら，国際
的管理は必要ないだろう。しかし，「生息場所」が1国の「排他的経済水域」を越
えて広範囲に及ぶ水産資源は，国際的管理が必要となる。「具体的な水産資源の例」
はこのような水産資源をあげる。指定語句の「総量規制」は具体的な管理の方法で
あり，「消費量」は管理が必要となった背景，すなわち「消費量」の増加として使
用するとよい。

　　　**論述のポイント**　国際的な取り組みが必要な水産資源としては，
　　　**ポイント①**　マグロ
　　　があげられる。これは，
　　　**ポイント②**　「生息場所」が1国の「排他的経済水域」を越えている回遊魚
　　　なので，1国だけで資源管理をしても実効性がないためである。マグロの資源管理が必
　　　要な背景としては，
　　　**ポイント③**　日本食ブームや新興国の経済発展などにより，世界的に「消費量」が増
　　　　　　　　　加している
　　　ことがあげられる。このため，
　　　**ポイント④**　「総量規制」により漁獲量を制限するという国際的な取り組みが必要で
　　　　　　　　　ある。

## 解答例

**設問A**　(1)地域Aは、沖合を流れる寒流の影響で大気が安定して降水がほとんどない海岸側に、地域Bは、年中亜熱帯高圧帯に覆われて降水量よりも蒸発量が多い内陸側に、それぞれ砂漠気候が分布する。

(2)ジャガイモ、リャマ（アルパカも可）

(3)海洋からの湿潤な南西季節風が吹くため、5〜10月に集中する。

(4)アー米　イー茶

**設問B**　生産国では単一耕作や大規模化に伴って地力の低下や土壌侵食などの農地の荒廃を招きやすい。消費国では農産物の輸入が増え、国内農業の衰退と自給率の低下により食料安全保障が脅かされる。

**別解**　生産国が単一耕作を進めると国際市況や災害などの影響を受けやすくなり、需給が不安定になる。生産国と消費国が分離すると輸送距離が大きくなり、エネルギー消費や二酸化炭素の排出が増える。

**設問C**　(1)アーペルー　イーインドネシア　ウーアメリカ合衆国

(2)海岸線が長く、養殖池に転換しやすいマングローブ林が多いことから、需要の多い輸出向け魚介類の養殖による生産が盛んなため。

(3)マグロは日本食ブームや新興国の経済発展などで世界的に消費量が増加しているが、生息場所が1国の排他的経済水域を越える回遊魚のため、漁獲量の総量規制による国際的な管理が必要である。

# 33 6カ国の都市と農村の年齢階層別人口構成，および日本の工業都市

（2013 年度　第 3 問）

> 設問 A は，世界の 6 カ国の都市と農村の年齢階層別人口構成比率のグラフを用いて，年齢階層別人口構成の特色の背景や違いなどを問い，設問 B は，リード文を用いて，日本の地方工業都市の名称，工業の特色，衰退と成長の背景などを問う問題である。設問 B のような日本の産業に関する問題は頻出であるが，本問のような地誌的な問題は難問となりやすいだろう。

## 設問 A

(1) A と C は都市も農村も老年人口の割合が低く，農村における年少人口の割合が高い。A と C を比べると，A は都市における年少人口の割合が特に低く，都市における少子化が進んでいる。B は都市と農村のいずれも老年人口割合が比較的高く，年少人口割合が低い。

(2) **論述の指針** 親の世代とその子の世代の人口がほぼ同じということは，平均して父母 2 人に対して 2 人の子供がいるということである。つまり**合計特殊出生率**が 2.0 くらいのとき，このような現象がみられる。ほとんどの先進国では合計特殊出生率が 2.0 を下回っており，特に都市部では出生率は低いが，アメリカ合衆国の都市では高い水準を維持している。その要因を述べる問題である。「社会的な理由」とあるので，単に出生率が高いことだけでなく，アメリカ合衆国特有の背景を説明する。

> **論述のポイント** アメリカ合衆国の都市へは
> **ポイント①** ヒスパニックなどの比較的若い年齢層の移民の流入が多い。
> **ポイント②** 彼らの出生率が高い。

(3) **論述の指針** 「高度経済成長」の時期には，農村から都市への「人口移動」が活発であること，移動するのは若年層が主体なので，現在の都市における高齢化の違いは「高度経済成長」の時期（＝都市への「人口移動」の時期）の違いに関係すること，以上の 2 点から，日本と韓国の都市の高齢化の違いを説明する。

> **論述のポイント**
> **ポイント①** 「高度経済成長」期は農村から都市への若年層の「人口移動」が活発。韓国は日本よりも
> **ポイント②** 「高度経済成長」期が遅れた。
> このため，「高度経済成長」期に都市に移住した人々は，日本ではすでに高齢者になっているが，
> **ポイント③** 韓国ではまだ高齢者になっていない。

## 設問B

(1)　A市〜D市は人口減少が続く都市である。A市は石炭産業の発達していた都市,
　　B市は「大市場から遠い」資源立地型の重工業都市,C市とD市は近くに銅山のあ
　　った都市で,このうちD市はその後「ハイテク工業」が発展した都市である。一方,
　　E市は人口増加が続いているので,中心的工業の成長している都市である。

(2)ア.「石炭を原料とした」工業でC市にも立地している。

　イ.「高度経済成長期に太平洋ベルトに臨海コンビナートが形成され」た工業。

　ウ.銅と関連し,「ハイテク工業化」の基盤となった工業。

　エ.「地域の工業の成長を牽引」するような基幹産業。

(3)　**論述の指針**　地方の工業都市で人口が減少する要因は,地域経済を支えていた工
　　業が衰退すること（具体的には,工場の閉鎖や他地域への移転）で,雇用が減り,
　　人口が流出するためである。1985年〜90年という時期は,バブル経済期を含んで
　　いるが,一方では日本の工業に大きな影響を与えた円高が進行した時期でもある。
　　D市の工業がこの時期に衰退したのは円高が関係している。

> **論述のポイント**　1985年〜90年という時期は,
> 　**ポイント①**　円高が進行した時期である。
> このため,この時期に人口減少が始まったのは,
> 　**ポイント②**　工場の海外移転が増加し,雇用が減少した
> ことによる。

(4)　**論述の指針**　リード文にあるように,工業には栄枯盛衰がつきものであり,現在
　　は成長産業であっても,将来にわたって成長するとは限らない。また,成長産業で
　　あっても,その地域に立地することに優位性がなくなった場合は,他地域に立地移
　　動する恐れもある。特定の業種に依存すると,その業種が成長産業でなくなったと
　　きや立地移動したときに,雇用が減少し,地域経済が衰退してしまう。将来にわた
　　って雇用を維持し,地域の発展を図るためには多様な業種が存在することが望まし
　　い。「業種の幅を拡げる政策を進め」るのはこうした理由による。

> **論述のポイント**　特定の業種に依存すると,
> 　**ポイント①**　地域経済がその業種の動向に大きく影響される。
> 業種が多様化すると,
> 　**ポイント②**　景気変動などの影響が緩和され,
> さらに,
> 　**ポイント③**　新たな雇用が生まれ,地域の持続的発展につながる。

---

**解答例**

**設問A**　(1)A―中国　B―スペイン　C―インドネシア

　　　　　(2)ヒスパニックなどの比較的若い年齢層の移民が雇用機会の多い大
都市に多数流入しており，定住した彼らの出生率が高いため。

　　　　　(3)農村から都市への若年層の<u>人口移動</u>が活発な高度経済成長期が日
本よりも遅く，移住した人々がまだ高齢者になっていないため。

**設問B**　(1)A―大牟田　B―室蘭　C―新居浜　D―日立　E―豊田

　　　　　(2)ア―化学　イ―製鉄　ウ―電気機械　エ―自動車

　　　　　(3)円高の進行で工場の海外移転が増え，雇用が減少したため。

　　　　　(4)特定の業種への依存は地域経済がその業種の動向に左右されるの
で，影響を緩和し，雇用創出や地域の持続的発展につなげるため。

# 34　ユーラシアとアメリカ合衆国の自然・産業・文化

(2012年度　第1問)

設問Aは，地図を使用して，ユーラシアの北緯50°付近の気候，家畜，湖の環境問題，宗教などを問い，設問Bは，アメリカ合衆国の州別・地域別統計表を用いて，産業や地域経済の変化について問う問題である。設問Aは基本事項の問題であるが，設問Bはアメリカ合衆国の州名の知識に加えて，最近の世界経済の動きやアメリカ合衆国内の産業の地域差についての理解が必要である。

## 設問A

(1)　**論述の指針**　同緯度でも冬の気温が異なるのは，隔海度や偏西風などの影響である。ユーラシアの冬の気温は，偏西風の影響を受ける西側で高く，その影響を受けない東側で低い。b・cともに内陸部であるが，cは冬にシベリア高気圧に覆われることから，さらに気温が低下する。

> **論述のポイント**　ユーラシアの北緯50°付近では，
> **ポイント①**　西側ほど偏西風の影響を受け，冬の気温が比較的高い。
> **ポイント②**　東側は，シベリア高気圧が発達し，放射冷却により著しく気温が低下する。

(2)　YのカザフスタンとZのモンゴルでは遊牧が行われ，羊・山羊の頭数が多いが，モンゴルでは馬もよく飼育されている。WのポーランドとXのウクライナは混合農業や酪農で家畜が飼育されるが，ステップ気候地域を含むウクライナでは，羊・山羊や馬の飼育頭数がポーランドより多いと考えられる。

(3)　**論述の指針**　湖Sはバイカル湖，湖Tはアラル海である。字数の割に論述内容の指示が多いが，湖水深や水質の特徴などは一言で書ける。

> **論述のポイント**　周辺の流域環境は，
> **ポイント①**　湖Sは森林地帯，湖Tは乾燥「気候」。
> 湖水深と水質の特徴は，
> **ポイント②**　湖Sは深い淡水湖，湖Tは浅い塩湖。
> 最近の変化は，
> **ポイント③**　湖Sは製紙工場の排水などにより水質が悪化。
> **ポイント④**　湖Tは灌漑などの「人為」的要因により水位が低下。

(4)　ポーランドはキリスト教のカトリック，モンゴルはチベット仏教が主に信仰されている。ウクライナは東方正教，カザフスタンはイスラム教の信者が多い。

## 設問B

(1) 図4の①はノースダコタ州，②はカンザス州，③はテキサス州，④はイリノイ州，⑤はミシガン州である。ノースダコタ州とカンザス州は小麦地帯の州，イリノイ州はとうもろこし地帯の州である。テキサス州は州別の工業製品出荷額が全米1位（2008年），ミシガン州は自動車工業が盛んであるが，その低迷で失業率が高い。

(2) **論述の指針** 2005年の失業率は，表1の各州に大きな違いはないが，2009年になると，全体に失業率が上昇したことに加えて，イリノイ州，ミシガン州，オハイオ州，インディアナ州（図4ではC地域に属する）とその南に位置するケンタッキー州，テネシー州（図4ではF地域に属する）の失業率が特に高くなっている。一方，カンザス州やノースダコタ州（図4ではD地域に属する）の失業率はあまり上昇していない。失業率が高くなったのは全国的に不況になったためであるが，地域差がみられるのは**各州の産業構造の違い**によると考えられる。

> **論述のポイント** 2005年に比べて2009年は，2008年の金融危機による不況で，
> **ポイント①** 全国的に失業率が上昇している（雇用が悪化している）。
> しかし，失業率の上昇には地域差があり，
> **ポイント②** 中西部の農業が盛んな州では，失業率の上昇は小さいが，
> **ポイント③** 五大湖周辺の工業が盛んな州は，失業率が大きく上昇している。
> その理由は，
> **ポイント④** 農業よりも工業は不況の影響を受けやすいためである。

　五大湖周辺地域で盛んな工業としては自動車工業があげられる。2008年の金融危機（リーマンショック）の後，北米市場で自動車販売が大きく落ち込み，GM（ゼネラルモーターズ）が事実上の経営破綻となるなど，金融危機による不況は自動車工業への影響が大きかった。ただし，工業が盛んな州でもテキサス州は失業率があまり上昇していない。農業も盛んであることと，不況の影響を受けにくく，地域的にも立地が限られている石油・天然ガス関連の産業が発達しているためと考えられる。これらの点についても述べておきたいところだが，字数にはまったく余裕はない。

(3) **論述の指針** 第1期は，全国の製造業被雇用者数がやや減少しているが，A～Cの地域（北東部，スノーベルト）を除いた地域では増加している。このため，この時期は，北東部では製造業が低迷したが，サンベルトなど他の地域では製造業の発展がみられたと考えられる。第2期は，全国の製造業被雇用者数が大きく減少し，地域的にもすべての地域で減少している。特にニューヨークやボストンなどの大都市を含む中部大西洋岸やニューイングランドではほぼ半減している。この時期は，全国的に製造業が衰退し，大都市を含む地域では，以前にも増してその傾向が強かった。労働力人口は増えているはずであるから，製造業被雇用者数の減少は，製造

業から製造業以外の産業への労働力の移動を意味する。**第1期は製造業被雇用者の地域間移動であったが，第2期は被雇用者の産業間移動であったと言える。**表の読み取りでは，地域差を重視するか，地域間移動と産業間移動の違いを重視するかで書く内容がやや異なるが，いずれでもよいだろう。

---

**論述のポイント**　第1期は，製造業被雇用者数が

**ポイント①**　北東部で減少し，サンベルト（南部や西部）で増加した（北東部からサンベルトに移動した）。

その要因は，

**ポイント②**　先端技術産業などの新しい工業がサンベルトに立地したこと。

第2期は，製造業被雇用者数が

**ポイント③**　全国で減少し，北東部では特に大きく減少した（製造業から製造業以外の産業に移動した）。

その要因は，

**ポイント④**　製造業の衰退と金融業やサービス業など他産業の成長がみられたこと。

---

## 解答例

**設問A**　(1)アーb　イーc　ウーa

西側ほど海からの偏西風の影響を受け気温が高くなるが，東側は冬に高気圧が発達し，放射冷却により著しく気温が低下するため。

(2)カーZ　キーY　クーW　ケーX

(3)森林地帯の深い淡水湖Sは製紙工場の排水などで水質が悪化し，乾燥気候の浅い塩湖Tは灌漑などの人為的要因で水位が低下した。

(4)Wーカトリック教（キリスト教）　Zーチベット仏教（仏教）

**設問B**　(1)a―③　b―④　c―⑤　d―②　e―①

(2)全国的に雇用が悪化したが，中西部の農業州に比べて金融危機による不況の影響を強く受けた五大湖周辺の工業州で特に悪化した。

(3)第1期は新規に工業が立地したサンベルトで被雇用者数が増加し，北東部で減少した。第2期は金融・サービス業の成長により全国で減少し，特にこれらの産業が発達する北東部は大きく減少した。

**別解**　(3)第1期は北東部から新規に工業が立地したサンベルトに被雇用者の移動がみられたが，第2期は製造業の衰退と金融・サービス業の成長により，全国的に製造業から他産業へ労働力の移動があった。

# 35 世界の農林業 （2012年度 第2問）

設問Aは4つの農作物の生産と輸出，設問Bは中国の農産物の貿易，設問Cは世界の6
地域の森林の増減に関する問題である。設問A(4)のフェアトレードや設問B(2)の中国の加
工食品の輸出の背景などの設問は目新しい。設問Cは炭素蓄積量のデータを用いているが，
発展途上国と先進国における森林増減に関する頻出問題である。

## 設問A

(1) Aはコロンビアが決め手。ドイツ，ベルギーが輸出の上位に入っているのは，輸
入品の再輸出が行われているためと考えられる。Bはパキスタンやイタリアから考
える。Cはケニアが決め手。Dはアメリカ合衆国の輸出割合が高い。

(2) 2008年では，(ア)は世界一のコーヒーの輸出国，(イ)はコーヒーと米の輸出国，(ウ)
は世界一の米の輸出国（ただし，2021年はインドに次ぐ世界第2位）。(エ)は旧イギ
リス植民地。

(3) ┃論述の指針┃ ベトナムでコーヒーと米の輸出が増加した理由を述べる問題である。
1980年代以降のこれらの作物の増産が要因であるが，その理由を説明すればよい。
「この国の社会状況」は，社会主義国でありながら市場経済の導入を進めたこと
（**ドイモイ政策の採用**）について述べればよいだろう。

> ┃論述のポイント┃ 社会主義国のベトナムでは，1986年以降
> **ポイント①** ドイモイ政策が導入された（市場経済化が進められた）。
> これにより農業では，
> **ポイント②** 農民の生産意欲や生産性が向上した。
> 政府も，
> **ポイント③** 外貨獲得源として輸出作物の生産を奨励した。
> このため，農業生産が拡大し，生産量が増加したコーヒーや米の輸出が増えた。

(4) ┃論述の指針┃ 「割高であっても購入しようとする」のは，**価格に見合った品質以上
の付加価値があるから**と考えられる。その付加価値とは，消費者にとっての直接的
な利益というより，購入することで，社会や地球環境に対して貢献でき，生産者の
生活への支援になるという充実感であろう。したがって，「一定の条件を満たすも
の」とは，環境に配慮した農法によって作られた作物や，発展途上国の立場の弱い
「農民」によって生産された作物などが想定される。ここでは，コーヒーや茶とい
った，主に発展途上国で生産されている農作物について問われているので，発展途
上国の「農民」の支援になるという点を取り上げればよい。こうした商品作物の
「国際相場」は変動しやすく，「農民」の生活を不安定にしている。「割高であって
も購入」するということは，「国際相場」が下落しても，「農民」の生活が維持でき
るように，公正な価格で（「国際相場」よりも高く）購入することを意味している。

指定語句の「持続」は，「農民」の生活あるいは農業生産の「持続」として使える
だろう。なお，こうした消費者の動きは，**フェアトレード運動**とよばれている。

> **論述のポイント**　コーヒーや茶などの商品作物は，発展途上国の「農民」によって生産
> されているが，
> 　**ポイント①**　「国際相場」の変動が大きく，「農民」の生活は不安定である。
> そこで，これらの農作物を，
> 　**ポイント②**　公正な価格で購入する（「国際相場」より高く購入する）ことで，
> 　**ポイント③**　発展途上国の「農民」の生活を支援し，農業や生活が「持続」できるも
> 　　　　　　　のとする。

## 設問B

(1)　**論述の指針**　油脂類は食用油としての利用のほか，石けんや洗剤などの原料にも
なる。油脂類の輸入が増えたのは，これらの油脂類を原料とする食品や日用品の需
要が増え，国内生産が拡大したためであるが，その背景には，近年の経済成長によ
る生活水準の向上や食生活の変化が関係している。

> **論述のポイント**　中国では，近年の経済成長に伴って，
> 　**ポイント①**　所得や生活水準が向上している。
> 　**ポイント②**　食生活にも変化がみられる。
> これらにより，
> 　**ポイント③**　食用油や石けん・洗剤の消費が増えた。
> これに伴い，
> 　**ポイント④**　油脂類を原料とする製品の国内生産が増えた。
> このため，油脂類が大量に輸入されるようになった。

(2)　**論述の指針**　中国で農産物の加工食品が主要な輸出品目となっている背景，言い
換えれば，加工食品の生産が重要な輸出産業となっている背景について説明する問
題である。賃金水準，原料の得やすさ，輸出先の需要などが背景として考えられる。

> **論述のポイント**　中国では，
> 　**ポイント①**　賃金水準が低いため，労働集約的な食品加工の生産費が安い。
> 　**ポイント②**　野菜などの原料も安価に大量に入手できる。
> 　**ポイント③**　日本などの近隣諸国では，外食産業の発達などにより，安価な加工食品
> 　　　　　　　の需要が多い。
> 以上の理由から，
> 　**ポイント④**　日本企業など外国の食品会社が進出し，
> 　**ポイント⑤**　輸出向けの食品加工産業が発達した。
> このため，加工食品が主要輸出品になっている。

## 設問C

(1)　**論述の指針**　A地域は「広大な熱帯林」から南米，B地域は「人口の増加率が最
も高い」からアフリカである。リード文にあるように，炭素は森林に蓄積されてい
るので，森林破壊が進むと炭素蓄積量が減少する。したがって，この小問は南米と
アフリカにおける森林破壊の要因を述べる問題である。

> **論述のポイント**　A地域やB地域のような熱帯の発展途上地域では，
> **ポイント①**　薪炭材の過剰採取，焼畑面積の拡大や周期の短縮，
> **ポイント②**　放牧地の造成，輸出作物の栽培のための農園の造成
> などによって，
> **ポイント③**　森林（熱帯林）が減少している（森林破壊が進んでいる）。

(2)　**論述の指針**　C地域とD地域は「化石燃料消費量」が多いことから先進地域であ
る。1990 年から 2010 年の期間で「国民一人あたりの二酸化炭素排出量が最も多い
国」はアメリカ合衆国と考えられるから，D地域は北中米で，C地域はヨーロッパ
（含むロシア）となる。先進国で森林が増加（樹木の本数の増加だけでなく樹木の
成長による増加も含む）している要因を述べる。なお，E地域はアジア，F地域は
オセアニアである。

> **論述のポイント**　C地域，D地域のような先進地域では，
> **ポイント①**　森林の保護，および
> **ポイント②**　植林が進んでいる。

## 解 答 例

**設問A**　(1)A－コーヒー　B－米　C－茶　D－とうもろこし

(2)(ア)－ブラジル　(イ)－ベトナム　(ウ)－タイ　(エ)－スリランカ

(3)ドイモイ政策により農民の生産意欲が高まるとともに，政府が輸
出作物の生産を奨励したことから，農業生産が拡大したため。

(4)国際相場の変動が大きい農作物を公正な価格で購入することで，
発展途上国の農民の生活を支援し，農業を持続可能にするため。

**設問B**　(1)生活水準の向上や食生活の変化により食用油や洗剤などの消費が
増え，これらの油脂を原料とする製品の国内生産が増えたため。

(2)賃金水準が低く，安価な原料が大量に得られることから，近隣諸
国で需要の多い加工食品の生産が外資の進出で盛んになったため。

**設問C**　(1)薪炭材の過剰採取や焼畑面積の拡大による森林の減少と，放牧地
や商品作物生産のための農園の造成などによる森林破壊のため。

(2)先進国では，森林の保護と植林が進められているため。

# 36 古地図の読図と東京の人為的地形変化

(2012年度 第3問)

設問Aは，16世紀の古地図を題材に，赤道などの位置や地図の精度に関連する事項が問われている。設問Bは，東京の標高を図示した地図を題材に，人為的な地形の変化について問う問題である。設問Aは，これまで出題例のない意表を突いた問題であり，論述問題はいずれも難問だろう。設問Bの人為的地形変化については，従来からさまざまな形で出題されている。

## 設問A

(1) 古地図であっても，緯度は比較的正確に描かれている。陸地の形が現代の地図に近いヨーロッパ，アフリカを見れば，a～cの緯線の名称はわかるだろう。

(2) **論述の指針** 北回帰線と北極線（北極圏の南端。北極圏を北極線と同義とする呼称もある）の意味を説明する問題である。地軸が公転面に垂直な線に対して23.4度傾いていることから，太陽の南中高度が90度になる緯度の限界，1日中太陽が沈まない白夜や1日中太陽が昇らない極夜となる緯度の限界が生じる。

> **論述のポイント** bの北回帰線は，
> **ポイント①** 太陽の南中高度が90度になるかならないかの境，
> cの北極線は，
> **ポイント②** 夏至の日に白夜，冬至の日に極夜が生じるか生じないかの境。

(3) **論述の指針** 「ある場所の地球上での位置」とは，その場所の「緯度」・「経度」のことである。したがって，これは当時の「緯度」・「経度」の計測方法について説明する問題である。「緯度」は北極星の高度や太陽の南中高度などの「天文」観測により，当時であっても比較的正確に測定できた。一方，「経度」は2地点間の「時間」差から求められる。ある地点で正確に合わせた時計を持って，別の地点に移動し，太陽が南中したときに時計の時刻を見れば，12時との「時間」差から2地点間の「経度」差が計算できる。しかし，当時は持ち運びのできる正確な時計がなかったため，「経度」の測定は不正確なものにならざるを得なかった。

> **論述のポイント** 「緯度」の計測は，
> **ポイント①** 北極星の高度や太陽の南中高度などの「天文」観測により，
> **ポイント②** 比較的正確に行うことができた。
> 「経度」の計測は，
> **ポイント③** 2地点間の「時間」差の測定が必要。
> このため，正確な時計のない当時では，
> **ポイント④** 不正確であった。

(4) **論述の指針** 「不正確さがみられる代表的な地域」は，問題の古地図で現代の地図
とは大きく異なる地域をあげればよい。北アメリカ大陸や南アメリカ大陸でもよい
が，最も不正確なのはオーストラリア大陸と南極大陸であろう。これらの地域が不
正確なのは，ヨーロッパ人の未踏地であったためであるが，もう1点，**未踏地であ
るにもかかわらず陸地が描かれているのには別の理由がある**。それについても述べ
ておきたい。

> **論述のポイント** 不正確さがみられる代表的な地域は，
> **ポイント①** オーストラリア大陸や南極大陸。
> その理由は，これらの地域は
> **ポイント②** ヨーロッパ人の未踏地で，現地についての知識がなかったこと，
> および
> **ポイント③** （未知の南方大陸という）古代からの伝承に基づいて描かれたこと
> による。

## 設問B

(1) **論述の指針** A地区では標高が0m未満の地域が広がっている。もとの標高は0
m以上のはずなので，広範囲に及ぶ標高の低下は人為的と考えられる。また，蛇
行した河川が直線的な河川に分断されているところがある。河川の分断や直線的な
河道は，自然の河川ではあり得ないから，これは，自然の河川が人為的に改変され
た，あるいは人工的に新しい河川が造られたことを示している。以上の2点につい
て，それぞれの原因とあわせて述べる。

> **論述のポイント** 地形の人為的変化としては，
> **ポイント①** 地盤沈下が起きて，海面下の土地（ゼロメートル地帯）が広がっている。
> その要因は，
> **ポイント②** 地下水の過度の汲み上げ。
> また，
> **ポイント③** 河道の直線化や新河道（放水路）の建設などが行われている。
> その理由は，
> **ポイント④** 洪水対策。

(2) **論述の指針** 河川の暗渠化が進められたのは，「都市化」の進展と関係する。「都
市化」の進展による人口増加に下水道の整備が追いつかないと，生活排水が河川に
流入し，水質汚濁や悪臭が発生する。また，「都市化」により交通量が増えると，
既存の道路を「拡幅」する必要が生じるが，すでに宅地化が進んでいるところでは
「拡幅」用地の確保が難しい。河川の暗渠化は，このような「都市化」に伴って生
じる悪臭や交通渋滞などの「生活環境」の悪化を改善する方策となる。**暗渠化によ
ってどのような改善ができるのかを説明する**。

> **論述のポイント**　「都市化」の進展に伴って，
> 　**ポイント①**　生活排水の流入などで河川の水質が悪化し，悪臭が発生した。
> 　**ポイント②**　交通量の増加により，住宅地の狭い道路では交通渋滞や交通事故が増えた。
> このような「生活環境」の悪化がみられたが，河川の暗渠化により，
> 　**ポイント③**　悪臭対策ができる。
> 　**ポイント④**　道路「拡幅」用地に転換できる。
> このため，河川の暗渠化は，
> 　**ポイント⑤**　都市の「生活環境」の改善につながる。

(3)　**論述の指針**　大都市沿岸部の人工島に立地適性がある公共施設の例と，それがなぜ人工島への立地が適しているのかを説明する問題である。実際に，大都市沿岸部の人工島に立地している公共施設の例としては，空港（羽田空港，神戸空港，大都市からやや離れているが関西国際空港など），清掃工場（ゴミ処理場），スポーツ施設などがある。大都市沿岸部の人工島の特徴は，比較的広い土地が得られること，既存市街地に近いこと，既存の市街地と水域で分離していることなどがあげられる。

> **論述のポイント**　公共施設の例は，
> 　**ポイント①**　空港（清掃工場）
> 理由は，
> 　**ポイント②**　広い土地がある。
> 　**ポイント③**　市街地と水域で分離しているので騒音対策（清掃工場の場合は悪臭対策）が可能。
> 一方で，
> 　**ポイント④**　市街地に近接するので交通アクセスがよい（ゴミの収集や運搬に便利である）。

## 解答例

**設問A** (1)a－赤道　b－北回帰線　c－北極線（北極圏）

(2)bは太陽の南中高度が90度になる日が出現する北限であり，cは北半球で夏至の日に白夜，冬至の日に極夜が生じる南限である。

(3)緯度は北極星の高度や太陽の南中高度などの<u>天文観測</u>により比較的正確に決定できたが，<u>経度</u>は２地点間の<u>時間差</u>をもとに決定するため，正確な時計のない当時は不正確にならざるを得なかった。

(4)オーストラリア大陸や南極大陸。ヨーロッパ人の未踏地で現地についての知識がなかったうえ，伝承に基づいて描かれたため。

**設問B** (1)地下水の過度の汲み上げにより，地盤沈下が生じ，地区内の大部分が海面下の土地になった。洪水を防止するため，増水時に水を速やかに海に流せるよう，河道の直線化や新河道の建設が行われた。

(2)生活排水で汚染した河川の悪臭対策や交通量が増えた道路の<u>拡幅</u>用地とし，都市化の進展で悪化した<u>生活環境</u>を改善するため。

(3)空港。広大な用地があり，市街地と水域で分離しているので騒音対策となるが，一方では市街地に近接し交通アクセスがよいため。

# 37 世界の自然災害と沖積平野の地形図読図

（2011年度 第1問）

設問Aは，分布図やグラフをもとに，災害の判定，日本とアメリカ合衆国の相違，死者数と被災者数の傾向の違いなどを問う問題で，詳細な知識ではなく常識的な思考力が問われている。設問Bは，岐阜県南部の揖斐川下流域の新旧地形図をもとに，沖積平野の微地形や集落立地，土地利用の変化などを問うオーソドックスな読図問題である。

## 設問A

(1) 干ばつは，天水に依存した農業が行われる，年降水量の変動の大きい砂漠周辺の乾燥地域やサバナ地域で起こりやすい。cはアフリカのサヘル諸国，中国，インド，オーストラリアなど乾燥地域に農地が広がる国々が「多い」となっているから干ばつである。西アジアや北アフリカ諸国で干ばつが少ないのは，これらのより乾燥した地域では，農業は天水に依存していないためである。火山災害と地震災害は，アルプス＝ヒマラヤ造山帯と環太平洋造山帯に位置する国々で多いが，アルプス＝ヒマラヤ造山帯のうち大陸プレート同士が狭まる南アジアや西アジアには活動的な火山は少ない。風害は熱帯低気圧や竜巻などが原因となる。

(2) **論述の指針** 日本で斜面災害が多く，アメリカ合衆国で水害が多いという両国の災害の種類の違いをもたらす原因のうち「地形および人口の分布の違い」を説明する問題である。それぞれの災害がどのような地形で起こりやすいかということが理解できていれば比較的平易な問題である。人間が居住していなければ災害にはならないから，**災害が起こりやすい地形のところに多くの人口が分布するかどうかが，**それぞれの災害の頻度に関係する。

> **論述のポイント** 斜面災害をもたらす日本の地形の特徴として，
> **ポイント①** 国土が山がち（急峻な山地が多い）。
> 人口分布の特徴として，
> **ポイント②** 傾斜地にも人口が多く分布する。
> 水害をもたらすアメリカ合衆国の地形の特徴として，
> **ポイント③** 平野が広がる（平野の割合が高い）。
> 人口分布の特徴として，
> **ポイント④** 平野や沿岸部に人口が多く分布する。

(3) **論述の指針** 20世紀の中頃以降，死者数が減少したのは，**以前と同程度の災害が起きても重大な災害にはならなくなったため**と考えられる。これには情報伝達手段や技術の進歩，制度や態勢の整備などが要因となる。被災者数が増加したのは，災害の発生件数が増加したためと考えられる。これには自然の側の要因より人間の側

の要因が大きい。以前には災害にならなかった自然現象でも人間の側の要因によっ
て災害になってしまったわけである。それぞれについて具体的に説明しよう。

> **論述のポイント** 死者数減少の理由として,
> **ポイント①** 災害に対する予報や予知技術の進展,
> **ポイント②** 防災施設の整備などの防災対策の進展,
> **ポイント③** 救助・医療態勢の充実。
> 被災者数増加の理由として,世界的な人口の増加による
> **ポイント④** 災害に弱い地域への居住地の拡大,
> **ポイント⑤** 開発に伴う自然破壊(森林破壊など)の進行。

## 設問B

(1) **論述の指針** 地形図の範囲は,南西部の山地および扇状地とそれ以外の氾濫原か
らなる。氾濫原の微地形は,後背湿地と自然堤防に分けられる。自然堤防は,河川
の氾濫の際に,比較的粒径の大きい土砂が河川沿いに堆積してできたもので,後背
湿地に比べるとわずかながら高くなっている。氾濫原では,古い集落(近代以前に
成立した集落)は一般に自然堤防に立地する。逆に言うと,**氾濫原では,古くから
の集落が立地しているところが自然堤防である**。したがって,X,Y,Zはいずれ
も自然堤防に立地する集落である。現河道の自然堤防のほか,旧河道の自然堤防も
残るので,Xのように河川沿いにない集落は旧河道の自然堤防上にあると考えてよ
い。自然堤防に集落が立地する理由は,氾濫原では水害の危険性が大きいことから
説明する。

> **論述のポイント** X,Y,Zはいずれも
> **ポイント①** 自然堤防
> に立地する。氾濫原は,河川の氾濫による水害の危険性があるが,その中で自然堤防は,
> **ポイント②** 微高地であり,
> **ポイント③** 浸水の被害を受けにくい。
> そのため,集落の立地に適している。

(2) **論述の指針** 地形図の南西部は,山地とその山麓に形成された「扇状地」からな
る(地形の判読は図3がわかりやすい)。等高線間隔の狭い部分が山地で,間隔が
やや広がっている部分が「扇状地」である。KとLは「扇状地」の端,つまり扇端
にあたる。扇端に集落が立地するのは水が関係する。これが設問の立地条件である。
水との関係のうち,1つは指定語句の「地下水」との関係であり,もう1つは「洪
水」との関係である。以上の2点の水との関係から扇端が集落立地に適しているこ
とを説明すればよい。

> **論述のポイント**　K，Lはともに
> **ポイント①**　「扇状地」の扇端に立地する。
> 扇端は，
> **ポイント②**　伏流した「地下水」が湧き出すため，水が得やすい。
> **ポイント③**　氾濫原よりも標高が高いため，「洪水」の被害を受けにくい。

(3)　**論述の指針**　河川Ａの北と南の「土地利用の変化」の「違い」および「そうした違いが生じた理由」を説明する問題である。単に「土地利用」とあれば，農業の土地利用（農業的土地利用）だけでなく，住居，工場，交通路などの都市的土地利用も含めて考える。読図する範囲として，「北」は地形図の範囲内の河川Ａの北側一帯（河川Ａと揖斐川に挟まれた地域），「南」は南側一帯（河川Ａの南西側全体）と考える。したがって，地形的には，北は氾濫原（大部分は後背湿地），南は大部分が扇状地である。「土地利用の変化」の「違い」については，まず，**変化が大きいか小さいかが重要**であり，さらに，どのように変化したかについても述べなければならない。「違いが生じた理由」については，**自然条件と人文条件の両面から考える**。変化が小さいところはその理由も説明する必要がある。

> **論述のポイント**　北の地域では，
> **ポイント①**　土地利用の変化は小さく，ほとんどは水田のまま。
> 若干の変化としては，
> **ポイント②**　温室ができた。
> 景観的な変化としては圃場整備が目立つが，圃場整備自体は土地利用の変化ではないので書かなくてもよい。書くとしたら道路の増加であるが，これは南側の地域にも言えるので，「変化の違い」としては書く必要はない。
> ポイント①の理由は，
> **ポイント③**　低湿な後背湿地。
> ポイント②の理由は，
> **ポイント④**　近郊農業が発達。
> 南の地域では，
> **ポイント⑤**　農地の一部が住宅，工場，公共施設などに変化。
> 農業的土地利用では，
> **ポイント⑥**　桑畑が減り果樹園が増加。
> ポイント⑤の理由は，
> **ポイント⑦**　高燥な扇状地で，河川の改修により水害の危険性が小さくなった。
> 図4では，扇状地を流れるかれ川の両岸に護岸ができて流路が固定されている。また，せきも多数建設されている。これらにより洪水や土石流の危険性が小さくなった。
> ポイント⑥の理由は，
> **ポイント⑧**　養蚕の衰退。

---

## 解 答 例

**設問A** (1)c—干ばつ　d—火山災害　e—地震災害　f—風害

(2)日本は国土が山がちで傾斜地まで居住域が広がるが，アメリカ合
衆国は平野が広く，人口も主に河川流域の平野や沿岸に分布する。

(3)予報・予知技術の進展，防災施設の整備，救助・医療態勢の充実
などにより死者数は減少したが，人口増加に伴う災害を受けやすい
地域への居住地の拡大や環境破壊などにより被災者数は増加した。

**設問B** (1)自然堤防。周辺の低湿な後背湿地に比べてわずかに高くなってお
り，河川の氾濫による浸水の被害を最も受けにくいため。

(2)扇状地の扇端に立地し，伏流した地下水が湧出して水が得やすく，
氾濫原より標高が高いため洪水の被害を受けにくい場所である。

(3)北は低湿な後背湿地が広がるため，近郊農業の発達で温室が設置
された以外は，ほとんどが水田のままである。南は高燥な扇状地で
河川改修などの水害対策が施されたため，農地が住宅，工場，公共
施設などに変わり，養蚕の衰退により桑畑は果樹園に転換した。

# 38 世界の金属資源・レアメタル・非金属資源の生産

(2011年度 第2問)

設問Aは4種類の金属資源の生産量の推移について，設問Bはレアメタルの供給と資源政策について，設問Cはある非金属資源の特色についての問題である。いずれも資源の特性についての理解と資源問題への関心が問われており，国別生産統計の判定のような「よくある問題」ではないので，やや難であろう。

## 設問A

(1) 生産量推移のグラフであるが，各金属の鉱石生産量の単位で大体判定できる。鉄や銅などの利用の多い金属は生産量も多いと言える。鉄は多方面で利用される。銅は電線や電気製品などでの利用が多い。BとCは単位が同じであるが，Bは生産量が増加傾向にあることから，Cに比べて利用が増えている金属と判断する。

(2) 論述の指針 鉱石生産量が減少するのは，資源の枯渇も考えられるが，Dが水銀と判定できたなら，需要の減少によると判断できる。水銀はかつては電池などに使われていたが，現在はあまり利用されていない。なぜ需要が減少したのかを説明すればよい。

> 論述のポイント Dの水銀は，
> ポイント① 毒性が強い。
> そのため，
> ポイント② 利用規制や代替品の開発などにより，需要が減少した。

(3) 論述の指針 金属C（鉛）に限らず，金属は一般に再利用（リサイクル）が可能である。鉱石からの生産量より金属の消費量がはるかに多いのは，消費された金属が回収されて再利用されているためと考えられる。鉛の主な用途をあげることができればなおよい。鉛は主に自動車用バッテリーなどの蓄電池に利用されるが，蓄電池は回収率が高い。

> 論述のポイント 生産量よりも消費量が多いのは，
> ポイント① リサイクルされている（消費されたものが回収・再利用されている）ため。
> Cの鉛は，
> ポイント② 蓄電池での利用が多い（蓄電池はリサイクルが進んでいる）。

## 設問B

(1) 論述の指針 図2から読み取ることができるのは，どのレアメタルも生産上位国

の占める割合が高いこと，その上位国は中国，ロシア，南アフリカなど特定の国が多いこと，それらは先進工業国ではないことなどである。「資源供給上の特徴」はこれらの点をまとめて述べる。「問題点」については，供給上の特徴からどのような問題が生じるのかを考えてみる。

> **論述のポイント**　レアメタルの資源供給上の特徴は，生産が
> 　**ポイント①**　特定の発展途上国（先進工業国以外の国）に偏っている
> ということである。そのため，問題点としては，
> 　**ポイント②**　供給量や価格が不安定になりやすい。
> その具体的な理由としては，
> 　**ポイント③**　政策の変更や政情不安による生産減や供給停止，国内産業への優先的供
> 　　　　　　　給などがあげられる。

(2)　**論述の指針**　レアメタル資源は供給が不安定になりやすいため，まずは，安定的な供給量を確保することが政策的対応として求められる。その具体的な方法について述べる。

> **論述のポイント**　レアメタル資源の安定供給のために，
> 　**ポイント①**　備蓄を行う。
> 　**ポイント②**　海外鉱山の新規開発に参加する。
> ほかに，輸入先の分散，リサイクルの推進，代替品の開発などをあげてもよい。

## 設問 C

(1)　非金属資源には，石灰石，硫黄，ダイヤモンドなどがある。このうち，「かつては日本の鉱山からも採掘されていたが，近年は採掘されないようになった」ものを考える。石灰石は現在も採掘されている。ダイヤモンドは日本では採掘されていない。図3で石油，天然ガスから回収されることがわかるから，それらに含まれているものである。

(2)　**論述の指針**　理由と背景では，少々内容が重なるのではないかと思うかもしれないが，理由は，石油や天然ガスからの回収が増加している直接の理由を考える。その際には，硫黄が石油「精製」や天然ガスの液化の際に不純物として除去されるという知識が必要である。背景は，石油や天然ガスから回収する意義，必要性と考える。鉱物から生産できるのに，なぜ石油や天然ガスから回収するのかを説明すればよい。硫黄酸化物が「大気」汚染や酸性「雨」の原因物質であるということは解答に必要な基本知識である。

> **論述のポイント**　石油や天然ガスなどの化石燃料に含まれる硫黄は，燃焼により硫黄酸
> 化物となり，
> 　**ポイント①**　「大気」汚染や

ポイント② 酸性「雨」
の原因となる。そのため，
　ポイント③ 石油・天然ガスの「精製」の際に硫黄が除去される。
このような背景の中で，
　ポイント④ エネルギー消費量の増加や脱硫技術の発達
により，「精製」の副産物として石油や天然ガスからの回収が増加した。

## 解答例

設問A　(1)A—鉄　B—銅　C—鉛　D—水銀
　　　　(2)毒性が強く，利用規制や代替品の開発により需要が減ったため。
　　　　(3)蓄電池などとして消費されたものが回収され再利用されるため。
設問B　(1)生産が特定の発展途上国に偏る傾向があり，政情不安や政策の変
　　　　更，国内への優先供給などにより供給量や価格が不安定になる。
　　　　(2)輸入停止の際にも供給量を確保するために一定量を国内に備蓄す
　　　　る。将来的な安定供給のために海外鉱山の新規開発に参加する。
設問C　(1)硫黄
　　　　(2)石油や天然ガスに含まれる硫黄は大気汚染や酸性雨の原因物質と
　　　　なるので精製の際に除去されているが，エネルギー消費量の増加と
　　　　脱硫技術の発達により，精製の副産物としての生産が増えたため。

# 39 日本の人口と人口移動　　　　　　　　(2011 年度　第 3 問)

　設問 A は，グラフと統計表を使用して，日本の人口変化の時期的特徴や地域的特色が問われている。設問 B は，都道府県間の人口移動を，産業別人口という切り口で取り上げたものである。普段の学習ではほとんど目にすることのない資料が小問ごとに使われており，資料を的確に読み取る力も試されている。

## 設問 A

(1) **論述の指針**　1970 年代前半の出生数の増加は，**第 2 次ベビーブーム**と呼ばれている。終戦直後の第 1 次ベビーブーム「世代」が結婚，出産を迎える年齢となり，彼らの子供が生まれた時期である。親「世代」の人口が多いと，「出生率」が同じであっても出生数は多くなる。この時期に出生数が多いのは親となる「世代」の人口が多いためである。指定語句のうち，「戦争」は，太平洋「戦争」とするか，単に「戦争」直後として用いるか，いずれでもよいが，親「世代」の生まれた時期を示す際に使用すればよい。「出生率」は，第 1 次ベビーブーム「世代」の「出生率」が高かったという使い方が最も素直であるが，1970 年代前半以降に「出生率」が低下したため，1970 年代前半以外に出生数のピークが生じないことを示すという使い方もある。

> **論述のポイント**　1970 年代前半に出生数のピークが見られたのは，
> 　**ポイント①**　この時期に親となった「世代」は，
> 　**ポイント②**　前後のどの「世代」よりも人口が多いためである。
> その「世代」は，
> 　**ポイント③**　太平洋「戦争」直後の
> 　**ポイント④**　「出生率」が高い時期に生まれた「世代」（第 1 次ベビーブーム「世代」）
> 　　　　　　　である。
> **別解**　「出生率」の使い方を変えたものとして，
> 　**ポイント①**　1970 年代前半以降は「出生率」の低下が続いている。
> そのため，後の「世代」ほど人口が少なくなり，出生数のピークは存在しない。
> 　しかし，
> 　**ポイント②**　太平洋「戦争」直後に生まれた「世代」は，
> 　**ポイント③**　最も人口が多い。
> 　**ポイント④**　その「世代」が 1970 年代前半に親となる年齢に達した。
> そのため，1970 年代前半に出生数のピークが見られた。

(2) **論述の指針**　人口高齢化に伴って死亡率は上昇する（高齢者の増加により死亡数が増加する）が，高齢化が進行途上にある場合，高齢者数の増加と死亡数の増加の時期は一致しない。65 歳以上の人口を老年人口というが，65 歳になったからとい

って急に死亡率が高まるわけではない。**死亡率が高くなるのは75歳以上のいわゆる後期高齢者**である。高齢者の平均余命が延びて，前期高齢者では死亡数が少ないことが高齢者数の増加と死亡数の増加の時期が一致しない理由である。高齢者の平均余命が延びたこととその要因について説明すればよい。

> **論述のポイント**　65歳以上人口の増加に比べて死亡数の増加の時期が遅れたのは，
> **ポイント①**　高齢者の平均余命が延びたこと（老年人口のうち比較的若い年齢層では死亡率が低いこと）
> であり，その要因は，
> **ポイント②**　医療の進歩，福祉の発達などである。

(3)　**論述の指針**　表1中の沖縄県を除いた9都府県の共通点は，大都市圏に位置するということである。自然増加率は（出生率−死亡率）で表されるから，これら大都市圏の都府県が自然増加率の上位にあるのは，地方圏に比べて，出生率が高く死亡率が低いためである。いずれも年齢別人口構成が関係し，さらにそれには過去および現在の人口移動が関係する。

> **論述のポイント**　9都府県はいずれも
> **ポイント①**　大都市圏に位置する。
> 大都市圏の都府県は就業機会が多く，過去および現在に他地域から
> **ポイント②**　流入した若年層の人口割合が高い。
> それと同時に，
> **ポイント③**　高齢者の割合が低い（高齢化が進んでいない）。
> したがって，地方圏に比べて，
> **ポイント④**　出生率が高く，死亡率が低い。
> そのため，自然増加率が高い。

## 設問B

(1)　表2は，都道府県間の人口移動について，転入後の産業別に，移動者の就業者全体に占める割合と年齢階層別構成比を示したものである。移動者には，転勤等により同じ産業・企業内で移動した人のほか，無職・学生からその産業に新規就業した人，他産業から転職してその産業に就業した人も含まれる。全就業者に占める移動者の割合が高いaは，比較的転勤の多い産業と考えられる。年齢層の若い移動者の割合が高いbは，産業全体で若い従事者が多く，新規に就業する人も多いと考えられる。d以外は判定が難しいが，bは卸売・小売業，cは建設業と類似の傾向を示すことから考えてみよう。

(2)　**論述の指針**　宮城県，香川県，福岡県は，それぞれ仙台，高松，福岡を県庁所在地としている。これらの都市は，各県の行政，経済の中心地であるとともに，それぞれ東北地方，四国地方，九州地方の中心地でもある。このような各地方の中心都

市には，政府の出先機関や企業の支店などが多く，それに伴ってサービス業や商業などの第三次産業も集積している。地方圏における都道府県間の人口移動は，大学などへの入学を除くと，転勤や新規就労・転職など仕事を理由とする移動が多い。地方の中心都市を含むことと仕事とを関連づけて説明する。

> **論述のポイント** 宮城県，香川県，福岡県には
> **ポイント①** 地方の中心都市がある。
> これらの都市は，
> **ポイント②** 第三次産業が発達し，就業機会が多い。
> ポイント②の別解として，
> **ポイント②′** 官庁・企業の支所・支店が多く，転勤者が多い。

(3) **論述の指針** A群は三大都市圏の中心となる都府県であり，B群は地方圏，特に「自然環境」に恵まれた道県である。また，比較されている1985～1990年と1995～2000年という時期は，バブル経済期を含む時期とその崩壊後の時期である。以上の2点は，A群とB群の差異を読み取る際の前提となる予備知識である。

　表3から読み取れるA群とB群の差異に関しては，転入者数の多少よりも，**A群はマイナス，B群はプラスという2期間の増減率に注目すべきである**。A群で転入者数が減少したのは，何らかの原因で，雇用が頭打ちになり，新規の就業機会が減ってきたことを意味する。逆に，B群で転入者数が増加したのは，就業機会が増えたこととともに，地域に魅力があって居住したいという人が増えたことも考えられる（表3の転入者数は就労者だけとは限らない）。

　表3の変化の特徴的な産業の転入者数の増減率に関しては，A群が減少傾向，B群が増加傾向という差異を説明する資料として使えばよい。このデータは，設問文に「産業別人口移動の変化の特徴的な産業のみを示している」とあるように，出題者が任意に選んだものである。A群の転入者数が減少傾向となり，B群の転入者数が増加傾向となる理由は，一言では説明できないくらい複雑であるが，与えられた資料（指定語句を含む）から答えを導くという観点からは，ここにあげられている産業がA群とB群の差異を説明する理由になると考えられる。なぜこれらの産業が「特徴的」なのかを考えれば，解答の道筋が見えてくるであろう。

　指定語句のうち，「空洞化」は，地理の用語としては産業の「空洞化」くらいしか使わない。ただし，この場合の産業は製造業のことである。「自然環境」はB群の共通の特色として，「年齢」はB群における転入者の特色として用いることになろう。

> **論述のポイント**　Ａ群とＢ群との差異は，1985 年〜1990 年と 1995 年〜2000 年の 2 期間の比較において，
> 　**ポイント①**　Ａ群は転入者数が減少，Ｂ群は転入者数が増加
> という傾向を示していることである。
> その理由は，Ａ群は，
> 　**ポイント②**　バブルの崩壊で金融・保険業や
> 　**ポイント③**　産業の「空洞化」で製造業の雇用が減少したためであり，
> Ｂ群は，
> 　**ポイント④**　「自然環境」に恵まれた道県であり，
> ＩターンやＵターンによる
> 　**ポイント⑤**　高「年齢」層を中心に，農業への就労が増えたためである。

　なお，都道府県間の移動者のうち農業に従事する年齢階層は，他産業に比べて，中高年齢層に多いことが表 2 からわかる。表 2 は(1)の項目判定だけで，関連する論述問題はないが，この小問で利用するための資料とも考えられる。

## 解答例

**設問Ａ**　(1)太平洋戦争直後の<u>出生率</u>の高い時期に生まれ，前後のどの<u>世代</u>よりも人口の多い<u>世代</u>が親となる年齢に達した時期であるため。

　**別解**　(1)太平洋戦争<u>直後</u>に生まれた最も人口の多い<u>世代</u>が親となる年齢に達した時期であり，それ以降は<u>出生率</u>の低下が続いているため。

　(2)医療の進歩や福祉の発達により高齢者の平均余命が延びたため。

　(3)就業機会の多い大都市圏にあり，流入した若年層が多く高齢化の進行が遅いので，地方圏に比べて出生率が高く死亡率が低いため。

**設問Ｂ**　(1)ａ―金融・保険業　ｂ―サービス業　ｃ―製造業　ｄ―農業

　(2)第三次産業が発達した地方中心都市を含み就業機会が多いため。

　**別解**　(2)官庁や企業の支所が多い地方中心都市を含み転勤者が多いため。

　(3)バブルの崩壊や産業の<u>空洞化</u>により金融・保険業や製造業の雇用が減少したＡ群は転入者数が減少したが，<u>自然環境</u>に恵まれ，<u>高年齢層</u>を中心に農業への就労が増えたＢ群は転入者数が増加した。

## 40 世界と日本のダムと環境 （2010年度 第1問）

　世界と日本のダムについて，流域の気候や地形との関係，堆砂問題，流域の森林および積雪や氷河の役割などを問う問題である。ダムの環境問題や，降水量と流出量の関係については過去にも出題例があり，類似の内容が問われている。

(1) **論述の指針**　ダムの目的には，発電，灌漑，洪水対策などがある。ザンベジ川のカリバダムとエニセイ川のクラスノヤルスクダムはともに発電が主目的であるが，それ以外にも役割を持っている。「目的の違い」を述べるのだから，発電以外の目的について，「異なる気候帯」の説明とともに述べる。なお，ザンベジ川はアフリカ南部を流れる河川で，カリバダムはザンビアとジンバブエの国境に位置する。エニセイ川はロシアのシベリアを流れる河川で，クラスノヤルスクダムはエニセイ川の上流にある。

> **論述のポイント**　カリバダムの気候帯は，
> 　**ポイント①**　乾燥帯で，
> ダムの目的は，
> 　**ポイント②**　灌漑用水の安定供給である。
> クラスノヤルスクダムの気候帯は，
> 　**ポイント③**　亜寒帯（冷帯）で，
> ダムの目的は，
> 　**ポイント④**　融雪洪水の防止である。

(2) **論述の指針**　侵食速度は，流域の起伏が大きい（河川上流の海抜高度が高い，河川の勾配が大きい）場合か，流域の降水量が多い場合に大きくなる。したがって，中部地方，四国地方と中国地方の地形と降水量の違いから侵食速度の違いを説明すればよい。

> **論述のポイント**　中部地方・四国地方は
> 　**ポイント①**　起伏の大きい（海抜高度の高い）山地があり，
> 　**ポイント②**　降水量が多い。
> そのため，侵食速度が大きくなる。これに対して，中国地方は
> 　**ポイント③**　海抜高度の低いなだらかな山地であり，
> 　**ポイント④**　（中部地方・四国地方に比べると）降水量が少ない。
> そのため，侵食速度が小さい。

(3) **論述の指針**　ダムの役割は，発電や灌漑などの**利水**と，流量の安定化や「洪水」防止などの**治水**である。指定語句の「水資源」は利水，「洪水」は治水に関係する語句である。ダムに土砂が堆積すると，その分，ダムに貯水できる水の量が少なくなる。そうすると「水資源」はどうなるか，「洪水」対策はどうなるか，さらに，

下流に流れる土砂の量が少なくなることから，「海岸」ではどのような問題が生じるか，などについて考えてみる。

> **論述のポイント**　ダムに土砂が堆積すると，
> **ポイント①**　ダムの貯水量が減少する。
> そのため，
> **ポイント②**　発電や灌漑に利用できる「水資源」が減少し，
> **ポイント③**　(特に上流側で) 河床の上昇により「洪水」が起こりやすくなる。
> また，河口付近では，
> **ポイント④**　運搬されてくる土砂の量が少なくなるため，
> **ポイント⑤**　「海岸」侵食が起こる。

(4)　**論述の指針**　流域の土地利用が裸地ならば，降雨は直ちに河川に流れ出す。水田ならば，降雨は少しは水田に貯留するが，水田の貯水量には限りがあるため，多少遅れて河川に流れ出す。流域が森林ならば，降雨は土壌中に蓄えられて少しずつ河川に流出する。したがって，Aが裸地，Bが水田，Cが森林である。

森林が「緑のダム」と呼ばれる理由を述べよという問題なので，森林が人工のダムと同様の機能があることを，図2をもとに説明すればよい。降雨を貯水すること，長時間かけて一定量が少しずつ流出することが図2から読み取れることであるが，字数がかなり多いので，その理由や人工のダムの役割についても述べておきたい。

> **論述のポイント**　森林は，
> **ポイント①**　その土壌の保水力が大きい。
> そのため，
> **ポイント②**　降雨が直ちに河川に流出することなく，大部分が土壌中に蓄えられる。
> その後，
> **ポイント③**　長時間かけて少しずつ流出する。
> これらの点から，森林は，
> **ポイント④**　洪水防止，河川の水量調節などの人工のダムと同様の治水機能がある。
> そのため，「緑のダム」と呼ばれている。

(5)　**論述の指針**　積雪や氷河なども「白いダム」と呼ばれることから人工のダムと同様の機能がある。森林＝「緑のダム」の役割は，主として治水であった。一方，「白いダム」の主たる機能は，ダムのもう一つの役割である利水にあると言える。「白いダム」が「渇水」期の水資源として利用されることを，他の指定語句を盛り込みながら説明する。「『緑のダム』と比較して」とあるが，「緑のダム」の役割については(4)で説明済みなので，ここでは特に述べる必要はない。

> **論述のポイント**　森林＝「緑のダム」の役割は，主に治水機能であったが，積雪・氷河＝「白いダム」は
> **ポイント①**　冬季に積雪・氷河として蓄積された水が，気温の上昇する春から夏にか

けての「季節」に
**ポイント②** 融けて少しずつ「流出」する。
そのため、
**ポイント③** 水の需要の多い「季節」や「渇水」の時期でも
**ポイント④** 灌漑用水や生活用水などの水資源として役立つ。

## 解答例

(1)乾燥帯にあるカリバダムは灌漑用水の安定供給、亜寒帯に位置するクラスノヤルスクダムは融雪洪水の防止をそれぞれ目的とする。

(2)中部・四国地方には起伏の大きい高峻な山地があり降水量も多いが、中国地方はなだらかな山地で両地域より降水量が少ないため。

(3)ダムの貯水量が減少するため、発電・灌漑などに用いる水資源が減少し、上流では河床の上昇で洪水が起こりやすくなる。さらに下流に流れる土砂の量が減るため、河口付近では海岸侵食が起こる。

(4)C。森林の土壌は保水力が大きく、降雨は大部分が土壌中に蓄えられ、長時間かけて少しずつ流出する。このことが人工のダムと同様に、洪水防止や河川の水量調節などの治水の役割を持つため。

(5)積雪や氷河は、気温の上昇する春から夏にかけて、融雪水・融氷水として少しずつ流出するため、水需要の多い季節や渇水時の水資源となり、灌漑用水や生活用水として役立つ。

# 41　東アジア・東南アジア・南アジアにおける地域間の交流と社会・経済の変動

（2010年度　第2問）

設問Aはアジア各国から日本への入国者の統計に基づいて，各国の入国者の特徴や日本国内の旅行先などの知識を問う問題である。設問Bは東アジアの4都市の雨温図の判定と，2カ国の地域政策，産業構造の変化が問われている。いずれの設問にも時事的な話題が含まれており，やや難しい。

## 設問A

(1)　ウ・エは入国者の総数が少ないこと，観光の割合が低いことなどから，韓国やア・イに比べると，距離的に遠くて人的・経済的な結びつきが弱く，1人当たり所得も低い国と考えられる。したがって，インドとフィリピンのいずれかである。ア・イは中国と台湾のいずれかであるが，入国者総数が多く，観光目的がほとんどを占めるアが台湾，商用の割合がやや高いイが中国である。

(2)　**論述の指針**　ウ・エに共通するア・イとの違い，およびウとエの違いの両面を説明しなければならない。ア・イとの違いは，上の(1)で述べたことをまとめる。ウとエの違いは，表中の商用の割合と親族訪問ほかの割合の違いに注目する。

> **論述のポイント**　ウとエはいずれも
> **ポイント①**　入国者総数が少なく，観光の割合が低い。
> それは，
> **ポイント②**　（ア・イに比べて）遠距離にある国で，所得水準が低いため。
> したがって，インドとフィリピンのいずれかとなる。ウ・エの違いは，
> **ポイント③**　ウは親族訪問ほかが多く，エは商用が多い。
> この違いは，
> **ポイント④**　ウは（日本人の配偶者などの）在留者が多いためで，エはIT産業などが発達し，ビジネスでの入国が多いためである。

(3)　**論述の指針**　外国人の日本国内の旅行先としては，東京（神奈川，千葉を含む首都圏）と大阪・京都などの関西圏が多く，それ以外では北海道，愛知，山梨，静岡などが比較的多い。東京，大阪，愛知は観光以外に商用での滞在という場合も多いが，北海道，京都，山梨などはほとんどが観光目的である。

さて，アの台湾からの旅行先としては，東京，関西のほか北海道が多い。問題文に「京都・奈良以外に」とあるから，関西は除いて，東京と北海道をあげるのがよい。東京は都市型観光，北海道は台湾では経験しがたいものを求めた観光である。

> **論述のポイント**　人気が高い観光地は，1つは
> **ポイント①**　北海道。

> その理由は,
> **ポイント②** 自国では経験しがたい冬の雪景色や火山の景観（温泉，カルデラ湖）などを体験できる。
> もう1つは
> **ポイント③** 東京。
> その理由は,
> **ポイント④** 買い物やグルメ，テーマパークなどが楽しめる。

(4) **論述の指針** イは中国である。日本から中国への旅行者数と中国から日本への旅行者数が不均衡となる理由を説明する問題である。出題当時の統計では，日本から中国への旅行者数が中国から日本への旅行者数を上回っていた。「2つの要因」とは，**日本から中国への旅行者数が多い要因**と**中国から日本への旅行者数が少ない要因**と考えればよい。所得格差，物価水準の違い，企業進出数の違いなどのほか，旅行の制限があるかないかなども関係している。

> **論述のポイント** 日本から中国への旅行者数が多くなる理由は,
> **ポイント①** 日本の所得水準（物価水準）が高い（そのため旅行費が割安）。
> **ポイント②** 日本から中国への企業進出が多い。
> 中国から日本への旅行者数が少ない理由は,
> **ポイント③** 日本の物価が高い（そのため旅行費が割高）。
> **ポイント④** 中国から日本への旅行者には所得などに制限がある。

## 設問B

(1) 4都市は，緯度の高い順に，北京，ソウル，東京，台北となる。一般に，高緯度ほど冬の気温が低くなる。降水量の年変化に関しては，大陸の2都市が夏雨型，島の2都市が年中多雨型である。

(2) **論述の指針** 東京，北京，ソウルの人口規模はほぼ同じくらいである。したがって，国の総人口の違いから全国人口に占める比率が最も高い都市は明らかであろう。台北（Dの都市）は次の(3)で問われているので，ここでは除外できると考えられる。問われているのは，ソウルへの一極集中の抑制策と韓国国内の地域間格差の是正策である。指定語句のうち，「政府機関」は，本来は首都に集中しているものであるから，集中の抑制策としては，その移転や分散化が考えられる。「工業開発」は，地域間格差の是正策として日本でも行われてきた政策である。「規制」は使い方が難しいが，首都への集中を何らかの「規制」により抑制すると考える。それぞれの例を述べるにはやや細かい知識が必要であるが，できるだけ具体的に説明したい。

> **論述のポイント** ソウルへの集中を抑制する政策として,
> **ポイント①** 「政府機関」や大企業本社のソウルからの移転,
> **ポイント②** 首都圏の土地利用「規制」や工場などの立地「規制」

などがあり，地域間格差の是正策として，
　**ポイント③**　高速道路や高速鉄道の整備による地方圏の「工業開発」の推進
があげられる。

(3)　**論述の指針**　台湾の産業構造の変化の特徴とその背景について述べる問題である。
台湾について少し前のイメージしか持っていなければ誤った解答になる。変化につ
いての論述は，「かつては〇〇であったが，××により，△△に変化した」という
定型的な文章に論述内容を当てはめていけばよいから，内容さえしっかり理解して
いれば比較的書きやすいだろう。指定語句のうち「国際競争力」と「賃金」は変化
の背景と関係し，「技術集約型」は変化後の産業構造に関係する。

> **論述のポイント**　台湾では1980年代までは，
> 　**ポイント①**　衣服や電気製品組み立てなどの労働集約型工業が中心であった。
> その後，経済成長に伴って
> 　**ポイント②**　「賃金」水準が上昇したため，
> 　**ポイント③**　これらの労働集約型工業は「国際競争力」が低下した。
> そのため，
> 　**ポイント④**　電子機器・電子部品などの「技術集約型」工業へと転換した。

## 解答例

**設問A**　(1)ウーフィリピン　エーインド
　　　　(2)総数と観光の少なさから所得水準の低い遠距離の国で，在留者が
　　　　多いウは親族訪問，IT産業が発達するエは商用が多くなるため。
　　　　(3)自国にはない雪景色と火山などの雄大な景観を体験できる北海道
　　　　と，買い物，グルメやテーマパークが楽しめる東京の人気が高い。
　　　　(4)所得が高くイへの企業進出の多い日本からは観光・商用とも多い
　　　　が，イから日本へは費用が割高で旅行者の所得制限もあるため。

**設問B**　(1)A－ソウル　B－東京　C－北京　D－台北
　　　　(2)ソウル。土地利用や工場立地などの規制と政府機関や大企業本社
　　　　の地方移転により，首都への集中を抑制している。地域間格差の是
　　　　正のために高速道路などを整備して地方の工業開発を進めている。
　　　　(3)かつては衣服や電気製品の組み立てなどの労働集約型工業が盛ん
　　　　であったが，賃金水準の上昇とともにそれらの国際競争力が低下し
　　　　たため，電子機器や電子部品などの技術集約型工業に転換した。

# 42　日本の貨物輸送と港湾，およびドイツと日本の都市分布の特色

（2010 年度　第3問）

　　設問Aと設問Bは日本の交通と産業に関する問題で，貨物輸送の特色や港湾統計から類推できる周辺地域の特徴などが問われている。設問Cはドイツと日本の高速鉄道の経路を題材に，両国の都市分布の特色や違いについて問う問題である。論述量が多く，かつ統計判定が前提となる論述があるなど，全体にやや難度の高い問題である。

## 設問A

(1)　**論述の指針**　内航海運と自動車による貨物輸送の推移を，日本の製造業の変化と関連づけて述べる問題である。図1から，内航海運の割合が増加する時期と，それが減少し自動車の割合が高まる時期に分け，それぞれの時期の中心的工業とその生産物や生産方式の特性，および立地の特徴などを踏まえて，輸送機関の変化を説明する。内航海運と自動車という輸送機関の特性についての理解や2つの時期を適切な語句で表現することも必要である。指定語句の「素材型産業」は，鉄鋼や石油化学などの工業を指す。「ジャストインタイム」は，余分な在庫を持たずに，必要なものを必要なときに必要な数量だけ取引先などから調達する生産方式であり，部品を組み立てる自動車工業などの機械工業で行われる。「ジャストインタイム」の内容を説明する問題ではないから，それが適している輸送機関は何かを考えて，そのまま使用するだけでよい。

> **論述のポイント**
> **ポイント①**　高度経済成長期（石油危機以前）には内航海運の割合が増加。
> **ポイント②**　この時期の中心的工業は「素材型産業」。
> それは
> **ポイント③**　臨海立地で，（原料・製品とも）重量物を輸送。
> それゆえ内航海運が適している。
> **ポイント④**　石油危機後は（内航海運の割合が減少し）自動車が増加。
> **ポイント⑤**　この時期は機械工業（加工組立型工業）が発達。
> それは
> **ポイント⑥**　内陸部にも立地し，「ジャストインタイム」方式による部品を輸送。
> それゆえ自動車輸送が適している。

(2)　**論述の指針**　従来から鉄道は定時性に優れ，大量輸送が可能という長所があるが，「近年」見直されてきた理由だから，これとは別の長所を説明する。

> **論述のポイント**　鉄道は，
> **ポイント①**　輸送量当たりのエネルギー消費量が少ない（エネルギー効率がよい）。
> **ポイント②**　二酸化炭素（や窒素酸化物など）の排出量も少ない。

そのため,
　ポイント③　地球温暖化（や大気汚染・酸性雨）などの環境問題への対策となる。

## 設問B

(1)　**論述の指針**　貿易統計は金額で表すことが多いが，この**問題の表は重量で表されていることに注意**する。(ア)と(ウ)は輸出量の多い港である。日本の輸出品はほとんどが工業製品であるから，(ア)と(ウ)の周辺地域には輸出量の多い工業製品を製造する工業が発達していると考えられる。輸出が盛んで重量の大きい工業製品とは何か，そのような工業製品を生産する地域の特徴とはどのようなものかについて説明する。(ア)と(ウ)の共通点を述べる問題なので，港湾名が判定できなくても説明は可能であるが，(ア)が名古屋港，(ウ)が横浜港である。

　　**論述のポイント**　共通する輸出品目は
　　ポイント①　自動車（および自動車部品）。
　　輸出量が多くなる周辺地域の特徴は,
　　ポイント②　自動車工業などの機械工業が集積し，工業地帯を形成。

(2)　**論述の指針**　(イ)と(エ)は輸出量が少なく輸入量が多い。日本の輸入品は工業製品も増えてきたが，重量でみた場合は原料や燃料が多くなる。したがって，(イ)と(エ)は原料・燃料の輸入港であり，周辺地域にはそれを利用する工業が発達していると考えられる。(イ)・(エ)の港湾名を判定した上で，それぞれの主要な工業とその工業で利用する輸入品目（原料）をあげて説明する。なお，この問題では，輸出量に対する輸入量の比率が高いという現象をもたらす「周辺地域の特徴」を説明することが主眼であるから，**両港の違いだけでなく，共通する特徴を一般化して述べなければならない。**

　　(イ)・(エ)は千葉港か苫小牧港のいずれかであるが，国内フェリーの貨物量に注目すると，その量の多い(エ)が苫小牧港，国内フェリー貨物のない(イ)が千葉港と判定できる。国内の貨物輸送は自動車輸送が多いが，北海道は本州とは道路でつながっていないため，本州との間の貨物輸送は自動車だけでは不可能であり，自動車とフェリーを利用する。苫小牧港は本州各地との間にフェリー航路をもつ北海道最大の港湾である。

　　**論述のポイント**　(イ)の輸入品目は
　　ポイント①　原油（および液化天然ガス〔LNG〕，鉄鉱石）。
　　(イ)周辺地域の特徴は,
　　ポイント②　石油化学工業や鉄鋼業が発達。
　　(エ)の輸入品目は
　　ポイント③　木材チップ（木材，チップ）。

(エ)周辺地域の特徴は,
**ポイント④** 製紙・パルプ工業が発達。
(イ)・(エ)周辺地域の共通の特徴は,
**ポイント⑤** 原料を輸入に依存する工業が臨海部に立地。

## 設問C

(1) a工業地帯はドイツ最大の工業地帯である。b川は交通の大動脈である国際河川。cにはヨーロッパ中央銀行が置かれている。バイエルン州の州都であるdはドイツ第3の都市。国内最大の都市のeは首都である。

(2) **論述の指針** (ウ)は総延長1,200km近くで沿線に人口200万人以上の都市が3つあるので,東海道・山陽新幹線である(3都市は東京から近い順に横浜,名古屋,大阪)。(エ)は総延長600km程度で沿線には人口100万人程度の都市が2つあるので,東北新幹線である(2都市は東京から近い順にさいたま,仙台)。(ウ)の路線の「東京から600kmの区間」は東京から神戸くらいまでである。設問は,(ウ)の路線で人口規模の大きな都市を通過するという特徴が生じた理由を説明することであるが,言い換えれば,この地帯に「メガロポリス」が形成された理由を説明する問題とも言える。工業化とそれに伴う人口流入がこの地域の発展の大きな要因である。

**論述のポイント** (ウ)の路線の「東京から600kmの区間」は,
**ポイント①** 三大工業地帯が連なる(または太平洋ベルトの一部をなす)「工業地域」。
そのため,
**ポイント②** 各地から人口が流入し,帯状に都市化が進展=「メガロポリス」を形成。

(3) **論述の指針** 図2のドイツでは,突出した人口規模の都市がなく,50〜100万人規模の都市が多数分布していることがわかる(特に(ア)の路線)。図3の日本では,出発点の東京の人口がきわめて多く,その他の都市を圧倒している。こうした都市の規模別分布に違いが生じたのはなぜかを説明する問題である。指定語句の「連邦制」と「中央集権」は両国の政体の違いを表しており,都市分布の違いを生じさせる要因となる。

**論述のポイント** ドイツは
**ポイント①** 同程度の規模の都市が各地に均等に分布。
その理由は
**ポイント②** 「連邦制」のため,(首都以外に)各州の州都などに「都市機能」が分散している。
日本は
**ポイント③** 東京の人口規模が突出。
その理由は
**ポイント④** 「中央集権」のため,首都に諸機能が集中。

## 解答例

**設問A** (1)高度経済成長期は臨海部に素材型産業が発達し，重量物の輸送に
適した内航海運が多かったが，石油危機後は内陸部にも機械工業が
立地し，ジャストインタイム方式に適した自動車輸送が増加した。

(2)鉄道は輸送量当たりのエネルギー消費量が少なく，二酸化炭素の
排出量も少ないので，地球温暖化などの環境問題対策となるため。

**設問B** (1)ともに自動車や自動車部品の輸出が多く，周辺では自動車工業を
中心に各種の機械工業が集積し，工業地帯を形成している。

(2)ともに原料を輸入に依存する工業が臨海部に立地しており，(イ)周
辺では原油や鉄鉱石を輸入して石油化学工業や鉄鋼業が発達し，(エ)
周辺では木材チップを輸入して製紙・パルプ工業が盛んである。

**設問C** (1)a－ルール　b－ライン　c－フランクフルト　d－ミュンヘン
e－ベルリン

(2)三大工業地帯が連なる工業地域であり，全国各地からの人口流入
により帯状に都市化が進展し，メガロポリスを形成したため。

(3)ドイツは連邦制のため州都などに都市機能が分散し，同程度の規
模の都市がほぼ均等に分布するが，日本は中央集権のため諸機能が
首都に一極集中し，東京の人口規模が他の都市を圧倒している。

# 43 世界の森林と年平均流出量の分布，および地形図の読図

（2009年度 第1問）

　設問Aは，世界の森林と年平均流出量の分布図から森林や年平均流出量の多い地域・少ない地域とその理由について考察させ，設問Bは，岩木山の地形図を示して等高線の読み取りや観光開発について問うている。テーマは異なるが，設問A・Bとも地図の読み取り能力を問う問題である。

## 設問A

(1) **論述の指針** 森林の分布はケッペンの気候区と対応している。aの赤道付近は高温多雨の熱帯雨林気候となり，そこには熱帯雨林が分布する。bのユーラシア大陸と北米大陸の北部は冷帯（亜寒帯）気候となり，針葉樹林（タイガ）が形成される。樹種はaが常緑広葉樹，bが針葉樹であるが，「樹種の構成の違い」が問われているので，それだけで終わるのではなく，種類の多少についても言及する必要がある。

> **論述のポイント** 森林の名称は，
> **ポイント①** aは熱帯雨林，bはタイガ。
> 樹種は，
> **ポイント②** aは常緑広葉樹，bは針葉樹。
> 樹種の構成は，
> **ポイント③** aは多種類の樹種からなる密林，bは単一または少数の樹種からなる森林。

(2) **論述の指針** 図1，図2とも白くなっている部分が「森林がほとんどなく，年平均流出量が少ない地域」に該当する。北半球では，北アメリカのメキシコ北部からアメリカ合衆国中央部にかけての地域，グリーンランド，アフリカの北部，アジアのアラビア半島から中央アジア，中国西部にかけての地域が該当し，南半球では，ペルーからチリ北部の太平洋岸とアルゼンチン内陸部から南部にかけての地域，アフリカ南部，オーストラリアの大部分が該当する。グリーンランドを除くと乾燥気候の分布する地域であり，年平均流出量が少ない理由も，これらの地域が**乾燥気候**になる理由と同じである。

　流出量は（降水量－蒸発散量）であるから，降水量が少なく蒸発散量が多ければ少なくなる。したがって解答では，**降水量が少なくなる理由**と**蒸発散量が多くなる理由**をあげなければならない。字数制限が厳しいので，例としてあげた北半球と南半球の地域に共通する理由を説明する。逆に言えば，理由が共通する地域を例としてあげるのがよい。北回帰線，南回帰線が通る地域をあげておけば説明しやすいだろう。

> **論述のポイント**　地域名は，
> **ポイント①**　北半球が北アフリカ（アラビア半島），南半球が西オーストラリア（南アフリカ）。
> 流出量は，降水量が少なく，蒸発散量が多い場合に少なくなる。これらの地域で降水量が少ない理由は，
> **ポイント②**　中緯度高圧帯に年中覆われるため。
> 蒸発散量は，一般に気温と正比例するので，これらの地域で蒸発散量が多い理由は，
> **ポイント③**　比較的気温が高いため。

(3)　**論述の指針**　年平均流出量が多ければ森林が十分に生育するが，それにもかかわらず森林が少ないのはなぜかを考察させる問題である。まず，「年平均流出量が多く，森林が少ない地域」を探そう。「年平均流出量が多い」というだけでは数値的な基準があいまいであるが，出題の意図は，**森林が生育する自然条件の地域であるにもかかわらず森林が少ないのはなぜかを説明**することであるから，「乾燥していない」地域，つまり図2で白くなっていない地域のうちから，「森林が少ない」地域，つまり図1で白くなっている地域を選べばよい。ブラジル中部から北東部にかけての地域，アルゼンチン東部からウルグアイにかけての地域，アメリカ合衆国の五大湖南部からカナダ内陸部にかけての地域，イギリス，フランス，イタリアなどの西ヨーロッパの一部地域，アフリカ東部の赤道以南の地域，西部を除くインドのほぼ全域，中国東部および北東部の地域，北極海沿岸地域などが該当する。

　これらの地域で森林が少ない理由は何か。自然環境についての設問なので理由も自然的な理由を答えがちであるが，設問では「自然的理由」に限定していないことに注意しなければならない。森林が生育する自然条件であるにもかかわらず森林が少なくなるのは，自然的理由もあるが，より大きな理由として**人文的理由**がある。それは土地が森林以外に利用されるということであり，主として**農地としての利用**が多い。これに加えて，解答では，そのような土地利用が行われる理由についても説明する必要がある。人口が少なければ自然のままの森林になっているはずであるが，人口が多いため森林が伐採され農地として利用される。また人口が多くても，日本のように山がちな地域では，農地として利用できないところが多いため森林が多いが，平坦地（平野）が広がる地域では，森林が少なく農地が多くなろう。これらの理由が該当する最も適切な2地域をあげて説明する。

> **論述のポイント**　地域名は，
> **ポイント①**　インドと中国東部。
> これらの地域で森林が少ないのは，
> **ポイント②**　森林が伐採されて，農地に利用されているため。
> その背景は，
> **ポイント③**　平坦地（平野）が広がる。

　　ポイント④　人口密度が高い（人口が多い）。

　なお，年平均流出量が多くても森林が少ない理由としては，農地としての土地利用以外に，サバナ気候や地中海性気候の地域のように乾季が存在すること，北極海沿岸のように年中気温が低いことなどの「自然的理由」が考えられる。ただし，前者の地域には農地があるため，乾季の存在とどちらが主な理由となるかは即断できない。

## 設問B

(1)　**論述の指針**　標高400mより高い地域では，等高線の凹凸が激しく，がけの記号もあちこちにみられる。これは深い「谷」が多いことを示している。また等高線間隔が狭く**急傾斜**であることもわかる。標高400mより低い地域では，標高の高い地域ほど「谷」は発達していないし，等高線間隔が広く**傾斜が緩やか**である。以上が地形の違いで，なぜそうなるのかを考える。

　「谷」が多いということは**侵食作用が活発**ということであり，侵食作用が活発なのは急傾斜が関係している。これに対して，「谷」が発達していないのは「土砂」の**堆積**が進んだためである。侵食された「土砂」は下方に移動して堆積し，「谷」が埋められてなだらかな斜面が形成される。急傾斜というのは，地形の特徴であるとともに侵食が盛んな理由でもあるから，地形の特徴としては「谷」の密度に注目し，その成因として急傾斜であることをあげるのがよい。なだらかで「谷」が少ないというのは「起伏が小さい」と表現することもできる。字数に応じて使い分ければいいだろう。なお，岩木山は火山（成層火山）であることから，山体を構成する火山灰の層が軟らかくて侵食されやすいことについて触れてもよいが，字数に余裕はないだろう。

> **論述のポイント**　標高の高い地域と低い地域の地形の違いは，
> 　　ポイント①　標高の高い地域は，（急傾斜で，）「谷」が多い。
> 　　ポイント②　標高の低い地域は，「谷」が少なく，緩傾斜（起伏が小さい）。
> その理由は，標高の高い地域は，
> 　　ポイント③　急斜面なので，侵食作用が活発なためであり，
> 標高の低い地域は，
> 　　ポイント④　侵食された「土砂」が堆積したためである。

(2)　**論述の指針**　地形図を見ると，岩木山の山頂（最高点）は1624.7mの三角点であるが，その南西側の索道（リフト）の「とりのうみふんかこう」駅付近にも標高約1500mの山頂（鳥海山）がある。Xからはその両方が見える。Yからは鳥海山は見えるが，岩木山の山頂は鳥海山の背後となるため見えない。

> **論述のポイント**　Xからは
> 　**ポイント①**　2つの山頂が見える。
> Yからは
> 　**ポイント②**　山頂は1つしか見えない。

(3)　**論述の指針**　観光開発の具体例を地形図から読み取ると,「岩木山百沢スキー場」
のようなスキー場,「津軽岩木スカイライン」やリフトなどの交通施設,「東北自然
歩道」のようなハイキングコース,「岳」地区や「百沢」地区などの山麓の温泉,
「青少年スポーツセンター」のようなスポーツ施設などがある。このうちスキー場
は**冬季の積雪が多い**ことを生かした施設である。交通施設は岩木山への簡便な登山
のための施設であり, これにより誰でも気軽に**火山の雄大な景観**を観察・観賞する
ことができ, 火山の景観を生かした観光開発の例といえる。「地域の自然環境を生
かした観光開発」としては, 以上の2つが明瞭で書きやすい。特徴を述べる問題な
ので事実を指摘すればよいだけであるが, どのような自然環境を生かしたものであ
るかについては言及する必要がある。

> **論述のポイント**　観光開発の具体例は,
> 　**ポイント①**　スキー場（岩木山百沢スキー場）
> 　**ポイント②**　登山道路（津軽岩木スカイライン）やリフト
> などがあり, それぞれ
> 　**ポイント③**　冬季の積雪が多いこと
> 　**ポイント④**　火山の雄大な景観
> を生かした観光開発である。

## 解答例

**設問A**　(1)aは熱帯雨林で多種類の常緑広葉樹が密林をなすが, bはタイガ
とよばれ単一または少数の樹種からなる針葉樹の森林がみられる。
　　　　　(2)北アフリカと西オーストラリアは, 中緯度高圧帯の影響で年中降
水量が少ないうえ, 比較的気温が高く蒸発散量が多いため。
　　　　　(3)インドと中国東部では, 平坦地が広がり人口密度が高いので, 古
くから広範囲に森林が伐採されて農地に利用されているため。

**設問B**　(1)標高の高い地域は急斜面で侵食が盛んなため谷が多いが, 標高の
低い地域は侵食された土砂が堆積した小起伏の緩斜面である。
　　　　　(2)Xからは2つの山頂が見えるが, Yからは1つしか見えない。
　　　　　(3)冬季の積雪の多さを生かしたスキー場や火山の雄大な景観を楽し
むための登山道路・リフトなどの交通施設が整備されている。

# 44 世界と日本の食料 （2009 年度 第 2 問）

設問 A はヨーロッパ各国と日本の食料自給率，設問 B は東南アジア 4 カ国の米生産量の推移，設問 C は中国の大豆輸入が問われている。図表を用いた国名の判定問題や理由や特徴の説明問題からなり，基本的知識と思考力を問う問題である。

## 設問 A

(1) 穀類と野菜類の自給率に注目すれば解答できよう。フランスは西ヨーロッパ最大の農業国であり，小麦は世界第 5 位（2021 年）の生産量を誇る。イギリスも小麦生産は多いが，野菜の生産はあまり多くない。

(2) **論述の指針** (イ)をイギリス，(ウ)をスペインと判断した理由について，表 1 からわかることを「農業生産の面」から説明する。表 1 をみると，(イ)と(ウ)は対照的である。(イ)は穀類，いも類の自給率が比較的高いが，(ウ)はこれらの自給率が低く，野菜類，肉類の自給率が高い。この背景を両国で行われている農業生産の特徴から説明すればよい。

> **論述のポイント** (イ)は穀類，いも類の自給率が比較的高いが，この背景となるイギリスの農業生産の特徴は，
> **ポイント①** 大規模な小麦生産が行われていること
> **ポイント②** 冷涼な気候のためじゃがいもの生産が多いこと
> である。
> (ウ)は野菜類，肉類の自給率が高いが，この背景となるスペインの農業生産の特徴は，
> **ポイント③** 温暖な気候で野菜栽培に向いていること（輸送園芸が行われていること）
> **ポイント④** 養豚が盛んなこと
> である。

イギリスに比べてスペインの肉類の自給率が高い点について補足しておこう。畜産は両国とも行われているが，主たる家畜の種類が異なる。スペインはイベリコ豚が有名で，ヨーロッパでは**豚**の飼育頭数が最も多い。イギリスは牧羊が盛んで，ヨーロッパでは**羊**の飼育頭数が最も多い（いずれも 2021 年）。豚は肉用なので，豚の頭数が多ければ肉類の生産が多いと言えるが，羊は肉用とは限らないので，羊の頭数が多くても肉類の生産が多いとは必ずしも言えない。

(3) **論述の指針** オランダについて表 1 からわかることは，野菜類，肉類の自給率がきわめて高いことと穀類の自給率が非常に低いことの 2 点である。野菜類，肉類の自給率が高いことは園芸農業や畜産が盛んであること，穀類の自給率が低いことは小麦などの食用穀物や飼料となる穀物の栽培が盛んでないことを示している。この

点について「オランダの国土の特性」と関連づけて説明する。「オランダの国土の特性」は，低湿な干拓地（ポルダー）と高燥な海岸砂丘に区分するとよい。

> **論述のポイント**　オランダの国土は，
> **ポイント①**　干拓地などの低湿地
> **ポイント②**　海岸砂丘
> に区分できる。農業はそれぞれに対応して，干拓地（低湿地）では
> **ポイント③**　作物（穀物）栽培に適さないため，牧草を利用した畜産（酪農）が行われる。
> 海岸砂丘は高燥なため，
> **ポイント④**　野菜栽培などの園芸農業が盛ん。

(4)　**論述の指針**　設問の(B)/(A)の値が小さいということは，熱量ベース自給率(A)に比べて生産額ベース自給率(B)が低いことを示す。熱量は高いが価格が安い作物が主に生産されているところではこの値が小さくなる。穀物は，熱量は高いが価格が安い作物の代表的な例である。表2に「米どころ」として知られる北陸・東北地方の県が並んでいることからも「共通する農業の特徴」を述べることは容易だろう。

> **論述のポイント**　表2中の10道県は，
> **ポイント①**　冬季寒冷で雪の多い地域のため，農業は米の単作が中心。
> **ポイント②**　米は，熱量は高いが，価格は他作物よりも安い。
> そのため，熱量ベース自給率に比べて生産額ベース自給率が低い。

(5)　**論述の指針**　表2とは逆の都府県なので，熱量は低いが価格が高い作物が主に生産されていると考えられる。「大都市圏およびその近郊に含まれる都府県」は東京，神奈川，大阪が該当するので，それ以外の県の「共通する農業の特徴」から説明する。

> **論述のポイント**　表3中の「大都市圏およびその近郊に含まれる都府県」以外の県は，いずれも
> **ポイント①**　果実や野菜生産などの園芸農業が盛ん。
> **ポイント②**　果実や野菜は，熱量は低いが価格は高い。
> そのため，熱量ベース自給率に比べて生産額ベース自給率が高くなる。

## 設問B

(1)　国別の米の生産量は，ほぼ人口に比例していると言われるが，東南アジア島嶼部の国は，平野に乏しいため，人口に比べて米の生産は少ない。タイとベトナムは米の輸出国であるが，フィリピンは輸入国である（2021年）。なお，人口はインドネシア，フィリピン，ベトナム，タイの順（2022年）。

(2)　**論述の指針**　1970年代から80年代にかけてのインドネシアにおける米の増産は

「緑の革命」の成果である。インドネシアは食料不足に悩んでいたため、「他国に先駆けて」米の増産を進めた。「緑の革命」を進める必要性があったことと、その具体的な内容について説明すればよい。

> **論述のポイント** インドネシアは、
> **ポイント①** 植民地時代からの商品作物栽培が農業の中心で、主食の米の自給ができず食料不足であった。
> そのため、他国に先駆けて、
> **ポイント②** 米の自給をめざして、米の増産に着手した。
> その手段としては、
> **ポイント③** 高収量品種の導入
> **ポイント④** 灌漑の整備
> などがあげられる。

## 設問C

**論述の指針** 1990 年代半ば以降、中国の大豆の輸入量が急激に増加したのは、**国内需要が急増**したためである。その背景について指定語句からわかることを説明すればよい。大豆の用途についての知識が必要であるが、指定語句に「肉類」があるので、その生産に用いられると考えてよいだろう。

> **論述のポイント** 1990 年代半ば以降、中国では、
> **ポイント①** 「所得水準」の向上により食生活が豊かになり、
> **ポイント②** 「肉類」の消費が増えた。
> そのため
> **ポイント③** 家畜飼料として用いられる大豆の需要が国内生産では満たせなくなった。

.

## 解答例

設問A　(1)アーフランス　イーイギリス　ウースペイン

(2)イギリスは大規模経営による小麦や冷涼を好むじゃがいもの生産
が多く穀類やいも類の自給率が高いが，スペインは温暖な気候によ
る野菜栽培や養豚が盛んで野菜類や肉類の自給率が高いため。

(3)低湿な干拓地は穀物栽培に適さず酪農などの畜産が行われるが，
海岸の砂丘地帯では野菜栽培などの園芸農業が盛んである。

(4)冬季寒冷で多雪の道県であり，主に熱量は高いが価格の安い米の
単作が行われており，熱量に比べて生産額が少なくなるため。

(5)温暖な気候などを生かした園芸農業が盛んで，主に熱量は低いが
高価格の果実・野菜が生産され，熱量に比べて生産額が多いため。

設問B　(1)アーインドネシア　イーベトナム　ウータイ　エーフィリピン

(2)植民地時代からの商品作物栽培による食料不足の解消と米の自給
をめざして，高収量品種の導入や灌漑の整備を進めたため。

設問C　所得水準の向上で食生活が豊かになり肉類の消費が増えたことで，
飼料用の大豆の需要が国内生産だけでは満たせなくなったため。

## 45 日本の産業と人口の変化 （2009年度 第3問）

　設問Aは日本の産業別従業者数の資料から産業の判別と変化の要因，設問Bは大都市圏
と地方圏に属する2つの県の最近の市町村数の変化の違いの理由，設問Cは大都市圏の都
心と郊外の年齢別人口の推移の特徴を，それぞれ考察させる問題である。いずれも最近の
日本の産業，地域，都市の動向とその背景についての理解が必要である。

### 設問A

(1)　7つの産業のうち，医療業と社会保険・社会福祉・介護事業は，個々の人間を相
手とする仕事と言えるから，その従業者数はほぼ人口に比例すると考えられる。た
とえば東京都の人口は日本の総人口の10％ほどであるから，東京都のこれらの産
業の従業者数も全国の10％程度であると推測できる。情報サービス業は，ソフト
ウェア開発，データ入力などの情報処理サービス，情報提供や市場調査などが含ま
れ，主に**企業向けのサービス業**である。そのため，企業，特にその本社が集まる大
都市に多い。これら3つの産業は人口高齢化や経済の情報化により従業者数が増加
していると考えられる。輸送用機械器具製造業は**自動車工業**が中心となるため，そ
の従業者数は自動車工業の集まる都道府県が多くなる。宿泊業と食料品製造業は全
国に分散するが，前者は**観光・ビジネス**などでの宿泊者数が多い大都市や温泉地な
どを含む都道府県が多くなり，後者は**消費地**の大都市圏と**原料産地**の北海道などが
多くなる。

(2)　**論述の指針**　社会保険・社会福祉・介護事業の従業者数の増加は，福祉・介護の
対象者の増加によって福祉・介護事業の需要が増加したためである。総合工事業
（各種の建築・土木工事業）の従業者数の減少は，土木・建築工事の需要の減少に
よる。総合工事業は**公共事業**に依存する度合いが高い。対象となる2001年〜2006
年は，小泉純一郎内閣による構造改革の時期とほぼ重なる。

> **論述のポイント**　社会保険・社会福祉・介護事業の従業者数が増加したのは，
> 　**ポイント①**　人口高齢化の進展による介護・福祉関係の雇用の増加，
> 総合工事業の従業者数が減少したのは，
> 　**ポイント②**　公共事業の削減による雇用の減少
> による。

### 設問B

**論述の指針**　三大都市圏内のA県と地方圏のB県の市町村数の変化の違いは，**市町村
合併**が進められたか否かの違いである。B県では市町村合併が進められ，町村が合併
して新しい市になったり，周辺の市に吸収されたりした。そのため，B県では市の数

が増えて町村数が大きく減少した。A県では市町村合併が進まなかったため，市町村
数の変化がみられない。なぜB県で市町村合併が進み，A県では進まなかったのか。
指定語句をヒントに，市町村合併の目的を考えてみよう。

　一般に，地方圏の規模の小さな自治体は，産業が未発達なため税収が少なく「財
政」基盤が弱い。「財政」基盤が弱い自治体は，原則として自治体間で差があっては
ならない「公共サービス」の提供もままならなくなる。また「公共サービス」の必要
性は，たとえば高齢者が多いか少ないかといった住民の「年齢構成」の違いによって
も自治体間で違いが生じる。市町村合併の目的は，自治体の規模を拡大して「財政」
基盤を強化し，「公共サービス」などの行政の効率化を進め，それを維持することで
ある。したがって，高齢化が進み，これといった産業のない地方圏では市町村合併が
進展し，税収の比較的豊かな三大都市圏ではあまり進まなかった。

　解答では，「地方圏（B県）では市町村合併が進んだため」というのが結論となる
が，それに至る論述の流れとしては，「年齢構成」の高齢化を出発点にすると，「年齢
構成」の高齢化→「公共サービス」の需要増加→産業が未発達なため税収が少なく
「財政」を圧迫→「財政」基盤強化のために市町村合併，あるいは「年齢構成」の高
齢化や産業の未発達→「財政」基盤が弱い→「公共サービス」の維持のために市町村合
併といった論理の展開が考えられる。

> **論述のポイント**　三大都市圏に比べて地方圏の町村では，
> 　**ポイント①**　高齢化の進展で，老年人口の多い「年齢構成」になっている。
> そのため
> 　**ポイント②**　「公共サービス」の必要性が高いが，
> 　**ポイント③**　産業が未発達なため税収が少なく，「財政」基盤が弱い。
> 自治体の「財政」基盤を強化し，「公共サービス」の効率化も進めるために
> 　**ポイント④**　市町村合併が進展した。
> そのため，町村数が減少し，市数が増加した。

## 設問C

(1)　生産年齢人口は総人口に占める割合が高いので，ほぼ総人口の増加と対応すると
　考えられる。都心では，1995年ごろまでは居住環境の悪化や地価高騰によって総
　人口が減少していた。逆に郊外では，住宅開発の進展により総人口が増加した。ま
　た，郊外では，かつては総人口に占める老年人口の割合が低く老年人口が少なかっ
　たが，人口流入が沈静化すると居住者の高齢化が進み，近年は老年人口の増加が著
　しい。

(2)　**論述の指針**　図1をみると，生産年齢人口は，郊外では1980年代に急上昇した後
　1990年以降停滞しているが，都心では1995年まで減少しそれ以降は上昇に転じて
　いる。図2の老年人口は，郊外では急激に上昇しているのに対して，都心では

1995 年までほとんど変化がなかったが，近年はやや上昇している。こうした点を，「住宅供給の経緯」から説明する問題である。生産年齢人口の増加は住宅供給の増加と関係するが，老年人口の増加は住宅供給の増加とともに人口の高齢化とも関係することに注意しなければならない。以下のポイントはすべて重要であるが，字数制限が厳しいので，すべて盛り込むには文章作成に工夫が必要である。

> **論述のポイント**　都心では，1995 年ごろまで
> **ポイント①**　生産年齢人口の郊外への流出により，生産年齢人口が減少したが，老年人口はほとんど減少していない。
> 1995 年以降は，
> **ポイント②**　バブル崩壊後の地価下落と再開発により高層マンションなどの供給が増加。
> そのため，人口流入が進み，
> **ポイント③**　生産年齢人口，老年人口ともに増加に転じた。
> 郊外では，1990 年ごろまで，
> **ポイント④**　住宅開発の進展により，
> **ポイント⑤**　生産年齢人口の流入が著しく，その人口が急増した。
> 近年は，
> **ポイント⑥**　かつて流入した生産年齢人口の高齢化により，老年人口の増加が顕著である。

## 解答例

**設問A**　(1) a－医療業　b－食料品製造業　c－輸送用機械器具製造業
　　　　d－情報サービス業　e－宿泊業
　　　(2)人口高齢化に伴い介護などの福祉関係の雇用は増加したが，公共事業の削減によって土木・建設関係の雇用は減少したため。

**設問B**　三大都市圏に比べて地方圏では住民の年齢構成の高齢化で公共サービスの必要性が高いが，産業が未発達で税収の少ない町村が多く，財政基盤の強化と行政効率化を目的に市町村合併が進んだため。

**設問C**　(1)ア－郊外　イ－都心　ウ－中間
　　　(2)都心ではかつては郊外への流出による生産年齢人口の減少がみられたが，老年人口はあまり変化せず，近年は再開発による住宅供給の増加で両者とも増えた。郊外では住宅開発の進展で生産年齢人口が増えたが，近年は高齢化による老年人口の増加が著しい。

# 第 4 章　2008〜2004 年度

解答用紙は，横書きで〈地理歴史〉共通。1 行：30 字詰。

# 46　世界の主要河川と海域　（2008年度　第1問）

　設問Aは5つの河川の地誌的知識と環境問題について，設問Bは海洋に関連する語句の空欄補充と排他的経済水域の拡張に関する最近の動向について問われている。設問Bの(2)はやや難であり，出題の意図をしっかりと把握しなければ論点がずれてしまうだろう。

## 設問A

(1)　aはナイル川，bは黄河，cはミシシッピ川，dはガンジス川，eはアマゾン川である。表のデータのうち，流域面積はアマゾン川とミシシッピ川が大きい（地図の縮尺が各河川とも同じなので，地図からある程度推測できる）。年降水量と年平均気温は流域のある地点のデータなのか，流域の平均なのかが示されていないが，いずれにしても，年降水量はアマゾン川流域とガンジス川流域が多く，ナイル川流域と黄河流域は少ないと考えられ，年平均気温はナイル川流域とアマゾン川流域が高いといえる。以上の概括的な理解から表の判定は可能である。ただし，地図から河川名，少なくともその世界地図上での位置がわかることが前提となる。

(2)　ナイル川，黄河，ミシシッピ川の河口部にはいずれも**三角州**が形成されている。このうち21世紀に河口部で災害が生じたのはミシシッピ川である。

(3)　**論述の指針**　ナイル川流域でみられる「農業の持続性に関わる深刻な問題」として，まず思い浮かぶのは，**アスワンハイダム**の建設によってナイル川下流部の洪水がなくなり，肥沃土が供給されなくなったことや塩害が発生したことであろう。この点について，「この地域の気候」と「その下での農業の特色」を含めて説明する。気候と農業の特色を最初に述べて，問題につなげていけばよい。

> **論述のポイント**　ナイル川流域は，
> **ポイント①**　砂漠気候。
> その下で
> **ポイント②**　灌漑農業（オアシス農業）が行われている。
> アスワンハイダムの建設により，洪水がなくなった結果，
> **ポイント③**　肥沃土が供給されなくなり，
> **ポイント④**　不適切な灌漑による塩害が発生した。

(4)　**論述の指針**　黄河とミシシッピ川の流域に共通する，人間活動によって生じた環境問題とは何か。いずれも畑作農業地帯であるからそれに伴う環境問題を考えればよい。水不足は黄河流域では深刻であるが，ミシシッピ川流域ではあまり聞かない。砂漠化につながる植生破壊も黄河流域ではありうるが，ミシシッピ川流域ではほとんど問題にはなっていないだろう。傾斜地の畑作地帯では，雨や風による**土壌侵食**や**土壌流出**がよく起こる問題であり，これが両地域に共通する環境問題と考えられ

る。要因を含めて説明しておきたい。対応策は，黄河流域では「退耕還林」という植林政策，ミシシッピ川流域では等高線耕作をあげればよい。

> **論述のポイント** 黄河流域とミシシッピ川流域では，
> **ポイント①** 傾斜地での過耕作などにより，
> **ポイント②** 土壌侵食が深刻である。
> 対応策として，黄河流域では
> **ポイント③** 耕地に植林して森林に戻す政策，
> ミシシッピ川流域では
> **ポイント④** 等高線耕作
> が行われている。

## 設問B

(1) いずれも基本的な用語である。アとイは三陸沖で会合するから太平洋を流れる海流である。ウは地形名。エは水産資源や鉱産資源の採取などに関して沿岸国に権利を認める海域。

(2) **論述の指針** 大陸棚上では排他的経済水域と同等の権利をもつ水域を拡張できる理由について説明する問題である。大陸棚は，水深 200 m 以浅の海域であるから，沿岸から 200 海里以上離れていても海底資源の開発は可能であり，海底資源そのものも同じ大陸棚上であれば排他的経済水域内の資源と連続していると考えられる。したがって，沿岸国に排他的経済水域内の資源についての権利を認めるのであれば，その延長上にある大陸棚上の資源についても権利を認めるべきであるという考え方が出てきた。以上についてまとめればよいが，「エに関する権利について触れながら」とあるので，排他的経済水域における沿岸国の権利とはどういうものか（要は範囲を除いた排他的経済水域の定義）について説明しなければならない。

> **論述のポイント** エ（排他的経済水域）は，
> **ポイント①** 沿岸国に水域内の資源の独占的権利を認めている。
> しかし，大陸棚が排他的経済水域の範囲を越えて広がっていれば（地形・地質的な裏付けがあれば），
> **ポイント②** 排他的経済水域外の資源も排他的経済水域内の資源と連続しており，
> **ポイント③** 浅い海域なので資源の開発も可能である。
> したがって，
> **ポイント④** 排他的経済水域の範囲外であっても沿岸国の権利を認めるべきである。

## 解答例

**設問A**　⑴a－ウ　b－オ　c－イ　d－エ　e－ア

⑵地形－三角州　自然現象－ハリケーン

都市－ニューオーリンズ

⑶砂漠気候の下で灌漑農業が行われているが，ダム建設に伴って肥沃土が供給されなくなり，不適切な灌漑による塩害も発生した。

⑷ともに傾斜地での耕地の拡大や過耕作により土壌侵食が深刻である。このため河川b流域では耕地に植林して森林に戻す政策，河川c流域では等高線に沿って作付ける等高線耕作が行われている。

**設問B**　⑴ア－黒潮（日本海流）　イ－親潮（千島海流）　ウ－大陸棚

エ－排他的経済水域

⑵エは沿岸国に資源の独占的権利を認めるものであるが，その範囲を越えて広がっている大陸棚についても，資源分布の連続性や開発可能性を考慮して，沿岸国に同等の権利を認めるべきであるため。

# 47 鉄鋼業と環境問題

（2008年度 第2問）

設問Aは鉄鋼業の生産統計とエネルギー効率について，設問Bはピッツバーグの産業構造と市街地の変化，これらとエネルギー消費・環境問題との関係などが問われている。設問Aの(2)と設問Bの(3)がメインの論述問題であるが，いずれもその場で考える力を試す問題である。

## 設問A

(1) 鉄鋼生産は経済成長あるいは重化学工業化の著しい時期に増加する。エは近年の増加が著しい。オも1980年代から90年代にかけて順調に増加している。アは1960年代に急増した。イとウはそれ以前からほぼ横ばいである。

(2) **論述の指針** エ国（中国）とオ国（韓国）の鉄鋼生産においてエネルギー効率の違いが生じた理由を説明する問題である。鉄鋼生産におけるエネルギー効率は，中国は低く韓国は高い。その理由を「両国の鉄鋼業の特徴を踏まえ」て述べる。エネルギー効率は製鉄所の規模の大小や設備の新旧，技術水準などのほか，使用する原料や燃料の品位とも関係するが，これらの点が「両国の鉄鋼業の特徴」である。字数は長いが，両国を対比的に述べればよいので説明しやすいだろう。

> **論述のポイント** 鉄鋼生産におけるエネルギー効率の違いは，規模，設備，技術，原燃料の違いによる。規模に関して，
> **ポイント①** エ国は小規模，オ国は大規模。
> 設備に関して，
> **ポイント②** エ国は老朽化した製鉄所が多く，オ国は最新鋭の銑鋼一貫工場。
> 技術に関して，
> **ポイント③** エ国は（社会主義体制下で）水準が低いが，オ国は（先進国の技術を導入した）高い技術を有する。
> 原燃料に関して，
> **ポイント④** エ国は国内産の低品位の鉄鉱石と石炭を主に使用するが，オ国は輸入した高品位の鉄鉱石と良質の石炭を使用する。

## 設問B

(1) **論述の指針** ピッツバーグは鉄鋼都市として有名であったが，鉄鋼業の衰退とともに新しい産業が出現し，「産業構造の変化」をもたらした。新しい産業とは何か，鉄鋼業の衰退をもたらした要因とともに述べる。

> **論述のポイント** かつて，ピッツバーグは鉄鋼業を中心とする重工業都市であったが，
> **ポイント①** 設備の老朽化や新興国の台頭などにより鉄鋼業が衰退し，
> 現在では，

> **ポイント②**　バイオテクノロジーなどの先端技術産業が発展した。

(2)　**論述の指針**　表から，ピッツバーグ都市圏の人口が中心地区で減少し，周辺地区で増加していること，市街地面積が拡大していることがわかる。設問は「市街地の広がりの変化の特徴」を説明することであるから，「市街地が拡大した」というのが結論になる。市街地の拡大は周辺地区の人口増加によるものであり，周辺地区の人口増加は，主に中心地区からの移動によるもの（**ドーナツ化現象**）と考えられるから，市街地が拡大した要因としての周辺地区への人口流入についても述べておきたい。

> **論述のポイント**　ピッツバーグ都市圏では
> **ポイント①**　中心地区から周辺地区への人口移動により
> **ポイント②**　市街地が拡大した。

(3)　**論述の指針**　ピッツバーグ都市圏における「エネルギーの消費および環境問題の変化」を，「産業構造と市街地の広がりの変化」と関連づけて説明する問題である。まず鉄鋼業から先端技術産業への産業構造の変化がもたらしたものを考えてみよう。かつてのピッツバーグの基幹産業であった鉄鋼業などの重化学工業は，**エネルギー多消費型**の産業であり，煤煙などによる大気汚染や水質汚濁なども激しかったが，新しく成長した先端技術産業は，**エネルギー消費も環境汚染も少ない産業**である。そのためピッツバーグ都市圏，特に中心部の工業地帯では，エネルギー消費の減少と環境問題の改善がみられたと考えられる。

　次に市街地の拡大がもたらしたものはどうだろうか。市街地が拡大すると自動車利用が増え，それによるエネルギー消費は以前よりも増加したと考えられる。しかし，都市圏全体の人口が減少しているため，輸送や民生（家庭）におけるエネルギー消費の増加分は，産業におけるエネルギー消費の減少分に比べて大きくないと考えられる。そのためピッツバーグ都市圏全体ではエネルギー消費は減少したと考えることができる。環境問題に関しては，周辺地区で自動車の増加による大気汚染の発生があるかもしれないが，これも中心地区におけるかつての大気汚染や水質汚濁に比べれば，あまり大きな問題とは言えないだろう。むしろ市街地の拡大は，人口や産業の分散によって中心地区の大気汚染などの緩和につながるという意味が大きい。

　「エネルギー消費が減少し，環境問題が改善した」という結論は明白であるが，それに至る過程として，産業構造の変化や市街地の拡大がどのようにエネルギー消費の減少と環境問題の改善につながったのかを説明する必要がある。

> **論述のポイント**　産業構造の変化により，
> **ポイント①**　汚染物質を出さない省エネルギー型の産業が中心になった。
> 市街地の拡大により，

ポイント② 人口や産業が分散した。
そのため,
ポイント③ 都市圏全体でエネルギー消費が減少し,
ポイント④ 大気汚染などの環境問題も改善した。

## 解答例

設問A　(1)ア―日本　イ―アメリカ合衆国　ウ―ドイツ　エ―中国
　　　　　オ―韓国
　　　　(2)エ国では主に低品位の国内産の鉄鉱石と石炭を使用し,技術水準
　　　　が低く設備の老朽化した小規模な製鉄所が多いのに対して,オ国で
　　　　は最新設備と技術を有する大規模な銑鋼一貫工場で,輸入した高品
　　　　位の鉄鉱石と良質の石炭を使って製鉄が行われているため。
設問B　(1)設備の老朽化や新興国の台頭などにより基幹産業であった鉄鋼業
　　　　が衰退し,バイオテクノロジーなどの先端技術産業が発展した。
　　　　(2)中心地区から周辺地区への人口移動により市街地が拡大した。
　　　　(3)汚染物質を出さない省エネルギー型の産業が発達したことと市街
　　　　地の拡大による人口や産業の分散により,都市圏全体でエネルギー
　　　　消費が減少し,中心地区の大気汚染などの環境問題も改善した。

# 48 海外で生活する日本人と日本で生活する外国人

(2008年度　第3問)

> 国別・都市別にみた海外で生活する日本人数の変化とその理由や背景，日本で生活する外国人のうちブラジル人の増加した理由を問う問題である。統計表を用いているが，特に深い読み取りを必要とするものではない。設問Cは多数の語句から適切な語句を選んで解答する形式の問題であり，使用する語句の見きわめが大切である。

## 設問A

(1)　表中の長期滞在者は企業に勤務する人や大学などへの留学生が多い。ビジネスなどで滞在する人が多い国や留学生の多い国などは長期滞在者が多いと言える。企業に勤務する人は日本と経済的な結びつきが強い国が多いが，日本企業の進出が活発な中国や東南アジア諸国は近年の増加率が高い。また，日本人の海外留学先は英語圏の国が多い。以上の点から国名判定は可能であろう。

(2)　**論述の指針**　オーストラリアのうち，特にゴールドコーストやブリズベンで永住者が増加した理由について述べる問題である。ゴールドコーストやブリズベンとはどのようなところなのか，永住した（つまり移住した）のはどのような人なのかの2点について説明する。

> **論述のポイント**　ゴールドコーストやブリズベンは，
> **ポイント①**　気候が温暖
> **ポイント②**　リゾート地
> **ポイント③**　治安がよく生活費が安い。
> そのため，老後の生活に適しており，
> **ポイント④**　退職者の移住が多い。

　ポイント①～③のうち，気候が温暖という点は必須で，次いでリゾート地であることが重要であろう。温暖な土地は高齢者にとって過ごしやすく，リゾート地は余暇を過ごすための施設が整っている。アメリカ合衆国では，ニューヨークなどの北部からマイアミなどの**フロリダ州**に退職者が移住することが多いが，やはり温暖な気候のリゾート地である。

## 設問B

**論述の指針**　ブラジル国籍を持つ外国人居住者の増加理由を問う問題である。1990年の**出入国管理法**の改正により，日系人の子孫に限って就労制限のない在留資格が認められるようになった。そのため日系人の多いブラジルから日本での就労を目的とした入国者が増加した。これらはよく知られていることであるから，結論を述べることは

容易であろうが，解答では，結論だけでは不十分であり，その背景についても説明しなければならない。

出入国管理法の改正は，当時のバブル経済下において3K（きつい，汚い，危険）と呼ばれた業種で労働力不足が顕著であったこと，輸出産業では賃金水準が高くなると「国際競争力」が維持できなくなることなどが背景としてあり，産業界の要請で行われたものであった。つまり外国人の低賃金労働力を導入することで，**労働力不足と賃金の抑制**を一挙に解決しようとするものであった。ただし，すべての外国人労働力を無制限に受け入れることに関しては国民的合意があるとは言えないため，妥協の産物として日系「移民」の子孫に限定して受け入れるという結果になった。解答では，以上のような日系ブラジル人受け入れの背景をまとめながら結論にもっていく。指定語句の「国際競争力」は上述の背景と関係し，「未熟練労働力」は背景または入国者の属性と関連する語句である。「移民」は，入国したブラジル人の説明として「日系『移民』の子孫」という程度の使用でよい。

**論述のポイント** ブラジル国籍を持つ日本居住者の数が大きな伸び率を示したのは，
**ポイント①** ブラジルに多い日系「移民」の子孫の受け入れを認めたためである。
その契機は，
**ポイント②** 出入国管理法の改正であり，
背景として
**ポイント③** 製造業における
**ポイント④** 労働力不足の解消
**ポイント⑤** 低賃金の「未熟練労働力」の導入による「国際競争力」の維持
などがあげられる。

日系ブラジル人は自動車関連などの製造業に従事することが多く，「国際競争力」という指定語句を生かすためにも，**製造業**という語句は必要であろう。

## 設問C

(1) **論述の指針** ニューヨーク，香港，シンガポール，ロンドンはいずれも**金融センター**として知られている。日本の「銀行」や証券会社などがこれらの都市に海外支店を置いているので，そこに勤務する日本人が多く，1995年当時は他の都市よりも長期滞在者数が多かった。その後，これらの都市に長期滞在する日本人の増加率が低い，または減少しているのは，1995年～2005年の間に，海外支店の「撤退」または縮小が行われたためと考えられる。この点について，「撤退」や縮小の背景とともに述べる。指定語句では，「銀行」，「撤退」，「金融危機」などはここで使用する語句となろう。なお，「金融危機」は，ここではバブル経済崩壊後，とりわけ不良債権問題による金融機関の経営破綻が相次いだ1997～98年ごろの日本の「金融危機」を指していると考えられる。

> **論述のポイント**　これら4都市は
> **ポイント①**　金融センターであり，日本の「銀行」などの金融機関が「進出」し，海
> 　　　　　　外支店を置いていた。
> しかし，バブル経済崩壊後の，
> **ポイント②**　「金融危機」により，
> **ポイント③**　縮小や「撤退」が進んだ。
> そのため4都市の長期滞在者の増加は低い伸び，もしくは減少を示している。

(2)　**論述の指針**　長期滞在者の増加が著しいのは，日本企業の「進出」が活発なため
　である。北京よりも上海の増加が著しいのは，企業「進出」にとって北京よりも上
　海が優位にあるからだと言える。どのような点で優位なのか。指定語句の「工場」，
　「人口」，「後背地」，「都市開発」などが関係しよう。

> **論述のポイント**　上海は，
> **ポイント①**　中国経済の中心で
> **ポイント②**　（浦東地区などの）「都市開発」が進み，
> **ポイント③**　「人口」が多く，
> **ポイント④**　「後背地」も広い。
> そのため，
> **ポイント⑤**　「工場」など多くの日本企業が「進出」した。

## 解答例

| | |
|---|---|
| **設問A** | (1)a－アメリカ合衆国　b－イギリス　c－タイ |
| | (2)温暖な気候に恵まれたリゾート地であり，治安がよく生活費も安いことから老後を過ごす目的で移住する退職者が多いため。 |
| **設問B** | 出入国管理法が改正され，製造業における労働力不足の解消と賃金の抑制による国際競争力の維持を目的として，ブラジルなどの日系移民の子孫に限って未熟練労働力の受け入れを認めたため。 |
| **設問C** | (1)世界の金融センターゆえ日本の銀行も多数進出していたが，バブル経済崩壊後の金融危機で，海外支店の縮小や撤退が進んだため。 |
| | (2)上海は中国経済の中心で都市開発も進み人口も多く後背地が広いことから，工場を中心に多くの日本企業が進出したため。 |

# 49 ヨーロッパの自然環境と北欧の発電

(2007年度 第1問)

> ヨーロッパの地形，気候と北欧の発電事情を問う問題である。地誌問題といってもよい
> が，氷期の地形や発電などテーマを絞っているのが特徴である。

## 設問A

(1)**ア**．氷河の侵食によって形成された谷は断面が**U字形**をしている。氷食谷ともいう
が，「横断面形から」とあるので不可である。

**イ**．フィヨルドは沈水海岸に分類されるが，U字谷に海水が浸入した主な理由は，
氷期が終わって気温が上がり，陸地の氷河が溶けて海面が上昇したことである。

**ウ**．氷河に覆われていた地域は，氷河が移動する際に表土を削り取ってしまうため
土壌がやせている。そうした地域では**作物栽培に重点を置かない農牧業**が行われ
る。

**エ**．図1のP地域はアルプス地方である。ここでは「大きな標高差と気候の季節変
化を生かし」て，家畜を**夏は高地の牧場で放牧**し，**冬は麓の村で舎飼い**する牧畜
が行われている。アルプス地方では主に乳牛が飼育され，夏の放牧場を**アルプ**と
いう。

(2) Aは**ダブリン**，Bは**コペンハーゲン**，Cは**モスクワ**であろう。3都市はほぼ同緯
度であるが，ヨーロッパでは，緯度が同じでも大西洋に近い**西部**は暖流の北大西洋
海流と偏西風の影響を受けて**海洋性の気候**となるので気温の年較差が小さく，**東
部・内陸部**に向かうにしたがって**大陸性の気候**となるので年較差が大きくなる。し
たがって，最も気温の年較差が大きく，最寒月平均気温が−10℃近いZはC，最
も気温の年較差の小さいYがA，残るXがBとなる。

(3) **論述の指針** 設問文は「氷期の海岸線」が主語となっているので，氷期の海岸が
現在からみてどうなっているのか，その理由は何か，という主旨の解答となろう。
海岸線の**水平的な変化**と**垂直的な変化**を結びつければよい。

> **論述のポイント** 氷期の海岸線と現在の海岸線との「位置関係」をみると，図1中のど
> の部分であっても，氷期の海岸線が現在の海岸線よりも海側（沖合）にあり，現在の浅
> 海（大陸棚）のほとんどが陸化している。短く述べると，
> **ポイント①** かつては海岸線が後退していた。
> その理由は，地球の水の総量は一定なので，
> **ポイント②** 氷期は陸上に氷河が発達していた分だけ海水の量が減少し，海面が低下
> した。
> 氷期が終わり，気温が上昇して氷河が溶けると，海面が上昇し，海岸線が前進した。

(4) 【論述の指針】 ノルウェー沿岸には，北極圏以北にもナルヴィクやハンメルフェス
トなどの**不凍港**がある。冬季も海水が凍結しないのは海水温が高いためであり，そ
の理由を述べる。

> **論述のポイント**
> **ポイント①**　海水の温度が高い。
> 広域にわたって海水温が高くなるのは，
> **ポイント②**　暖流の北大西洋海流の影響である。

(5) 【論述の指針】 北ヨーロッパの湿地や湖沼でみられる環境問題であるから**酸性雨**が
思い浮かぶ。字数が短いため，酸性雨の原因の「近年の人間活動」か，酸性雨の影
響で「水質が変化」したことによる「生態系の破壊」かのいずれかに重点を置いて
述べることになろう。いずれにしても酸性雨という用語は必須である。

> **論述のポイント**　酸性雨の原因となる「近年の人間活動」は，
> **ポイント①**　化石燃料の大量消費
> であり，それによって発生した硫黄酸化物，窒素酸化物が溶け込んで酸性雨となる。
> 影響のうち，水質の変化は，
> **ポイント②**　酸性雨が降り，湿地や湖沼に流入すると，水質が酸性化する
> ことであり，生態系の破壊は，
> **ポイント③**　そこで生息する魚類などの生物種の死滅である。

## 設問B

(1) 表の下の注に「火力には，化石燃料の利用のみが含まれる」とある。火力発電の
燃料は，**石炭**，**石油**，**天然ガス**などの化石燃料である。デンマークでは石炭，石油，
天然ガスのいずれもが発電燃料として使用されるが，フィンランドでは石炭と天然
ガスが火力発電の主な燃料となっており，石油火力は少ない。

(2) 【論述の指針】 バイオマスを利用した発電が化石燃料を利用した発電に比べて有利
な点を述べる設問であるが，バイオマスについてイメージできなければ，**化石燃料
の不利な点**は何かという点から考えてみよう。その反対がバイオマスの利点である。

> **論述のポイント**　バイオマスは，化石燃料と違って，燃焼時に有害物質の排出が少なく，
> 生物起源であるから二酸化炭素の排出量も抑制できる。つまり，
> **ポイント①**　環境への負荷が小さい。
> また，人間活動とともに発生する資源であるから
> **ポイント②**　枯渇の心配がない。
> さらに，廃棄物であるから，それを燃料とすると
> **ポイント③**　資源のリサイクルとなる。

(3) デンマークは風向の安定した**偏西風**が吹く地域である。これを利用して**風力発電**
が盛んである。風力発電は総発電量の約55％（2022年）を占めている。

(4) 論述の指針 火力が主体のデンマークに対し，ノルウェーは**水力**がほとんどである。火力発電には自然環境の影響はあまりないが，水力発電には**地形や河川・降水**などの自然環境が影響する。したがって，両国の地形と河川の違いから水力に適しているかいないかについて説明する。

> 論述のポイント 水力発電には水量と落差が必要であるが，ノルウェーは，
> ポイント① 海岸沿いに山脈が走り，山がちである。
> ポイント② その山脈に偏西風がぶつかり降水をもたらす。また，山地には氷河湖が多く，河川の安定した水源となっている。
> したがって，
> ポイント③ 水量豊富で落差の大きい河川が多く，水力発電に適している。
> これに対して，デンマークは，
> ポイント④ 国土が平坦なため，落差のある河川がなく，水力発電には適していない。

(5) 論述の指針 「その他」には，(2)のバイオマス，(3)の風力のほか，太陽光，地熱，潮力などが含まれるが，ここでは**火山活動**と**地熱**を結びつけて考える。

> 論述のポイント アイスランドは
> ポイント① プレートの広がる境界に位置し，火山活動が活発である。
> そのため，
> ポイント② 地熱が利用できる。

---

## 解答例

**設問A** (1)アーU字谷 イーフィヨルド ウー酪農 エー移牧
(2)X－B Y－A Z－C
(3)氷期には，陸上に氷河が発達しその分海水が減り海面が低下したため，現在の浅海が陸化するなど海岸線は現在より後退していた。
(4)沖合を北上する暖流の北大西洋海流の影響で海水温が高いため。
(5)酸性雨のため湖沼の酸性化が進み，魚類などが死滅した。
**別解** (5)化石燃料の大量消費で酸性雨が発生し，湖沼の酸性化が進んだ。
**設問B** (1)石炭，天然ガス
(2)廃棄物の再利用として資源リサイクルに役立つ上に枯渇の恐れがなく，燃焼時の有害物質排出が少ないため環境への負荷が小さい。
(3)風力
(4)デンマークは平坦で河川に乏しいが，ノルウェーは山がちで降水量が多いため水量豊富で急勾配の河川が多く水力発電に適する。
(5)プレート境界に位置し火山活動が活発なため，地熱を利用する。

## 50　各国の食料供給量と窒素の循環　(2007 年度　第 2 問)

　1 人あたり食料供給量の構成からみた各国の特色と東京湾周辺における第二次世界大戦前と現在の窒素の循環をもとに環境問題について問う問題である。食料を生活や環境と結びつけて考えさせるねらいがある。

### 設問 A

(1)　食料供給量の構成には各国の**自然環境**や**農牧業の形態**などが関係している。各食料の供給量の多い国，少ない国の共通点を考える。A は 4 つの食料の中ではほとんどの国で最も供給量が少ない。B と C は欧米諸国の供給量が多いから肉類と乳製品のいずれかであるが，インドに注目すると区別できる。インドではヒンドゥー教の影響で肉類はあまり食べないが乳製品はよく摂取する。D はアフリカの熱帯の国で多いが，1 人あたり穀物供給量の多いアジアでは，欧米諸国よりも 1 人あたり供給量が少ない国が多い。穀物の代わりとなるでんぷん質の食品と判断できる。

(2)　**論述の指針**　「複数の国名をあげて」とあるから，1 人あたり食料供給量の最も多いノルウェーと最も少ないモンゴルをあげて説明する。

> **論述のポイント**
> **ポイント①**　ノルウェーは古くからの漁業国，
> **ポイント②**　モンゴルは表中の国では唯一の内陸国で，遊牧国。

(3)　インドネシア，ナイジェリア，タンザニア，ブラジルはいずれも**熱帯**の国であるから，熱帯のいもである**キャッサバ**，タロ，ヤムのいずれかであるが，このうち世界で最も生産量が多いのはキャッサバである。

(4)　中国，ドイツ，スペインは**豚**の頭数が多い国である。中国は世界の豚の頭数の約半数を飼育しているし，スペインはヨーロッパで最も豚の頭数が多い国である（2021 年）。豚はもっぱら肉用なので頭数の多い国では肉の供給も多い。

(5)　**論述の指針**　「国内の地域的な差異」とは，米と小麦の生産地域の違いであり，その分布境界についても**具体的な地名**をあげて述べる。「自然環境にも言及」とは，米と小麦の栽培条件，特に**年降水量の多寡**に言及すればよい。

> **論述のポイント**　中国の米と小麦の栽培地域の境界は，
> **ポイント①**　東部平野部の南北ほぼ中央部に位置するチンリン（秦嶺）山脈とホワイ川（淮河）を結ぶ線である。
> この線は，年降水量 800〜1000 mm の線とほぼ一致し，これよりも北側は
> **ポイント②**　冷涼少雨で小麦が栽培され，
> 南側は
> **ポイント③**　温暖多雨で米が栽培される。

(6) **論述の指針** 「独特の利用方法」とあるので，一般的に利用されている肥料は除く。燃料や壁材など肥料以外のものを答える。

## 設問B

(1) **論述の指針** 田や畑で利用されるから**肥料**となるものである。1990年の図にはないことから，現在は利用されていないものを考える。

> **論述のポイント**
> **ポイント①** 肥料として使われること。
> 具体的には，
> **ポイント②** 人間の糞尿や残飯などの生ゴミ。

(2) **論述の指針** 1935年では田・畑（耕地）と鶏・豚・牛（家畜）との間で**窒素が循環**している。1990年ではどちらにも外部から窒素が入り，外部へ出て行くだけで，循環はみられない。この事実を具体例をあげて述べる。

> **論述のポイント**
> **ポイント①** 1935年では，窒素が耕地と家畜との間で循環していた。
> それは，
> **ポイント②** わらなどが家畜の飼料となり，家畜の排泄物などが肥料となっていたためである。
> **ポイント③** 1990年では，耕地と家畜との間の窒素の循環がなくなり，両者の関係が断ち切られた。
> その理由は，
> **ポイント④** 輸入飼料や化学肥料の利用である。

(3) **論述の指針** 窒素量の増大による直接の影響，さらにそれによる問題について述べる。

> **論述のポイント** 東京湾のような閉鎖水域で窒素が増えると
> **ポイント①** 海水が富栄養化する。
> その結果，
> **ポイント②** プランクトンの異常発生による赤潮が発生する。
> それによって，
> **ポイント③** 魚介類が死滅するなど漁業に被害を与えた。

## 解答例

設問A　(1)A—水産物　B—肉類　C—乳製品　D—いも類
　　　　(2)遊牧国のモンゴルで少なく，漁業国のノルウェーで多いため。
　　　　(3)キャッサバ
　　　　(4)豚肉
　　　　(5)東部の平野部のうち，チンリン山脈とホワイ川を結ぶ線を境に，
　　　　冷涼少雨の北部では小麦が，温暖多雨の南部では米が生産される。
　　　　(6)乾燥させて家庭用燃料にするほか家屋の壁材などに利用される。

設問B　(1)肥料として田畑へ投入していた糞尿や生ゴミなどを指す。
　　　　(2)1935年にはわらなどを飼料とし，排泄物などを肥料としたため家
　　　　畜と耕地の間で窒素の循環がみられたが，1990年では輸入飼料や化
　　　　学肥料を利用しているため，このような窒素の循環はなくなった。
　　　　(3)窒素量が増えると海水が富栄養化し，プランクトンの異常発生に
　　　　よる赤潮が起こり，魚介類が死滅するなど漁業に被害を与えた。

# 51 日本の商業とアメリカ合衆国の製造業

（2007 年度　第 3 問）

設問Aは，日本の小売業・卸売業販売額の都市規模による相違を問う。統計表の読み取り能力と地理的思考力を要する良問である。設問Bはアメリカ合衆国の製造業の地域的特徴を，業種別の構成比から考えさせる問題である。

## 設問 A

(1) **論述の指針**　表から，A群はB群より卸売小売比が大きく，人口も多いことが読み取れる。人口１人あたり小売業販売額についてはA群，B群の差はあまりないので，A群の卸売小売比が大きいということは，**人口１人あたり卸売業販売額が大きい**ことを示している。つまり，A群はB群よりも卸売業が発達している。その理由を，卸売業の性質をふまえて説明する。

> **論述のポイント**　卸売小売比と人口との関係は，A群はB群より卸売小売比が大きく，人口も多いので，
> **ポイント①**　人口の多い都市ほど卸売小売比が大きい。
> その理由は，次のような卸売業の性質が関係する。
> **ポイント②**　卸売業は小売業に比べて商圏が大きくないと成立しない。
> 人口規模の大きい都市は小さい都市よりも商圏が大きいから，卸売業は，
> **ポイント③**　人口が多く商圏が大きい都市に集中する傾向がある。
> そのため，A群のような人口の多い都市は人口１人あたり卸売業販売額も多くなり，卸売小売比が大きくなる。

A群の都市は，各地方の中心となる地方中枢都市であると考えられる。

(2) **論述の指針**　C群はB群だけでなく全国平均と比べても，人口１人あたり小売業販売額が小さい。これは，C群の都市の住民が自市内であまり商品を購入しないことを示している。１人あたり小売業販売額のB群との差は他都市で購入しているためであり，こうした点から，C群の都市は他都市に従属した**衛星都市**であると考えられる。このようなC群の都市の性質について指定語句から説明する。

> **論述のポイント**　C群は中心都市ではなく，
> **ポイント①**　「都市圏」の周辺に位置する衛星都市。
> そのため，中心都市への通勤者が多く居住し，
> **ポイント②**　「昼夜間人口比率」が低い。
> C群の都市は，いわゆるベッドタウンであって，住民は自市内での買い物に加えて，勤務先があり，
> **ポイント③**　「商業集積」の進んだ「都市圏」の中心都市での買い物が多くなる。
> そのため１人あたり小売業販売額が小さい。

　これに対して，B群は卸売小売比もある程度大きく，人口規模から県庁所在地レベルの地方中心都市と考えられる。

(3)　**論述の指針**　ともに人口規模の小さい地方小都市であり，地元住民への販売により支えられる1人あたり小売業販売額には差はない。したがって，E群がD群よりも卸売小売比が大きいということは，E群では**卸売業が発達している**ということを示している。指定語句の「地場産業」，「水産物」から地方小都市でみられる卸売業とは何かを考えてみる。

> **論述のポイント**　地方小都市の卸売業とは，
> **ポイント①**　「地場産業」で生産された製品を扱う問屋，
> **ポイント②**　「水産物」の仲買
> などが考えられる。結局，E群の都市は
> **ポイント③**　製造業，水産業などの「生産地」である。

　卸売業とは，生産者と小売業者を仲介するわけだが，それは生産地と消費地を仲介することでもある。

## 設問B

(1)A．電気機械・電子部品の比率が他の州より大きいが，他の工業もバランスよく発達している。総合的に工業生産の盛んな州である。

　B．石油・化学の比率がきわめて高い。**油田のある州**を考える。

　C．輸送用機械器具の比率が突出している。**自動車工業**の発達している州を考える。

　D．製造品出荷額が最も少ない。紙・パルプが比較的多いのは**林業の発達した北部**の州と考えられる。

(2)　**論述の指針**　輸送用機械器具の製品には自動車のほか船舶や航空機がある。C州（ミシガン州）にはデトロイト，D州（ワシントン州）にはシアトルがあり，前者は自動車工業，後者は航空機工業の都市として有名である。

(3)　**論述の指針**　ケンタッキー州は五大湖南岸諸州のさらに南に位置する（地域的には南部に区分される）。日本企業の自動車工業の立地の特徴が問われているが，なぜケンタッキー州などの南部に立地したのかを考えればよい。**デトロイトに近すぎず遠すぎずという絶妙な位置**という利点があるからだが，近すぎない利点とは何か，遠すぎない利点とは何かを考える。

> **論述のポイント**　自動車工業は「部品」を組み立てる総合組立工業で，多数の「労働力」と安定した「部品」の供給が必要である。
> **ポイント①**　アメリカ合衆国では「デトロイト」周辺に自動車工業が発達し，「部品」を生産する企業も周辺に集中している。

しかし，
　ポイント② 「デトロイト」周辺では労働組合の力が強く賃金が高い。また，そこに
　　　　　　立地すると，既存のアメリカ企業や労働者の反発も受けやすい。
これに対して，
　ポイント③ 南部のケンタッキー州などでは比較的安価な「労働力」が得られた。
これが近すぎない利点である。
　一方，ケンタッキー州などは「デトロイト」からそれほど遠くないので
　ポイント④ 高速道路によって既存の企業からの「部品」調達は可能である。
これが遠すぎない利点である。

## 解答例

**設問A**　(1)小売業に比べて大きな商圏を必要とする卸売業は人口が多い都市
　　　　に集中するため，卸売小売比は人口の多い都市ほど大きくなる。
　　　　(2)C群は昼夜間人口比率が低い衛星都市であり，自市内だけでなく
　　　　商業集積が進んだ都市圏の中心都市での買い物が多いため。
　　　　(3)ともに小都市だが，E群は地場産業の製品や水産物を消費地に供
　　　　給する生産地であり，問屋や仲買など卸売業が発達しているため。

**設問B**　(1)A－カリフォルニア州
　　　　　B－テキサス州
　　　　　C－ミシガン州
　　　　　D－ワシントン州
　　　　(2)C州は自動車の生産が多く，D州は航空機の生産が盛んである。
　　　　(3)自動車産業が集積するデトロイトからやや離れていて，アメリカ
　　　　企業との競合を避けつつ安い労働力が得られるが，高速道路を通じ
　　　　て既存企業との間で部品調達が可能な範囲内の地域に立地する。

## 52　南アメリカの自然と産業　　（2006年度　第1問）

> 南アメリカの気候，農業，輸出品を問う問題である。南アメリカ全体を大きくとらえた
> 上で，各地域の特色を考えさせるねらいがある。設問C(2)は標準的であるが，それ以外は
> 基本的な内容である。

## 設問A

(1)**ア**．気温の年較差がやや大きく，冬季の降水量が多い。**中緯度の大陸西岸**にみられ
る気候である。

　**イ**．気温の年較差はほとんどないが，年平均気温は低い。**赤道付近で海抜高度の高**
**い都市**である。

　**ウ**．年降水量が少ない。**砂漠気候**の都市である。

　**エ**．イに比べると年平均気温が低く，気温の年較差が少しある。イよりも高緯度で，
**海抜高度が高い都市**である。

(2)　**論述の指針**　気温の年較差から緯度，年平均気温から海抜高度を説明する。

> **論述のポイント**
> 　**ポイント①**　気温の年較差がほとんどゼロなので赤道直下。
> 　赤道付近は年平均気温が27℃くらいとなるのが普通であるが，
> 　**ポイント②**　年平均気温が低いので海抜高度が高い。

## 設問B

(1)**カ**．ジャガイモは**アンデス高地原産**で，先住民インディオはジャガイモを主食とし
ている。ボリビアと同様にアンデス高地での農業が盛んな国と考えられる。

　**キ**．他の国と比べて各作物の生産量の多さが特徴である。国土面積が大きく，人口
が多ければ農業生産も多いと考えられる。

　**ク**．ブドウ，トマトといった果実や野菜が多い。小麦はやや冷涼な気候が適してい
るので，アルゼンチンと同様に**温帯気候**の国と考えられる。

　**ケ**．表中のバナナは生食用で輸出用，料理用バナナは自給用と考えられる。輸出用
バナナは**プランテーション**で大規模に生産される。南アメリカでバナナのプラン
テーション農業が盛んな国である。

(2)　サトウキビは，砂糖の原料となる以外に，酒，家畜の飼料，パルプの原料などに
もなるが，近年，最も注目されているのは自動車の燃料となる**エタノール**（植物に
由来するので**バイオエタノール**ともいう）の原料としての利用である。ブラジルで
はバイオエタノールは主にサトウキビから作られるが，アメリカ合衆国ではトウモ
ロコシ，ヨーロッパでは小麦などからも生産される。

(3) 【論述の指針】 アンデス山系では低地から高地に至るまで**海抜高度**に応じて異なった土地利用がみられる。指定語句に「高度」があるので，海抜高度の違いによる「土地利用の特徴」を説明することが求められている。「東斜面」に限定されていることにも注意する。ペルーのアンデス山系西斜面の低地は砂漠気候で，灌漑農業などが行われるが，東斜面の低地は熱帯の森林地帯である。「熱帯作物」の栽培される低地，「放牧」の行われる高地と，両者の中間地帯の3つくらいに分けて説明するとよい。

> 【論述のポイント】 熱帯気候の
> **ポイント①** 低地ではバナナやカカオなどの「熱帯作物」，
> **ポイント②** やや「高度」が高いところでは，トウモロコシやジャガイモなどの自給作物，
> **ポイント③** 耕作限界を超えた高地では，リャマやアルパカなどの「放牧」がみられる。

## 設問C

(1) 【論述の指針】 表を見ると，エクアドルは農産物と鉱産物の比率が高いのに対して，ペルーとブラジルは製造品の比率が高い。ペルーとブラジルを比べると，ペルーは製造品のうち食料・飲料・たばこ，繊維，基礎金属の比率が高く，ブラジルは化学製品，金属製品・機械・輸送機器の比率が高い。以上を地理用語を用いて簡潔にまとめる。

> 【論述のポイント】
> **ポイント①** エクアドルは一次産品の輸出国。
> ペルーとブラジルは製造品の輸出国であるが，
> **ポイント②** ペルーは軽工業品や基礎金属の比率が高く，
> **ポイント③** ブラジルは重化学工業品の比率が高い。

(2) 【論述の指針】 重工業品の比率が高いから，「近年における産業構造の変化」は重工業化であるが，字数があるので，その背景にも触れたい。

> 【論述のポイント】 ブラジルで重工業品の輸出比率が高くなったのは，
> **ポイント①** 自動車や鉄鋼などの重工業が発展したためである。
> その背景として，
> **ポイント②** 近年の経済の自由化政策で，国営企業の民営化や外国資本の導入が進められ，
> **ポイント③** 輸出指向型の工業化が進展した。

## 解答例

**設問A**　(1)アーd　イーa　ウーb　エーc

(2)気温の年較差がほとんどないので赤道付近に位置するが，年平均気温が低いことから海抜高度が高い都市と考えられるため。

**設問B**　(1)カーペルー　キーブラジル　クーチリ　ケーエクアドル

(2)バイオエタノール

(3)低地は熱帯雨林だがバナナなどの熱帯作物も栽培され，高度の上昇とともにトウモロコシやジャガイモなどの自給作物の畑地となり，耕作限界を超えた高地ではリャマやアルパカなどが放牧される。

**設問C**　(1)エクアドルは一次産品中心，ペルーは軽工業製品や基礎金属が多いが，ブラジルは金属製品や機械類など重工業製品の比率が高い。

(2)経済の自由化により国営企業の民営化と外国資本の導入によって輸出指向型工業化を進め，自動車や鉄鋼などの重工業が発展した。

# 53 世界と日本の森林と木材生産 （2006年度 第2問）

> 世界の森林と木材生産，日本の人工林の現状と木材チップについて問う問題である。設問Bは，日本の林業の現状と経済の変化を結びつけて考えさせる良問で，グラフの読み取り能力を試すねらいもある。

## 設問A

　陸地面積に占める森林面積の割合が高い国は，亜寒帯林の**タイガ**や**熱帯雨林**の広がる国である。用材よりも薪炭材の生産量が多いのは発展途上国で，先進国では用材の方が多い。木材生産量に占める針葉樹の割合が高いのは亜寒帯の国で，熱帯の国では針葉樹の割合はゼロか非常に低い。また，植林されるのは主に針葉樹なので人工林の多い国でも針葉樹の割合が高い。

　b・dは熱帯の発展途上国で，インドネシアとタイのいずれか。森林面積の割合や木材生産量で区別できる。a，c，eは先進国で，カナダ，ニュージーランド，フィンランドのいずれか。aは森林面積の割合が高い。カナダにはツンドラなど亜寒帯以外の気候もみられるので，森林面積の割合はあまり高くない。cは3カ国の中で木材生産量が最も少ないことに注意。

## 設問B

(1)　**論述の指針**　伐採に適した林齢は 30～40 年とされる。したがって，人工林面積は，林齢が 30～40 年までは，その林齢をさかのぼった過去に植林された面積と考えてよい。1960 年代以降の植林面積の変化をみるには，1981 年の図で林齢 20 年（1990 年の図で林齢 30 年）以下の人工林の面積の変化，および 2002 年の図で（1990 年以降に植林された）林齢 10 年以下の面積の変化をみればよい。

> **論述のポイント**　林齢が若いほど人工林面積は減少しているから，
> **ポイント①**　1960 年代以降の植林面積は年とともに減少している。

(2)　**論述の指針**　人工林の伐採面積を示した図はないが，図の下の注にあるように，人工林の総面積が 1980 年代以降あまり変化がないので，**毎年の伐採面積は毎年の植林面積とほぼ同じ**だと考えられる。また，植林された面積よりも伐採面積が少ないと，植林された森林が伐採されずに残ることになる。以上の点から「人工林の伐採面積」と「人工林の林齢の動向」についてまとめる。

> **論述のポイント**　植林面積が毎年減少しているので，
> **ポイント①**　伐採面積も毎年減少している。
> このことは，植林と伐採との間には30年程度の時間差があるので，過去に植林された面積よりも現在の伐採面積はかなり少ないことを意味する。したがって，植林されたまま伐採されない森林が多く残されることになり，
> **ポイント②**　人工林の林齢は年々高齢化する。
> 図でも1990年から2002年にかけて，伐採に適した林齢以上の林齢（40年以上）の面積が増加していることがわかる。

(3)　**論述の指針**　伐採に適した林齢の樹木が伐採されなくなり，伐採面積，植林面積が年々減少している理由を考える。字数が長いため，指定語句から考えつくこと以外にも理由がある。

> **論述のポイント**　木材供給量の図を見ると，1960年から1970年にかけて外国産材の割合が急上昇している。これは
> **ポイント①**　「輸入自由化」によって，安価な外国産材の輸入が増え，「木材価格」が低迷した
> ためであり，そのことが国内林業に打撃を与え，伐採面積の減少と森林の放置につながった。
> 　しかし，国産材の供給量そのものは1985年前後まではそれほど大きく減少しているわけではない。国産材の供給量が減少傾向となったのは1985年以降で，特に1990年以降の減少が顕著である。それには
> **ポイント②**　山村の人口高齢化とともに，林業労働者も高齢化して人工林の手入れや伐採ができなくなっていること，
> **ポイント③**　バブル経済崩壊によって住宅建設などの木材需要が伸び悩んだことなども関係している。

## 設問C

(1)　**チップ**とは，木材を細かく切って，不定形の破片状にしたものをいう。

(2)　**論述の指針**　丸太からチップに変わったのは産地の事情，輸送事情などによるものである。

> **論述のポイント**　環境保護のため東南アジア諸国などで
> **ポイント①**　丸太の輸出規制が強化され，丸太での輸入が困難になったことが大きい。また，
> **ポイント②**　チップにすると一次加工品となるので木材産地の工業化に寄与することになる。このほか，
> **ポイント③**　チップは丸太よりも輸送が容易であることも理由としてあげられる。

**設問A** a—フィンランド

b—インドネシア

c—ニュージーランド

d—タイ

e—カナダ

**設問B** (1)新たな植林面積が年々減少し続け，1980年代以降は急減した。

(2)伐採面積の減少が続き，伐採に適した林齢以上の人工林が残されるため，高齢木の増加で人工林の平均林齢が上がっている。

(3)輸入自由化で外国産材の供給が増えて木材価格が低迷したことに加え，バブル崩壊後の経済停滞による木材需要の伸び悩みや林業従事者の高齢化などにより人工林の放置と植林の減少が生じたため。

**設問C** (1)パルプの原料

(2)環境保護のための丸太輸出規制に加え，国内産業育成を目的に産地でのチップ加工が進み，専用船導入で輸送も容易になったため。

## 54 世界と日本の産業の地理的変化 （2006年度 第3問）

> 世界のパソコンの生産と利用，日本の東北・九州両地方の高校卒業者の就職先の統計を
> もとに，世界と日本の社会や産業構造の地域的変化を考えさせる問題である。統計表の読
> み取り能力と経済発展の地域性への理解を試すねらいがある。設問Bはやや難であろう。

### 設問A

(1) a．最近5年間で生産台数が急激に増えており，工業化の著しい中国。

　 b．早くからパソコン生産が盛んであった台湾。

　 c．生産台数はまだ多くはないが，2000年以降の伸びが著しいマレーシア。

(2) 論述の指針　パソコン生産の**労働集約的性格**から賃金の安い海外にシフトしたこ
とを述べる。できれば日本と海外との工程間分業についても触れておきたい。

> 論述のポイント　パソコン機器自体の生産は部品の組み立てであり，
> 　ポイント①　労働集約的な側面が強い。
> したがって，労働費の安い地域で生産する方が企業には有利である。そのため，日本企
> 業は，労働費の高い日本国内では生産量を減らして
> 　ポイント②　研究開発や技術力の必要な部品生産を中心にし，
> 機器の生産は
> 　ポイント③　労働力が豊富で賃金の安いアジア諸国で行うようになった。

(3) 論述の指針　所得水準の割にパソコン普及率が高いのは，「政府」が何らかの意図
のもとに，**普及させるための政策**を推進しているためと考えられる。「政府」がど
のような「経済発展」を目指しているのか，そのために何をしているのかについて
具体的に述べる。

> 論述のポイント　両国では，国家としての今後の「経済発展」を
> 　ポイント①　知識集約的なIT産業，情報産業においていること，
> そのために
> 　ポイント②　「政府」が高速回線などのインフラ整備に努め，
> 教育においても
> 　ポイント③　優秀な人材を育成して「人的資源」の確保に力を入れていること
> などが理由として考えられる。

### 設問B

(1) 論述の指針　県内就職者の割合が増加したのは，県内に雇用が増加したからであ
ろう。東北地方では，主として**工場進出**によって雇用が増加したと考えられる。こ
の点について，工場進出の背景とともに述べる。

> **論述のポイント** 　語群の「企業誘致」に注目して，雇用の増加要因は，
> 　**ポイント①** 　「企業誘致」によって県内に職場が増加したためと考えられる。
> 高卒者の場合は工場などで勤務する人が多いから「企業誘致」＝工場進出，つまり
> 　**ポイント②** 　「工業化」につながる。
> さらに，企業が進出した要因として
> 　**ポイント③** 　「高速道路」や「新幹線」の開通など，交通・輸送条件の改善
> があげられる。語群にはないが，
> 　**ポイント④** 　地価や賃金水準が低いこと
> も企業の進出理由として重要である。

(2) **論述の指針** 　東京圏の人口吸引力が強まった理由を考える。1980 年代は諸機能が東京に集中し，東京「一極集中」といわれた時期である。その背景について述べる。もう1点，1980 年～1990 年に東京圏の割合が増加しているということは，東京圏以外のどこかの地域の割合が減少していることを意味することに注意したい。表を見ると，3県が共通して減少しているのは「その他」の地域である。「その他」は県内，福岡県，東京圏以外の地域であるが，九州地方からの就職先であるから，主に関西圏だと考えられる。東京圏の吸引力が強まった理由とともに関西圏のそれが弱まった点についても述べておきたい。

> **論述のポイント** 　1980 年代に東京圏で就職する高卒者の割合が増加したのは，雇用の増加や都市としての魅力などによって，
> 　**ポイント①** 　東京圏の人口吸引力が高まったためである。
> その背景として，
> 　**ポイント②** 　日本経済の「国際化」や「情報化」の進展による
> 　**ポイント③** 　首都である東京への諸機能の「一極集中」
> があげられる。1980 年代後半はバブル経済と呼ばれた好景気の時期で，新しいサービス業などの雇用が生まれ，地方から東京圏への人口移動も活発であった。
> 　これに対して，それまで九州地方からの高卒者の主要な就職先であった関西圏は，産業構造の転換に遅れ，この時期，地位が低下した。
> 　**ポイント④** 　関西圏での就職者が減少した
> ことも高卒者の就職先割合で東京圏が増加した理由となる。

(3) **論述の指針** 　宮城，福岡両県は，仙台と福岡という「地方中枢都市」を有する県である。「地方中枢都市」の経済的地位が高まり，雇用機会が増大した点について説明する。語群に「都市開発」があるので，字数に余裕があれば，雇用機会の増大だけでなく，「都市開発」によって都市としての魅力が高まったことについても書いてよい。

> **論述のポイント**　宮城，福岡両県には
>
> 　**ポイント①**　仙台，福岡という「地方中枢都市」がある。
>
> 「地方中枢都市」は，俗に支店経済の都市といわれるが，企業の支店や国の出先機関が立地し，製造業よりも
>
> 　**ポイント②**　「商業」，金融業，サービス業などの第三次産業の盛んな都市である。
>
> このような「地方中枢都市」では
>
> 　**ポイント③**　「サービス経済化」の進展により，経済的地位が高まり，雇用機会が増えた。
>
> また，「地方中枢都市」では，
>
> 　**ポイント④**　「都市開発」により「商業」施設の集積が進み，都市としての魅力が高まったこと
>
> も高卒者を引き寄せた要因として考えられる。

---

## 解 答 例

**設問A**　(1)a―中国　b―台湾　c―マレーシア

　　　(2)パソコン生産の労働集約的性格が強まるとともに，日本では研究開発を行い，生産拠点は安い労働力の得られる海外に移したため。

　　　(3)知識集約型産業への転換による経済発展を目指し，政府が高速回線など情報インフラ整備や優秀な人的資源育成に努めているため。

**設問B**　(1)高速道路・新幹線の開通や安価な労働力と土地を背景に企業誘致による工業化が進展し，県内での雇用機会が増大したため。

　　　(2)情報化，国際化の進展で諸機能の東京一極集中が顕著となり，それまで多かった関西圏より東京圏の人口吸引力が強まったため。

　　　(3)サービス経済化の進展により商業・金融業などの盛んな仙台や福岡など地方中枢都市の経済的地位が高まり，都市開発による商業施設の集積も進んだことから雇用機会と都市の魅力が増大したため。

# 55 世界の植生および水資源と農業・環境問題

(2005 年度 第1問)

世界の植生および水資源とこれらに関連する農業と環境問題について問う問題である。設問B(3)はちょっとひねった問題になっているが，それ以外の論述問題はいずれも書くべきポイントが明確でまとめやすい。

## 設問A

(1) **論述の指針** Pの植生は**熱帯雨林**である。その利用は，伐採した木材の利用と土地の利用がある。問題点は多数あるが，利用と関連づけて**森林破壊**の影響について述べる。

> **論述のポイント** 伐採した木材の利用は
> **ポイント①** 薪炭材が多いが，ラワン材など一部では用材となる。
> 土地の利用は
> **ポイント②** 焼畑としての利用である。
> その問題点は，
> **ポイント③** 過剰な伐採と焼畑周期の短縮による森林破壊の進行，
> **ポイント④** 生態系の破壊や表土の流出などがあげられる。

(2) **論述の指針** Qの植生は**プレーリー**，**パンパ**などの温帯草原やステップである。この地域には，プレーリー土や**チェルノーゼム**などの**肥沃な黒色土**が分布し，企業的穀物農業が行われる。その特徴について作物名をあげて述べる。

> **論述のポイント** 代表的作物は
> **ポイント①** 小麦。
> 農業の特徴は，
> **ポイント②** 大規模で機械化も進み労働生産性が高いこと，
> **ポイント③** 小麦は商品作物として栽培されていることである。

(3) **論述の指針** Rは砂漠である。砂漠に隣接する地域では植生が失われて土地が荒廃する**砂漠化**が進行している。指定語句に「降水量」と「農耕」があるので，砂漠化の**自然的要因**と**人為的要因**について説明することになる。

> **論述のポイント** 環境問題は
> **ポイント①** 砂漠化である。
> 砂漠化の自然的要因は，
> **ポイント②** 気候変動による「降水量」の減少で，
> 人為的要因は，
> **ポイント③** 過放牧，

ポイント④　休耕期間の短縮などの過度の「農耕」(過耕作),
ポイント⑤　薪炭材の過剰採取
の3点が重要である。

## 設問B

(1) a．降水量が多いので,**熱帯雨林気候**が広がる国である。

　　b．日本より降水量はやや少ないが,降水総量は多い。日本よりもかなり面積の広い国である。

　　c．降水量の割に降水総量が多いので国土面積が非常に広い国である。

(2) 論述の指針　エジプトは耕地面積に占める灌漑面積の割合が100％である。国外から流れてくる河川水は表の水資源量には含まれていないので,その水を利用した灌漑によって農業が可能であると考えられる。

### 論述のポイント
ポイント①　ナイル川からの灌漑用水が得られること。

　　ナイル川は,湿潤地域を水源とし,乾燥地域を貫流する外来河川である。アスワンハイダムの完成によって通年灌漑が可能となったが,塩害や,肥沃な土壌の供給がなくなり化学肥料に依存せざるを得なくなるなどの問題が生じている。

(3) 論述の指針　水田稲作中心の日本と畑作中心のフランスとの水への依存度の違いであるが,日本では降水量が多いにもかかわらず灌漑面積が大きいという理由が求められているので,単に水の使用量が多いことだけでなく,**天水に依存できないという農業の特徴**を述べなければならない。

### 論述のポイント
ポイント①　日本は水を大量に必要とする水田稲作が中心
であり,水田での稲作は,栽培時期に応じて水田に水を入れたり落としたりするなど,
ポイント②　灌漑によって水を制御する必要がある。
そのため,日本では降水量が多いにもかかわらず灌漑面積の割合が大きい。
　　フランスは小麦などの畑作が中心である。小麦は少ない水でも栽培可能であり,稲のような水の制御は特に必要ではないため,灌漑耕地でなくても降水だけで栽培できる。
ポイント③　フランスは天水で栽培できる畑作が中心である。

(4) 論述の指針　アメリカ合衆国やオーストラリアで灌漑が行われている地域は,降水量が少なく,作物栽培のためには水が不足する乾燥地域である。アメリカ合衆国では**センターピボット方式**による地下水を利用した灌漑が行われるグレートプレーンズ,オーストラリアでは**スノーウィーマウンテンズ計画**による河川水を利用した灌漑が行われるマーレーダーリング盆地が,代表的な灌漑農業地域である。乾燥地域で灌漑が行われると**塩害**が発生することが多い。塩害とその原因について述べる。

> **論述のポイント** 灌漑が行われた場合，
> **ポイント①** 灌漑水が過剰に散布されると，
> **ポイント②** 地下水位が上昇して，毛細管現象によって地中の塩分が耕地の表面に集
> 積する。
> それによって，
> **ポイント③** 塩害となり，耕地は作物の栽培ができなくなる不毛地となる。

## 解 答 例

**設問A** (1)薪炭材や用材としての利用のほか焼畑が行われるが，過剰伐採や
焼畑周期の短縮による生態系の破壊や表土流出などが起きている。
(2)肥沃な黒色土の分布地域であり，大型機械を用いて労働生産性の
高い農業が行われ，商品作物として小麦が大規模に栽培される。
(3)気候変動による降水量の減少に加え，過放牧や休耕期間短縮など
の過度の農耕，薪炭材の過剰採取によって砂漠化が進んでいる。

**設問B** (1)a―インドネシア　b―インド　c―カナダ
(2)外来河川のナイル川から安定した灌漑用水が得られるため。
(3)フランスは少量の降水で栽培する畑作が中心だが，日本は水使用
量が多く灌漑により水を制御する必要がある水田稲作が主のため。
(4)灌漑用水が過剰に散布された結果，土壌中の塩分が毛細管現象に
よって地表に集積する塩害がみられ，耕作不毛地が拡大している。

# 56 中国の気候，農業，民族と地域格差

（2005年度 第2問）

各都市の気候，農業の地域的特色，少数民族の文化，西部大開発の背景などについて問う問題である。基本的な問題が多いが，設問Bのウイグル族の食生活を具体的に述べるのは難しい。

## 設問A

(1) 中国では，東部，南部で年降水量が多く，西部は年降水量が少ない。最も降水量が少ないcは西部の**ウルムチ**である。降水量が多いbとdは東部の上海か香港であるが，年降水量が多く冬季の気温が高いdが南部の**香港**で，気温の年較差がやや大きいbが**上海**。**ラサ**はチベット高原に位置するため，標高が高く緯度の割に気温が低い。残りのaがラサである。

(2) **論述の指針** 北京と秋田の降水量の年変化の違いは，簡潔に言うと，北京が夏多雨冬少雨であるが，秋田は夏も冬も多雨という点である。夏に雨が多い理由は共通しているので，**冬の降水量の違いをもたらす理由**を中心に説明する。

> **論述のポイント**
> **ポイント①** ともに夏は多雨である。
> 冬は，ユーラシア大陸東部では，
> **ポイント②** シベリアに高気圧が発達し，乾いた季節風が吹き出す。
> そのため，
> **ポイント③** 北京は冬季の降水量が少ない。
> しかし，冬の北西季節風は
> **ポイント④** 日本海を越える間に水分を吸収して湿潤となり，
> 日本列島の脊梁山脈にぶつかって
> **ポイント⑤** 秋田など日本海側に降水をもたらす（気温が低いため雪となることが多い）。

(3) **論述の指針** 降水量の多い上海周辺では「稲作」，降水量の少ないウルムチ周辺ではオアシス農業と遊牧が行われる。指定語句のうち，「稲作」は上海周辺だけだが，「家畜」と「野菜」は両地域に関係する。ただし，字数に余裕がないので，どちらかの地域に限定して使用することになろう。

> **論述のポイント** 上海周辺では
> **ポイント①** 「稲作」が中心で，
> **ポイント②** 養豚が盛んなため「家畜」は豚が多い。また，都市向けの近郊農業で「野菜」栽培が行われている。
> ウルムチ周辺では

ポイント③　遊牧で「家畜」は羊が主に飼育され，オアシス農業で「野菜」が栽培される。

## 設問 B

**論述の指針**　ウイグル族の伝統的食生活に加えて，宗教に関係する食生活の特色について述べる。

**論述のポイント**　ウイグル族はトルコ系の民族で，
ポイント①　伝統的な食生活は，小麦粉を原料とするナンが主食で，羊肉や乳製品，野菜，果実などを食べる。
宗教は
ポイント②　イスラム教徒が多い。
イスラム教では，豚は不浄の動物とされているため，ウイグル族も
ポイント③　豚肉を食さない。

## 設問 C

**論述の指針**　西部大開発の対象地域は，チョンチン（重慶）市，スーチョワン（四川）省，チンハイ（青海）省，ユンナン（雲南）省，シンチヤン（新疆）ウイグル自治区，チベット自治区など，西部（内陸部）の 12 の省・自治区・直轄市であり，国土面積の約 7 割を占める。西部大開発の内容ではなく，**背景**を説明することが求められている。なぜ，西部の開発を進める必要があったのかという観点から背景について考えるとよい。地域開発の背景は**地域格差の是正**であるが，字数がやや長いため別の観点からの背景についても考えてみよう。

**論述のポイント**　西部大開発の背景は，
ポイント①　改革開放政策によって東部（沿海部）はめざましい経済成長を遂げたが，
ポイント②　西部（内陸部）は改革開放政策の恩恵が十分行き渡っておらず，東部（沿海部）との経済格差が拡大した
ことである。西部大開発はこの格差を縮めることを目的としている。
　具体的な開発の内容としては，鉄道・道路などの交通網や通信網の整備，天然ガスなどのエネルギー資源の開発，植林による緑化などを重点項目としている。このうちエネルギー資源の開発に注目すると，
ポイント③　経済成長による東部（沿海部）のエネルギー需要の増大
が背景として考えられる。東部（沿海部）ではエネルギー需要が増大しているが，原油は輸入が増え，電力や水の不足も深刻化している。そのため，
ポイント④　未開発の西部（内陸部）の資源やエネルギーの開発を進め，東部（沿海部）へ供給することが期待されている。

**解答例**

設問A　(1)a－ラサ　b－上海　c－ウルムチ　d－香港

(2)ともに夏は多雨だが，冬は北京はシベリア高気圧の影響で乾燥し，秋田は日本海上で水分を含んだ北西季節風によって降雪が多い。

(3)上海周辺では稲作や近郊農業による<u>野菜栽培</u>がみられ，ウルムチ周辺では羊などの<u>家畜</u>の遊牧やオアシス農業が行われている。

設問B　食生活の中心は小麦粉を使ったナンで，羊肉や乳製品，野菜などを食するが，イスラム教を信仰しているため，豚肉は食べない。

設問C　改革開放政策によって発展の著しい東部と発展から取り残された西部との経済格差が拡大したことや，経済成長によってエネルギー需要が増大する東部に西部の資源を供給する必要性が生じたため。

# 57 日本の都市および地域 (2005年度 第3問)

　設問Aは交通時刻表を切り口として，日本と中国の交流の拡大，地方都市の中心商店街の衰退，山間部村落の交通問題など，現代日本の地域問題を扱い，設問Bは大都市圏都心部の人口動向を問う問題である。

## 設問A

(1)　大都市近郊の住宅団地では，1日のバスの運行本数が多く，特に通勤・通学者が集中する7〜8時台で多い。山間部の村では，自家用車の利用が多いため，公共交通の利用者が少なく，バスの運行本数は1日数本というところが普通である。したがって，dが東京郊外の住宅団地のバス停，aが人口約5000人の山間部の村のバス停である。

　bとcの区別はやや難しいが，成田空港では早朝・深夜の発着が規制されているので，**早朝の便**のないbが成田空港の上海行き航空便と判断できる。残りのcが地方都市の駅前のバス停である。aを上海行きの航空便と考えたかもしれないが，成田から上海への航空便は，日本と中国の複数の航空会社がそれぞれ1日数便運航している。国際線としては，ソウルなどとともに，最も便数の多い都市の一つである。

(2)　**論述の指針**　航空便の利用者数が増加した理由を述べるのだから，語群の「観光客」と「ビジネス客」を手がかりに，なぜ増えたのかを考える。日中間の航空便の利用者数は日本人，中国人の双方とも増加しているが，設問は日本から中国への人の流れを想定しているので，日本人の増加理由に限定していいだろう。

> **論述のポイント**　「観光客」の増加に関連する語句は語群には見あたらないが，
> 　**ポイント①**　中国では改革開放によって外国人「観光客」の誘致が積極的に行われ，観光施設や宿泊施設などが充実してきたこと
> が考えられる。
> 　もう一つの「ビジネス客」の増加は，日本と中国の経済関係の緊密化によるものであり，関連語句を語群から選ぶと，
> 　**ポイント②**　中国の安価な「労働力」を利用した「現地生産」が進んでいること
> があげられる。

(3)　**論述の指針**　地方都市の中心商店街の**衰退理由**が問われている。「地理的要因」とは，高齢化や後継者不足などの社会的要因ではなく，**空間的・立地的要因**という意味である。郊外店との競争に敗れたためであるが，その背景には「モータリゼーション」の進展による商業立地の変化がある。

> **論述のポイント**
> **ポイント①**　「モータリゼーション」の進展＝「自家用車」を利用する客の増加や，
> **ポイント②**　「駐車場」を備えた郊外の「ロードサイド」店の増加
> のため，自動車利用に適合していない中心商店街は
> **ポイント③**　「ロードサイド」店との競争に敗れて衰退した。

(4)　**論述の指針**　需要が少なくて民間では経営困難となるが，住民にとって必要であるから自治体が運行することになる。どのような住民が必要なのか，なぜ民間企業では運行できないのかを考える。

> **論述のポイント**　山間部の村では，「民営化」では経営が困難である。それは
> **ポイント①**　「過疎化」が進み，人口が少ないだけでなく，「自家用車」の利用者が多いため，公共交通の利用者が少ないからである。
> しかし，「自家用車」を利用できない人がいる限り，彼らの移動手段を確保するためには採算を度外視しても自治体によってバスを運行する意義がある。
> **ポイント②**　「高齢者」や「通学者」など「自家用車」を利用できない交通弱者の移動手段を確保する
> というのが自治体が運行するバスの役割である。

## 設問B

(1)　**論述の指針**　昼夜間人口比率の増加は，昼間人口の増加と夜間人口の減少による。それぞれの要因について述べる。

> **論述のポイント**　夜間人口の減少は，ドーナツ化現象と呼ばれるもので，
> **ポイント①**　地価高騰と居住環境の悪化によって都心部の住民が郊外に転出したことによる。
> 昼間人口の増加は，郊外で人口が増えても企業や職場の郊外移転は進まず，むしろ
> **ポイント②**　都心部への機能集中によって郊外からの通勤者が増えた
> ためである。

(2)　**論述の指針**　1995年以降，都心部で夜間人口が増加した（人口の都心回帰が進んだ）理由について述べる。

> **論述のポイント**　1980年代後半のバブル経済の時期には，著しい「地価」の高騰により都心から郊外への人口流出が進んだが，1990年代初めのバブル経済の崩壊により，
> **ポイント①**　「地価」が下落に転じ，
> **ポイント②**　企業の遊休地などの「再開発」によって高層マンションが建設された。つまり，都心部での住宅供給が増え，住宅が入手しやすくなった。
> そのため
> **ポイント③**　都心部へ移住する人口が増加した。

## 解答例

**設問A**　(1)a—④　b—①　c—③　d—②

(2)安価な労働力を背景に日本企業の現地生産が拡大し，<u>ビジネス客</u>が増加したほか，改革開放政策によって<u>観光客</u>も増えたため。

(3)<u>モータリゼーション</u>が進展し，<u>駐車場</u>を備えた郊外のロードサイド店に<u>自家用車</u>を利用する客を奪われ，経営困難となったため。

(4)<u>過疎化</u>が進んだため<u>民営化</u>では経営が困難な路線を維持し，<u>自家用車</u>を利用できない<u>高齢者や通学者</u>などの移動手段を確保する。

**設問B**　(1)地価高騰や居住環境の悪化から都心部の夜間人口が郊外へ流出する一方，都心部への機能集中で郊外からの通勤者が増加したため。

(2)都心部の<u>地価</u>が下落し，<u>再開発</u>によって高層マンションの建設が進んだことから，他地域から都心部に移住する人口が増えたため。

## 58 地域統合と隣接する二国間の関係 (2004年度 第1問)

ASEAN・EU の加盟国や人口・経済規模，EU の経済統合，ASEAN 諸国と EU 諸国の貿易構造の違い，メキシコの工業化，ドイツの地域間格差などについて問う問題である。

### 設問A

(1) 2023年現在の ASEAN 加盟国は 10 カ国，ASEAN の原加盟国はインドネシア，タイ，シンガポール，マレーシア，フィリピンの 5 カ国。1984 年にブルネイが加盟した。残りの 4 カ国が 1990 年以降の加盟国である。

(2) 欧州共同体（EC）は 1967 年に欧州経済共同体（EEC），欧州石炭鉄鋼共同体（ECSC），欧州原子力共同体（EURATOM）の 3 つの組織が統合して発足したものである。原加盟国は 6 カ国で，1973 年にイギリス，デンマーク，アイルランド，1981 年にギリシャ，1986 年にスペイン，ポルトガルが加盟した。1993 年に EU となり，1995 年にオーストリア，スウェーデン，フィンランド，2004 年にチェコ，ハンガリー，ポーランド，スロバキア，スロベニア，エストニア，ラトビア，リトアニア，キプロス，マルタの 10 カ国，2007 年にルーマニアとブルガリア，2013 年にクロアチアが加盟し，2020 年にイギリスが離脱した。2023 年現在 27 カ国が加盟している。

(3) 域内総人口は，ASEAN（10 カ国）6 億 7400 万人，EU（27 カ国）4 億 4500 万人，アメリカ合衆国 3 億 3700 万人の順である（2021 年）。

(4) 国内総生産（GDP）は，EU（27 カ国）17 兆 1778 億ドル，アメリカ合衆国 23 兆 3151 億ドル，ASEAN（10 カ国）3 兆 3403 億ドルの順である（2021 年）。

(5) **論述の指針** EU における経済統合の深化について順を追って述べ，各種経済分野での共通政策の一つである共通「農業政策」の内容について簡潔に説明する。

> **論述のポイント** 経済統合は，商品の移動の自由化としての
> **ポイント①** 域内「関税」の撤廃，
> **ポイント②** 人，資本，サービスの移動の自由化による市場統合の完成，
> **ポイント③** ユーロの導入による「通貨」統合
> の順で深化した。
> さらに，
> **ポイント④** 域内農業の保護政策である共通「農業政策」を実施。

共通「農業政策」は，域内の農産物に統一価格を設定し，市場価格がこれより低い場合は買い上げによって価格を維持する価格支持や，安価な域外農産物に輸入課徴金を課して輸入を制限すること，域内農産物の輸出に輸出補助金をつけて国際競争力を高めることなど，域内農業を保護する政策であったが，現在は，アメリカ合

衆国などの批判を受けて輸入課徴金を廃止（関税化に移行）したり，財政を圧迫していた統一価格を引き下げるなど，共通「農業政策」にも変化がみられる。

## 設問B

(1) **論述の指針** タイとマレーシアは相互の輸出額が少なく，アメリカ合衆国や日本などの先進国への輸出額が多い。これに対して，ドイツとフランスはEU域内諸国が輸出の上位にあり，特に相互に相手国への輸出額が多い。それぞれの理由について説明する。

> **論述のポイント** 発展途上国は，一般に発展途上国同士よりも先進国との貿易が盛んであるが，タイとマレーシアの場合は，
>  **ポイント①** 先進国向けの輸出指向型工業化を進めていてお互いに競合する完成品輸出が多い。
> そのため，
>  **ポイント②** 先進国への輸出が多く，相互の輸出が少ない。
> 先進国，特にEU諸国は
>  **ポイント③** 相互に工業製品を輸出し合う水平貿易が盛んである。
> そのため，
>  **ポイント④** ドイツとフランスは相互の輸出や他の先進国への輸出が多い。

なお，タイ，マレーシアとも近年は中国への輸出が増え，両国とも輸出先の第2位となっている（2022年）。

(2) **論述の指針** メキシコ北部，アメリカ合衆国との国境地帯には，かつて**マキラドーラ**（保税輸出加工地区）が設置されていたこととその内容について述べる。

> **論述のポイント**
>  **ポイント①** 原材料や部品の輸入が無税となるマキラドーラが設置され，
>  **ポイント②** メキシコの安価な労働力が得られることから，
> アメリカ合衆国や日本の企業が多数進出した。

1994年のNAFTA（北米自由貿易協定）の発足によって，2000年にマキラドーラは廃止されたが，現在でも電気機械の組み立て工場などが立地している。

(3) **論述の指針** 東西ドイツの地域格差について統一前の歴史をふまえて述べる。

> **論述のポイント** 社会主義国であった統一前の旧東ドイツは，東欧でも有数の工業国であったが，世界的な経済先進国である旧西ドイツに比べると，
>  **ポイント①** 旧東ドイツの企業は技術水準や生産性などで劣っていた。
> そのため，統一後は旧西ドイツの企業との競争に敗れて，廃業したり倒産したりする企業が増え，失業者が増大するなど，
>  **ポイント②** 旧西ドイツと旧東ドイツとの間で経済格差がみられる。

## 解 答 例

**設問A** (1)ベトナム，ラオス，ミャンマー，カンボジアのうちから二つ

(2)ドイツ，フランス，イタリア，ベルギー，オランダ，ルクセンブルクのうちから二つ

(3)アメリカ合衆国

(4) ASEAN

(5)域内関税を撤廃して加盟諸国間の貿易を促進し，人，資本，サービスの移動も自由化した後，ユーロを導入して通貨統合を進めた。また，域内農業の保護を基本とする共通農業政策も実施している。

**設問B** (1)タイとマレーシアは先進国向けの輸出指向型工業化を進めたためアメリカ合衆国などの先進国への輸出が多い。ドイツとフランスは水平分業が活発なため相互間や近隣のEU諸国への輸出額が多い。

(2)部品輸入に関税がかからないマキラドーラが設置されていたことや安価な労働力が得られることから，多くの企業が進出したため。

(3)社会主義体制にあった旧東ドイツ地域は技術水準や生産性が低く，旧西ドイツ地域との間に所得などの経済格差が生じている。

# **59** 世界と日本の農業

(2004 年度　第 2 問)

米に関する統計の国名判定，ベトナムで米の生産・輸出が増加した理由，日本の減反政策・農家分類などについて問う問題である。設問 A は基本事項の説明が中心だが，設問 B は思考力が必要な問題である。

## 設問A

(1) 米は世界全体の生産量の約 9 割が**モンスーンアジア**に集中しており，この地域の主食であるから，人口の多い国では生産量が多い。したがって，世界の国別の米の生産上位国の順位は，ほぼモンスーンアジアの人口の多い国の順である。米の輸出国の順位は年による変動が大きいが，インド，タイ，ベトナム，アメリカ合衆国などが，例年，輸出の上位に登場する。米は生産量に比べて輸出量はあまり多くない。**小麦が商品作物的性格をもつのに対して米が自給的性格をもつ**といわれるゆえんである。ただし，アメリカ合衆国は米の国内消費量が少ないため，生産量に対する輸出量の割合が大きい。

以上から，a は世界で最も人口の多い中国，b はアジアで人口 3 位のインドネシア，c は輸出量の多いタイ，d は生産量に占める輸出量の割合が高いのでアメリカ合衆国である。

(2) **論述の指針**　ベトナムで米の生産・輸出が増えたのは**ドイモイ（刷新）政策**の成果である。ドイモイ政策とそれによって米の生産が増えた理由について述べる。

> **論述のポイント**　ドイモイ政策は，社会主義体制を維持しつつも経済開放政策と市場経済化を通じて経済の立て直しを目指すものである。
> **ポイント①**　ドイモイ政策によって，生産請負制が導入されたことで，
> **ポイント②**　農民の生産意欲が増大した。
> 米をはじめ，コーヒーなどの作物の生産が伸びたが，特に南部のメコンデルタで作付面積の拡大による
> **ポイント③**　輸出用の米の生産が増えている。

(3) **論述の指針**　米の生産調整＝減反政策がとられたのは米が供給過剰となったためであるが，その要因について生産増と消費減の両面から述べる。

> **論述のポイント**　米の生産が増加した要因は，
> **ポイント①**　品種改良や肥料の多用などによる土地生産性の向上と
> **ポイント②**　食糧管理制度のもとで政府の保護が続いたためである。
> 米の消費が減少した要因は，
> **ポイント③**　食生活の多様化，洋風化によるものである。

## 設問B

(1) **論述の指針**　表を見ると，従来の専業農家，兼業農家の分類から，農業従事者の年齢と所得を考慮した分類に変わったことがわかる。従来の分類では，現代の日本の農家の実態を正確に表せなくなったため，新しい分類が使われるようになったと考えられる。それは具体的にどのようなことか，年齢と所得をキーワードに考えてみよう。

> **論述のポイント**　専業農家は農業に意欲的に取り組み，農業を主たる生計の手段とする農家，兼業農家は農業を副業的に行う農家というイメージがあるが，農業従事者の高齢化と兼業化が進む中では，このようなイメージに合わない農家が出てくる。
>
> 　**ポイント①**　農業従事者の高齢化が進む中で，
> 年齢を考慮しない従来の分類では，
> 　**ポイント②**　会社勤めなどをしない高齢者が自給的に農業生産を行っても専業農家に分類されるという不都合が生じる。
> また，
> 　**ポイント③**　農家の多くが兼業農家となっている現在では，
> 所得を考慮しなければ，農業を主とするのか従とするのかはわからないにもかかわらず，所得を考慮しない従来の分類では，
> 　**ポイント④**　家族の中で1人でも農業以外の産業に従事する人がいれば，その所得の多少とは無関係に兼業農家とされていた。
> このように，
> 　**ポイント⑤**　従来の分類が農家の実態を表せなくなったこと
> が新しい分類が使われるようになった背景である。

(2) **論述の指針**　米作農家には農業を従とする農家の割合が高いのはなぜか，いいかえれば，他の作物に比べて，なぜ米は副業的な栽培が可能なのかという問いである。米と他の作物の栽培方法の違いにポイントをおいてみるとよい。

> **論述のポイント**　現代の日本では，米作は田植えや稲刈りなどの作業で
> 　**ポイント①**　機械化が進んでいる。
> そのため，米作は週末などに
> 　**ポイント②**　少ない人手で農作業を行うことが可能である。
> また，現代の日本では米作は1年1作で，栽培期間が半年程度であるが，
> 　**ポイント③**　このうち多忙な時期（農繁期）は比較的短いため，他の仕事の合間に農業を行うことが可能である。
> これらの点から，米作は副業的に行うことができると考えられる。

　これに対して，野菜，果実，花きの栽培や畜産では，収益性は高いものの，機械化の難しい作業も多く，それだけ多くの労働力を投下しなければならないため，副業的な生産が難しく，農業を主とする専業農家が多くなる。

## 解 答 例

設問A (1)a—中国　b—インドネシア　c—タイ　d—アメリカ合衆国

(2)ドイモイ政策による生産請負制の導入によって，農家の生産意欲が増大し，輸出を目的とした商業的な稲作が盛んとなったため。

(3)土地生産性の向上や食糧管理制度による保護によって生産は増加したが，食生活の多様化で消費は減少し，供給過剰となったため。

設問B (1)農家の兼業化と高齢化が進み，農業所得が多くても家族に農業以外の従事者がいれば兼業農家，高齢者が自給的な農業に従事すると専業農家に区分されるなど，農家の実態を表さなくなったため。

(2)米作は機械化によって農作業に要する労力が軽減されており，農繁期も短いので，副業的に行うことが比較的容易であるため。

# 60　自然環境の利用

　自然環境と人間生活の関係を扱う問題で，設問Aではダム建設の目的やダムが与える河川環境の変化，設問Bでは自然エネルギー利用の自然条件や自然エネルギーの特徴などが問われている。

## 設問A

(1)　ダム建設の目的としては**治水**と**利水**があげられる。治水は洪水の防止，利水は上水道や農業用水，工業用水などの用水の確保である。

(2)　**論述の指針**　指定語句に「魚」と「侵食」があるので，河川環境の変化のうち，生物や地形にダムが与える影響について説明することが求められていると考えられる。

> **論述のポイント**　生物への影響として，ダムが建設されると，
> 　**ポイント①**　河川の水流が分断されるため，
> 　**ポイント②**　サケやアユなどの「魚」の行き来ができなくなる。
> このほか，生物に与える影響として，下流の水量が減少するため水生生物の生息場所が縮小するという問題もあり，河川の生態系に影響する。
> 　地形への影響として，
> 　**ポイント③**　ダムの上流側は流れが緩やかになるため，土砂の堆積が進むが，下流側はダムによって土砂が堰き止められるため，流出する土砂の量が減る。
> そのため，
> 　**ポイント④**　河口付近や海岸では，波や沿岸流などの作用で「侵食」が進む。

## 設問B

(1)a. 環太平洋造山帯の走る国々やアルプス＝ヒマラヤ造山帯に位置するイタリアなど，**新期造山帯で火山の多い国**が上位にある。

　　b. 面積が大きく**大河川を有する国々**が上位にある。他の自然エネルギーよりも発電量が多いことにも注意する。

　　c. **偏西風帯**に位置するヨーロッパ諸国が上位にある。

(2)　**論述の指針**　**地熱エネルギー**は地球内部の熱エネルギーであり，火山活動の形で放出される。活発な火山活動とその条件を述べる。

(3)　**論述の指針**　指定語句が3つあり，3行という字数から考えると，3点について述べることになろう。「供給量」は石炭，石油，天然ガスなどの化石燃料と自然エネルギーのそれが多いのか少ないのかの違いと考えてよい。自然エネルギーの供給量は少ないが，その理由を説明しておく。

> **論述のポイント**　有限な化石燃料は「枯渇」の恐れがあるが，自然エネルギーは
> 　**ポイント①**　再生可能で「枯渇」しない。
> さまざまな不純物を含む化石燃料は，燃焼によって汚染物質を排出し，環境問題を引き
> 起こすが，自然エネルギーは，酸性雨の原因となる硫黄酸化物，窒素酸化物，大気汚染
> の原因となる煤煙などのほか，
> 　**ポイント②**　「地球温暖化」の原因となる二酸化炭素を発生させないクリーンエネル
> 　　　　　　ギーで，
> 　**ポイント③**　環境への負荷が小さい。
> しかし，自然エネルギーは
> 　**ポイント④**　利用可能な自然条件が限定されること，化石燃料と比べてコストが割高
> 　　　　　　であること，風まかせの風力発電では電力を安定的に供給することが難
> 　　　　　　しいこと
> などによって，
> 　**ポイント⑤**　「供給量」は少ない。

(4)　**論述の指針**　風力と水力は風車や水車として古くから利用されてきた。風車はオ
　ランダの干拓地（**ポルダー**）の排水に利用されていたことが有名である。自噴井の
　多いオーストラリアの**大鑽井盆地**でも地表まで自噴しない場合は地下水の汲み上げ
　に風車が利用されている。水車は，蒸気機関が発明される以前には，製粉や紡績な
　どの工場の動力源として利用されていた。地熱の利用は新しいが，発電以外に建物
　の暖房や温室などに利用されている。

---

**解答例**

**設問A**　(1)洪水防止，用水の確保
　　　　　(2)ダムは河川の流れを分断するため，魚の上下流への移動を妨げて
　　　　　　生態系に影響を与えるほか，上流側では土砂の堆積をもたらし，下
　　　　　　流側では運搬される土砂が減少するため，河口付近の侵食が進む。
**設問B**　(1)a－地熱　b－水力　c－風力
　　　　　(2)地殻変動が活発なプレート境界に位置し火山活動が盛んである。
　　　　　(3)化石燃料のような枯渇の心配がなく，地球温暖化の原因となる二
　　　　　　酸化炭素も排出しないため環境への負荷は小さいが，コストが高く
　　　　　　利用可能な自然条件が限られるため，現在はまだ供給量が少ない。
　　　　　(4)産業革命以前の製粉や紡績のための水力エネルギーの利用やオラ
　　　　　　ンダの干拓地における排水のための風力エネルギーの利用がある。

# 第 5 章　2003〜1999 年度

解答用紙は，横書きで〈地理歴史〉共通。1 行：30 字詰。

# 61　発展途上国の開発と問題点 （2003年度　第1問）

> 設問Aは環境破壊に関する用語・地名などの基本的な問題。設問Bは識字率統計からみた言語，民族の特色などを問う問題である。(2)・(3)は多民族国家の言語の実態や発展途上国における女性の地位などに関する総合的な理解を要し，やや難しい。

## 設問A

(a)　熱帯・亜熱帯の**潮間帯**に分布する樹林の総称。潮間帯とは干潮時は陸化するが，満潮時は海水が入り込むところをいう。多様な生物の生息・繁殖地となるほか，波の侵食から海岸を保護する役割も果たしている。また，人間生活にとっても薪炭材や建材などの供給源となっている。

(b)　東南アジアで養殖される**エビ**は大半が日本向けに輸出される。養殖池の増加は，**マングローブ**の伐採だけでなく，飼料や薬剤による汚染も引き起こしている。

(c)　**熱帯雨林気候**のスマトラ島やボルネオ島で栽培される作物なので，天然ゴムか油ヤシが考えられるが，近年は天然ゴムから**より収益性の高い油ヤシへの転換**が進んでいる。

(d)　ブラジルの熱帯雨林地域は北部のアマゾン川流域にみられる。

(e)　熱帯の大規模な放牧地なので，家畜は**肉牛**である。アマゾン川流域の開発地は，ハンバーガー用などの安価な肉牛の放牧地となっている。

## 設問B

(1)　**論述の指針**　X群はいずれもラテンアメリカ南部の国である。ラテンアメリカの国々は，先住民のインディオ，ヨーロッパ系の白人，プランテーション労働力として移住したアフリカ系，それらの混血といった多様な人種・民族からなるが，アルゼンチンとウルグアイは，ほぼ単一の人種・民族と言語の国である。

> **論述のポイント**
> **ポイント①**　ラテン系の白人が人口の大多数を占める国である。
> 南アメリカ大陸では，ブラジルを除く国々はほとんどスペインの植民地であったため
> **ポイント②**　スペイン語が使用される。

　旧ポルトガル領であったブラジルはポルトガル語が使用される。

(2)　**論述の指針**　使用言語に関して，識字教育を普及させていく上での困難とは何か。日本のように単一の言語が使用されている国では，教育も1つの言語で統一して行うことができる。しかし，複数の言語が使用されている国ではどうだろうか。しかも，その言語が伝統的に文字を持たない場合はどうだろうか。教育で使用する言語

となるだろうか。日常使う母語が教育で使用する言語とならないならば，識字教育は母語以外の言語で行うことになる。これは大変な困難ではないだろうか。ここで問われているのはこういったことである。

> **論述のポイント** Z群のニジェールとマリはかつてフランスの植民地で，公用語はフランス語である。しかし，
> **ポイント①** 住民は多数の部族に分かれており，それぞれ別の言語を使用している。
> もともと彼らの言語は文字を持たないので，部族の言語で識字教育を進めることには困難を伴う。それが可能であったとしても，教育において特定の部族の言語を指定すると，他の部族の間に不満が生じ，部族間の対立を生むことになる。結局，
> **ポイント②** 識字教育は旧宗主国の言語であるフランス語で行うしかなく，母語以外の外国語でしか教育が進められないという困難が生じる。

(3) **論述の指針** 識字率が低いということは教育を受ける機会が少ないことを意味する。男女間の識字率の差は，男女間の経済的，社会的な格差の存在を示している。「社会的問題」とは，女性の地位に関する問題であり，女性の社会的地位が低く，教育を受ける機会に乏しいことは，出生率が低下しないといった別の問題とも関係している。字数も長くまとめにくいが，女性の社会的地位の向上が困難なこととそのことが人口抑制を阻害していることについて述べる。

> **論述のポイント** 女性の識字率が低いことは，女性の社会的地位が低いことを示しているが，直接的には，
> **ポイント①** 女性は男性に比べて教育を受ける機会を奪われている
> ことを意味する。
> 教育を受ける機会が奪われるということは，さまざまな知識や考える力を身につける機会が失われるということであり，そのため，女性は就業機会も少なく，家庭や社会での主導権も持つことができない。したがって，もともと女性の地位が低くて教育を受ける機会に乏しいことが，さらに
> **ポイント②** 女性の経済的な自立や社会的地位の向上を困難にし，女性の地位を低いままに押しとどめている。
> また，女性の社会的地位が低く，教育を受ける機会が奪われているため，避妊などの知識もなく，
> **ポイント③** 女性が主体的に人口抑制にかかわることができない。
> このため，人口増加が続き，貧困からの脱却を難しくしている。

## 解 答 例

**設問A**　(a)—マングローブ

(b)—エビ

(c)—油ヤシ

(d)—アマゾン

(e)—肉牛

**設問B**　(1)ヨーロッパから移住したラテン系の白人とその子孫が人口の大多数を占めており，国民のほとんどがスペイン語を使用している。

(2)国民が多数の部族に分かれ，部族ごとに違う言語が使用されているため，識字教育は旧宗主国の言語のフランス語で行うしかない。

(3)女性は男性に比べて教育を受ける機会が少ないため，就業機会も少なく女性の経済的自立や社会的地位の向上が困難である。そのため女性が主体的に人口抑制に関わることができず人口増加が続く。

# 62 世界の自然環境と都市 （2003年度 第2問）

設問Aは緯度による気温の違いに関する問題で，設問Bはオリンピックが開催された10都市を取り上げて，各都市の気候や環境問題，文化的特色などを問う問題である。

## 設問A

(1)(ア) 気温の日変化は小さいが，年変化は大きい。

　(イ) (ア)とは逆で，気温の日変化が大きい。同じ時間帯の年変化は小さく，夏も冬もほぼ同じ気温である。

　(ウ) 気温の日変化がある程度あり，年変化は(ア)よりは小さいが(イ)よりは大きい。

(2) **論述の指針** 気温のもととなるのは太陽から受ける熱であり，太陽からの受熱量の差は，太陽高度の違いによる日射量の差による。1日の昼夜の気温差も1年の夏と冬の気温差も太陽高度の差による日射量の違いから説明できる。太陽高度が緯度によって異なるのは**地軸の傾き**が原因である。

> **論述のポイント** 極地では，夏と冬の太陽高度の差が大きく，冬は夜が長く夏は昼が長い。そのため，
> **ポイント①** 日射量も夏と冬の差が大きくなり，夏と冬の気温差が大きい。
> 1日の太陽高度の差は小さいため，昼と夜の気温差はあまりない。
> 　熱帯では，夏と冬の太陽高度の差が小さく，季節による昼と夜の長さの違いも小さい。そのため，
> **ポイント②** 季節による日射量の差は小さいが，太陽高度が高い昼と太陽が沈んだ後の夜との気温差は大きい。

## 設問B

(1)a. 気温の年較差が小さく，年中平均して降水があるという**大陸西岸の気候の特徴**を示している。最寒月平均気温が東京より低いから北西ヨーロッパの内陸の都市であると考えられる。

　b. 7月が最寒月なので南半球の都市である。

　c. 最寒月平均気温がモスクワよりもやや低く，亜寒帯気候の都市である。

　d. 夏多雨冬少雨で，aよりも気温の年較差が大きい。大陸東岸の気候の特徴である。

(2) 「日付の違いを考慮しない」という設問なので，東経，西経にかかわらず日本の標準時子午線東経135度との**経度幅が最も大きい都市**を選べばよい。ヨーロッパ諸国は経度0度または東経15度を標準時子午線としているから，日本との経度幅は120度から135度。北アメリカ東部は西経75度を標準時子午線としており，経度幅は150度となる。なお，表中の都市で日付の違いを考慮した時差が最大になるのはロサンゼルスである。

(3)　[論述の指針]　メキシコシティの地形条件とは，**海抜高度の高い盆地の底部に位置**
**する**ことである。都市環境問題には大気汚染，水質汚濁，騒音などがあるが，この
条件に関係するのは大気汚染である。新期造山帯に位置し，地震が多いため，軟弱
な地盤から地震の際の建物などの被害が大きくなることも考えられるが，これは都
市環境問題というよりも自然災害の問題であるから，ここでは述べる必要はない。

> [論述のポイント]　メキシコシティは，
> **ポイント①**　盆地の底にある（または，海抜高度が高く空気が薄い）ため，
> **ポイント②**　自動車などからの排気ガスは拡散されずに滞留しやすい（または，不完
> 　　　　　　　全燃焼を起こしやすい）。
> そのため，
> **ポイント③**　大気汚染が著しい。

　なお，メキシコシティは，かつてはテスココ湖と呼ばれた湖を排水して建設され
た都市であり，地下水の過剰な汲み上げによる地盤沈下も発生している。字数に余
裕があれば解答に付け加えてもよいだろう。

(4)　[論述の指針]　モントリオールはカナダのケベック州，バルセロナはスペイン北東
部のカタルーニャ地方の中心都市である。いずれもそれぞれの国で，**少数派の住民**
が居住する地域の中心都市である。文化的特徴は言語について述べるとよいだろう。

> [論述のポイント]　モントリオールは，ケベック州の中心都市であり，
> **ポイント①**　ケベック州は，英語使用者の多いカナダの中でフランス語を使用する。
> バルセロナは，カタルーニャ地方の中心都市であり，
> **ポイント②**　カタルーニャ州は，同じラテン系であっても，スペイン語とは異なる言
> 　　　　　　　語を用いる。

## 解答例

**設問A**　(1)(ア)—極地　(イ)—熱帯　(ウ)—温帯
　　　　　(2)地軸の傾きにより，極地は夏と冬の日射量の差が大きいが，熱帯
　　　　　　は季節による日射量の差は小さく，昼夜の違いの方が大きいため。
**設問B**　(1)a—ミュンヘン　b—シドニー　c—モントリオール　d—ソウル
　　　　　(2)モントリオール（アトランタも可）
　　　　　(3)盆地状の地形であるため，自動車の排気ガスや工場からの汚染物
　　　　　　質が拡散されずに滞留し，スモッグなどの大気汚染が著しい。
　[別解]　(3)海抜高度が高く空気が薄いため，不完全燃焼を起こしやすく，有
　　　　　　害な自動車の排気ガスの大量発生によって大気汚染が著しい。
　　　　　(4)モントリオールのあるケベック州は，英語使用者が多いカナダの
　　　　　　中でフランス語を使用し，バルセロナのあるカタルーニャ州は，ス
　　　　　　ペイン語とは異なる独自のラテン系言語を使用する地域である。

# **63** 日本の工業

(2003 年度 第 3 問)

> 設問Aは工業出荷額や水使用量の統計から日本の産業構造の変化を問う問題で，(2)の統計判定はやや難しい。設問Bは自動車とカラーテレビの国内生産の推移，輸出入の推移の背景を問う問題である。

## 設問A

(1)(ア) 比率の低下が著しい。重化学工業化の進展によって軽工業の比率が低下した。

(イ) 1960 年代の高度経済成長期には比率が増大したが，石油危機以降，次第に低下している。石油危機以降，素材型の重化学工業から加工組立型の機械工業へと**産業構造の転換**が進んだ。

(ウ) 最大の工業種であり，**近年の比率の増大が顕著である。**

(2) 水使用量が多いかどうかという点と，工業出荷額全体の中で占める各工業の割合も考慮しなければならない。

工業用水は製品加工用，冷却用，洗浄用などの用途で使用される。**水使用量が多い工業は紙，化学，鉄鋼などである。機械工業では一般にあまり水を使用しない。**表 1 から工業全体の出荷額に占める比率は紙よりも化学の方が大きいため，水使用量も多いと考えられる。最も水使用量の多い(a)は**出荷額比率の高い化学**である。(b)は 1970 年から 1990 年にかけて水使用量の比率が増加したが，(c)は減少傾向にある。出荷額に占める比率が低下傾向にある紙はそれに対応して水使用量の比率も低下していると考えられる。機械は水使用量は少ないが，出荷額比率の上昇に伴って水使用量も増加したと考えられる。

(3) 論述の指針 指定語句がほとんど答えそのものである。水使用量の少ない工業が中心になってきたこと，工業用水の「循環利用」が増えたことを述べればよい。

> 論述のポイント 使用量が減少してきたのは,
> ポイント① 素材型の重化学工業（資源多消費型工業）から加工組立型の機械工業へと
> ポイント② 「産業構造」が転換したことと,
> ポイント③ 水の「循環利用」が進んだためである。
> 「循環利用」については，そのまま使うだけでもよいが，解答で若干の説明を加えておいた方がよかろう。使用した水を回収して再利用することである。

## 設問B

(1) **論述の指針** 自動車の輸出台数の変化の理由について説明することが求められている。解答では「1985 年まで伸びていた理由」と「それ以降減少した理由」の2点が必要である。

> **論述のポイント** 1985 年までの増加理由は,
> **ポイント①** 「オイルショック」後,燃費のよい日本車の需要が「アメリカ合衆国」や「EU」で増大したことが大きい。
> 1985 年以降の減少理由は,こうした日本車の集中豪雨的な輸出によって
> **ポイント②** 「アメリカ合衆国」や「EU」との「貿易摩擦」が発生したこと,
> および 1985 年のプラザ合意後の
> **ポイント③** 「円高」によって外国「市場」では日本車の価格競争力が弱まったことがあげられる。1985 年から 90 年にかけては国内生産が増加したにもかかわらず輸出は減少しているが,これはこうした理由から一時的に輸出が停滞したためと考えられる。
> しかし,1990 年以降は国内生産も減少している。これはバブル崩壊による国内「市場」の縮小もあるが,「円高」や「貿易摩擦」に対応して,日本の自動車メーカーが「市場」を失わないためにも
> **ポイント④** 「アメリカ合衆国」や「EU」での「海外生産」を増やしたためである。1990 年以降の輸出減少・停滞は「海外生産」が増えたためと考えられる(一般には,市場での生産は現地生産ということが多い)。

(2) **論述の指針** 1990 年以降のカラーテレビの国内生産量の減少理由と輸入額が増大した理由が求められている。輸入が増えたのは,国内生産の減少によって国内需要を満たせなくなったためであるが,主に日本企業の製品の逆輸入であることを述べておきたい。

> **論述のポイント** カラーテレビなどの組み立ては労働集約型工業であり,大量の安価な「労働力」が必要である。国内生産額が減少したのは,
> **ポイント①** 国内の賃金の上昇と
> **ポイント②** 「円高」により国内生産が海外に比べて割高となったことから,
> 国内工場を閉鎖して,
> **ポイント③** 安価な海外の「労働力」を求めて「ASEAN」や中国などに進出し,「海外生産」が増えたためである。
> 輸入額が増えたのは,国際競争力をつけた安価な外国企業の製品の輸入もあるが,
> **ポイント④** 国内生産の減少を補うための日本企業の「海外生産」分の逆輸入が増えたためである。

**設問A** (1)(ア)—繊維　(イ)—金属　(ウ)—機械

(2)(a)—化学　(b)—機械　(c)—紙

(3)水使用量の多い素材型の重化学工業から機械工業へと産業構造が
転換したことと，使用した水を再利用する循環利用が進んだため。

**設問B** (1)オイルショック後，アメリカ合衆国やEUの市場で燃費のよい
日本車の需要が高まり輸出が増加したが，1985年以降は急激な円高
や貿易摩擦に対応するために海外生産を増やし，輸出が減少した。

(2)賃金の上昇と円高で生産費が割高となった国内から安価な労働力
が得られるASEANなどでの海外生産に移行したため国内生産が
急減し，それを補うため日本企業の海外生産品の逆輸入が増えた。

# 64　アメリカ合衆国の自然と農牧業　（2002年度　第1問）

アメリカ合衆国の自然環境とそれに対応する農牧業の地域差や農畜産物の生産の問題点，貿易にみられる中国やオーストラリアとの相違などについて問う問題である。農牧業からみたアメリカ合衆国の地域性を考えさせるねらいがある。

## 設問A

(1)(a)　セントラルヴァレーの東にある山脈で，地中海性気候と乾燥気候の分布境界となる。

　(b)　シエラネヴァダ山脈の東，ロッキー山脈との間には，**乾燥した高原状の大盆地**が広がる。

　(c)　「広い山岳地帯」はロッキー山脈で，それを越えると**構造平野の大平原**が広がり，ほぼ中央部を西経100度線（年降水量500mm線にほぼ一致）が通る。この線よりも東側では湿潤気候，西側ではステップ気候となり，東側を**プレーリー**，西側を**グレートプレーンズ**と呼んでいる。

(2)　ニューヨークの手前の「山岳地帯」はアパラチア山脈なので，「何本かの大きな川」はロッキー山脈とアパラチア山脈の間を流れる。これらは**ミシシッピ川**およびその支流である。

(3)　**論述の指針**　グレートベースンからプレーリーまでのほぼ北緯40度上の農牧業地域について説明する問題である。農牧業類型としては**3つの地域**に区分できる。東部に向かうほど降水量が多くなるので，語句の「降水量」は多いか少ないかについて，いずれかの地域の説明で使えばよい。「作物」と「家畜」はそれぞれの地域で，「作物は○○で，家畜は○○」といった使い方をすると字数が足りなくなるので，工夫する必要がある。

> **論述のポイント**　グレートベースンからグレートプレーンズまでの
> **ポイント①**　西部は乾燥地域で，肉牛の放牧や灌漑農業，
> グレートプレーンズとプレーリーの境界付近の
> **ポイント②**　中央部はやや「降水量」が多くなり小麦栽培，
> **ポイント③**　東部のプレーリーではさらに「降水量」が多くなり，トウモロコシなどの飼料「作物」の栽培と豚や肉牛などの「家畜」飼育を組み合わせた混合農業が行われる。

**設問B**

(1) ともに，アメリカ合衆国では混合農業地域での生産が多く，家畜のエサや食用油などの原料となる。

(2) **論述の指針** 用語論述は東大では珍しい。穀物メジャーの内容と影響力の強さなどについて触れる。

> **論述のポイント** 穀物メジャーとは，まず
> **ポイント①** 巨大な穀物商社である。
> 商社であるから
> **ポイント②** 穀物の集荷，貯蔵，輸送などを手がけている。
> **ポイント③** 海外にも営業網を持つ多国籍企業である。
> その独占性や独自の情報収集力などから，
> **ポイント④** 政府の農業政策や農産物の価格などにも影響力を持っている。

(3) **論述の指針** アメリカ合衆国では，小麦は生産量の4割程度が輸出されている。アメリカ合衆国との小麦貿易にみられる相違点を述べるだけなので，**中国が小麦の輸入国**であることを指摘するだけでよい。

(4) **論述の指針** アメリカ合衆国では，牛肉は生産量の5％程度しか輸出されない。基本的には国内向けに生産されていると言える。それとの相違点を述べる。

> **論述のポイント** オーストラリアは人口が少ないため
> **ポイント①** 国内消費量が少なく，主に輸出向けに牛肉が生産されている。そのため牛肉の生産量に比べて輸出量が多く，輸出比率が高い。

**解答例**

設問A (1)(a)—シエラネヴァダ山脈
(b)—グレートベースン
(c)—グレートプレーンズ
(2)ミシシッピ川
(3)西部では乾燥気候が卓越するため灌漑農業や肉牛の放牧，降水量がやや多い中央部では小麦の栽培，さらに湿潤な気候となる東部では飼料作物の栽培と家畜飼育を組み合わせた混合農業がみられる。

設問B (1)飼料，油脂
(2)穀物の集荷，貯蔵，輸送などの国際流通を支配し，政府の農業政策や農産物国際市場に影響力を持つ多国籍の巨大穀物商社である。
(3)国内消費量が多いため，不足分は輸入に依存している。
(4)国内消費量が少なく，輸出向け生産が多いため輸出比率が高い。

## 65　先進国と発展途上国の人口問題　（2002年度　第2問）

> 統計表をもとに先進国と発展途上国の人口問題の特徴が問われている。統計数値を読み取る能力と数値に表れた背景について考える力をみるというねらいがある。

### 設問A

　1人あたりGDPから(ア)と(イ)は発展途上国，(ウ)と(エ)は先進国である。一般に，発展途上国では人口増加率が高く，先進国では低いが，(イ)は発展途上国であるが人口増加率が低い国，(ウ)は先進国であるが人口増加率が高い国である。

### 設問B

**論述の指針**　発展途上国では，かつては出生率，死亡率とも高かったが，出生率が高いまま死亡率が低下したため，人口が急増した。指定語句に「多産多死」があるので，「多産多死」型から多産少死型へと移行したことを骨子とし，死亡率が低下した理由について詳しく説明すればよい。

> **論述のポイント**
>
> 　**ポイント①**　かつては「多産多死」型であった。
> 　**ポイント②**　死亡率が低下して，多産少死型になった。
> 死亡率が低下した理由は，
> 　**ポイント③**　医薬の進歩や水道の整備など公衆衛生の改善によって，「乳児」や老人，
> 　　　　　　　　特に「乳児」の死亡率が低下したためである。
> 　出生率が高いまま推移する理由の1つは，発展途上国では子供が労働力となり，子供を多く持つことは家計の助けとなるという点があげられる。そのため，「乳児」死亡率が低下しても出生率はなかなか低下しない。死亡率低下の理由を簡単にして，出生率が高いまま推移する理由を述べてもよいだろう（別解）。

### 設問C

(1)　**論述の指針**　発展途上国でありながら人口増加率が低いのは出生率が低いためであり，人口抑制政策をとっているからである。それについて具体的に述べる。

> **論述のポイント**　(イ)は中国なので，
> 　**ポイント①**　一人っ子政策などの人口抑制政策がとられているため。

　なお，一人っ子政策は2016年に廃止された。

(2)　**論述の指針**　先進国でありながら人口増加率が高いのは，出生率が高いことに加えて，人口の社会増加率が高いことが考えられる。

> 論述のポイント ㈄はアメリカ合衆国なので，
> ポイント① 移民の流入が多い。流入する移民はヒスパニックと呼ばれるラテンアメ
>       リカ出身者が多い。また，
> ポイント② 移民は若い世代が多いため，出生率が高くなる
> ことについても述べておきたい。

## 設問D

論述の指針 先進国で人口高齢化が進む理由を説明する問題である。総人口に占める
高齢者の割合が大きくなることが人口高齢化である。高齢者の数の増加と年少者の数
の減少が人口高齢化に関係する。指定語句の「人口ピラミッド」をどのように使用す
るのかは悩ましいが，高齢化すると「人口ピラミッド」がつぼ型になるから，高齢化
した状態を説明する語句として用いることになる。

> 論述のポイント 高齢者の数の増加は，
> ポイント① 医学の進歩や栄養の改善，健康増進のための知識や施設の普及などにより
> ポイント② 「平均寿命」が延びたためである。
>   しかし，人口高齢化は，高齢者の数の増加だけでなく，高齢者の割合が高くなったこと
> であるから，
> ポイント③ 年少者の数が減少し，総人口に占める年少者の割合が低下したこと
> でもある。年少者の数が減少したのは，
> ポイント④ 「出生率」が低下したためである。
> 「出生率」の低下理由は，
> ポイント⑤ 生活水準の向上や女性の社会進出，晩婚化などによる。
> こうした高齢者の割合が高く，年少者の割合が低下した状態では，
> ポイント⑥ 「人口ピラミッド」はつぼ型となる。

## 解答例

設問A ㈇—インド ㈈—中国 ㈄—アメリカ合衆国 ㈉—ドイツ
設問B 多産多死型であったが，出生率が高いまま医薬の進歩や公衆衛生の
    改善により乳児死亡率が低下して多産少死型になったため。
  別解 多産多死型であったが，医薬の進歩などによって乳児死亡率が低下
    し，子供が労働力となることから出生率が高いままであるため。
設問C (1)一人っ子政策などの人口抑制政策により出生率が低下したため。
    (2)ヒスパニックなどの移民の流入と，彼らの出生率が高いため。
設問D 生活水準の向上や女性の社会進出などによって出生率が低下して年
    少人口が減少する一方で，医学の進歩などで平均寿命が延びて高齢
    者が増加し，人口ピラミッドがつぼ型へ移行しているため。

## 66　関東地方の地形と集落立地，自然災害

(2002年度　第3問)

　地形図を用いて，河川の作る地形，土地利用の変化，自然災害などを問う問題である。低地の自然環境と人間生活とのかかわりを考えさせるのがねらいである。地形図を用いているが，設問内容は地形変化，都市化，自然災害など，よく問われるテーマである。

### 設問A

(1)　河口では流速が弱まるため，土砂は運搬されずに堆積していく。河口付近の浅海に，河川の運搬してきた土砂が堆積して形成された地形である。ギリシャ文字のΔ（デルタ）の形をしていることから**デルタ**とも呼ばれる。

(2)　**論述の指針**　(Y)から(X)への海岸線の移動は，海岸線が海側に移動しているので，海岸線が後退したという。(Y)から(X)へは「河川」の流路に沿っているので，海岸線の移動は「河川」と関係する。また，海岸線の移動は気候の温暖化や寒冷化とも関係する。これらの点について説明する。

> **論述のポイント**　「河川」が流入する海岸では，次のような過程で海岸線の後退が起きる。まず，
> **ポイント①**　河口付近に「河川」の運搬してきた「土砂」が堆積し，河口が次第に海側に移動する。
> それとともに，
> **ポイント②**　「洪水」時の氾濫によって，河口だけでなく河道の両側にも「土砂」が堆積するため，陸地が広がる。
> さらに，7000年前との比較では次の点も重要である。7000年前の縄文時代は，現在よりもかなり温暖であったため，海面が上昇していたが，
> **ポイント③**　その後の寒冷化によって海面が低下したため，当時よりも海岸線が後退した。

(3)　洪水時の氾濫によって河川の運搬してきた土砂は河道の外側に堆積するが，比較的粒径の大きな砂は河川の近くに堆積し，粒径の小さな泥は水とともに遠くまで運搬され堆積する。したがって，河道に沿って土砂が堆積してやや高くなった堤防状の地形が形成されることになる。このような**自然堤防**は，水はけがよく浸水の被害を受けにくいため古くからの集落が立地している。

(4)　**論述の指針**　N付近には総合体育館やごみ処理場などが立地しているが，もともとは周囲と同様に水田であったと考えられる。水田になっているのは低湿地であるためで，こうした自然堤防の背後の低湿地は後背湿地と呼ばれる。土地条件が後背湿地であることをふまえて，水田から公共施設用地に変化したこととその背景について述べる。

> **論述のポイント** N付近はもともと
> **ポイント①** 低湿な後背湿地であったため，水田であった。
> 後背湿地が水田から公共施設用地に変化したのは，
> **ポイント②** 都市化の進行で，こうした公共施設を建設する必要が生じたが，
> 自然堤防上は集落が立地しているため，
> **ポイント③** 開発余地のある広い土地は後背湿地にしか残されていなかったためである。

(5) **論述の指針** 集落が立地するのは，扇状地などの水を得にくい地域では湧水地など水が得られるところ，沖積低地など水害を受けやすい地域ではその被害を避けることができる微高地である。図は海岸付近で，等高線が描かれていないほど低平な土地であり，高潮などの水害を受ける危険性がある。したがって，集落は微高地に立地する。集落が海岸線と並行して発達しているのは，微高地が海岸線と並行しているからである。これらの点についてまとめる。

> **論述のポイント** この地域には，
> **ポイント①** 海岸と並行して浜堤がある。
> 浜堤は，砂礫が磯波により打ち上げられて堆積した堤状の地形であり，
> **ポイント②** 高燥な微高地なので，
> **ポイント③** 高潮などの水害を受けにくい。
> そのため，集落が立地したが，離水によって海岸線が後退した場合は，かつての浜堤が内陸に残され，海岸線に沿って何本かの浜堤の列が形成される。海岸線と並行した集落が数列みられるのは
> **ポイント④** 離水によって浜堤が数列形成されているからである。

## 設問B

**論述の指針** 約7000年前以降に陸化した地域は沖積低地である。沖積低地は地盤が軟弱で，海面との標高差が小さいため，さまざまな災害が生じやすい。指定語句から「地震」と「台風」による災害については容易に指摘できよう。災害には人為的な要因もあることから「地下水」に関係する災害を考える。

> **論述のポイント** 沖積低地は，
> **ポイント①** 軟弱な地盤から「地震」の揺れが大きくなり，建物が倒壊しやすい。
> また，低湿地では「地下水」位が高いため，
> **ポイント②** 「地震」の際の地盤の液状化現象も起きやすい。
> 海面に近い低地なので，
> **ポイント③** 「台風」の襲来の際には，高潮や河川の氾濫による浸水被害も受けやすい。
> 都市化の進んだ地域なので，工場立地などによって
> **ポイント④** 「地下水」が過剰に汲み上げられると
> **ポイント⑤** 地盤沈下も起きて，ますます浸水の危険性が増す。

## 解答例

設問A　⑴三角州（デルタ）
　　　　⑵<u>河川</u>の河口付近だけでなく河道の両側にも<u>洪水</u>時の氾濫により<u>土砂</u>が堆積し，寒冷化による海面低下も加わって海岸線が後退した。
　　　　⑶自然堤防
　　　　⑷低湿な後背湿地のため水田に利用されていたが，都市化の進展により，平坦で広い<u>土地</u>を要する公共施設用地への変化がみられる。
　　　　⑸海岸線に並行して離水により形成された数列の浜堤があり，高潮などによる浸水被害の小さい高燥な微高地のため集落が発達した。
設問B　地盤が泥質や粘土質のため軟弱で，地震の際には揺れが大きく建物倒壊や液状化現象も起こりやすい。また，工場の立地などにより<u>地下水</u>が過剰に汲み上げられると地盤沈下が進行したり，低地なので<u>台風</u>の襲来時に高潮や河川氾濫などの被害を受けることも多い。

# 67 ガンジス川・ブラマプトラ川流域の地誌

(2001年度 第1問)

> チベットからインド東部，バングラデシュにかけての自然，都市，宗教，農業，社会変化などを問う問題である。論述問題は2問だけだが，いずれも単なる知識ではなく論じる能力をみる問題である。

## 設問A

(1)・(2) **X はガンジス川**，**Y はブラマプトラ川**である。ガンジス川はヒマラヤ山脈の南側から流出するが，ブラマプトラ川はヒマラヤ山脈の北側（チベット高原）から流出する。中国のチベット高原からインドのアッサム地方を経て，バングラデシュでガンジス川と合流する。

(3) Y の上流域のチベット高原には，**チベット族**が居住する。チベット族の宗教は**チベット仏教**である。

## 設問B

(1) 地名ではなく，**地形の名称**が問われていることに注意。ガンジス川，ブラマプトラ川の下流域一帯は，**ガンジスデルタ**と呼ばれる三角州である。

(2) **論述の指針** 「灌漑の整備が農業生産量を大きく引き上げた」理由を述べる問題で，指定語句に「乾季」と「緑の革命」があるから，それぞれと**灌漑の整備を結びつけて説明**することになる。水不足となる「乾季」と灌漑の整備は容易に結びつくが，「緑の革命」と灌漑の結びつきは，高収量品種の導入には灌漑の整備が必要であったという点から考えてみる。

> **論述のポイント** この地域はモンスーンの影響で雨季と「乾季」が明瞭な気候であるため，降雨の少ない「乾季」には農業用水が得られず，作物栽培ができなかった。
> **ポイント①** 灌漑の整備によって，水の乏しい「乾季」にも農業が可能となったことから，農業生産量が増えた。
> 洪水が起こるのは雨季であるから，灌漑が整備されると，むしろ乾季の方が農業生産が安定することになる。
> 「緑の革命」は，高収量品種の導入や灌漑の整備，化学肥料の使用などによって米などの生産量の増加を目指したものである。高収量品種の栽培には灌漑の整備が必要であったため，
> **ポイント②** 灌漑が整備された地域では，高収量品種が導入可能となって，「緑の革命」が進展し，農業生産量が増加した。

(3) **高潮**は熱帯低気圧などの強い低気圧によって海水面が上昇する現象である。熱帯低気圧の名称は発生する海域によって異なり，インド洋では**サイクロン**，北西太平

洋では**台風**，大西洋では**ハリケーン**という。

## 設問C

(1)・(2)　P，Qは異なる国にあるということから，Pはインド，Qはバングラデシュの都市である。人口数百万人の大都市は**コルカタ（カルカッタ）**と**ダッカ**に限られる。コルカタはウェストベンガル州の州都，ダッカはバングラデシュの首都で，第二次世界大戦後，ヒンドゥー教徒の多いインドとイスラム教徒の多いパキスタン（後に東パキスタンが分離独立してバングラデシュとなる）として独立したが，いずれも住民はベンガル語を用いるベンガル人が多い。

(3)　**論述の指針**　インドにおける「近年の社会経済状況の変化」が問われている。「工業化」の進展により，「カースト」に代表される伝統的社会の変化が起きているという流れで述べるとよい。「工業化」については，近年の変化なので，1990年代以降の変化について説明しよう。

> **論述のポイント**
>
> **ポイント①**　経済自由化政策によって貿易の拡大や外資の導入が進み，
> **ポイント②**　自動車などの機械工業やソフトウェア産業などのIT（情報技術）産業が発達してきた。
> こうした「工業化」の進展によって，社会変化として
> **ポイント③**　中間層（中産階級）が増加した。
> 「カースト」はヒンドゥー教と密接に結びついた身分制度であり，現在でもインドの社会に根強い影響力を持っている。同じカーストは同じ職業集団を構成するが，「工業化」の進展によって，新しい産業が生まれると，
> **ポイント④**　カーストにとらわれない職業が出てきたり，さまざまなカーストの人々が同じ職場で同じ仕事をするようになるなど，伝統的なインド社会にも少しずつ変化がみられる。

## 解答例

設問A　(1)ガンジス川
　　　　(2)中国，インド，バングラデシュ
　　　　(3)チベット族，チベット仏教
設問B　(1)三角州（デルタ）
　　　　(2)灌漑の整備によって従来は作物の栽培ができなかった<u>乾季</u>でも用
　　　　水が確保されたことと，灌漑の整備された地域では高収量品種の導
　　　　入が可能となり，<u>緑の革命</u>が進展したため農業生産が増えた。
　　　　(3)サイクロン
設問C　(1)P－コルカタ（カルカッタ）　Q－ダッカ
　　　　(2)P－ヒンドゥー教　Q－イスラム教
　　　　(3)貿易自由化や外資導入などにより機械工業や IT 産業などを中心
　　　　とした<u>工業化</u>が進み，伝統的な身分制度である<u>カースト</u>にとらわれ
　　　　ない職業の出現や中間層の拡大などの社会経済の変化がみられる。

# 68　世界の放牧地・牧草地と森林　　(2001 年度　第 2 問)

　放牧地・牧草地と森林に関する統計表を利用して，2 カ国の相違点や共通点を比較するという問題である。自然と産業とのかかわり，先進国と発展途上国の違いなどが問われている。

## 設問A

(1)　**論述の指針**　モンゴルで面積の割に家畜の飼育頭数が少ないのは牧草の量が少ないためである。牧草の量は降水量など気候と関係する。降水量が少なければ牧草量も少なく，飼育できる家畜頭数も少なくなる。「自然環境の観点から」とあるので，両国の気候，特に降水量と牧草量との関係について述べる。

> **論述のポイント**
> **ポイント①**　乾燥気候のモンゴルは牧草量が少ないため，家畜頭数が少ない。
> **ポイント②**　西岸海洋性気候のニュージーランドは降水量が多いため牧草量が多く，多数の家畜を飼育できる。

(2)　**論述の指針**　家畜の飼育法には，**放牧**と**舎飼い**がある。自然の草をエサとする放牧は広い土地が必要である。牛，羊とも放牧に適しているが，草を食べない豚は放牧には適していない。舎飼いは建物の中で家畜を飼い，エサは主に飼料作物である。広い土地は必要ではないが，飼料作物を栽培するための耕地が必要となる。豚は舎飼いが適しており，牛も舎飼いができるが，羊は舎飼いにはあまり適していない。これらを念頭において，両国の主要家畜と飼育形態の違いについて述べる。

> **論述のポイント**　イギリスは羊の頭数が多い。このため，放牧地・牧草地の割合が高いのは
> **ポイント①**　羊の放牧が主体であるから
> と判断できる。
> デンマークは羊が少なく牛が多い。
> **ポイント②**　主に乳牛を飼育する酪農が舎飼い形式で行われており，
> **ポイント③**　飼料作物を栽培する耕地が必要。
> その分，放牧地・牧草地の割合が低いと考えられる。

## 設問B

(1) **論述の指針** a群はいずれも熱帯地域を含む発展途上国であり，熱帯林の破壊が進んでいるため，森林面積が減少している。その要因は複数あるので，並列的に述べることになる。

> **論述のポイント** 熱帯の森林減少の要因のうち，広範囲でみられるものとしては
> **ポイント①** 焼畑の拡大と薪炭材の過剰採取であり，その背景には人口増加がある。
> 特定の地域に限ると，東南アジアでは，
> **ポイント②** ラワンなどの輸出用木材の過剰な伐採，エビ養殖場にするためのマングローブ林の伐採，油ヤシなどの農園の造成のための森林破壊がみられ，
> ラテンアメリカでは，
> **ポイント③** 肉牛の放牧場やプランテーション農園の造成，鉱山の露天掘りなどによる森林破壊に加えて，ダム建設による森林の水没なども森林面積減少の要因である。
> 以上から取捨選択して述べる。

(2) **論述の指針** b群はいずれも環境保護意識の高い先進国である。先進国では主に人工林が伐採され，伐採後は植林されるから森林面積は減らない。フィンランドやカナダなどでは天然の針葉樹林が伐採されているが，無計画な伐採は行われず，森林の再生に努めている。

> **論述のポイント** 先進国では
> **ポイント①** 環境保護のため，再生可能な範囲で計画的な伐採が行われ，
> **ポイント②** 植林が行われている。
> このため森林面積が減少していない。

(3) **論述の指針** 用材生産以外の森林の機能とは，森林の存在そのものが果たす機能であり，大きく分けると，環境保全機能とレクリエーション機能である。

> **論述のポイント** 最も重要なのは，森林の持つ保水機能，すなわち
> **ポイント①** 水源涵養機能であり，
> このほか
> **ポイント②** 土壌侵食・土壌流出の防止機能，野生生物の生息地の提供などの生態系の保持機能，風致林などの景観保全の役割などが環境保全機能となる。
> **ポイント③** 心身保養のためのキャンプやハイキング，森林浴などの場の提供がもう一つの機能である。

---

## 解答例

設問A　(1)モンゴルは内陸性の乾燥気候下にあり，牧草量は少なく少数の家
　　　畜で遊牧が営まれる。ニュージーランドは西岸海洋性気候で，一年
　　　中降水があり牧草がよく育つので多数の家畜が放牧される。
　　　(2)イギリスは羊の放牧が主体のため放牧地が広いが，デンマークは
　　　乳牛を舎飼いする酪農が中心で，耕地が必要なため放牧地は狭い。

設問B　(1)人口増加が著しく，森林地帯で焼畑が拡大したり，薪炭材の過剰
　　　採取が進んだことに加えて，輸出用木材の過剰伐採や牧場・農園な
　　　どの造成のために森林が焼き払われていることなどによる。
　　　(2)環境保護の意識が強いため，再生可能な範囲での計画的な伐採と
　　　植林による森林育成が積極的に行われていることによる。
　　　(3)水源涵養の役割のほか，洪水や土壌流出の防止，生態系保持など
　　　の環境保全機能と心身保養のためのレクリエーション機能がある。

# 69 世界と日本のエネルギー消費　(2001年度 第3問)

世界各国と日本の一次エネルギー消費量の統計から，エネルギー問題や環境問題について問う問題である。エネルギーと環境，経済との関連についての理解をみるねらいがある。

## 設問A

(1) 一次エネルギー消費量の合計が多いのは，先進国で工業生産の多い国と発展途上国でも人口の多い国である。エネルギー革命を経た先進国では，一般には石炭よりも石油の消費量が多い。先進国同士では，一次エネルギー消費量の合計の順はほぼ人口の順と考えてよい。また，次の点も判定のヒントとなる。一次エネルギー消費量の中の「その他」とは，水力，原子力，地熱，太陽光，風力，バイオマスなどが含まれるが，多いのは原子力と水力である。以上から，a と b は人口の多い先進国であり，そのうち b は「その他」が多いので原子力発電が盛んな国，c と d は原子力発電が少ない（あるいは行われていない）国であり，そのうち d は石油や天然ガスを多く産出する国と考える。

(2) 論述の指針 中国とインドに共通するのは**石炭**の消費量が多いことである。化石燃料の中でも石炭は $CO_2$ の排出量が多い。

(3) 論述の指針 「国際的な環境問題」とは，国境を越えて広がり，発生源のある地域以外にも影響を与える環境問題を考える。酸性雨とその影響について述べる。

> 論述のポイント 化石燃料の燃焼によって
> **ポイント①** 硫黄酸化物，窒素酸化物が発生し，それが雨に溶け込んで酸性雨となるが，
> 硫黄酸化物や窒素酸化物は発生源の工業地帯や自動車の多い大都市だけでなく，
> **ポイント②** そこから離れた地域にも移動し，その地域で酸性雨を降らせる。
> 酸性雨が降った地域では，
> **ポイント③** 森林の枯死や湖の酸性化による魚の死滅などの問題を引き起こしている。

## 設問B

(1) 論述の指針 X/Y の値が減少したということは，実質 GNP の増加ほどはエネルギー消費量が増加していないことを示している。1973 年から 1985 年にかけてエネルギー効率のよい経済になったということである。この点について，その背景とともに述べる。表で取り上げられている 1973 年，1979 年というのは二度の石油危機が発生した年であることにも注意する。

> **論述のポイント** 実質 GNP に対する一次エネルギー消費量の比率が低下したのは,
> **ポイント①** 石油危機以降,
> **ポイント②** 省エネルギー政策の推進,
> **ポイント③** 原子力などの代替エネルギーの利用,
> 製造業から第三次産業へ,資源多消費型工業から加工組立型工業へと
> **ポイント④** 産業構造の転換が進んだこと
> などによって,エネルギー効率のよい経済になったためである。

(2) **論述の指針** 指定語句をヒントに,天然ガスが「環境」への負荷が小さいエネルギーであること,技術の進歩で「エネルギー輸送」が可能になったことの2点について述べる。

> **論述のポイント** 天然ガスは,化石燃料の中では,石炭や石油に比べて二酸化炭素や硫黄酸化物などの排出が少ない。大気汚染などの公害・「環境」問題の高まりに対して,「環境」への負荷が小さいため利用が増えている。天然ガスの消費量が増えたのは,
> **ポイント①** 「環境」負荷が小さいクリーンエネルギーであるという点である。
> ただし,天然ガスは,陸続きの国ならばパイプラインで輸送できるが,日本のような島国では気体のままでは輸入できない。天然ガスを冷却して液化した LNG とする技術が開発され,さらにそれを輸送する専用船が建造されてようやく本格的に利用可能となった。消費量が増えたのは,
> **ポイント②** LNG や専用船など「エネルギー輸送」技術開発によるところが大きい。

(3) **石炭**は,かつては一般の燃料用に利用されていたが,現在の主要な用途はほぼ2つだけである。1つは**製鉄の際に利用されるコークス**として,もう1つは**火力発電の燃料**としてである。石油危機以降,日本では石油火力発電所が新設されなくなり,石炭火力が増えた。製鉄での利用はほぼ横ばいなので,1979年以降,石炭の消費量が増えているのは火力発電用としての利用が増えたためである。

## 解答例

**設問A** (1)a－ドイツ　b－フランス　c－オーストラリア
　　　　d－インドネシア
(2)一次エネルギー消費量中 $CO_2$ 排出量が多い石炭の比率が高い。
(3)大気中に排出された硫黄酸化物・窒素酸化物は国境を越え,これらを原因とする酸性雨が森林枯死や湖沼酸性化などの被害を招く。
**設問B** (1)石油危機以降,省エネルギーの推進や代替エネルギーの利用,産業構造の転換などによってエネルギー効率が高まったため。
(2)大気汚染物質の排出が少なく環境への負荷が小さいことと,液化技術と専用船の開発によってエネルギー輸送が容易になったため。
(3)製鉄,火力発電

# 70 地中海沿岸地域の自然・民族・産業

(2000 年度 第 1 問)

地中海をはさむ南北両岸地域の自然，産業，民族などに関する問題である。地図上の位置や地名などの基本事項のほか，日本との比較，南北両岸の比較，北西ヨーロッパとの比較などが論述問題として問われている。論述問題はいずれも書くべきポイントが明瞭で平易である。

## 設問A

(1)・(2) 経度 0 度はロンドンを通る本初子午線。フランス西部を通る。緯度 40 度（北緯 40 度）はスペインのマドリード，トルコのアンカラ付近を通る。

(3)〜(5) x 川はアルプス山脈から流れ出し地中海に注ぐ。中流部にリヨン，河口付近にはフォスがある。y 山脈はアフリカ北端にあり新期造山帯に属する。カタルーニャはスペイン北東部の地方名。その中心都市 z はスペイン第 2 の都市である。

## 設問B

(1) **論述の指針** 日本と地中海沿岸地域はほぼ同緯度にあるが，大陸西岸と東岸という位置の違いから気候が大きく異なり，それに対応して植生も異なる。両地域は温帯気候が卓越するため，ともに自然植生は森林である。したがって，両地域の森林の違いについて述べることになる。主要樹種を含めた植生の違いについて詳しく述べる解答も考えられるが，気候の違いと関連づけて述べる方が比較論述らしくなる。

> **論述のポイント** 地中海沿岸地域は
> **ポイント①** 夏乾燥の地中海性気候で，
> 植生は夏の乾燥に強いオリーブやコルクガシなどの
> **ポイント②** 常緑の硬葉樹林（地中海性低木林）である。
> それに対して日本は，
> **ポイント③** 年間を通して降水のある温暖湿潤気候が卓越し，
> **ポイント④** クス，シイなどの常緑広葉樹林（照葉樹林）やブナなどの落葉広葉樹林が主体である。

(2) **論述の指針** イタリアとアルジェリアの産業，言語，宗教の違いを述べる問題であるが，両国の共通点は，農業で地中海式農業がみられるという程度なので，あまり比較を意識する必要はなく，それぞれの国の卓越した特色について述べるだけでよい。

> **論述のポイント** イタリアは先進国であるから産業は
> **ポイント①** 商工業が盛んで，農業では混合農業と地中海式農業がみられる。

アルジェリアの産業は,
**ポイント②**　石油や天然ガスの生産が盛んで,農牧業では地中海式農業と遊牧がみら
れる。
地中海式農業は両国の違いではないのでここでは述べる必要はない。
イタリアの
**ポイント③**　言語はラテン系のイタリア語,
**ポイント④**　宗教はカトリックが中心である。
アルジェリアの
**ポイント⑤**　言語はアフロ=アジア系のアラビア語で,
**ポイント⑥**　宗教はイスラム教である。

(3)　**論述の指針**　ヨーロッパの古くからの工業地域と地中海沿岸の新興工業地域との
比較である。古くからの工業地域の最も顕著な特徴と,それと比べた地中海沿岸の
特徴について説明する。問題文の下線部に「フランス南部からスペイン東部」とあ
るから,フランスのフォス,ニース,トゥールーズ,スペインのバルセロナなどの
工業地域が該当する。この地域では,トゥールーズの航空機工業やバルセロナの自
動車工業,ニースの先端技術産業など技術集約的な産業も発達しているが,ここで
は古くからの工業地域と比較した特徴が求められているので,述べない方がよいだ
ろう。

**論述のポイント**　古くからの工業地域とは,イギリスのランカシャー地方,ドイツのル
ール地方などを指す。その特徴は
**ポイント①**　炭田などの資源産地に立地したという点である。
地中海沿岸では,石炭などの資源に恵まれないため,資源立地型の工業地域はほとんど
ない。
**ポイント②**　重化学工業は輸入原料を利用する臨海立地型である。

## 解答例

**設問A**　⑴— e ,⑵— b ,⑶—ローヌ川,⑷—アトラス山脈,
⑸—バルセロナ

**設問B**　⑴ともに森林が卓越するが,夏乾燥する地中海沿岸は硬葉樹林が分
布し,通年降雨のある日本は照葉樹林と落葉広葉樹林が多い。
⑵イタリアは商工業と混合農業が盛んで,ラテン系のイタリア語を
話すカトリック教徒が多い。アルジェリアは石油産業と遊牧がみら
れ,アフロ=アジア系のアラビア語を用いるイスラム教徒が多い。
⑶古くからの工業地域は炭田などに形成された資源立地型であるが,
地中海沿岸の新興工業地域は輸入原料指向の臨海立地型である。

## 71 発展途上国の産業構成と都市人口率

(2000 年度 第 2 問)

> 発展途上国 6 カ国の産業構成と都市人口率の相違の理由を問う問題である。統計表を正しく読み取ってその背景まで考えることができるかどうかを試すねらいがある。設問 C は難問であろう。

### 設問A

(1) 国名は，a —タイ，b —マレーシア，c —エチオピア，d —タンザニア，e —コロンビア，f —メキシコである。

(2) **論述の指針** イ群がタイとマレーシアという比較的工業化の進展している東南アジア諸国であるから，それとの比較で考える。だらだらと説明していると字数が足りなくなるため，統計から読み取れる事実とそれに該当する国のグループを，**後発発展途上国**，**ラテンアメリカ**という語句で的確に表現することが必要である。②サウジアラビアとオマーンがロ群，ハ群のいずれにも該当しない理由にも触れておこう。両国ともに第 2 次産業比率が最大になるからである。

> **論述のポイント** イ群と比較すると，ロ群は
> **ポイント①** 第 1 次産業比率が高く，製造業比率が低い。
> これは
> **ポイント②** 中・南アフリカに多い典型的な後発発展途上国の特徴である。
> ハ群は
> **ポイント③** 都市人口率がかなり高く，第 1 次産業比率がもともとあまり高くない。
> これは
> **ポイント④** ラテンアメリカ諸国の特徴である。
> 西アジアの産油国である②のサウジアラビアやオマーンも，第 1 次産業比率が低く都市人口率が高いが，
> **ポイント⑤** 両国は経済の中心が石油産業なので，GDP に占める第 2 次産業の比率が最も高い。第 2 次産業の中でも製造業よりも鉱業の比率が高い。よってハ群には該当しない。

### 設問B

**論述の指針** 1980 年から 1995 年の変化の相違とは，イ群の両国は第 2 次産業（製造業）の比率が著しく上昇したが，ロ群の両国では産業構成が全体としてほとんど変わっていないという点である。したがって，イ群の両国で製造業が発達した背景，つまり**工業化が進展した背景**について述べる。「政治経済的背景」とはやや漠然としているが，指定語句の「輸出指向」は，「輸出指向」型工業化という形で使うことになる

ので，国の経済をどのように導いていくかという政府の経済政策を念頭に置くとよい。

> **論述のポイント**　タイやマレーシアの工業化の進展は，政府の「輸出指向」型工業化政策によるものである。さらに，政府主導でこのような政策をとるためには政治が安定している必要がある。東南アジアの中でも，マレーシアは開発独裁と呼ばれるほど政治指導者の力が強く，政府主導で工業化政策が推進された。したがって，
> 　**ポイント①**　安定した政府によって，
> 　**ポイント②**　「輸出指向」型工業化が推進された。
> というのが政治経済的背景である。
> 　「輸出指向」型工業化政策の中身として，
> 　**ポイント③**　輸出加工区を設置するなどの優遇策をとって積極的な「外資導入」を進めたこと
> 　**ポイント④**　国内の低賃金労働力を活用した労働集約型工業が中心であること
> といった内容があげられる。

## 設問C

**論述の指針**　発展途上国における都市人口率の違いを農村社会の特色から論じる問題である。都市人口率が低いということは農村人口率が高いことを意味しているから a は農村人口が多い，b・e・f は農村人口が少ないことになる。指定語句をヒントにすると，設問の「農村社会の特色」は，「大土地所有制」や「プランテーション」などの大規模農業が発達している国と自給的な「小農経営」が中心の国との2つのタイプに分けられそうである。こうした2つのタイプの農村社会の特色が農村人口率（および都市人口率）の違いをもたらしていると考えられる。

　「大土地所有制」が発達している国や「プランテーション」が発達している国では，農民の中に農業労働者が多く，農村でも土地を持たない農民が多い。粗放的な経営のため，もともと農村の人口は少ないが，農村では一定数以上の雇用はないので，人口が増えると，農村で雇用のない人は雇用を求めて都市へ出て行くことになる。そのため人口増加とともに都市人口率が上昇することになる。

　これに対して，自給的な「小農経営」が中心で，自作農の多い国では，もともと農村の人口は多いが，とりわけ労働集約的な稲作が行われている国では，農村人口が多くなる。

　したがって，都市人口率の低い a が「小農経営」の国，都市人口率の高い b・e・f が「大土地所有制」や「プランテーション」の国に該当する。このように2つに分類して両者の違いを説明すればよい。

**論述のポイント** a は
　**ポイント①**「小農経営」で,
　**ポイント②** 労働集約的な稲作が行われているため,
農村の人口が多く,都市人口率が低い。
　b・e・f は
　**ポイント③**「プランテーション」や「大土地所有制」のため,
　**ポイント④** 粗放的で,農村での雇用が限られており,
そのため,農村人口がもともと少ないうえ,
　**ポイント⑤** 人口増加によって都市への流出が多いから
都市人口率が高くなる。

## 解答例

**設問A** (1)ロ群―③　ハ群―①
　　　　 (2)第 1 次産業比率が高く製造業比率が低いロ群は後発発展途上国の
　　　　 ③,都市人口率が高く商工業が発達しているハ群はラテンアメリカ
　　　　 の①,産油国の②は第 2 次産業比率が最高になるため該当しない。
**設問B** 政治的に安定した政府の主導で,輸出加工区を設置するなどの優遇
　　　　 策をとって積極的に<u>外資導入</u>を進め,低賃金労働力を活用した労働
　　　　 集約型工業を中心に輸出指向型工業化が進展した。
**設問C** a は労働集約的な稲作中心の<u>小農経営</u>のため農村人口が多いが,
　　　　 b・e・f は<u>プランテーション</u>や<u>大土地所有制</u>が残るので農村人口
　　　　 が少なく雇用も限られ,人口増加で都市への流出が増えるため。

## 72　近年の行動空間の変化　　　　（2000年度　第3問）

> モータリゼーションの地域差と日本の観光の実態について問う問題である。必要な知識はいわば常識に属するもので、その点での難易度は高くないが、地理的思考力に基づいて論述をまとめなければならない。

### 設問A

(1)　人口100人あたり乗用車保有台数の多いa～dは先進国、少ないe～gは発展途上国である。a～dのうち、乗用車保有総数が最も多いaは最も人口が多い国、少ないcは最も人口が少ない国である。また、bはdより人口が少ないことがわかる。e～gの発展途上国のうち、NIEsの韓国とブラジルは、人口100人あたり乗用車保有台数がある程度多いeかfであるが、乗用車保有総数からeはfより人口の少ない国とわかる。

(2)　**論述の指針**　100世帯あたり乗用車保有台数は、1965年は大都市圏の都府県が上位となり、地方の県が下位になっている。1995年では、逆に上位は大都市圏以外の県であり、下位に大都市圏（特にその中心部）の都府県が並んでいる。

　　1965年は日本全体での乗用車普及率は非常に低く、高価な乗用車は富裕世帯しか持てなかった。大都市は地方圏よりも所得が高かったため、世帯あたり乗用車保有台数が多かったと言える。1995年になると、乗用車は贅沢品ではなく多くの世帯が持っているものとなった。表の数値が100を超えている県は、一家に1台以上あることを意味する。こうした状況では、所得よりも利便性が乗用車の普及率に関係する。

　　大都市と地方圏に分けて、かつては所得が関係し、現在は公共交通の発達の程度や乗用車が必需品であるか否かなどが関係していることについて述べる。

> **論述のポイント**　乗用車は、かつては
> 　**ポイント①**　所得の高い大都市で保有率が高かった。
> しかし、現在は、
> 　**ポイント②**　大都市では公共交通が発達しているため、保有率が低い。
> 公共交通が発達していると、乗用車は必ずしも必需品というわけではない。地価が高く駐車場などの費用がかかることも大都市では乗用車の保有率が低くなった理由である。
> 　これに対して、公共交通の発達していない地方では乗用車は必需品である。特に普及率が高いのが関東北部などの大都市に比較的近い県であることがわかるが、これらの県では比較的雇用機会が多く、工場など自宅以外で勤務する人が多い。したがって、
> 　**ポイント③**　公共交通が未発達であるが、通勤での利用が多い地方圏では乗用車の保有率が高い。

**設問B**

(1) **論述の指針**　p市がどこなのかはわからなくてもよい。「海に面した温泉観光都市」から熱海や別府などが思い浮かぶが、「海に面している」ことに特別な意味はないので、具体的な地名がイメージできなくてもよい。ただ、「温泉観光都市」の「大型バス用の駐車場を持つ大型ホテル」にはどのような利用者が多いのかは想像できなければならない。

　p市の経済に占める観光業の大きさを考えると、p市の人口が減少したのは観光業が衰退しているためであろう。具体的には、「大型バス用の駐車場を持つ大型ホテル」の利用者が減ったことで、観光業に従事する人が職を失い、p市から出て行ったため人口が減少したと考えられる。「大型バス用の駐車場を持つ大型ホテル」の利用者が減ったのは、近年の日本人の観光行動の変化のためであり、ここではその内容が問われている。

> **論述のポイント**　p市にあるような大型の温泉宿泊施設は、従来、職場などの団体旅行で利用されることが多かった。しかし、近年は、
> 　**ポイント①**　職場の団体旅行は減少し、個人または家族や友人などの小グループでの観光旅行が中心になっている。
> 団体旅行の主要な行き先は、かつてはp市などの温泉観光都市であったが、その後テーマパークや大都市なども加わって
> 　**ポイント②**　行き先も多彩となり、
> また、1985年以降の円高によって割安となった
> 　**ポイント③**　海外旅行に出かける人が増えた。
> これらの点からこうした大型ホテル利用者が減少し、p市の観光業の衰退をもたらした。

(2) **論述の指針**　q町は8月、r村は1月に観光客が多いのはなぜかを考えてみよう。ともに山岳地域の観光地であるが、夏に観光客が多いのは避暑のためと考えられる。軽井沢のような高原の町をイメージすればよい。冬に観光客が多いのはスキーなどのウインター「スポーツ」のために出かける人が多いからと考えられる。こうした季節変化のパターンに差が生じる理由を述べる問題であるが、指定語句に「気温」と「降水量」があるので、q町、r村の気候条件について説明すればよいことがわかる。

> **論述のポイント**　q町は
> 　**ポイント①**　夏の「気温」が低いため、
> 　**ポイント②**　高原の避暑地となり、
> r村は
> 　**ポイント③**　冬の「降水量」が多く積雪に恵まれるため、
> 　**ポイント④**　ウインター「スポーツ」の観光地となり、
> それぞれ、その時期に観光客が多い。

## 解 答 例

設問A　⑴c－カナダ　d－日本　e－韓国　f－ブラジル　g－中国
　　　　⑵かつては所得水準の高い大都市で保有率が高かったが，乗用車の
　　　　大衆化により公共交通が未発達で通勤などでの利用が多い地方の県
　　　　が上位となり，公共交通の利用者が多い大都市は下位となった。

設問B　⑴大人数の国内団体旅行が減り，個人や少人数の旅行が増えて行き
　　　　先も多彩になり海外旅行も増加するなど観光行動が多様化した。
　　　　⑵q町は高原で夏の気温が比較的低いため，涼を求めて避暑に訪れ
　　　　る観光客が多いが，r村は冬の降水量が多く積雪に恵まれるので，
　　　　スキーなどのウインタースポーツを目的とした観光客が多いため。

# 73 ユーラシア北部の自然と産業 （1999 年度 第 1 問）

シベリアから北部ヨーロッパにかけての自然環境と農業，工業の状況について問う問題。
自然と人間生活との関係という頻出のテーマであるが，設問 B の(2)のような意表をつく設
問もみられる。設問 D の論述は難しくはないが，字数が長くポイントを絞りにくい。

## 設問A

(イ) 地球上の 2 地点を結ぶ最短コースは，この 2 点と地球の中心とを通る平面が地表
面と交わってできる線と一致する。

(ロ) バイカル湖から唯一流出するアンガラ川は支流である。

(ハ) 古期造山帯の代表的な山脈。

(ニ) ロシアとスカンディナヴィア半島の間の海。周囲の陸地は楯状地である。

## 設問B

(1) ノルウェーのオスロ，スウェーデンのストックホルム，フィンランドのヘルシン
キ，ロシアのサンクトペテルブルク付近を通る。

(2) 成田～アムステルダム間の最短コースの距離は，成田～北極点間の距離とアムス
テルダム～北極点間の距離の和よりもやや短いが，成田～北極点間よりはかなり長
い。図中の緯線は 10 度間隔である。成田（東京）と北極点との緯度差は約 55 度，
アムステルダムと北極点との緯度差は 40 度弱と読み取れる。緯度 10 度の距離は約
1,100 km なので，成田～北極点間は約 6,000 km，アムステルダム～北極点間は約
4,000 km よりやや長いと計算できる。

## 設問C

**論述の指針** ａ地域はロシアの沿海州，ｂ地域は中央シベリア高原と呼ばれる地域で
ある。地形は大地形上の区分，植生は亜寒帯の高緯度側と低緯度側の違いについて説
明すればよい。ａ地域とｂ地域の比較が求められていることに注意する。

**論述のポイント** シベリア東部は環太平洋造山帯の一部であり，ａ地域も，
**ポイント①** 新期造山帯に属する山地である。
これに対して，ｂ地域はかつてのアンガラランドといわれる古大陸塊で，
**ポイント②** 安定陸塊の高原である。
亜寒帯の高緯度側に位置するｂ地域は，典型的な亜寒帯の植生である
**ポイント③** 針葉樹林からなるタイガであるが，
亜寒帯の低緯度側に位置するａ地域は，
**ポイント④** 針葉樹と落葉広葉樹からなる混合林である。

## 設問D

**論述の指針**　c 地域は西シベリアである。「産業の特徴」であるから，農牧業と鉱「工業」の両面から述べるのが普通であるが，西シベリアの農牧業は「ロシアの産業を支える」ほどではないし，指定語句から考えて，鉱「工業」だけの説明でよいだろう。豊富な資源があり，その「開発」を進めて「原料」立地型の「工業」が発達したという主旨の解答となろう。字数がやや多いので，「原料」や「工業」は具体的な資源名や業種名をあげて説明できる。

> **論述のポイント**　c 地域の西シベリアは，
> **ポイント①**　石炭，石油，鉄鉱石，森林などの「原料」・エネルギー資源に恵まれている。
> 旧ソ連時代に，
> **ポイント②**　これらの資源の「開発」やエニセイ川などの大河川における電源「開発」を進め，
> **ポイント③**　シベリア鉄道沿い（の「原料」産地）に，
> **ポイント④**　鉄鋼，非鉄金属，パルプなどの「原料」立地型の「工業」が立地した。

## 設問E

**論述の指針**　d 地域はヨーロッパ東部・北部である。この地域の混合農業の特徴が問われているので，一般的な混合農業の定義を述べるだけでは不十分である。d 地域の「気候」と関連づけて，この地域で栽培される具体的な「作物」名や飼育される「家畜」名もあげて説明しよう。西ヨーロッパの商業的な混合農業との違いを指摘することも重要である。

> **論述のポイント**　d 地域はロシア北部からバルト海沿岸にかけての地域である。西ヨーロッパと異なり，自然条件は
> **ポイント①**　冷涼な「気候」で，土地がやせている。
> そのため，同じ混合農業でも西ヨーロッパとは異なり，「作物」はやせ地でも作れる
> **ポイント②**　ライ麦やジャガイモが食用「作物」として栽培され，
> **ポイント③**　大麦やエン麦が飼料「作物」となり，それぞれ輪作される。
> 「家畜」は
> **ポイント④**　豚が多い
> が，一般に，西ヨーロッパと比べると，
> **ポイント⑤**　「作物」栽培が中心で，生産性は低く，自給的性格が強い。

## 解答例

**設問A** (イ)大圏コース（大円コース），(ロ)エニセイ川，(ハ)ウラル山脈，
(二)バルト海

**設問B** (1)北緯60度
(2)―(b)

**設問C** b地域は安定陸塊の高原で針葉樹林のタイガが広がるが，a地域は
新期造山帯の山地で針葉樹と落葉広葉樹の混合林が分布する。

**設問D** 石炭，石油，鉄鉱石や森林などの豊富な原料・エネルギー資源の開
発と河川の電源開発により，南部のシベリア鉄道沿いに鉄鋼，非鉄
金属，パルプなどの原料立地型の工業が発達している。

**設問E** 冷涼な気候とやせた土地が広がるため，ライ麦，ジャガイモなどの
食用作物と大麦，エン麦などの飼料作物を輪作し，豚などの家畜を
飼育するが，作物栽培が中心で生産性は低く自給的性格が強い。

# 74　4カ国の外国人労働力と日本の都道府県別の人口性比

**（1999年度　第2問）**

> 　世界の4カ国の外国人労働力と日本の7都道府県における人口性比の変化について問う問題。現代の人口問題に対する地理的な思考力を試すねらいがあるが，設問Aの(3)は社会制度の課題の意味がとらえにくく，設問Bは都道府県名の判定が難しい。

## 設問A

(1)　表1から各国の労働人口が計算できる。労働人口は総人口の50〜70％くらいの国が多い。したがって，aとbは総人口が少ない国で，シンガポールとアラブ首長国連邦のいずれか，cとdは総人口の多い国で，ドイツとイタリアのいずれかである。

(2)　**論述の指針**　外国人労働人口の割合が非常に高いのは，国内の人口が少なく労働力が不足しているためである。労働力不足になるほど経済活動が活発なのは，a国（アラブ首長国連邦）や「その周辺の国々」（サウジアラビアやクウェートなど）が産油国で，石油輸出で得た資金が豊富なためである。外国人労働者は，主にビルや工場などの建設，道路・水道などの社会資本の整備など，都市開発や工業化に関連する建設現場での仕事が多いので，その点も説明の中に含めたい。

> **論述のポイント**　a国やその周辺の国々は，産油国で，
> 　**ポイント①**　石油輸出で得た資金が豊富である。
> それをもとに，
> 　**ポイント②**　（ビル・工場の建設や道路・水道の整備など）工業化や社会資本整備を
> 　　　　進めている。
> しかし，人口が少ないため，活発な経済活動に見合うだけの
> 　**ポイント③**　国内労働力が不足し，
> それを補うために，外国人労働力に依存している。

(3)　**論述の指針**　cはドイツである。ドイツでは，トルコ人などの外国人労働者の定住が進み，言語や生活習慣，宗教的な価値観の相違などからドイツ人と外国人との間の文化摩擦が生じており，不況で失業者が増えたりすると外国人排斥運動なども起きた。ここではこれらのドイツ人と外国人との摩擦といった社会問題そのものについてではなく，「社会制度」上の「課題」について述べることが求められている。外国人の定住を前提に，外国人と共存していくにはどのような「社会制度」にしていくべきかという観点から論述することになろう。「社会制度」であるから，雇用，社会保障，教育，参政権などに関係する課題について述べる。個別具体的な事実についてはわからないだろうから一般論を述べることになろう。

> **論述のポイント** ドイツでは「長年にわたって多くの外国人労働力を受け入れてきた」ため,
> **ポイント①** 定住する外国人が増えている。
> そのため,ドイツ人との間に
> **ポイント②** 文化摩擦などが生じている。
> 外国人の定住が進む中で,摩擦を避けるためには,
> **ポイント③** 雇用制度や教育制度,社会保障,参政権などの社会制度を
> **ポイント④** 外国人との共存を目指す方向で改革する必要がある。

## 設問B

(1) **論述の指針** 問題文に,男女の人口比である人口性比は,「社会や産業構造の相違を反映して」いるとあるが,その意味から考えてみる。

日本全体で人口性比が 100 以下となるのは,人口**高齢化**のためである。一般に,女子の方が長寿なので,高齢者は女子の方が多い。高齢化が進むほど男子に比べて女子の数が多くなるので,人口性比が 100 を下回ることになる。

都道府県単位でみると,人口性比は,高齢化とともに,**人口の流入・流出**と関係がある。男子人口の流入が多い地域では人口性比が高くなり,男子人口の流出が多い地域では人口性比が低くなる。また,若年人口の流出が多くなると,相対的に高齢者が増え,そのため人口性比が低くなる。若年人口の流入地域はその逆である。

人口性比は**地域の産業**とも関係する。鉱業や重化学工業は男子の雇用が多く,観光業や繊維工業などでは女子の雇用が多い。そのため,それらの産業が発達している地域では産業構造の違いによって人口性比が影響を受ける。

さて,この問いでは,cの都道府県名を判定する必要がある。一般に,大都市圏に属する都道府県は,人口,特に男子の人口が流入しているため,人口性比は高くなる。大都市圏以外の都道府県では人口流出が続き,人口性比は低下している。表中の都道府県のうちcの人口性比の全国順位が著しく下がっていることに注目すると,これは大都市圏以外の都道府県であると判断できる。また,大都市圏でも中心都市では,1995 年ごろまでは**ドーナツ化現象**によって人口が流出し,そのため人口性比が低下している。人口性比の低下している a,b,c は人口が流出している都道府県であり,大都市圏中心部の東京都,大阪府と大都市圏外の北海道のいずれかである。最も人口性比が低い c は人口流出が多く高齢化の進む北海道と判定できる。残りのうち,aが東京都,bが大阪府である。

cが北海道とわかったが,では,北海道の特有の人口性比低下の要因は何か。人口の高齢化はa,b,cに共通する人口性比低下の要因で,人口流出も,それだけでは北海道固有の要因ではない。北海道に特徴的な**男子雇用型の産業の衰退**が固有の要因だと言える。

> **論述のポイント** cは北海道なので，従来は男子雇用の多い
> **ポイント①** 石炭産業（や水産業）などが発達していたが，それが衰退したことで，
> **ポイント②** 男子労働力が他の地域へ流出した。

(2) **論述の指針** d，eの都道府県名の判定はできなくてよい。残りの愛知県と千葉県のいずれかであることがわかればよい（dが千葉県，eが愛知県である）。「共通の理由」なので，大都市圏中心部からの人口流入は解答ではない。愛知県には該当しないからである（愛知県そのものが大都市圏中心部である）。人口性比が上昇しているのは，男子人口の流入がみられるためであり，男子雇用の多い産業（重化学工業）が発達しているためと考えられる。愛知県や千葉県で発達している重化学工業の具体的な業種をあげて説明しよう。

> **論述のポイント** d，eともに
> **ポイント①** 鉄鋼業，自動車工業などの重化学工業が発達している。
> **ポイント②** 重化学工業は男子労働力に依存するため，
> **ポイント③** 両県では，男子労働力の流入が多い。
> したがって，人口性比が上昇傾向にある。

## 解答例

設問A （1）a—アラブ首長国連邦　b—シンガポール　c—ドイツ
　　　　　d—イタリア
　　　（2）豊富な石油収入をもとに工業化や社会資本整備を進めているが，
　　　　国内人口が少なく労働力不足のため外国人労働力に依存している。
　　　（3）定住する外国人労働者が増え，文化摩擦や移民排斥運動などが生
　　　　じているため，外国人と共存できるように，雇用や社会保障，教育
　　　　などにおける外国人の権利の保障や差別の撤廃などが必要になる。
設問B （1）石炭産業などの衰退により男子労働力が他地域へ流出したため。
　　　（2）自動車工業や鉄鋼，石油化学などの男子の雇用の多い重化学工業
　　　　の立地が進み，他地域からの男子労働力の流入が著しいため。

# 75 日本の自然災害

（1999 年度 第3問）

地震，高潮，津波，洪水といった日本でよく発生する自然災害について問う問題。これらの災害の事例や要因，問題点や対策などに関する知識と理解を試すねらいがある。難度はやや高いが，自然と人間のかかわりを考えさせる良問である。

## 設問A

20世紀に起きた大きな自然災害として，関東大震災（1923年），伊勢湾台風（1959年），阪神・淡路大震災（1995年）などがある。関東大震災は死者・行方不明者 14万人以上の大災害であった。

## 設問B

(1) **論述の指針** 高潮は台風，津波は地震が主な原因であるが，2行の字数をかけて説明するためにはかなり詳しい知識が必要である。

> **論述のポイント** 高潮は，海面が持ち上げられ，水位が高くなる現象であり，
> **ポイント①** 台風などの強い低気圧による場合と強風による場合があり，
> いずれの場合でも，当然，干潮時よりも満潮時に水位が高くなる。
> 津波は，やはり水位が高くなる現象であるが，
> **ポイント②** 海底地震や海底火山などによって，海底地盤の変動があり，
> それに伴って海面が上下して波となって移動するものである。

(2) **論述の指針** 高潮は海岸部であればどこでも発生するが，その「被害が激しくなる」自然条件としては，海岸部の地形が関係する。

> **論述のポイント** 第一の条件は
> **ポイント①** 海面に近い低地であること。
> 具体的には，河川の河口付近などの沖積低地や地盤沈下などによって海面下となった低地などがある。
> これに加えて，
> **ポイント②** 湾の奥のように，水位が高くなった海水が逃げ場を失って，そのまま陸地にぶつかるところや
> **ポイント③** 海側から強風が吹き込みやすいところ
> などで高潮の被害が大きくなりやすい。

日本では台風が接近すると南風となりやすいので，太平洋側の南側に開いた湾（伊勢湾など）がこれらの条件に該当する。

## 設問C

(1) **論述の指針** 1958 年と 1982 年のグラフを比較して，降水量のピークから流量の
ピークまでの経過時間の違い，流量のピーク時の流量の大きさの違いなどを読み取
ってうまくまとめる。

> **論述のポイント** 1958 年では
> **ポイント①** 降水量のピークから流量のピークまでの時間差があり，かつ流量の増加
> も緩やかである。
> 1982 年では，
> **ポイント②** 降水量のピーク時刻の直後に流量のピークが出現している。かつピーク
> 時の流量自体も 1958 年と比べて非常に多い。

(2) **論述の指針** 近年，降水量のピークの直後に流量のピークが出現し，その流量も
大きいということは，降った雨が地中に「浸透」せず，すぐに河川に流れ込んでい
ることを示している。その要因を，指定語句の「都市化」をもとに土地利用の変化
から説明する。

> **論述のポイント** 「都市化」が進むと，
> **ポイント①** 保水力の大きい森林や水田が少なくなり，保水力のない道路や宅地の面
> 積が増える。
> そのため，
> **ポイント②** 降った雨が地中に「浸透」しにくくなり，河川にすぐに流れ込む。

(3) **論述の指針** (2)で述べたことをふまえて，雨水がすぐに河川に流れていかないよ
うな方策を考える。

> **論述のポイント** 河川に流れ込む量を減らす方策として，
> **ポイント①** 地下貯水槽や雨水専用下水道などの建設。
> 地中に浸透する量を増やす方策として，
> **ポイント②** 道路舗装の改良や緑地面積の増加。
> このほか，河川が流せる流量の最大値を高める方策として，
> **ポイント③** 遊水池の建設など河川自体の改修
> なども考えられる。

---

## 解答例

設問A 　(イ)関東　(ロ)地震（関東大震災）

設問B 　(1)高潮は台風など強い低気圧の接近や沿岸の強風に満潮が重なって
　　　　発生し，津波は海底における地震や火山などの地殻変動で起こる。
　　　　(2)河川の河口付近や地盤沈下によって海面下となった低地などの湾
　　　　奥に位置する沖積平野の海岸付近で，海から強風が吹き込む場所。

設問C 　(1)以前は降水量のピーク後，緩やかに増水していたが，近年は降水
　　　　量のピーク直後に流量のピークが出現し，その流量も多い。
　　　　(2)都市化の進展で，森林や水田が減り道路や宅地の面積が増加し，
　　　　雨水が地中に浸透せず，河川にすぐに流入するようになったため。
　　　　(3)貯水池や地下貯水施設など一時的に雨水をためる施設をつくる。
　　　　道路舗装の改良や植樹，公園整備などで雨水の浸透量を増やす。

　別解　(3)遊水池の建設や河川改修などで河川の遊水機能の復活を図る。
　　　　大規模な雨水専用下水道の整備により短時間で雨水を海へ流す。

MEMO

難関校過去問シリーズ

# 東大の地理
## 25ヵ年［第9版］

別冊 問題編

教学社

# 東大の地理25ヵ年［第9版］　別冊 問題編

## 第1章　2023〜2019 年度

## 第2章　2018〜2014 年度

# 第3章　2013〜2009年度

# 第4章 2008～2004年度

# 第5章 2003～1999年度

# 1

（2023 年度　第 1 問）

　人間活動と地球環境の関わりに関する以下の設問Ａ～Ｂに答えなさい。解答は，
解答用紙の（イ）欄を用い，設問・小問ごとに改行し，設問記号・小問番号をつけて
記入せよ。

## 設問Ａ

　地球の地質時代は，地層に残された地球規模の変化の証拠によって区分され
る。たとえば，今から約 6600 万年前の白亜紀の終わりは，地球に隕石が衝突し
たために高濃度のイリジウムが含まれる地層と，恐竜などの生物が大量に絶滅し
た層準で定義される。

　人間活動が，地球に対し地層にも残るような広範なインパクトを与えているこ
とから，現在を「人新世」という新しい地質時代に区分する提案が，最近なされて
いる。人新世のはじまりの時期は，16 世紀とする意見，18 世紀後半とする意
見，1950 年代とする意見などがあった。いずれの時期を人新世の開始とするに
しても，全地球的な証拠が地層中に残されることが必要であることに留意して，
以下の問いに答えよ。

(1)　人新世の開始時期を 16 世紀とする意見は，それまで別の地域に分かれて分
　　布していた動物や植物が，この時期に全地球的に広がったことが，湖の堆積物
　　や遺跡の記録から明らかになったことに基づいている。どのような動物や植物
　　が，どのような過程で全地球的に広がったのか。具体的な動物と植物の例を 1
　　つずつあげて，2 行以内で述べよ。

(2)　人新世の最初の提案は，その開始時期を 18 世紀後半とするものだった。し
　　かし，この案はその証拠が全地球的に同時期に起こったわけではないことか
　　ら，候補からはずされている。開始時期を 18 世紀後半とする意見は，どのよ
　　うな人間活動と証拠に基づくものであったのか。2 行以内で述べよ。

(3)　人新世の開始時期について検討した地質学者のグループは，放射性物質の
　　ピークが地層中に認められることから，開始時期を1950年代とする提案をま
　　とめた。1950年代に放射性物質のピークが現れる理由を，1行で述べよ。

(4)　図1—1のA〜Cは，人新世の地層に残る可能性のある，人間が作った物質
　　の，積算生産量を示したグラフである。いずれも1950年以降急激に増加して
　　いることが分かる。3つは以下のどれか，A—○のように答えよ。

　　　　　アルミニウム　　　　コンクリート　　　　プラスチック

(5)　(4)の物質は，いずれも経済活動の加速によって1950年以降生産が急激に増
　　加した。このうち，プラスチックの生産の増加がひきおこした環境問題を2
　　行以内で述べよ。

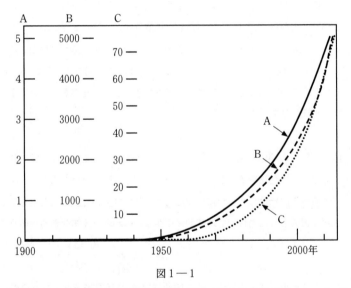

図1—1

　人間が作った3つの物質の積算生産量。縦軸の数字の単位は億トン。A，B，
Cそれぞれのスケールは異なっている。Watersら(2016)による。

設問B

　　近年，南アジアにおいて，地球温暖化や大気汚染などの環境問題への人間活動
による影響が深刻化している。図1—2(a)は，地球観測衛星のデータから推定さ

れた，ある種の温室効果ガスの大気中平均濃度（黒色が濃いほど高濃度）の分布の
概要を示す地図であり，図1－2(b)は，森林や農地などにおける林野火災（黒点
で表示）の分布の概要を示す地図である。これらの図をみて，以下の問いに答え
なさい。

(1)　図1－2(a)に示された温室効果ガスは，一般に湿地などから発生するとされ
　　ているが，Aの地域では，ある農作物の生産が盛んなために，この温室効果ガ
　　スが大量に発生していると考えられている。このガスの名称と農作物を答え
　　よ。

(2)　図1－2(b)に示された森林や農地などにおける林野火災の発生は，Bの地域
　　においては毎年5月と11月に極大となる。この理由を，この地域で行われて
　　いる人間活動と関連づけて2行以内で述べよ。

(3)　インド北部で深刻な問題となっているPM2.5などの粒子状大気汚染物質
　　は，図1－2(b)のC（破線内）に位置するヒマラヤ山脈の中腹にまで達してお
　　り，特に毎年6月から9月にかけて，こうした現象が顕著になる。その理由
　　を，林野火災以外の，年間を通して見られる汚染物質の発生源と気候条件に関
　　連させて2行以内で述べよ。

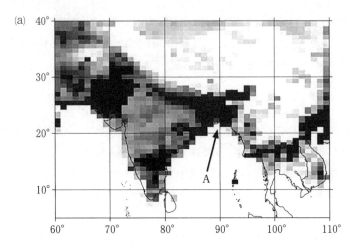

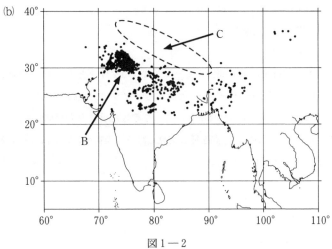

図1—2

# 2

第一次産業の国際比較に関する以下の設問A〜Bに答えなさい。解答は，解答用紙の(ロ)欄を用い，設問・小問ごとに改行し，設問記号・小問番号をつけて記入せよ。

### 設問A

表2—1は，水産物の養殖業が盛んないくつかの国を取り上げ，1990年と2020年の生産量とその比，2020年の生産量の水域別の割合，2020年の生産量に占める水生植物(主に海藻類)の割合を示したものである。

(1) 表2—1のア，イ，ウに該当する国名を，韓国，ベトナム，チリの中から選んでア─○のように答えよ。

(2) 1990年〜2020年にかけては，全世界の水産物の養殖生産量に著しい増大がみられた。その背景を，水産物の需要・供給の両面に注目し2行以内で述べよ。

(3) 表2—1の国のうち，中国，インドネシア，ア国の淡水域(A)，インドネシア，ア国の汽水域(B)，ウ国，ノルウェーの海水域(C)のそれぞれにおける代表的な水産物の名称と養殖が行われる場所の地形ないしは生態環境を，A─水産物，地形ないしは生態環境のように答えよ。

(4) 今日の水産物の養殖業はその持続性において様々な課題を抱え，解決に向けた取り組みがなされている。その内容を以下の語句を全て用いて2行以内で述べよ。語句は繰り返し用いてもよいが，使用した箇所には下線を引くこと。

　　　稚　魚　　　生態系

表 2 ― 1

| 国 | 養殖生産量 1990 年(トン) | 養殖生産量 2020 年(トン) | 海水域 (%) | 汽水域 (%) | 淡水域 (%) | 水生植物 (%) | 2020 年/ 1990 年 |
|---|---|---|---|---|---|---|---|
| 中国 | 8,392,965 | 70,483,538 | 53.3 | 2.8 | 43.9 | 29.6 | 8.4 |
| インドネシア | 599,824 | 14,845,014 | 55.4 | 21.8 | 22.8 | 64.8 | 24.7 |
| ア | 162,076 | 4,614,692 | 5.4 | 31.0 | 63.6 | 0.3 | 28.5 |
| イ | 788,565 | 2,327,903 | 98.8 | 0.3 | 0.8 | 75.7 | 3.0 |
| ウ | 70,464 | 1,505,486 | 99.8 | 0.0 | 0.1 | 1.3 | 21.4 |
| ノルウェー | 150,583 | 1,490,412 | 100.0 | 0.0 | 0.0 | 0.0 | 9.9 |

FAO 統計による。

設問B

　図 2 ― 1 は，1962 年以降における各国の小麦の単位収量(トン/ha)の変化を示したものである(数値は前年・当該年・翌年の平均値を使用)。

(1)　中国とインドの単位収量は 1970 年代までほぼ同じ水準にあったが，1980 年代前半に中国の単位収量が急激に増加し，両国の間で大きな差がみられるようになった。このような変化を引き起こした理由を 1 行で述べよ。

(2)　ハンガリーは，1980 年代までフランスに準じた単位収量を記録していたが，1990 年代に入ると大幅に低下する。このような低下を引き起こした理由を，以下の語句を全て用いて 2 行以内で述べよ。語句は繰り返し用いてもよいが，使用した箇所には下線を引くこと。

　　　農業補助金削減　　　肥　料

(3)　中国では，国内での価格の下落により 1997 年から 2003 年にかけて小麦の生産量が約 30 ％ 減少するが，その後の 17 年間は約 55 ％ の増加を記録している。このような増加が生じた政策的な背景を以下の語句を全て用いて 2 行以内で述べよ。語句は繰り返し用いてもよいが，使用した箇所には下線を引くこと。

　　　食料安全保障　　　肉類消費

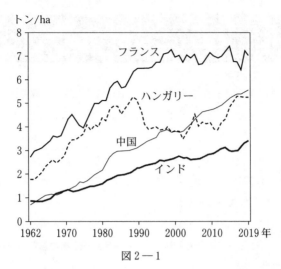

図 2 ― 1

FAO 統計による。

# 3

　居住と自然環境に関する以下の設問A〜Bに答えなさい。解答は，解答用紙の
(ハ)欄を用い，設問・小問ごとに改行し，設問記号・小問番号をつけて記入せよ。

## 設問A

　図3―1は，2014年に自然災害が発生した地域の2022年の地形図である。こ
れをみて，以下の問いに答えよ。

(1)　図3―1において，鉄道より北西側の住宅地域と概ね重なる地形の名称を答
　　えよ。

(2)　図3―1中の山地には，主に土地被覆に関する2種類の地図記号がみられ
　　る。それらの地図記号が示す土地被覆と地形との対応関係を1行で説明せよ。

(3)　図3―1の山ぞいには，図中にA，Bで示すような人工構造物が多数みられ
　　る。これらの構造物は，2014年に発生した自然災害の後に建設されたもので
　　ある。これらの構造物が建設された目的を，(2)の土地被覆の成立要因も考慮し
　　て，2014年に発生した自然災害の特徴とあわせて，3行以内で述べよ。

(4)　この地域では，1970年代以降に宅地化が進んだ。こうした災害リスクの高
　　い土地でも宅地化が進んだ理由として考えられることを2行以内で答えよ。

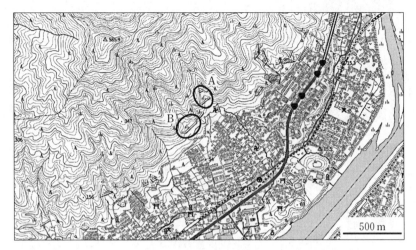

図 3 ― 1

地理院地図による。

（編集の都合上，80% に縮小 ―― 編集部）

## 設問B

(1)　図 3 ― 2 は，横軸に 2018 年の都道府県別の 1 世帯当たり人員数を，縦軸に同年の 1 住宅当たり居住室数を示したものであり，A，B，C，D は，北海道，東京都，富山県，沖縄県のいずれかである。A，B，C，D の都道府県名を，A―○のように答えよ。

(2)　北海道と沖縄県の都市部では，平らな屋根の住宅が多く見られるが，その理由は両地域で異なっている。それぞれの理由を，気候に関連づけ，あわせて 2 行以内で述べよ。

(3)　日本における住宅数の構造別割合を見ると，1978 年には 81.7 % が木造であったが，2018 年には非木造（主に鉄筋・鉄骨コンクリート造，鉄骨造）の割合が 43.1 % にまで上昇している。非木造住宅の割合が上昇してきた理由を，日本における人口移動の特徴も踏まえて，2 行以内で述べよ。

(4) 図3－3で示すように，日本において，住宅総数は長期的に増加を続けてきたが，空き家率(図3－3の下の※を参照)も近年上昇が著しい。これらの事象が生じてきた理由として考えられることについて，以下の語句を全て用いて3行以内で述べよ。語句は繰り返し用いてもよいが，使用した箇所には下線を引くこと。

世帯規模　　　地方圏　　　高齢化

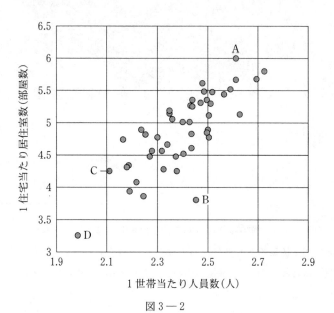

図3－2

住宅・土地統計調査による。

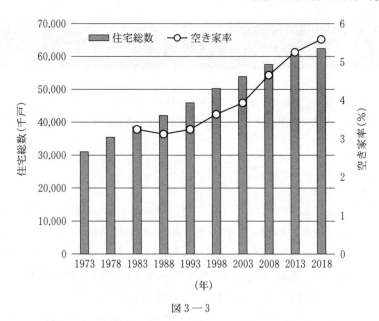

図3－3

住宅・土地統計調査による。

※ここでの「空き家率」とは，住宅・土地統計調査における定義とは異な
り，同定義による「空き家」から「賃貸用の住宅」，「売却用の住宅」，「二次的
住宅（別荘など）」を除いたものが，住宅総数に占める割合を指している。

# 4

　世界規模の事象の分布や変化に関する以下の設問A〜Bに答えよ。解答は，解答用紙の(イ)欄を用い，設問・小問ごとに改行し，設問記号・小問番号をつけて記入せよ。

## 設問A

　人獣共通感染症とは，人とそれ以外の動物の両方に感染または寄生する病原体により生じる感染症である。人獣共通感染症の発生件数は，1980年代から2000年代にかけて4倍に増加しており，その背景には，a)動物性タンパクの需要増加と畜産の拡大，b)人と野生動物との接触機会の増加，c)土地利用形態の変化，d)地球温暖化，などが要因として挙げられている。

　これらの要因の関係をモデル化し，野生動物に由来する人獣共通感染症の発生リスクを示したのが図1−1である。分析が行われた2017年時点で，野生動物に由来する人獣共通感染症が発生しやすい地域が可視化されている。

⑴　人獣共通感染症の増加の要因のうち，上記のa)〜d)以外の社会経済的要因を1つ答えよ。

⑵　d)の地球温暖化がどのように人獣共通感染症の増加に影響するか，以下の語句をすべて用いて，2行以内で説明せよ。語句は繰り返し用いてもよいが，使用した箇所には下線を引くこと。

　　　　媒介生物　　　気象災害

⑶　図1−1で南アジア・東南アジアから東アジアにかけての地域が高リスク地域となっている。この理由を，この地域の自然環境と生業の観点から3行以内で説明せよ。

⑷　日本も野生動物に由来する人獣共通感染症の発生リスクが高いことが図1−1から読みとれる。また，日本では近年発生リスクがさらに高まりつつ

あると考えられているが，その主要な原因を，前記のb）人と野生動物との接触機会の増加，c）土地利用形態の変化，と関連づけて2行以内で説明せよ。

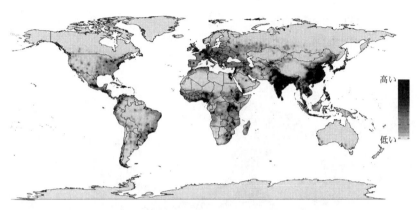

図1－1

Allen ほか，2017 による。

設問B

　　図1－2は1784~1863年の80年間における船の航路を，図1－3は1980~1997年の18年間における船の航路を示した地図である。二つの図は，船上での定期的な気象観測の記録や航海日誌などに記載された船の位置を，線でつないだものである。海岸線などの他の情報は描かれていないが，多くの場所で大陸の概形を読みとれる。

(1)　図1－2では，赤道付近と中緯度において水平な帯のように見える航路の集まりが見られる。これは，ほぼ特定の緯度に沿って船が移動する傾向があったことを示す。この理由を，当時の船の構造も考慮して2行以内で述べよ。

(2)　図1－2は図1－3よりも対象とする期間が長いにも関わらず，航路の密度が低く，19世紀以前の水運は近年よりも規模がかなり小さかったことを示す。ただし，図1－2の時期にはかなり活発であったが図1－3の時期にはすたれた水運の経路も読みとれる。すたれた経路の例を挙げ，その理由とともに2行以内で述べよ。

⑶　図1—2と図1—3の比較から，水運の分布の拡大や，水運の経済性を高め
るために行われてきた技術的な進歩を読みとることができる。その内容を，以
下の語句をすべて用いて3行以内で説明せよ。語句は繰り返し用いてもよい
が，使用した箇所には下線を引くこと。

　　高緯度　　　　等角航路

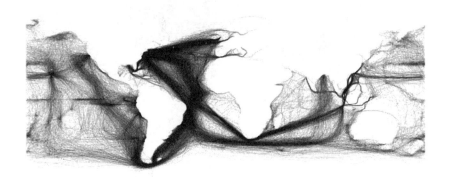

図1—2

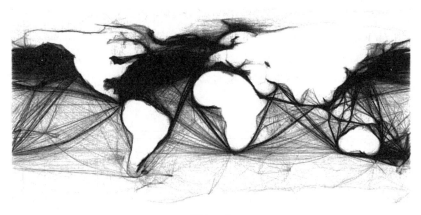

図1—3

図1—2と図1—3は，どちらもアメリカ海洋大気庁のデータを用いて Ben Schmidt
氏が作成した地図による。

# 5

南北アメリカの経済と社会に関する以下の設問A～Bに答えよ。解答は，解答用紙の(ロ)欄を用い，設問・小問ごとに改行し，設問記号・小問番号をつけて記入せよ。

設問A

図2－1は，アメリカ合衆国(アラスカ・ハワイ両州を除く)の州別の人口変化率(1970～2010年)を示したものであり，表2－1は，4つの州の人口構成をまとめたものである。以下の問いに答えよ。

(1)　1970～1990年と1990～2010年に分けて人口変化率を見ると，ア州では49.1％から25.2％へと増加率が半減しているのに対し，隣接するイ州では107.0％，74.4％と増加率は高い水準を維持している。両州でこのような違いが生じた理由を2行以内で述べよ。

(2)　ウ州とエ州は共に75歳以上人口比率が高いが，その背景は大きく異なる。それぞれの州で75歳以上人口比率が高くなる理由を，両州の違いが分かるように2行以内で述べよ。

(3)　中西部に位置する多くの州では人口増加率が低い。これらの州の中心都市では，基幹産業の斜陽化，およびそれが引き起こした社会問題によって人口減少に拍車がかかっている。こうした社会問題として考えられることを2つ，合わせて1行で述べよ。

(4)　エ州は，中南米諸国と国境が接していないにもかかわらず，ヒスパニック系人口の比率が高い。このような状況をもたらした政治的理由を1行で述べよ。

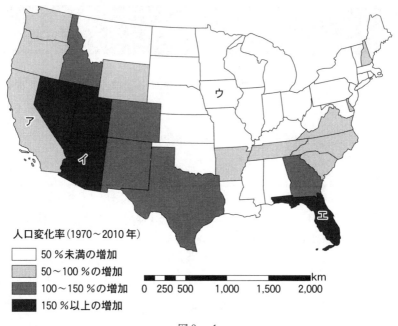

人口変化率（1970〜2010年）

☐ 50％未満の増加
▨ 50〜100％の増加
▨ 100〜150％の増加
■ 150％以上の増加

図2−1

アメリカ・センサス局による。

表2−1

(2010年)

| 州　名 | ヒスパニック系<br>人口比率（%） | 75歳以上<br>人口比率（%） |
|:---:|---:|---:|
| ア | 37.6 | 5.3 |
| イ | 26.5 | 4.7 |
| ウ | 5.0 | 7.5 |
| エ | 22.5 | 8.1 |

アメリカ・センサス局による。

設問B

　　広大な国土と大人口を有するブラジルは，経済開発の状況に大きな地域的差異
を伴いながら，国家としての経済発展を遂げてきた。こうした地域的な差異は，
図2−2に示すように，ブラジルを構成する各州を北部，北東部，南東部，南

部，中西部の5つの地域に分けてその特徴や課題が把握されることが多い。表2－2は，ブラジルのGDPと人口をこの5地域に分割し，関連する指標とともにまとめたものである。

(1) 表2－2のア，イ，ウに該当する地域名を，北部，北東部，南部の3つの地域の中から選んでア―○のように答えよ。

(2) 表2－2ではGDPのシェアが上位の地域から並べられているが，2002年を100としたときの2018年のGDPの値をみると順位が逆になる。とくにその値が大きい中西部やウ地域において，この間にどのような経済開発・経済発展がみられたか，これらの地域の自然環境にもふれながら，以下の語句をすべて用いて3行以内で述べよ。語句は繰り返し用いてもよいが，使用した箇所には下線を引くこと。

　　　　ブラジル高原　　　農　地　　　自由貿易地区

(3) 表2－2からは，ブラジルの深刻な地域的な経済格差が読みとれる。南東部とイ地域の間にはどのような経済格差が読みとれるか，その背景と合わせて2行以内で述べよ。

(4) 南東部には，人口でブラジル第1位の都市サンパウロ，第2位のリオデジャネイロが存在する。これらの巨大都市が抱える問題のうち，国内の地域的な経済格差を背景に持つ問題を，それとの関係が明らかになるように，以下の語句をすべて用いて2行以内で述べよ。語句は繰り返し用いてもよいが，使用した箇所には下線を引くこと。

　　　　低所得層　　　インフォーマルセクター

図2―2

表2―2

| 地　域 | GDP 2018年 (100万レアル) | GDP シェア 2018年(%) | GDP 2018年 (2002年 =100) | 人口 2018年 | GDP/人口 2018年 （レアル） |
|---|---|---|---|---|---|
| 南東部 | 3,721,317 | 53.1 | 138 | 87,711,946 | 42,427 |
| ア | 1,195,550 | 17.1 | 140 | 29,754,036 | 40,181 |
| イ | 1,004,827 | 14.3 | 152 | 56,760,780 | 17,703 |
| 中西部 | 694,911 | 9.9 | 173 | 16,085,885 | 43,200 |
| ウ | 387,535 | 5.5 | 178 | 18,182,253 | 21,314 |
| 全国 | 7,004,141 | 100.0 | 145 | 208,494,900 | 33,594 |

人口は2018年推計値。レアルはブラジルの通貨単位。
ブラジル地理統計院による。

# 6

日本の都市と農業に関する以下の設問Ａ～Ｂに答えよ。解答は，解答用紙の(ハ)欄を用い，設問・小問ごとに改行し，設問記号・小問番号をつけて記入せよ。

**設問Ａ**

図3－1と図3－2は，東京都心から北東方向約30 kmに位置するＸ市の北部を中心に，異なる時点の国土地理院発行の2万5千分の1地形図をもとに作図したものである。図3－1によると，台地の部分で，1960年代から大規模な土地改変が行われる一方で，従来からの地形と土地利用との対応関係も読みとれる。
(1)

Ｘ市では，第2次世界大戦前に飛行場や軍需工場などが置かれていたが，それらの土地が戦後，アメリカ軍に接収され，その通信施設となっていた。図3－2では，米軍通信施設跡地が，大きな公園や総合競技場，住宅団地，大学の新キャンパスに変わっていることがわかる。

図3－1と図3－2を比べると，交通体系が大きく変わってきたことがわかる。図3－2では，高速道路がみられるが，高速道路のインターチェンジ付近を
(2)
詳しくみると，工業団地の敷地内も含め，新たな施設が建設されてきている。

鉄道の新線が開通し，新たに駅が設けられたことも大きな変化で，Ｘ市では，
(3)
図3－1の大規模改変とは異なる新しい空間が出現し，これまでのＸ市の産業構造を変えるような動きや「スマートシティ」をめざす新たな街づくりが進められてきている。

(1) 下線部(1)に関して，図3－1から読みとれる地形と土地利用との対応関係を，1行で述べよ。

(2) 下線部(2)に関して，どのような施設が建設されてきているか，そうした変化の理由とともに，2行以内で述べよ。

(3)　図3—3は，2010年，2015年，2020年におけるX市内のA地区，B地区，C地区の年齢階層別人口構成の変化を示したものである。A地区，B地区，C地区は，図3—2に太枠で示した地区①，②，③のいずれに該当するか，A—〇のように答えよ。

(4)　下線部(3)に関して，こうした新たな動きの特徴として考えられることを，以下の語句をすべて用いて，3行以内で述べよ。語句は繰り返し用いてもよいが，使用した箇所には下線を引くこと。

　　　　　情報通信技術　　　　新規創業　　　　高齢化社会

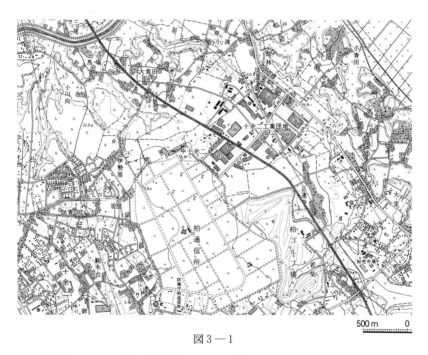

図3—1

1975年発行の2万5千分の1地形図をもとに作図。

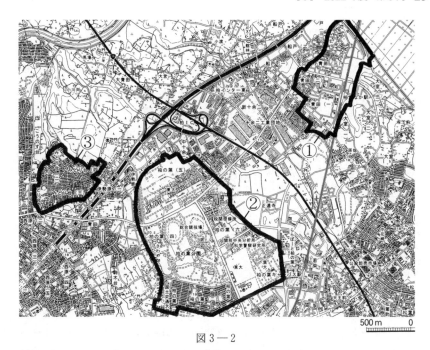

図3—2

2019年発行の2万5千分の1地形図をもとに作図。

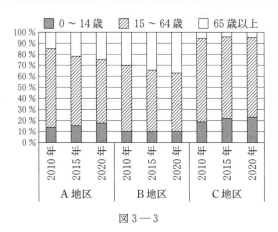

図3—3

X市の統計書による。

設問B

　　日本の果樹生産は，様々な社会経済的事象に影響を受け，戦後から現在にかけて変化してきた。表3―1は，果樹5種の2018年の都道府県別収穫量を，上位5都道府県に絞り示している。また，図3―4はみかんとりんごの1960年から2018年までの作付面積の推移を表す。図3―5と図3―6は，みかんとりんごそれぞれについて1990年から2018年までの輸出量と輸出先を示している。

⑴　表3―1のア～ウに該当する県名を，それぞれ，ア―○のように答えよ。

⑵　表3―1によれば，ブルーベリーの収穫量第1位は東京都である。東京都でブルーベリーの栽培が盛んな理由を1行で説明せよ。

⑶　図3―4をみると，みかん，りんごともに現在の作付面積は1960年比で減少しているが，その推移は両者で異なっていることが読みとれる。みかんの作付面積が一旦大きく増加しその後減少した理由を，以下の語句をすべて使用し，3行以内で説明せよ。語句は繰り返し用いてもよいが，使用した箇所には下線を引くこと。
　　　　政　策　　　需　要　　　生産調整

⑷　図3―5と図3―6の輸出量をみると，みかんについては減少傾向である一方，りんごは増加傾向にある。りんごの輸出量が増加している理由として図3―6から考えられることを，2行以内で説明せよ。

表 3 ― 1

| 順 位 | みかん | | りんご | | な し | |
|---|---|---|---|---|---|---|
| 1 | ア | 155,600 | 青 森 | 445,500 | ウ | 30,400 |
| 2 | 静 岡 | 114,500 | イ | 142,200 | 茨 城 | 23,800 |
| 3 | 愛 媛 | 113,500 | 岩 手 | 47,300 | 栃 木 | 20,400 |
| 4 | 熊 本 | 90,400 | 山 形 | 41,300 | 福 島 | 17,100 |
| 5 | 長 崎 | 49,700 | 福 島 | 25,700 | 鳥 取 | 15,900 |

| 順 位 | う め | | ブルーベリー | |
|---|---|---|---|---|
| 1 | ア | 73,200 | 東 京 | 384 |
| 2 | 群 馬 | 5,740 | 群 馬 | 271 |
| 3 | 三 重 | 2,090 | イ | 259 |
| 4 | 神奈川 | 1,810 | 茨 城 | 240 |
| 5 | イ | 1,770 | ウ | 105 |

単位：トン

果樹生産出荷統計(みかん，りんご，なし，うめ)および特産果樹生産動態等調査
(ブルーベリー)による。

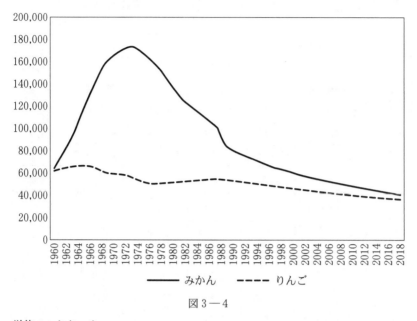

図3－4

単位：ヘクタール

耕地及び作付け面積統計による。

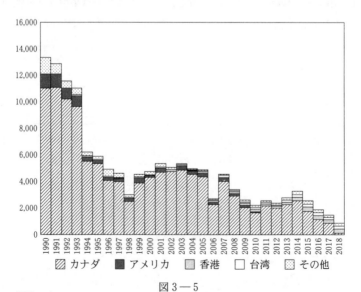

図3－5

単位：トン

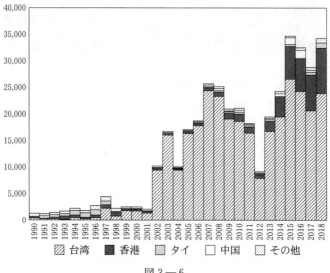

図 3 ― 6

単位：トン

図 3 ― 5，図 3 ― 6 は，どちらも貿易統計による。（川久保 2019 を改変。）

# 7

　世界の環境と地形に関する以下の設問A〜Bに答えなさい。解答は，解答用紙の(イ)欄を用い，設問・小問ごとに改行し，設問記号・小問番号をつけて記入しなさい。

## 設問A

　気候変化に対する国際的な枠組みとして，2016年に発効したパリ協定は，地球の平均気温上昇を産業革命前に比べて2℃未満に抑制することを目標として掲げている。しかし，現在すでに，平均気温は産業革命前に比べて1℃上昇している。気温が上昇すると，降水量も変化する。国連の特別報告書では，気温と降水量の変化は地域によって異なることが予想されている。地球の平均気温上昇
<u>x</u>
を2℃未満に抑制するためには，今世紀末までに二酸化炭素の排出を実質0にしなければならない。しかし20世紀後半以降，二酸化炭素排出量は増え続けて
<u>y</u>
いる。

(1)　下線xについて，地球の平均気温が2℃上昇するとき，気温がとくに変わるのは，図1—1のような地域であると予想されている。また，地球の平均気温が2℃上昇するとき，降水量がとくに変わるのは，図1—2のような地域であると予想されている。

　　気温が3℃以上上昇する地域では，陸と海とにそれぞれどのような影響が現れると考えられるか。以下の語句をすべて使用して，あわせて3行以内で述べなさい。語句は繰り返し用いてもよいが，使用した箇所には下線を引くこと。

　　　航　路　　　資　源　　　地　盤　　　生態系

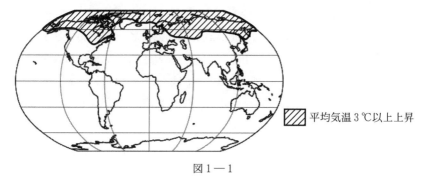

図1 — 1

国連の IPCC 特別報告書による。

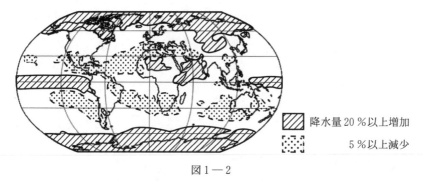

図1 — 2

国連の IPCC 特別報告書による。

(2)　図1 — 3のA～Dは，世界の4つの地点における気温と降水量の月平均の
　　年変化を示したグラフ（雨温図）である。図1 — 2で，温暖化により降水量が減
　　少することが予想されている大陸上の地点と，増加することが予想されている
　　大陸上の地点を，A～D の中から1つずつ選んで，減少—○，増加—○のよう
　　に答えなさい。

(3)　図1 — 2で降水量が減少すると予想されている地域では，降水量の減少に
　　よってどのような災害が起こりやすくなるか，1行で述べなさい。

(4)　下線yについて，図1 — 4は，1900 年から2018 年までの世界の二酸化炭素
　　排出量の推移を示したものであり，図1 — 5は，2016 年の一次エネルギーに

ついて，エネルギー源別，国(地域)別供給量を示したものである。

図1－4では，2018年の二酸化炭素排出量が多い6ヶ国(地域)を分けて示している。もっとも多いのは中国，次がアメリカ合衆国で，a〜dは以下のいずれかである。図1－4と図1－5のa〜dは，それぞれ以下のどれに該当するか，a—〇のように答えなさい。なお，EUは英国を含む28ヶ国である。

インド　　EU　　日　本　　ロシア

⑸ 図1－5をもとに，中国とアメリカ合衆国の一次エネルギー供給の特徴とそれに対する政策的対応を，以下の語句をすべて使用して，あわせて3行以内で述べなさい。語句は繰り返し用いてもよいが，使用した箇所には下線を引くこと。

需　要　　シェール　　太陽光発電

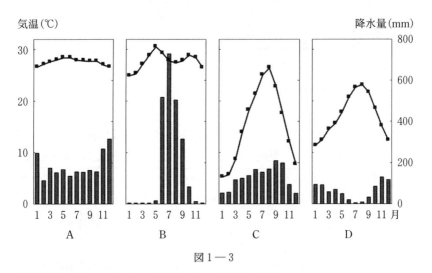

図1－3

理科年表による。1981または1982年から2010年の平均。

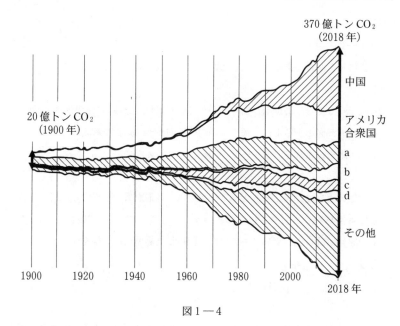

図1—4

Nature による。

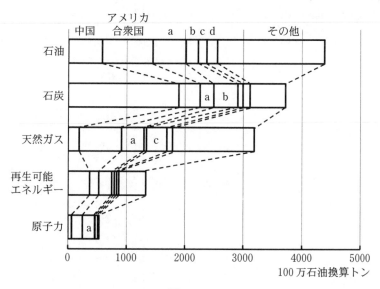

図1—5

BP（英国石油会社）などによる。

設問B

　　図1—6と図1—7は，ガンジス川の河口付近とチェサピーク湾を，人工衛星
から撮影した画像である。これらの図をみて，以下の問いに答えなさい。

⑴　図1—6では，海岸線が海へ向かって張り出し，分岐した流路が多数見られ
　る。一方，図1—7では，海岸線が内陸へ向かって細長く湾入している。それ
　ぞれの地形の名称を，図1—6○○のように答えなさい。

⑵　上述のように，図1—6と図1—7では，地形が大きく異なる。その理由と
　して考えられることを，以下の語句をすべて用いて，2行以内で説明しなさ
　い。語句は繰り返し用いてもよいが，使用した箇所には下線を引くこと。


　　　　河　谷　　　　土　砂


⑶　図1—7の水域に見られる主要な漁業の形態名を挙げ，そうした漁業の形態
　が発達した理由と，その持続を脅かす環境問題を，あわせて2行以内で述べな
　さい。

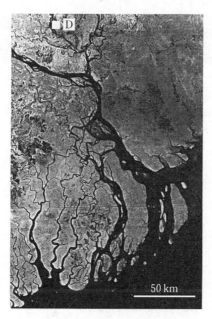

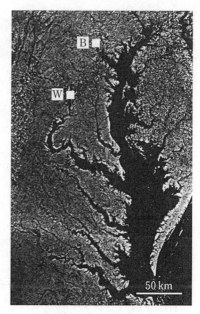

図1—6　　　　　　　　　　　図1—7

黒色は水域を，暗灰色は概ね植生に覆われた地域を，それぞれ示す。

図中のアルファベットで示した都市は，以下の通り。

D：ダッカ，B：ボルチモア，W：ワシントン D.C.

Short, N. and Blair R. Jr., Geomorphology from Space による。

# 8

　　世界の言語状況と教育に関する以下の設問 A〜B に答えなさい。解答は，解答用紙の(ロ)欄を用い，設問・小問ごとに改行し，設問記号・小問番号をつけて記入しなさい。

## 設問 A

　　国連憲章が規定する国連の公用語は，（　ア　），フランス語，ロシア語，英語及びスペイン語の 5 カ国語であるが，今日では，（　イ　）を加えた 6 カ国語が，総会や安全保障理事会の用語として用いられている。世界の言語状況をみると，これら 6 カ国語以外にも，広大な国土の広い範囲で，あるいは国境を越える広い範囲で，異なる母語を持つ人々の間で共通語・通商語として用いられている言語が存在する。東アフリカのタンザニア，ケニア両国で国語となっている（　ウ　）がその代表例である。

⑴　上記文中の(ア)，(イ)，(ウ)にあてはまる言語を，ア─○のように答えなさい。

⑵　インターネットの普及は，国際社会で使われている言語の状況にどのような変化をもたらしたか，1 行で述べなさい。

⑶　インド，インドネシアはいずれも多民族・多言語国家であり，インドではヒンディー語が連邦公用語に，インドネシアではインドネシア語が国語になっている。しかし，これらの言語の公用語としての使用の広がりは両国で大きく異なっている。その違いを，以下の語句をすべて用いて 3 行以内で述べなさい。語句は繰り返し用いてもよいが，使用した箇所には下線を引くこと。

　　　英　語　　　地域語　　　州

⑷ シンガポール，マレーシア，インドネシアの華人社会では，標準中国語
（普通話）ではなく，いくつかの中国語の有力な方言が，日常生活で広く用いら
れている。例として具体的な方言名を1つ挙げ，こうした状況にある歴史的背
景を2行以内で述べなさい。

## 設問B

表は，20〜24歳人口（2015年）1万人に対する4つの国への留学者数（2016年）
を示したものである。以下の問いに答えなさい。

⑴ A〜Cにはマレーシア，韓国，インドのいずれかの国が入る。それぞれどの
国であるのかを，A―○のように答えなさい。また，C国において留学国の構
成が他の国と大きく異なっている理由をあわせて3行以内で述べなさい。

⑵ 表に挙げられている国の間で，オーストラリアは，人気の高い留学国となっ
ている。理由として考えられることを2つ，あわせて2行以内で述べなさい。

⑶ 20〜24歳人口1万人に対する4つの国への留学者数の合計は，B国が最も
多い。同国から多くの若者がこれらの国に留学するようになった理由を，以下
の語句をすべて用いて2行以内で述べなさい。語句は繰り返し用いてもよい
が，使用した箇所には下線を引くこと。

　　　　学歴社会　　　国際競争

表

(2016 年)

| 出身国 | 留学国 | | | |
|:---:|:---:|:---:|:---:|:---:|
| | オーストラリア | カナダ | イギリス | アメリカ |
| 中　国 | 11.1 | 6.0 | 8.8 | 30.6 |
| A | 3.9 | 1.7 | 1.4 | 11.5 |
| 日　本 | 2.8 | 2.5 | 4.8 | 25.1 |
| B | 17.0 | 13.3 | 14.1 | 169.2 |
| C | 48.7 | 3.2 | 55.2 | 26.8 |

単位：人

上記の値は，留学国の特定の日または特定の期間の在学者情報に基づいている。
そのため，留学期間が 1 年に満たない学生や在学を必要としない交換留学プログラム
の学生等，上記の値に含まれない留学生が存在する。
国連および OECD 資料による。

# 9

世界と日本における女性の労働に関する以下の設問A〜Bに答えなさい。解答は，解答用紙の(ハ)欄を用い，設問・小問ごとに改行し，設問記号・小問番号をつけて記入しなさい。

## 設問A

表3−1は，2002年と2017年時点の女性(25歳から34歳)の労働力率，管理職に占める女性の割合を国別に示したものである。

(1)　表のA，B，Cは，スウェーデン，日本，トルコのいずれかである。それぞれの国名をA—○のように答えなさい。

(2)　イスラエルは，周辺に位置する国と比較し，女性の労働力率が高くなっている。こうした違いが生じる要因について，2行以内で述べなさい。

(3)　フィリピンでは，管理職に占める女性の割合が高い一方で，女性の労働力率はあまり高くない。こうした状況にある理由として考えられることを，3行以内で述べなさい。

表3―1

| | 女性の労働力率 (25歳から34歳) | | 管理職に占める 女性の割合 | |
|---|---|---|---|---|
| | 2002年 | 2017年 | 2002年 | 2017年 |
| イスラエル | 71.8 | 78.4 | 26.9 | 34.6 |
| フィリピン | 51.1 | 51.5 | 57.8 | 51.5 |
| A | 82.7 | 85.4 | 30.7 | 38.9 |
| B | 32.5 | 46.9 | 6.8 | 15.0 |
| C | 66.1 | 78.4 | 9.6 | 13.2 |
| ドイツ | 76.0 | 79.1 | 27.3 | 29.2 |
| イタリア | 65.8 | 65.1 | 20.2 | 27.5 |

単位：%

労働力率は，就業者と完全失業者(働く意思と能力があり，求職しているが就業できていない者)をあわせた人数を，当該年齢・性別の人数で除した値。
労働力率はILOによる推計値。
ILOSTATほかによる。

設問B

　表3―2は，日本の地方別に，2010年〜2015年における女性の職業別就業者数の増減をみたものである。図3―1は，同じく地方別に，1960年〜2015年の合計特殊出生率の変化を示したものである。これについて以下の問いに答えなさい。

⑴　表3―2のア，イ，ウの職業名は，農林漁業，生産工程，サービス職業のいずれかである。それぞれの職業名を，ア―○のように答えなさい。

⑵　2010年〜2015年にかけて，（　ウ　）と同様に，販売従事者は，いずれの地方でも減少している。（　ウ　）と比較しながら，販売従事者が減少してきている理由として考えられることを，2行以内で述べなさい。

⑶　表3―2の左列では，管理的職業従事者，専門的・技術的職業従事者，事務従事者の合計を示しているが，いずれの地方でも増加している。この値が，首

都圏で増加している理由として考えられることを，以下の語句をすべて用いて
2行以内で述べなさい。語句は繰り返し用いてもよいが，使用した箇所には下
線を引くこと。


　　　オフィス　　　若年層


⑷　図3─1をみると，首都圏では，1960年代後半から1970年にかけて合計特
　殊出生率が全国的にも高かったのに対し，1970年代以降，他の地方と比べて
　大幅に低下し，現在でも低い水準にとどまっている。こうした変化の理由とし
　て考えられることを，3行以内で述べなさい。


表3─2

| 地方名 | 職業大分類別にみた2010年～2015年の増減数　　　（単位：千人） | | | | |
| | 管理的職業，専門的・技術的職業，事務 | 販　売 | ア | イ | ウ |
|---|---|---|---|---|---|
| 北海道 | 18 | ▲11 | ▲4 | ▲5 | ▲7 |
| 東　北 | 47 | ▲20 | 1 | ▲16 | ▲28 |
| 北関東 | 33 | ▲7 | 6 | ▲5 | ▲9 |
| 首都圏 | 183 | ▲8 | 10 | ▲5 | ▲19 |
| 北　陸 | 25 | ▲8 | 4 | ▲4 | ▲12 |
| 中　部 | 94 | ▲12 | 16 | ▲12 | ▲22 |
| 近　畿 | 100 | ▲16 | 13 | ▲3 | ▲17 |
| 中国・四国 | 49 | ▲19 | 6 | ▲13 | ▲14 |
| 九州・沖縄 | 87 | ▲22 | 9 | ▲16 | ▲14 |

東北は青森，岩手，宮城，秋田，山形，福島，北関東は茨城，栃木，群馬，首都圏は
埼玉，千葉，東京，神奈川，北陸は新潟，富山，石川，福井，中部は山梨，長野，岐
阜，静岡，愛知，三重，近畿は滋賀，京都，大阪，兵庫，奈良，和歌山，中国・四国
は鳥取，島根，岡山，広島，山口と四国4県，九州・沖縄は九州7県と沖縄の各都府
県からなる。
国勢調査による。

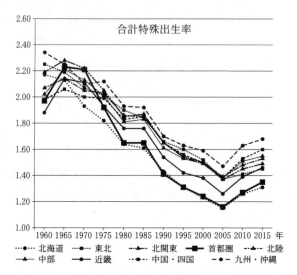

都道府県別の値の単純平均。九州・沖縄に，沖縄県が加えられるのは 1975 年以降。
厚生労働省「人口動態統計」による。

図 3 ― 1

# 10

　日本列島の地形と自然資源利用に関する以下の設問A～Bに答えなさい。解答は，解答用紙の(イ)欄を用い，設問・小問ごとに改行し，設問記号・小問番号をつけて記入しなさい。

## 設問A
　図1－1は日本列島の地形断面である。断面ア～ウの位置は，図1－2中の線分①～③のいずれかに対応している。各断面の左・右端は日本海・太平洋にそれぞれ面し，各断面の水平距離の縮尺は共通している。

(1)　X山地とY山地の地形的特徴の違いを述べるとともに，Y山地でそのような特徴が生じた理由として考えられることを，以下の語句をすべて用いて，あわせて2行以内で述べなさい。語句は繰り返し用いてもよいが，使用した箇所には下線を引くこと。
　　　　　内的営力　　外的営力

(2)　Z山脈は，断面イにおいては，両側の山地とは大きく異なる形状を示す。その理由として考えられることを1行で述べなさい。

(3)　aとbは元来同じ環境であったが，bは20世紀半ばに人工的に形成された土地である。この大規模地形改変事業がなされた社会的背景を1行で述べなさい。

(4)　cとdはいずれも大規模な平野であるが，卓越する地形が異なる。それぞれの平野で卓越する地形の名称と農業形態の特徴を，あわせて2行以内で述べなさい。

(5)　地形断面図は，水平方向よりも鉛直（高度）方向に拡張して描かれることが多い。ア～ウに共通した，水平方向に対する高度方向の拡張率は，おおよそ何倍程度と見積もられるか，有効数字1桁で，$k \times 10^n$ 倍のように答えなさい。kは1，2，5のなかから選び，nには最も適した整数を記しなさい。

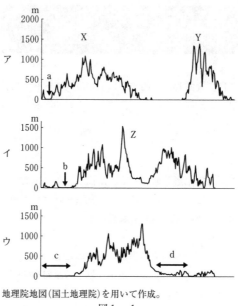

地理院地図(国土地理院)を用いて作成。

図1－1

図1－2

設問B
　表1－1は，5つの県の土地利用についてまとめたものである。なお，可住地面積とは，総面積から林野面積と主要湖沼面積を差し引いた面積を意味する。また，aは総面積1km²あたりの人口密度を，bは可住地面積1km²あたりの人口密度をさす。

(1) b/aの値が高い県のうち，和歌山県と高知県に共通してみられる地形的特徴を2行以内で述べなさい。

(2) 高知県と香川県では，ある重要な資源をやりとりしている。資源の名称と，このようなやりとりが生じる理由を，この資源の供給と消費の両面から，あわせて3行以内で述べなさい。

(3) 長野県と茨城県は，ともに農業生産の盛んな地域として知られており，レタスの生産量は全国1位と2位（2017年）であるが，出荷時期は大きく異なる。その理由を，地形的要因と経済的要因の両面から，あわせて2行以内で述べなさい。

表1－1

(2017年)

| 県　名 | 総面積1km²あたりの人口密度 a | 可住地面積1km²あたりの人口密度 b | b/a |
|---|---|---|---|
| 長　野 | 153 | 644 | 4.2 |
| 茨　城 | 474 | 728 | 1.5 |
| 和歌山 | 200 | 848 | 4.2 |
| 香　川 | 515 | 962 | 1.9 |
| 高　知 | 101 | 614 | 6.1 |

総務省および農林水産省資料による。

# 11

　世界の食料の生産と消費に関する以下の設問A〜Bに答えなさい。解答は，解答用紙の(ロ)欄を用い，設問・小問ごとに改行し，設問記号・小問番号をつけて記入しなさい。

### 設問A

　世界経済の成長とともに，人々の食生活に占める動物性食品の割合が増えつつある。図 2 − 1 は 1963 年（○）から 2013 年（●）にかけての，各国の経済状況を表す 1 人あたり GDP の伸びと，国民 1 人あたりのカロリー摂取量に占める動物性食品の割合の変化を表している。

(1)　人々の食生活に占める動物性食品の割合が増えることで，陸上の自然環境に及ぶ悪影響を 1 つあげ，1 行で述べなさい。

(2)　図 2 − 1 の 1 〜 6 の国では，1963 年以降も経済が成長しているにも関わらず，動物性食品の割合はあまり増えないか減少している。その理由を 3 行以内で述べなさい。

(3)　図 2 − 1 において，9 ペルーは，同じ南米の 7 アルゼンチンや 8 ブラジルとは異なる特徴を示している。その理由を 2 つ，以下の語句をすべて用いて，あわせて 4 行以内で述べなさい。語句は繰り返し用いてもよいが，使用した箇所には下線を引くこと。

　　　山岳地帯　　食文化　　農　業　　民族構成

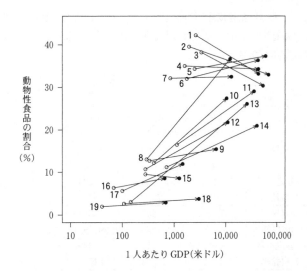

国　名：1ニュージーランド，2オーストラリア，3イギリス，4アメリカ合衆国，

　　　　5スウェーデン，6フランス，7アルゼンチン，8ブラジル，9ペルー，

　　　　10メキシコ，11イタリア，12マレーシア，13韓国，14日本，

　　　　15ジンバブエ，16ウガンダ，17インド，18ナイジェリア，19ルワンダ。

国連食糧計画および世界銀行資料による。

図2－1

## 設問B

　東南アジアは，世界の主要な米の生産・消費地域である。しかし，米の生産と消費のバランスは，国ごとに大きな違いがある。表2－1は，東南アジアの主要な米生産国について，生産量（a），国内供給量（b），生産量と国内供給量の差（生産量の過不足）（a－b），国内供給量に対する生産量の比（自給率）（a/b）を，Ⅰ期（1969年－1973年の5年間の平均），Ⅱ期（1989年－1993年の5年間の平均），Ⅲ期（2009年－2013年の5年間の平均）の3つの時期について示したものである。なおここで，国内供給量は，生産量＋輸入量－輸出量（ただし在庫分を補正）として定義される。

(1)　表2－1に掲げた5カ国は，ベトナム，タイ，フィリピン，マレーシア，インドネシアである。A～Eの国名を，A－○のように答えなさい。

(2)　A国の自給率の水準とその推移にみられる特徴を，生産量・国内供給量の推移にふれながら，その背景とともに2行以内で述べなさい。

(3)　D国は，米の自給達成を国の目標としてきた。D国の自給率の水準とその推移にみられる特徴を，生産量・国内供給量の推移にふれながら，その背景とともに2行以内で述べなさい。

表2－1

| | | I 期 1969－1973 | II 期 1989－1993 | III 期 2009－2013 |
|---|---|---|---|---|
| A | a 生産量 | 1,188 | 1,290 | 1,702 |
| | b 国内供給量 | 1,458 | 1,649 | 2,824 |
| | a－b 過不足 | －270 | －359 | －1,123 |
| | a/b 自給率 | 81 % | 78 % | 60 % |
| B | a 生産量 | 6,845 | 13,643 | 27,888 |
| | b 国内供給量 | 7,526 | 12,225 | 20,659 |
| | a－b 過不足 | －682 | 1,418 | 7,229 |
| | a/b 自給率 | 91 % | 112 % | 135 % |
| C | a 生産量 | 9,113 | 13,026 | 23,503 |
| | b 国内供給量 | 7,549 | 8,181 | 13,180 |
| | a－b 過不足 | 1,564 | 4,844 | 10,324 |
| | a/b 自給率 | 121 % | 159 % | 178 % |
| D | a 生産量 | 13,130 | 30,817 | 44,951 |
| | b 国内供給量 | 14,058 | 30,727 | 44,929 |
| | a－b 過不足 | －928 | 90 | 22 |
| | a/b 自給率 | 93 % | 100 % | 100 % |
| E | a 生産量 | 3,487 | 6,398 | 11,365 |
| | b 国内供給量 | 3,608 | 6,600 | 12,639 |
| | a－b 過不足 | －121 | －202 | －1,274 |
| | a/b 自給率 | 97 % | 97 % | 90 % |

単位：1000トン（精米換算）

FAO統計による。

# 12

　ドイツと日本の人口の動向に関する以下の設問A〜Bに答えなさい。解答は，解答用紙の(ハ)欄を用い，設問・小問ごとに改行し，設問記号・小問番号をつけて記入しなさい。

設問A
　表3−1は，ドイツの州別の人口増減率と2016年時点の州別人口を示したものである。

(1)　次の文は，ドイツの3つの州について，それぞれの特徴を説明したものである。ア〜ウは，表3−1および図3−1の番号5，6，16のいずれかである。該当する州の番号をア—○のように答えなさい。

　ア　この州は，豊富な石炭資源をもとに，製鉄や化学といった重化学工業を中心とした工業都市が東西に連なり，コナベーションを形成していた。現在は，ライン川沿いの都市群が南北軸を形成し，ヨーロッパにおける重要な中心地の1つになっている。
　イ　この州は，エルベ川の上流部に位置し，19世紀はドイツ工業の中心地域の1つで，繊維工業が栄えていた。州内には，2つの中心都市があり，1つは古くから交通の要衝で見本市の開催地，商都として栄え，もう1つは現在の州都で，かつての王国の宮殿があり，両都市とも，世界各地から多くの観光客が訪れる。
　ウ　この州の人口の大半は，2つの主要な河川にはさまれた平野部に集中している。国際空港があり，鉄道や高速道路の結節点にもなっている。州最大の都市は，欧州中央銀行の本部が置かれるなど，金融都市として栄え，ドイツでは珍しく超高層ビルが林立している。

(2)　1990年〜2000年にかけて，どのような人口増減率の地域差がみられるか，その特徴と要因として考えられることを2行以内で述べなさい。

(3)　1970年代から1980年代にかけては，西部ドイツのなかで，人口増減率の南北格差がみられた。これに対し，2000年代以降になると，南北格差は顕著ではなくなっている。こうした変化がみられるようになった要因として考えられること

を，以下の語句をすべて用いて 3 行以内で述べなさい。語句は繰り返し用いても
よいが，使用した箇所には下線を引くこと。

 国際競争力  サービス経済化  産業構造

⑷ 2000 年〜2010 年と比べ，2010 年〜2016 年には，ドイツの多くの地域で，人口
減少から人口増加に転じたり，人口減少率が小さくなるといった変化がみられる。
そうした変化の要因として考えられることを 1 行で述べなさい。

表3−1

| 番号 | 州　名 | 人口増減率（%） | | | | | 人口（千人） |
| | | 1970年～<br>1980年 | 1980年～<br>1990年 | 1990年～<br>2000年 | 2000年～<br>2010年 | 2010年～<br>2016年 | 2016年 |
|---|---|---|---|---|---|---|---|
| 1 | シュレースヴィヒ・ホルシュタイン | 4.0 | 0.6 | 6.2 | 1.6 | 1.7 | 2,882 |
| 2 | ハンブルク | −8.3 | 0.4 | 3.8 | 4.1 | 1.3 | 1,810 |
| 3 | ブレーメン | −5.6 | −1.7 | −3.2 | 0.2 | 2.7 | 679 |
| 4 | ニーダーザクセン | 1.9 | 1.8 | 7.3 | −0.1 | 0.4 | 7,946 |
| 5 | ノルトライン・ヴェストファーレン | 0.3 | 1.7 | 3.8 | −0.9 | 0.3 | 17,890 |
| 6 | ヘッセン | 3.2 | 2.9 | 5.3 | 0.0 | 2.4 | 6,213 |
| 7 | ラインラント・プファルツ | −0.5 | 3.3 | 7.2 | −0.8 | 1.5 | 4,066 |
| 8 | ザールラント | −4.9 | 0.7 | −0.4 | −4.8 | −2.1 | 997 |
| 9 | バーデン・ヴュルテンベルク | 3.4 | 6.1 | 7.1 | 2.2 | 1.8 | 10,952 |
| 10 | バイエルン | 3.5 | 4.8 | 6.8 | 2.5 | 3.1 | 12,931 |
| 11 | メクレンブルク・フォアポメルン | 0.8 | −1.0 | −7.7 | −7.5 | −1.9 | 1,611 |
| 12 | ベルリン | −4.7 | 12.6 | −1.5 | 2.3 | 3.3 | 3,575 |
| 13 | ブランデンブルク | 0.1 | −3.1 | 0.9 | −3.8 | −0.3 | 2,495 |
| 14 | ザクセン・アンハルト | −4.4 | −6.6 | −9.0 | −10.7 | −4.2 | 2,236 |
| 15 | テューリンゲン | −1.1 | −4.4 | −6.9 | −8.1 | −3.4 | 2,158 |
| 16 | ザクセン | −4.5 | −7.9 | −7.1 | −6.3 | −1.6 | 4,082 |
| | ドイツ全体 | 0.4 | 1.7 | 3.1 | −0.6 | 0.9 | 82,522 |

表中の州名の番号は，図3−1の番号と対応している。
ドイツ連邦統計局資料による。

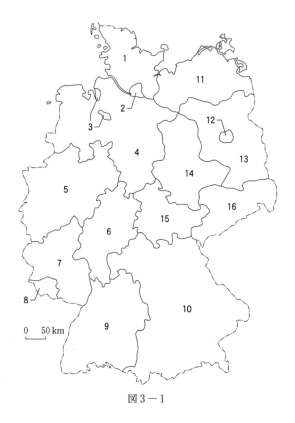

図3－1

**設問B**

図3－2は，三大都市圏と東京都特別区部の転入超過人口の推移を表したものである。三大都市圏とは，東京圏（東京都・埼玉県・千葉県・神奈川県），名古屋圏（岐阜県・愛知県・三重県），および大阪圏（京都府・大阪府・兵庫県・奈良県）である。

(1) 1960年代前半をピークに，人口が三大都市圏に集まってきた理由を，産業構造の変化と産業の立地の観点から，2行以内で述べなさい。

(2) 三大都市圏における転入超過人口の動向が，1980年代以降，都市圏間でどのように異なっているか，その理由として考えられることとあわせて，3行以内で述べなさい。

(3) 図3－2は，1990年代初めを境として，東京圏内部における人口分布の空間

構造が変化していることを示唆している。その内容を2行以内で述べなさい。

転入超過人口（万人）

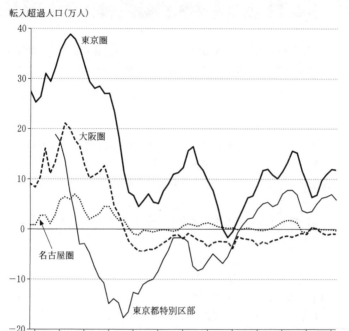

住民基本台帳人口移動報告による。

図3－2

# 13

（2019年度　第1問）

　　自然環境と人間活動の関係に関する以下の設問A〜Bに答えなさい。解答は，解答用紙の(イ)欄を用い，設問・小問ごとに改行し，設問記号・小問番号をつけて記入しなさい。

## 設問A

　　図1−1は，東アジアから東南アジアにかけての海岸線と主要な河川（a〜d）を示している。また図1−2中のP〜Rは，図1−1中のア〜ウの各地点の月平均降水量の変化を示したものである。これらの図をみて，以下の問いに答えなさい。

(1)　図1−2中のP〜Rに該当する地点の記号（ア〜ウ）を，P−○のように答えなさい。

(2)　図1−1中の河川cの下流域では，かつて文明が栄えたことが知られている。都市の周辺には，巨大なため池が作られてきた一方で，川沿いの家屋は高床式となっているものが多い。その理由として考えられることを2行以内で述べなさい。

(3)　図1−1中の河川dの河口付近の海岸域では，ある植生が広がっており，2004年に発生したインド洋津波による内陸への被害の軽減に役立ったと考えられている。他方，この植生は，河川bの河口から河川cの河口にかけての海岸地域を中心に，急速に失われている。この植生の名称と，失われた原因を，あわせて2行以内で述べなさい。

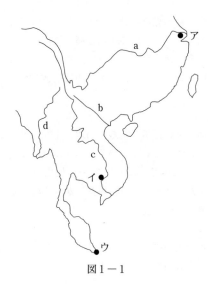

図 1 - 1

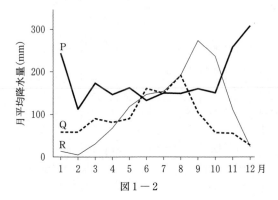

図 1 - 2

設問B

　メッシュマップは，地表面に一定の間隔の方眼線をかけ，各方眼の区域（メッシュ）ごとに土地の情報を示した地図である。コンピュータで扱いやすいため，地理情報システム（GIS）で使われる地図の代表的な形式の一つになっている。図1－3は，ある地域（地域X）の標高の分布をメッシュマップで示したものである。各メッシュに示された値はメッシュ内の平均標高（単位はm）である。図1－4は地域Xにおける人口の分布のメッシュマップで，各メッシュにおける人口が100人単位で示されている。両図の各メッシュの大きさは縦横ともに500mであり，方位は上が北である。

(1)　地域Xには，海面，沖積低地，台地，山地，比較的大きな河川がある。これらの要素が地域の中でどこに分布しているかを3行以内で述べなさい。記述の際には他地域に関する次の例を参考にしなさい。「地域の中央に湖があり，北東部には扇状地がある。また，北西部から南西部にかけて深い峡谷があり，その底を河川が南に向かって流れている」。

(2)　図1－4に示された人口の数値を用いて，地域Xの人口密度を算出し，単位をつけて答えなさい。有効数字は3桁とする。

(3)　図1－3と図1－4に基づき，地域Xの人口の分布が地形にどのように影響されているかを，2行以内で述べなさい。

| 319 | 298 | 254 | 233 | 99 | 38 |
|-----|-----|-----|-----|-----|-----|
| 247 | 202 | 198 | 153 | 18 | 178 |
| 98 | 123 | 42 | 13 | 144 | 255 |
| 28 | 15 | 6 | 18 | 163 | 232 |
| 5 | 2 | 6 | 32 | 176 | 243 |
| 0 | 1 | 3 | 29 | 155 | 221 |

標高（m）

図1－3

| 0 | 0 | 0 | 0 | 2 | 1 |
|-----|-----|-----|-----|-----|-----|
| 0 | 0 | 1 | 2 | 1 | 2 |
| 1 | 2 | 3 | 2 | 2 | 0 |
| 3 | 5 | 2 | 5 | 1 | 0 |
| 6 | 2 | 10 | 3 | 1 | 0 |
| 0 | 1 | 4 | 3 | 0 | 0 |

人口（×100人）

図1－4

# 14

　世界の国際貿易と国際旅行者に関する以下の設問Ａ〜Ｂに答えなさい。解答は，解答用紙の(ロ)欄を用い，設問・小問ごとに改行し，設問記号・小問番号をつけて記入しなさい。

### 設問A

　経済活動に伴って環境中に排出される窒素は，様々な環境問題を引き起こしている。各国が排出する窒素には，国内の経済活動で排出される分だけでなく，国際貿易に関係して排出される分もある。図２−１は，各国の輸入品の生産過程で排出された窒素量から，輸出品の生産過程で排出された窒素量を引いた差を示している。図２−１に記された窒素の種類のうち，水溶性窒素は農産物や軽工業製品の生産過程，亜酸化窒素ガスやアンモニアは農産物の生産過程，窒素酸化物は化石燃料の生産過程や火力発電で，その大部分が排出される。

(1)　環境中への窒素の過剰な排出によって生じる悪影響の例を１つあげなさい。

(2)　図２−１の(ア)〜(エ)は，アメリカ合衆国，中国，日本，ロシアのいずれかである。それぞれの国名を(ア)―〇のように答えなさい。

(3)　オーストラリアでは他の先進国に比べて，輸出品の生産による窒素排出量が輸入品の生産による排出量を大きく上回っている。その理由を，オーストラリアの主要な輸出品の特徴を踏まえて２行以内で述べなさい。

(4)　地球環境への悪影響を防止するために，先進国を中心に窒素排出量を規制する動きが高まっている。しかし，世界全体の窒素排出量を削減するためには，各国の自主的な規制に任せるだけでなく，国際的なルール作りが必要とされている。その理由を，国際貿易に関連させて３行以内で述べなさい。

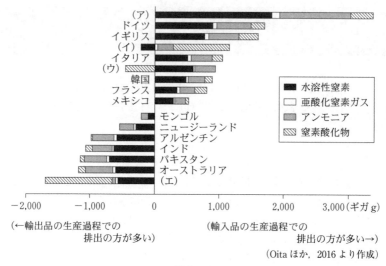

図 2 − 1

グラフ縦軸（上から）：
(ア)、ドイツ、イギリス、(イ)、イタリア、(ウ)、韓国、フランス、メキシコ、モンゴル、ニュージーランド、アルゼンチン、インド、パキスタン、オーストラリア、(エ)

凡例：
■ 水溶性窒素
□ 亜酸化窒素ガス
▨ アンモニア
▧ 窒素酸化物

横軸：−2,000　−1,000　0　1,000　2,000　3,000（ギガ g）

（←輸出品の生産過程での
　　　排出の方が多い）

（輸入品の生産過程での
　　　排出の方が多い→）

（Oita ほか，2016 より作成）

## 設問B

　近年，観光や商用などで外国を短期間訪問する国際旅行者が，世界的に増加している。表 2 − 1 は，2015 年時点で外国からの旅行者の数が上位の国・地域について，外国人旅行者受け入れ数，自国人口 100 人あたりの外国人旅行者受け入れ数，人口 1 人あたり国民総所得（GNI）を示している。また，表 2 − 2 は，日本を訪れる旅行者が，2015 年時点で上位の国・地域について，2005 年と 2015 年の訪日旅行者数を示している。

(1) 表 2 − 1 の(ア)〜(ウ)は，下記の中のいずれかの国である。それぞれの国名を，(ア)−〇のように答えなさい。

　　　　アメリカ合衆国　　スペイン　　ドイツ　　フランス　　ロシア

(2) (ア)国と(ウ)国は，自国人口 100 人あたりの外国人旅行者受け入れ数が著しく多い。その両国に共通する理由として考えられる自然的および社会的条件を，あわせて 2 行以内で述べなさい。

(3) 表 2 − 2 からは，中国とタイからの訪日旅行者が，近年，とくに増加していることが読みとれる。中国とタイからの旅行者数が増加している共通の理由として考えられることを，下記の語句をすべて用いて，3 行以内で述べなさい。語句は繰り返し用いてもよいが，使用した箇所には下線を引くこと。

所得階層　　政策　　航空　　入国管理

表 2 − 1

(2015 年)

| 順位 | 国・地域 | 外国人旅行者受け入れ数<br>（百万人） | 自国人口 100 人あたり外国人旅行者受け入れ数<br>（人） | 人口 1 人あたり国民総所得<br>（千ドル） |
|---|---|---|---|---|
| 1 | (ア) | 84.5 | 131 | 37.1 |
| 2 | (イ) | 77.5 | 24 | 58.1 |
| 3 | (ウ) | 68.5 | 149 | 25.8 |
| 4 | 中　国 | 56.9 | 4 | 8.0 |

国連資料による。
外国人旅行者の定義は国によって異なる。
中国には台湾・香港・マカオは含まれない。

表 2 − 2

| 順位 | 国・地域 | 訪日旅行者数<br>（万人）<br>2015 年(a) | 訪日旅行者数<br>（万人）<br>2005 年(b) | (a)/(b) |
|---|---|---|---|---|
| 1 | 中　国 | 499 | 65 | 7.6 |
| 2 | 韓　国 | 400 | 175 | 2.3 |
| 3 | 台　湾 | 368 | 127 | 2.9 |
| 4 | 香　港 | 152 | 30 | 5.1 |
| 5 | アメリカ合衆国 | 103 | 82 | 1.3 |
| 6 | タ　イ | 80 | 12 | 6.6 |
|  | 世界計 | 1,974 | 673 | 2.9 |

日本政府観光局資料による。
中国には台湾・香港・マカオは含まれない。

# 15

日本の産業と国土に関する以下の設問A〜Bに答えなさい。解答は，解答用紙の(ハ)欄を用い，設問・小問ごとに改行し，設問記号・小問番号をつけて記入しなさい。

## 設問A

表3−1は2010年と2015年について，それぞれの都道府県における6つの産業分類の就業者比率を都道府県別に示したものである。この表をみて，以下の問いに答えなさい。

(1) 近年，知識経済化・情報社会化の進展が加速しているが，このことによって全国レベルでどのような地域的変化が生じていくと考えられるか。そのように判断した理由とあわせて2行以内で述べなさい。

(2) 医療，福祉の就業者比率が高い都道府県にはどのような特徴があると考えられるか。2つの点をあげ，あわせて2行以内で述べなさい。

(3) 東日本大震災（2011年）前後で被災地の産業構造はどのように変化したか。表から読み取れることを，変化の理由とあわせて2行以内で述べなさい。

(4) 北海道と沖縄県にはどのような共通した経済的特徴があると考えられるか。2行以内で述べなさい。

表 3 - 1

2010 年

|  | 宿泊業，飲食サービス業 | 製造業 | 情報通信業 | 学術研究，専門・技術サービス業 | 医療，福祉 | 建設業 |
|---|---|---|---|---|---|---|
| 北海道 | 6.2 | 8.1 | 1.6 | 2.6 | 11.6 | 8.9 |
| 福島県 | 5.5 | 20.1 | 0.9 | 2.0 | 10.2 | 9.0 |
| 東京都 | 6.1 | 9.8 | 7.0 | 5.2 | 8.0 | 5.4 |
| 滋賀県 | 5.2 | 26.5 | 1.2 | 2.7 | 9.8 | 6.2 |
| 大阪府 | 5.9 | 15.9 | 2.7 | 3.2 | 10.6 | 6.8 |
| 高知県 | 6.0 | 8.6 | 1.1 | 2.2 | 14.9 | 8.3 |
| 沖縄県 | 8.1 | 4.8 | 2.0 | 2.8 | 12.1 | 9.2 |

単位：%

2015 年

|  | 宿泊業，飲食サービス業 | 製造業 | 情報通信業 | 学術研究，専門・技術サービス業 | 医療，福祉 | 建設業 |
|---|---|---|---|---|---|---|
| 北海道 | 6.0 | 8.4 | 1.7 | 2.6 | 13.4 | 8.4 |
| 福島県 | 5.1 | 18.5 | 0.9 | 2.4 | 11.2 | 10.8 |
| 東京都 | 5.7 | 10.1 | 7.6 | 5.6 | 9.2 | 5.2 |
| 滋賀県 | 5.2 | 26.7 | 1.2 | 2.6 | 11.6 | 5.9 |
| 大阪府 | 5.6 | 15.7 | 2.8 | 3.2 | 12.1 | 6.5 |
| 高知県 | 5.7 | 8.4 | 1.1 | 2.4 | 16.8 | 8.1 |
| 沖縄県 | 7.8 | 4.9 | 2.2 | 2.9 | 13.9 | 8.9 |

単位：%

国勢調査による。

## 設問 B

　次の文は，日本の 5 つの半島について，それぞれの特徴を説明したものである。以下の問いに答えなさい。

A 半島

　この半島では，大手水産会社が手がける遠洋漁業の拠点が置かれ，ダイコンなどの畑作物の栽培が盛んであった。高度成長期に大都市の通勤圏が外側に拡大するなかで，住宅地開発が盛んに進められた。しかしながら，現在は，高齢化が進み，人口の減少が大きな問題となっている。

B半島

　この半島は，リアス式海岸で知られ，第2次世界大戦前から真珠の養殖が行われてきた。また，大都市圏に比較的近いために，私鉄会社が半島の先まで路線網を伸ばし，大都市圏から行楽客を多く集めてきた。外国の街並みなどを模したテーマパークが開発されたり，世界的に著名な高級ホテルが進出したりしている。

C半島

　この半島では，農業と漁業が中心的な産業であったが，1960年代に大規模工業基地の建設が計画され，広大な用地の買収，土地の造成がなされた。しかしながら，1970年代のオイルショックにより計画は頓挫した。その後，核燃料廃棄物関連の施設が立地しているものの，現在でも利用されないままの土地が少なくない。

D半島

　この半島には，国宝にも指定されている平安時代の大堂で知られる寺院をはじめ，歴史の古い寺院が多くある。最近では「昭和の町」として知られるまちづくりにより，観光客を集めている。かつては，海を挟んだ隣の県の農民が，ミカンの出作りをしたことでも知られるが，現在では休耕地も多くなっている。

E半島

　この半島では，平地は少ないが，棚田の風景は有名である。伝統産業として漆器産業が盛んであり，また1970年代には，農村労働力を求めて，繊維関係の工場が多く進出した。しかしながら，合繊不況により，繊維の工場は多くが閉鎖されている。従来から水産業，観光業が盛んであったが，最近ではその内容が大きく変わってきている。

⑴　A～Cの半島は，図3－1の①～⑦のいずれかである。該当する半島をA－○のように答えなさい。

⑵　A半島の下線部で示したように，大都市圏に比較的近い半島で，高齢化や人口減少が進んでいる理由を1行以内で説明しなさい。

⑶　一般的に，半島は，条件不利地として捉えられることが多く，典型的な過疎地域として指摘されることが多い。しかしながら，D半島やE半島では，空港の整備によって，地域経済が大きく変わってきている。D半島，E半島でのそれぞれの地域経済の変化について，以下の用語を用いて，あわせて3行以内で説明しなさい。語句は繰り返し用いてもよいが，使用した箇所には下線を引くこと。

外国人　　グローバル化　　ハイテク産業

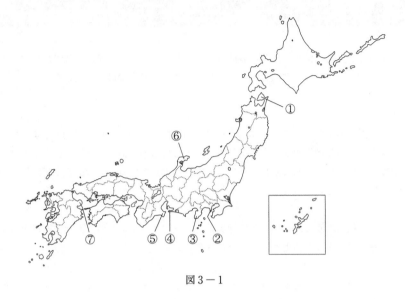

図3－1

# 16

(2018 年度　第 1 問)

地球環境と気候に関する以下の設問 A 〜 B に答えなさい。解答は，解答用紙の(イ)欄を用い，設問・小問ごとに改行し，設問記号・小問番号をつけて記入しなさい。

## 設問 A

次の図 1 − 1 は，ハワイのマウナロアで観測された 1958 年から 2017 年までの，大気中の二酸化炭素濃度の変化を月単位で示したものである。二酸化炭素濃度は，増加と減少を繰り返しながら，全体としては増加している。この図をみて，以下の問いに答えなさい。

(1)　二酸化炭素濃度が全体として増加しているのは，主に 2 つの人間活動によっている。どのような活動か，1 行で述べなさい。

(2)　大気中の二酸化炭素濃度が，細かく増加と減少を繰り返している現象は，どのような原因で起こっているか。2 行以内で述べなさい。

(3)　図 1 − 2 は，今世紀の二酸化炭素濃度増加のシナリオである。A と D は，それぞれ人間活動と地球環境がどのようになることを予想したシナリオか。以下の語句をすべて使用して，あわせて 3 行以内で述べなさい。語句は繰り返し用いてもよいが，使用した箇所には下線を引くこと。

　　　　エネルギー　　　気温　　　固定

第2章

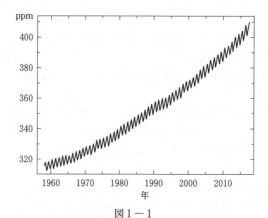

図 1 － 1

1958 年 3 月から 2017 年 5 月までの大気二酸化炭素濃度の
変化（ppm）。
米国海洋大気庁による。

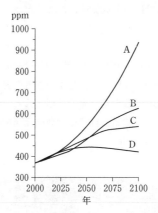

図 1 － 2

異なるシナリオに基づいて予想された，今世紀の大気中の
二酸化炭素濃度変化（ppm）。
気候変動に関する政府間パネル第 5 次評価報告書に基づく。

設問B

　図1－3は，1848年以降に発生した世界の熱帯低気圧の経路を示した地図である。経路の線の色は熱帯低気圧の強度を示し，白いほど弱く，灰色が濃いほど強い。図1－4は，1970年に発生した熱帯低気圧のみの経路を例示している。

(1)　強い熱帯低気圧には地域別の名称があり，日本を含む東〜東南アジアに襲来するものは台風と呼ばれている。他の2つの代表的な名称と，それが使われる地域を「台風一東〜東南アジア」のように記しなさい。

(2)　熱帯低気圧は赤道付近を除く熱帯〜亜熱帯の海上で発生し，その後は，北上または南下するが，北半球では進路の方向が最初は北西で次に北東に変わり，南半球では最初は南西で次に南東に変わる傾向がある。このような変化が生じる理由を1行で述べなさい。

(3)　南米大陸の周辺の海では熱帯低気圧がほとんど発生しない。この理由を1行で述べなさい。

(4)　今後，地球環境の変化により熱帯低気圧の強度や発生頻度が変化する可能性が指摘されている。しかし，仮に熱帯低気圧の強度や発生頻度が増大しなくても，熱帯低気圧が原因で被災する人が世界的に増えると予測されている。このような予測が行われる理由となっている自然や社会の今後の変化を，2行以内で述べなさい。

図1－3

米国海洋大気庁による。

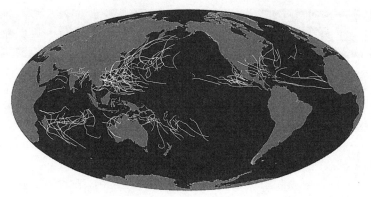

図 1 − 4

米国海洋大気庁による。

# 17

　世界で見られる，海域をはさんだ地域のつながりに関する以下の設問A〜Bに答えなさい。解答は，解答用紙の㋺欄を用い，設問・小問ごとに改行し，設問記号・小問番号をつけて記入しなさい。

## 設問A

　国際海運（外航海運）の形態には，あらかじめ航路や日程を定めて運航される定期船と，それを定めないで運航される不定期船とがあるが，定期船の多くは，コンテナを用いて貨物を運ぶコンテナ船である。一方，不定期船の多くは，大量の液体を運ぶタンカーや，鉱石や穀物などの梱包されていない貨物を運ぶ船舶である。それらは，ばら積み船と総称されている。ばら積み船のうち，タンカーや鉱石専用船は非常に大型のものが多い。

(1) 表2−1は，2000年と2014年のいずれかで，コンテナ取扱量が世界第5位までの港湾について，両年次の世界順位と2014年のコンテナ取扱量を示している。この表を見ると，2000年に世界1位であった香港は，2014年には4位になったのに対し，2000年に2位であったシンガポールは2014年でも2位と順位を保っている。両港でこのような違いが生じた理由として考えられることを，下記の語句をすべて用いて，2行以内で述べなさい。語句は繰り返し用いてもよいが，使用した箇所には下線を引くこと。

　　　製品　　中継　　経済発展

表2−1

| 2014年<br>世界順位 | 2000年<br>世界順位 | 港　湾　名 | 2014年取扱量<br>（千 TEU） |
|---|---|---|---|
| 1 | 6 | 上　海 | 35,285 |
| 2 | 2 | シンガポール | 33,869 |
| 3 | 11 | 深　圳 | 24,037 |
| 4 | 1 | 香　港 | 22,283 |
| 5 | — | 寧　波 | 19,430 |
| 6 | 3 | 釜　山 | 18,678 |
| 11 | 5 | ロッテルダム | 12,297 |
| 13 | 4 | 高　雄 | 10,590 |

TEU は20フィートコンテナ換算の個数。
「—」はデータなし。
国土交通省『海事レポート』各年度による。

(2) 表2−2は，世界における主要なばら積み船輸送を，品目毎に出発国（地域）と到着国（地域）の組み合わせとして示している。表中の(ア)(イ)はそれぞれ1つの国である。その国名を(ア)−○のように答えなさい。

表2−2

(2014年)

| 品　名 | 出発国（地域） | 到着国（地域） | 輸送量（百万トン） |
|---|---|---|---|
| 原　油 | 中　東 | 中　国 | 160 |
| | 中　東 | 日　本 | 143 |
| | 中　東 | 韓国・台湾 | 141 |
| 鉄鉱石 | (ア) | 中　国 | 548 |
| | (ア) | 日　本 | 83 |
| | (ア) | 韓国・台湾 | 67 |
| | (イ) | 中　国 | 173 |
| | (イ) | 日　本 | 37 |
| 原料炭 | (ア) | 東アジア | 89 |
| | 北アメリカ | 東アジア | 32 |
| 一般炭 | インドネシア | 東アジア | 187 |
| | インドネシア | インド | 133 |
| | (ア) | 東アジア | 213 |
| 穀　物 | 北アメリカ | 東アジア | 66 |
| | 南アメリカ | 東アジア | 53 |

国土交通省『海事レポート2016』による。

(3) 2016年6月に，9年の工期を要したパナマ運河拡張工事が完了した。これまでより運河の幅や水深が大きくなり，非常に大型の船舶以外は通行が可能になった。これによって，東アジアの輸出入品輸送はどのような影響を受けると考えられるか。輸出品と輸入品の例をあげ，下記の語句をすべて用いて，あわせて3行以内で述べなさい。語句は繰り返し用いてもよいが，使用した箇所には下線を引くこと。

コンテナ船　　ばら積み船　　陸上輸送　　輸送費　　アメリカ大陸

設問B

　インド洋を取り巻く地域では，古くから交易や文化的交流，人の移動が盛んに行われてきた。

(1)　イスラームは，西アジアのアラビア半島に起源を持つ宗教であるが，西アジアには，イスラーム大国とされるイランも含め，ムスリム人口が1億を超える国は存在しない。これに対し，東南アジアには，2億を超える世界最大のムスリム人口を擁するA国，南アジアには1億を超えるムスリム人口を擁するB国，パキスタン，バングラデシュが存在する。A国，B国の国名を，A―○，B―○のように答えた上で，イランとA国の，国の統治のあり方の違いを，宗教の位置づけに注目して2行以内で述べなさい。

(2)　インド洋を取り巻く地域には，南アジア以外にも，インド系住民が人口の数％～10％弱を占め，それなりの存在感を示す国々が存在する。東南アジアのマレーシアとシンガポール，アフリカ大陸部の南アフリカ共和国等がそれに該当する。マレーシアや南アフリカ共和国にインド系住民が多数居住するようになった歴史的背景を，下記の語句をすべて用いて2行以内で述べなさい。語句は繰り返し用いてもよいが，使用した箇所には下線を引くこと。
　　　　　さとうきび　　　ゴム

(3)　インド洋を取り巻く国々は，1997年に「環インド洋連合（IORA）」を組織し，貿易・投資の促進など域内協力推進を図っている。東南アジア諸国からアフリカ東南部インド洋沿岸諸国に対して，今後，どのような分野での貿易や投資が活発になっていくと考えられるか。両地域の経済発展の状況を踏まえ，その理由とともに，2行以内で述べなさい。

# 18

　人口と都市に関する以下の設問Ａ〜Ｃに答えなさい。解答は，解答用紙の(ハ)欄を用い，設問・小問ごとに改行し，設問記号・小問番号をつけて記入しなさい。

## 設問Ａ

　国勢調査の結果によると，2010 年〜15 年の 5 年間で人口が増加したのは 8 都県のみであった。図 3 − 1 は，そのうちの 4 つの都県について，1985 年以降の 5 年毎の人口増減率を示している。また，図 3 − 2 は，2010 年〜15 年の都道府県別の人口増減率を示している。これらの図をみて，以下の問いに答えなさい。

⑴　図 3 − 1 のＡ，Ｂ，Ｃ，Ｄは，埼玉県，沖縄県，東京都，福岡県のいずれかである。それぞれの都県名を，Ａ−○のように答えなさい。

⑵　図 3 − 2 で，山梨県と和歌山県では，周囲の都府県と比べて，人口減少率が相対的に大きくなっている。これらの 2 県で，そのようになった共通の理由として考えられることを，下の語群の中から適当な用語 2 つ以上を用いて，2 行以内で述べなさい。語句は繰り返し用いてもよいが，使用した箇所には下線を引くこと。

⑶　図 3 − 2 において，沖縄県と北海道を除く地方圏について，人口減少率の大小を比較すると，①全国的には，北関東などの三大都市圏に近い県では人口減少率が相対的に小さく，北東北や四国などの遠い県では人口減少率が大きくなること，②同じ地方ブロック内でも，県によって人口減少率に差異があることの 2 点がみてとれる。これらの点が生じた理由として考えられることを，下の語群の中から適当な用語 2 つ以上を用いて，あわせて 3 行以内で述べなさい。語句は繰り返し用いてもよいが，使用した箇所には下線を引くこと。

　語　群
　　移動　　　　　距離　　　過疎化　　　広域中心　　　工業化
　　高速交通　　　地形　　　都市規模　　　農村　　　　半島

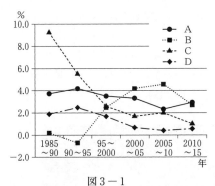

図3－1

国勢調査による。

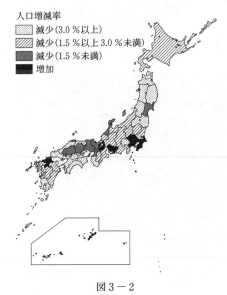

図3－2

国勢調査による。

**設問B**

図3－3は，日本の3つの地方都市，鹿児島，広島，金沢における地表起伏を陰影で，また，人口集中地区の範囲（2015年現在）をドットで示した地図である。地図には各都市の主要な城跡の位置も示しているが，それぞれの都市域は，この城跡の付近から拡大し始めたと考えられる。

(1) これら3つの都市で，当初の都市域の場所と，その後，拡大していった場所の

地形条件を，各都市についてそれぞれ1行で述べなさい。

(2) 広島と鹿児島において，都市域の拡大によって増大した自然災害のリスクのうち，両都市で共通するものを2つ挙げ，その特徴をあわせて2行以内で述べなさい。

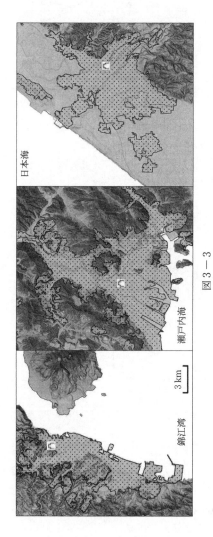

図3−3

地理院地図による。
縮尺は全て共通。

設問C

　　TさんとUさんは，それぞれ家族4人で地方に住んでいるが，転勤のため4月からある大都市に引っ越すことになった。2人の会話を読み，以下の問いに答えなさい。

Tさん：「引っ越しの時期が近づいてきましたね。Uさんは4月から住む場所はもう決めましたか？」

Uさん：「いま探しているところです。Tさんはどの辺りに住みたいと思っていますか？」

Tさん：「わたしは都心のターミナル駅や繁華街の周辺に憧れたりするのですが，家賃が高くてなかなか住めないですね。」

Uさん：「そうですね。都心はデパートや専門店，劇場なども多くあって便利だけれど，家賃を考えると部屋を借りるのはちょっと大変ですね。」

Tさん：「都心から電車で20分ぐらい離れた場所は，通勤や通学にも便利でいいですかね？　それでもまだ家賃は高そうですね。」

Uさん：「都心からさらに離れた郊外に住むということも考えられますね。」

Tさん：「あと，家から最寄り駅までの移動を考えると，駅からあまり遠くない方がいいですね。」

Uさん：「それと，毎日の買い物のことを考えると，家の近くにスーパーマーケットや食料品店があると便利ですね。」

Tさん：「そうですね。都心のデパートに行ってする買い物と，近所のスーパーでする買い物は違うものですね。都心の繁華街の楽しさや便利さと，日常生活の暮らしやすさや便利さは，また別の種類のものかもしれないですね。」

Uさん：「そういえば，このようなことを地理の授業で習った記憶がありますね。身近な話題でもあるんですね。」

(1)　上記の会話で2人が話している内容をふまえて，大都市の土地利用と生活圏との関係を，以下の語句をすべて用いて，3行以内で述べなさい。語句は繰り返し用いてもよいが，使用した箇所に下線を引くこと。
　　　　　地価　　生鮮食品　　中心業務地区

(2)　大都市での日常の買い物についてみた場合，かつてはその利便性が確保されていたにもかかわらず，最近では，居住者が日用品の購入に不便や困難を感じるようになった地域も発生している。こうした地域が生じている理由について，2行以内で述べなさい。

# 19

　島と海に関する以下の設問A〜Bに答えなさい。解答は，解答用紙の(イ)欄を用い，設問・小問ごとに改行し，設問記号・小問番号をつけて記入しなさい。

## 設問A

　次ページの図1－1は，太平洋における島の分布を，日本と島嶼国（米国などの海外領土を含む）の排他的経済水域とともに示したものである。この図をみて，以下の問いに答えなさい。

(1)　図の▲は主に火山岩からなる火山島を，○は主にサンゴ砂礫などからなるサンゴ礁島を示している。太平洋の中央部で，火山島とサンゴ礁島が，北西から南東の方向に並んでいる理由を，2行以内で述べなさい。

(2)　主にサンゴ礁島からなる小島嶼国（規模の小さな島嶼で構成される国）では，先進国からの支援や，移民の出稼ぎによって経済が維持されている場合が多い。その理由を，小島嶼国の地理的な特徴をふまえて，2行以内で述べなさい。

(3)　図の島々を囲む実線は排他的経済水域を示す。領海と排他的経済水域の違いを，以下の語句をすべて使用して，3行以内で述べなさい。語句は繰り返し用いてもよいが，使用した箇所には下線を引くこと。

　　　　海里　　　主権　　　資源　　　環境　　　航行

(4)　図中のa，bの島の名前を，それぞれa－○のように答えなさい。

(5)　小笠原諸島の年降水量（たとえば父島で1293mm）は，同程度の緯度に位置する南西諸島（たとえば那覇で2041mm）に比べて少ない。その理由を，2行以内で述べなさい。

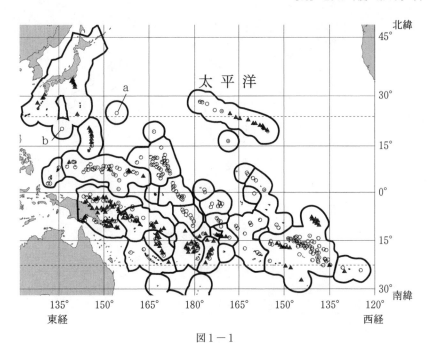

図 1 － 1

太平洋における島の分布と排他的経済水域。▲は火山島，○はサンゴ礁島（環礁など），・
はその他の島（石灰岩島，大陸島など）を示す。島々を囲む実線は，日本と島嶼国の排他
的経済水域を示す。島の分布と分類は，Nunn（2016）を簡略化し，すべての島を示しては
いない。

## 設問B

次ページの図 1 － 2 中の a ～ c は，世界の島々のうち，3 ～ 5 番目に大きな面積
をもつ 3 島の海岸線を，等積図法によって同縮尺で描いたものであり，それぞれ上
が北を示している。この図をみて，以下の問いに答えなさい。

(1) これら 3 島には，北極線（北極圏の南限），赤道，北回帰線，南回帰線のいず
れかが通っている。それぞれ，a －○のように答えなさい。

(2) c 島の海岸線の特徴と，そのような特徴が生じた原因をあわせて 1 行で答えな
さい。

(3) a，b 両島においては，自然資源の利用に基づく産業が基幹産業になっている。
両島におけるこれらの産業の特徴を，自然環境の違いにも留意しながら，両者を
比較しつつ 3 行以内で述べなさい。

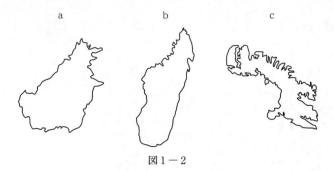

図1－2

# 20

　世界の水資源と環境問題に関する以下の設問Ａ～Ｂに答えなさい。解答は，解答用紙の㈠欄を用い，設問・小問ごとに改行し，設問記号・小問番号をつけて記入しなさい。

**設問Ａ**

　表２－１は，各国の水資源の状況を示している。この表で，年降水総量は年平均降水量に国土面積を乗じたもの，水資源量はそれぞれの国内で利用することができる再生可能な水資源の量（表層水と浅層地下水の合計），水使用量は実際に使用された水の量を示している。この表を見て，以下の問いに答えなさい。

⑴　ア～エは，オーストラリア，カナダ，クウェート，マレーシアのいずれかである。それぞれの国名を，ア―○のように答えなさい。

⑵　エジプトでは，水資源量が年降水総量を上回っている。このような現象が起こる理由を１行で述べなさい。

⑶　エチオピアとエジプトの間には水資源をめぐる対立が続いている。そうした対立には，エチオピアの水資源の特徴が背景となっている。そうしたエチオピアの水資源の特徴を自然と社会の両面から２行以内で述べなさい。

⑷　日本のような国では，この表に示されている水使用量よりも多くの水資源を間接的に利用しているのではないかという指摘がある。それはどのような考え方か。以下の語句をすべて使用して，２行以内で述べなさい。語句は繰り返し用いてもよいが，使用した箇所には下線を引くこと。

　　　　自給率　　　穀物　　　家畜

表2−1

| 国 | 年平均降水量<br>(mm/年) | 年降水総量<br>(10億m³/年) | 水資源量<br>(10億m³/年) | 1人あたり<br>水資源量<br>(m³/年) | 1人あたり<br>水使用量<br>(m³/年) |
|---|---|---|---|---|---|
| ア | 534 | 4,134 | 492 | 20,527 | 824 |
| イ | 537 | 5,362 | 2,902 | 80,746 | 1,113 |
| ウ | 2,875 | 951 | 580 | 19,122 | 419 |
| 日 本 | 1,668 | 630 | 430 | 3,397 | 641 |
| エチオピア | 848 | 936 | 122 | 1,227 | 79 |
| エジプト | 51 | 51 | 58 | 637 | 911 |
| エ | 121 | 2 | 0 | 5 | 447 |

FAO：AQUASTAT（2016）による。年次は国により異なる。

## 設問B

大気中に漂う直径2.5ミクロン以下の微粒子をPM2.5と呼ぶ。人為的に放出された PM2.5のうちのあるものは，肺の奥深くまで達して健康をむしばむので，大きな被害を引き起こす原因として疑われている。

(1) 表2−2は，2012年にエネルギー供給量が世界の上位5位までの国について，それぞれ，2002年と2012年時点でのエネルギー供給の構成を示している。これらの国のうちA国とB国では，近年，PM2.5の問題が深刻化しつつある。A国とB国の国名を，A−○，B−×のように答えなさい。

(2) A国とB国に共通して，PM2.5の増加をもたらしていると考えられる原因とその社会的背景を，あわせて2行以内で述べなさい。

(3) 地球上の人口密度が希薄な地域でも，PM2.5を含む微粒子が大量に発生する場合がある。そうした現象を引き起こす原因の例を1つ挙げなさい。

表 2 － 2

（石油換算：百万トン）

| 国 | 石　炭 | 石　油 | 天然ガス | その他 |
|---|---|---|---|---|
| A | 707<br>1,969 | 241<br>464 | 32<br>121 | 248<br>341 |
| アメリカ合衆国 | 542<br>425 | 900<br>771 | 537<br>596 | 311<br>349 |
| B | 178<br>354 | 119<br>177 | 23<br>49 | 219<br>208 |
| ロシア | 107<br>133 | 128<br>169 | 326<br>387 | 57<br>67 |
| 日　本 | 100<br>112 | 256<br>210 | 66<br>105 | 95<br>25 |

上段：2002 年　下段：2012 年
その他には，水力，原子力，地熱等を含む。
IEA：Energy Balances 等による。

# 21

　ヨーロッパと日本の産業・社会の変化に関する以下の設問A〜Bに答えなさい。解答は，解答用紙の(ハ)欄を用い，設問・小問ごとに改行し，設問記号・小問番号をつけて記入しなさい。

## 設問A

　図3−1は，1990年時の人口を1とした時の各年次の人口の推移を，図3−2は，2014年時の総人口を1とした時の年齢階層別人口を，表3−1は，それぞれの国の主要な職業の男女別構成比率を示している。これらの図表をみて，以下の問いに答えなさい。

(1)　図表中のア〜エの各国は，ブルガリア，ドイツ，スペイン，スウェーデンのいずれかである。それぞれの国名を，ア−○のように答えなさい。

(2)　ウ国において，ここ20年間の人口構造の変化によって深刻化していると思われる経済的問題を2つ，あわせて2行以内で答えなさい。

(3)　エ国において，1990年以降の人口減少を引き起こしていると考えられる主要な理由を2つ，あわせて2行以内で答えなさい。

(4)　ア国は，他国と比較した時に，青壮年層の人口規模に比べて年少層の人口規模が相対的に大きい。このような状況をもたらしている政策的な要因を，以下の語句をすべて使用して，2行以内で述べなさい。語句は繰り返し用いてもよいが，使用した箇所に下線を引くこと。

　　　　　女性の社会進出　　労働環境

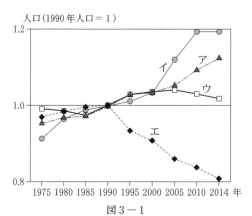

図 3 － 1

資料：国連による。

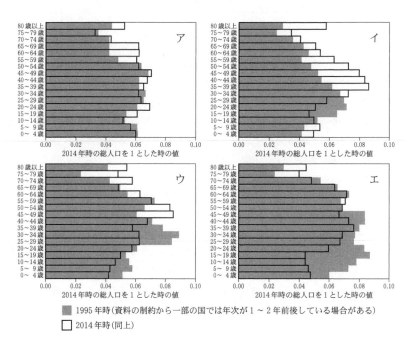

■ 1995 年時（資料の制約から一部の国では年次が 1 ～ 2 年前後している場合がある）

□ 2014 年時（同上）

図 3 － 2

資料：国連による。

表3－1

| 国 | | 管理的・専門的・技術的職業 | 事務・サービス・販売職 | 生産工程・労務的職業 |
|---|---|---|---|---|
| ア | 男 | 46.9 | 15.7 | 16.4 |
| | 女 | 52.2 | 37.4 | 7.9 |
| イ | 男 | 31.7 | 24.2 | 23.6 |
| | 女 | 33.3 | 42.8 | 21.7 |
| ウ | 男 | 41.5 | 18.1 | 15.7 |
| | 女 | 45.7 | 37.9 | 12.6 |
| エ | 男 | 24.6 | 20.4 | 32.4 |
| | 女 | 37.4 | 36.8 | 16.6 |

単位：%

資料：国際労働機関による（数値は2014年）。

## 設問B

　次の表3－2は，日本工業の主要業種を取り上げ，各業種の1963年，1988年，2013年の出荷額等（製造品出荷額等）について，日本全体の数値と上位5位までの都道府県名，上位5都道府県の対全国比を示したものである。また，表3－3は，地方の5つの県を取り上げ，2003年〜2008年，2008年〜2013年の出荷額等の変化と，2008年および2013年の上位2業種を示したものである。これらの表をみて，以下の問いに答えなさい。

⑴　表3－2のA，B，C，Dは，北海道，千葉，東京，大阪のいずれかである。それぞれの都道府県名を，A－○のように答えなさい。

⑵　表3－2の上位5都道府県の対全国比について，1963年〜1988年の変化をみると，輸送用機械ではほとんど変化していないのに対し，電気機械では大幅に低下してきている。こうした変化の理由として考えられることを，2行以内で述べなさい。

⑶　表3－3では，2003年〜2008年にかけては，いずれの県でも，出荷額等の増加がみられたのに対し，2008年〜2013年にかけては，大幅な減少がみられた県がある一方で，わずかな減少にとどまった県もある。こうした違いが生じた理由として考えられることを，以下の用語をすべて使用して，3行以内で述べなさい。語句は繰り返し用いてもよいが，使用した箇所に下線を引くこと。

　　　　アジア　　　デジタル家電　　　輸出

表 3 - 2

| 業種名 | 年 | 全国の出荷額等(百億円) | 上位 5 都道府県名 | | | | | 上位 5 都道府県の対全国比(%) |
|---|---|---|---|---|---|---|---|---|
| | | | 第 1 位 | 第 2 位 | 第 3 位 | 第 4 位 | 第 5 位 | |
| 食料品 | 1963 年 | 292 | A | 神奈川 | 兵 庫 | B | 愛 知 | 45 |
| | 1988 年 | 2,125 | C | 愛 知 | 兵 庫 | 神奈川 | B | 32 |
| | 2013 年 | 2,495 | C | 愛 知 | 埼 玉 | 兵 庫 | 神奈川 | 31 |
| 化学および石油製品・石炭製品 | 1963 年 | 276 | 神奈川 | A | B | 山 口 | 兵 庫 | 49 |
| | 1988 年 | 2,709 | 神奈川 | D | B | 山 口 | 岡 山 | 44 |
| | 2013 年 | 4,508 | D | 神奈川 | B | 山 口 | 岡 山 | 48 |
| 鉄鋼業 | 1963 年 | 213 | 兵 庫 | B | 神奈川 | 福 岡 | A | 62 |
| | 1988 年 | 1,562 | 愛 知 | B | D | 兵 庫 | 広 島 | 50 |
| | 2013 年 | 1,791 | 愛 知 | 兵 庫 | D | 広 島 | B | 49 |
| 電気機械 | 1963 年 | 198 | A | 神奈川 | B | 兵 庫 | 茨 城 | 72 |
| | 1988 年 | 4,678 | 神奈川 | A | B | 埼 玉 | 愛 知 | 40 |
| | 2013 年 | 3,683 | 愛 知 | 三 重 | 静 岡 | 兵 庫 | 長 野 | 33 |
| 輸送用機械 | 1963 年 | 203 | 神奈川 | 愛 知 | A | 広 島 | B | 66 |
| | 1988 年 | 3,737 | 愛 知 | 神奈川 | 静 岡 | 埼 玉 | 広 島 | 64 |
| | 2013 年 | 5,820 | 愛 知 | 静 岡 | 神奈川 | 群 馬 | 三 重 | 63 |

1963 年の食料品には，飲料等を含む。2013 年の電気機械は，電子部品・デバイス・電子回路，電気機械，情報通信機械の合計値を用いた。

工業統計表（従業員数 4 人以上）による。

表3－3

| 県 | 出荷額等の増減率（%） | | 出荷額等の上位業種 | | |
|---|---|---|---|---|---|
| | 2003年〜2008年 | 2008年〜2013年 | 年 | 1位 | 2位 |
| 秋田 | 19.6 | －28.9 | 2008年 | 電子部品等 | 化学 |
| | | | 2013年 | 電子部品等 | 食料品 |
| 山形 | 11.8 | －23.1 | 2008年 | 情報通信機械 | 電子部品等 |
| | | | 2013年 | 電子部品等 | 情報通信機械 |
| 長野 | 16.6 | －22.8 | 2008年 | 情報通信機械 | 電子部品等 |
| | | | 2013年 | 電子部品等 | 情報通信機械 |
| 福岡 | 18.4 | －4.7 | 2008年 | 輸送用機械 | 鉄鋼 |
| | | | 2013年 | 輸送用機械 | 食料品 |
| 大分 | 45.6 | －0.6 | 2008年 | 鉄鋼 | 化学 |
| | | | 2013年 | 化学 | 輸送用機械 |

電子部品等は，電子部品・デバイス・電子回路を指す。
工業統計表（従業員数4人以上）による。

# 22

アメリカ合衆国とヨーロッパ諸国に関する以下の設問A～Cに答えなさい。解答は，解答用紙の(イ)欄を用い，設問・小問ごとに改行し，設問記号・小問番号をつけて記入しなさい。

### 設問A

図 1 － 1 は，2000 年におけるアメリカ合衆国本土（アメリカ合衆国のうちアラスカ州とハワイ州を除く範囲）の人口分布を示した地図である。同国の国勢調査で使用されている集計単位ごとに，人口密度が高いほど色が濃くなっている。地図には人口密度の情報のみが示されており，海岸線，湖岸線，国境線，道路などの他の情報は示されていない。

(1) 図 1 － 1 によるとアメリカ合衆国本土では東半分（北東部，中西部，南部）と太平洋岸で人口が相対的に多く，西半分では，太平洋岸を除き人口が相対的に少ない。このような大局的な差をもたらした自然的要因について，1 行で述べなさい。

(2) 上記のように，アメリカ合衆国本土の太平洋岸を除く西半分では，人口が全体として少ないが，図 1 － 1 によると，**A**，**B**のように人口密度が高い地域も部分的に認められる。このような地域の発生に寄与した社会的・自然的要因を 1 つずつ挙げ，あわせて 2 行以内で述べなさい。

(3) 図 1 － 1 から読み取れるアメリカ合衆国中西部における人口分布の空間的パターンの特徴と，その特徴が生み出された背景について，下記の語句をすべて用いて 3 行以内で述べなさい。語句は繰り返し用いてもよいが，使用した箇所には下線を引くこと。

　　　　交通　　集落　　農業

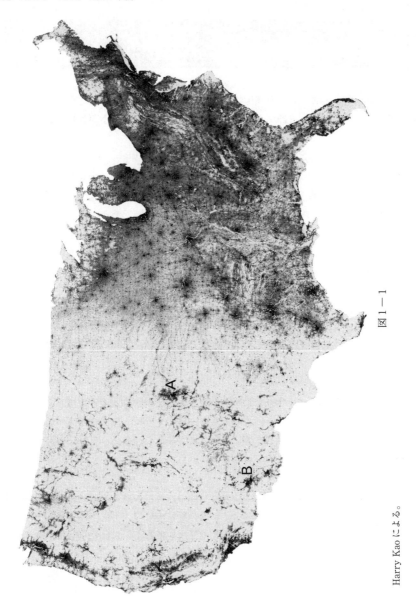

図1—1

Harry Kao による。

設問B

次の文と表1－1は，アメリカ合衆国の北東部の都市群に関するものである。

アメリカ合衆国の北東部には，北東から南西方向に，ボストン，ニューヨーク，フィラデルフィア，ボルティモア，ワシントンへと，多くの都市が連なっている。この地域の星雲状の都市の連なりをフランスの地理学者ゴットマンは，メガロポリスと呼んだ。

表1－1は，メガロポリスに該当する統計区域を取り上げ，1950年から半世紀にわたる人口の変化を示したものである。この表からは，(a)全米におけるメガロポリスの地位の低下とともに，(b)メガロポリス内部での人口分布の変化を読み取ることができる。

(1) 下線部(a)について，こうした変化が起きた理由について，2行以内で述べなさい。

(2) 下線部(b)について，どのような変化が生じてきたか，この表から読み取れることを，1行で述べなさい。

(3) 1980年代後半以降になると，ニューヨークやボストンなどの都心部では，ジェントリフィケーションと呼ばれる新たな変化が生じてきている。具体的に，どのような変化が生じてきているか，3行以内で述べなさい。

表1－1

| | | 1950 年 | 2000 年 |
|---|---|---|---|
| (A) | メガロポリス全域の人口（千人） | 31,924 | 48,720 |
| | 対全米人口比率（％） | 20.9 | 17.3 |
| (B) | うち都市地域人口（千人） | 22,720 | 47,682 |
| | (B)/(A)の割合（％） | 71.2 | 97.9 |
| (C) | 中心都市人口（千人） | 16,436 | 16,453 |
| | (C)/(A)の割合（％） | 51.5 | 33.8 |
| (D) | 郊外地区人口（千人） | 6,284 | 31,229 |
| | (D)/(A)の割合（％） | 19.7 | 64.1 |

Vicino ほかによる。

設問C

　図1−2(a)〜(f)は，2010年（ただし，国により多少の時期のばらつきがある）における以下の数値のいずれかをそれぞれ表したものである。ぬり分けの色が濃いほど値が大きいことを表し，各色に該当する国の数がそれぞれ等しくなるように区分している。

(ア)　移民率
(イ)　国民一人当たり GDP
(ウ)　失業率
(エ)　全人口のうち，正教徒の割合
(オ)　全人口のうち，イスラム教徒の割合
(カ)　全人口のうち，スラブ語派言語を母語とする者の割合

(1)　図1−2(a)〜(f)は，上記(ア)〜(カ)のいずれかである。(a)〜(f)に該当するものを，(a)−○のように答えなさい。

(2)　図1−2(f)において，×を付した国群では他国とは異なる要因から値が相対的に高くなっている。その理由を1行で述べなさい。

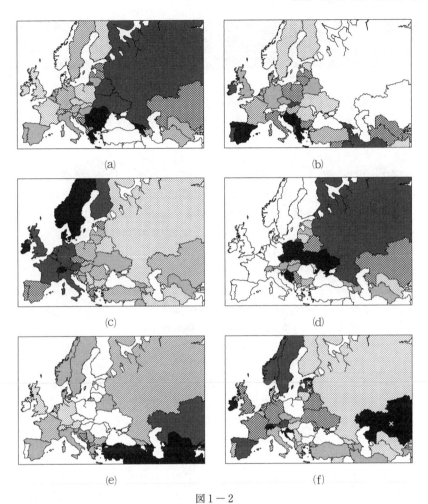

(a)　　　　　　　　　　　(b)

(c)　　　　　　　　　　　(d)

(e)　　　　　　　　　　　(f)

図 1 － 2

CIA The World Factbook, The European Regional Factbook, The World Bank Open Data 他による。

# 23

世界の農業に関する以下の設問A～Bに答えなさい。解答は，解答用紙の(ロ)欄を用い，設問・小問ごとに改行し，設問記号・小問番号をつけて記入しなさい。

## 設問A

図2－1は主要な植物油の世界生産量の推移を示したものである。また，表2－1は，図2－1に示した各油種について，主要国の搾油量（①欄）とその原料となる農産物の生産量（②欄）を示したものである。図2－2は，表2－1の国(a)～(d)の首都の雨温図である。これらの情報をもとに，以下の設問に答えなさい。

(1)　A～Cに該当する植物油を，以下の選択肢から選び，A―○のように答えなさい。

オリーブ油　　ココヤシ油　　　ごま油
大豆油　　　　とうもろこし油　菜種油
パーム油

(2)　(a)～(d)に該当する国名を，以下の選択肢から選び，(a)―○のように答えなさい。
アルゼンチン　　ウクライナ　　オーストラリア
中　国　　　　　フィリピン　　フランス
マレーシア　　　メキシコ

(3)　図2－1にみられるように，植物油の世界的な需要は，人口増加率をはるかに上回る勢いで増加している。その要因として考えられることを2つ挙げ，あわせて2行以内で述べなさい。

(4)　Aの原料となる作物の生産拡大が引き起こす環境問題について，下記の語句をすべて用いて2行以内で述べなさい。語句は繰り返し用いてもよいが，使用した箇所には下線を引くこと。
生物多様性　　二酸化炭素

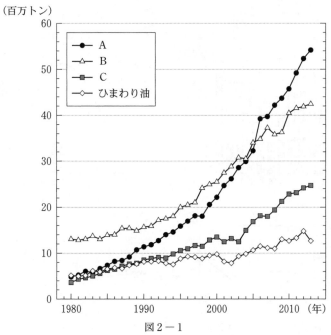

図2－1

FAO資料による。

表2－1

|  | A | | B | | C | | ひまわり油 | |
|---|---|---|---|---|---|---|---|---|
| ①欄 | インドネシア | 49.6 | (b) | 24.4 | (b) | 22.5 | (d) | 25.6 |
|  | (a) | 35.8 | アメリカ | 21.4 | ドイツ | 13.3 | ロシア | 24.2 |
|  | | | ブラジル | 16.7 | カナダ | 13.0 | (c) | 10.4 |
|  | | | (c) | 15.1 | | | | |
| ②欄 | インドネシア | 44.2 | アメリカ | 34.1 | カナダ | 23.8 | (d) | 22.5 |
|  | (a) | 36.5 | ブラジル | 27.3 | (b) | 21.7 | ロシア | 21.5 |
|  | | | (c) | 16.6 | インド | 10.2 | (c) | 9.0 |

数値は2012年の世界生産量に対する各国の比率（重量比，％）。

FAO資料による。

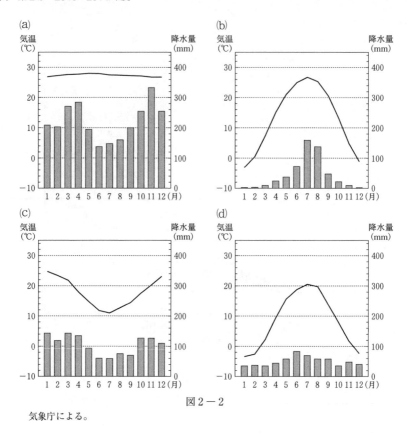

図2−2

気象庁による。

## 設問B

表2−2は，世界のいくつかの国を取り上げ，主要農産物の自給率を示したものである。

(1) (イ)，(ロ)，(ハ)の各国は，世界の農業生産ないしは農産物貿易において重要な地位を占める，中国，アメリカ合衆国，タイのいずれかである。(イ)，(ロ)，(ハ)の国名を，(イ)−○のように答えなさい。

(2) トルコでは，全般に自給率が高く，100％を上回る農産物が多くみられる。このような状況の背景にあるトルコの農業の特徴を，同国の自然環境・社会条件に関連づけながら2行以内で述べなさい。

(3) メキシコでは，全般に自給率が低いが，特定の農産物に関しては100％を大き

く上回っている。このような状況にある背景を，同国をとりまく社会経済状況と
関連づけながら 2 行以内で述べなさい。

表2－2

| 国 | 米 | 小麦 | 砂糖類 | いも類 | 野菜類 | 果実類 | 肉類 |
|---|---|---|---|---|---|---|---|
| (イ) | 190 | 171 | 101 | 93 | 91 | 75 | 116 |
| (ロ) | 180 | 0 | 372 | 378 | 105 | 155 | 127 |
| (ハ) | 100 | 95 | 95 | 90 | 102 | 102 | 99 |
| トルコ | 79 | 122 | 112 | 100 | 106 | 132 | 106 |
| メキシコ | 15 | 57 | 86 | 77 | 177 | 118 | 81 |

2011 年，単位％
重量ベース，国内生産量を国内向け供給量で除した値。
国内向け供給量＝国内生産＋輸入－輸出±在庫
FAO 資料による。

# 24

　日本の都市，環境と災害に関する以下の設問A〜Bに答えなさい。解答は，解答用紙の(ハ)欄を用い，設問・小問ごとに改行し，設問記号・小問番号をつけて記入しなさい。

## 設問A

　次の図3−1，図3−2は，都市の環境と災害に関するものである。

(1)　図3−1は平野の地形を分類した図である。ア〜ウに該当する地形名称を，ア─○のように答えなさい。

(2)　図3−1中のXからX′にかけては，複数の河川を合流させず，流路が直線状になるように整備している。その目的として考えられることを，1行で述べなさい。

(3)　図3−2は，図3−1中の地点Pにおける1960年以降の累積地盤沈下量を示している。地盤は1975年頃まで沈下した後，安定している。沈下の理由と安定化した理由を，その社会的背景とともに，あわせて2行以内で述べなさい。

(4)　図3−1中のウの土地は，どのような自然災害に対して脆弱であると考えられるか。例を2つ挙げ，それぞれの被害軽減のための有効な対策とあわせて，全部で3行以内で述べなさい。

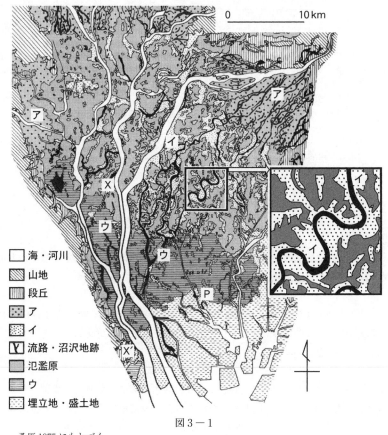

凡例:
- 海・河川
- 山地
- 段丘
- ア
- イ
- 流路・沼沢地跡
- 氾濫原
- ウ
- 埋立地・盛土地

図3－1

桑原 1975 にもとづく。

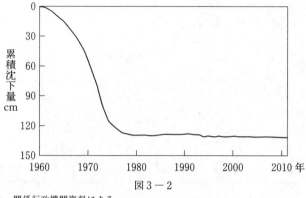

図3−2

関係行政機関資料による。

**設問B**

　図3−3および図3−4は，昭和と平成の2度の市町村合併を経験した地方都市A市およびその周辺地域に関するものである。

(1)　図3−3および図3−4をみて，1950年当時における，A市および山間部の村の，それぞれの境界設定に用いられていたと思われる考え方を，あわせて2行以内で述べなさい。

(2)　図3−4では，1965年と2010年の間にA市の人口集中地区（原則として，人口密度が4,000人/km² 以上で5,000人以上の規模を持つ地区）の面積は3倍弱になっているが，人口は約30％しか増加していない。その理由を，2行以内で述べなさい。

(3)　2010年時には，行財政の効率化などを目的としてA〜Fの6市町村が合併し，新A市が形成されている。この合併によって新A市域内の山間部で発生する可能性があると考えられる行政上および生活上の問題をそれぞれ1つずつ挙げ，あわせて3行以内で述べなさい。

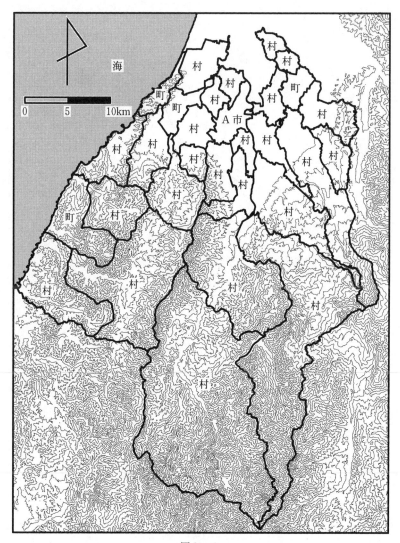

図 3 － 3
1950 年時の市町村境界

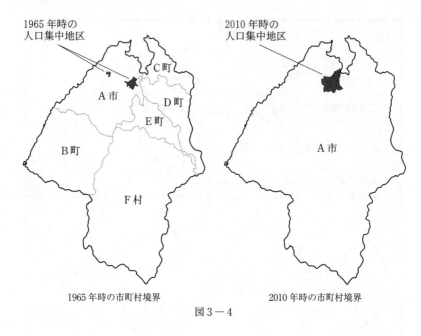

1965年時の市町村境界　　　　　　　2010年時の市町村境界

図3－4

# 25

自然環境と人間活動との関係に関する以下の設問A〜Bに答えなさい。解答は、解答用紙の(イ)欄を用い、設問・小問ごとに改行し、設問記号・小問番号をつけて記入しなさい。

**設問A**

図1−1〜図1−3は、1916年、1951年、2002年に作成された日本のある地域の地形図である。地形図の元の縮尺は5万分の1であるが、ここでは縮小されている。1916年の地形図から明瞭に読み取れるように、この地域の地形は、1）西側の「山地」、2）東側の河川沿いの「低地」、3）両者の間にある「台地」（谷に刻まれた扇状地）の3つの要素で構成される。

(1) 1916年のこの地域の土地利用は、地形の影響を強く受けている。上記の「台地」の東部と、「低地」のそれぞれについて、当時最も卓越していた土地利用を、それらが卓越した自然的・社会的理由とあわせて、全部で3行以内で述べなさい。

(2) 1951年の地形図では、「台地」の一部の土地利用が1916年とは大きく変化している。その変化の内容とそれを可能とした技術について、あわせて2行以内で述べなさい。

(3) 2002年の地形図では、「低地」と「台地」の土地利用が1951年とは大きく変化している。その変化の内容と、変化を引き起こした諸要因を、「低地」と「台地」をあわせて3行以内で述べなさい。

1916年

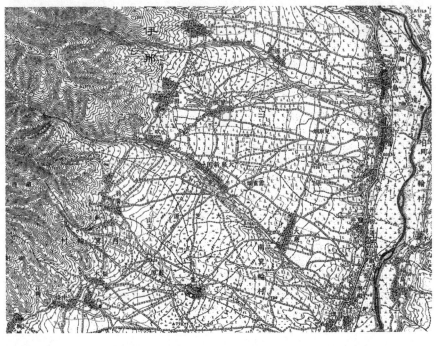

0                          4 km

図1－1

1：50,000 地形図（縮小）。

1951 年

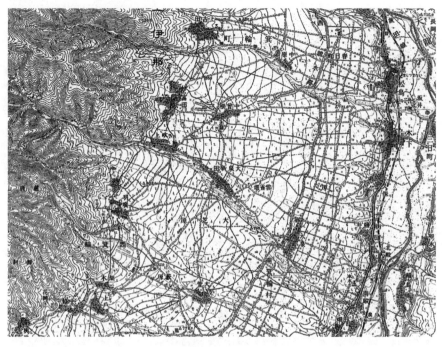

0                              4 km

N

図 1 － 2

1：50,000 地形図（縮小）。

2002年

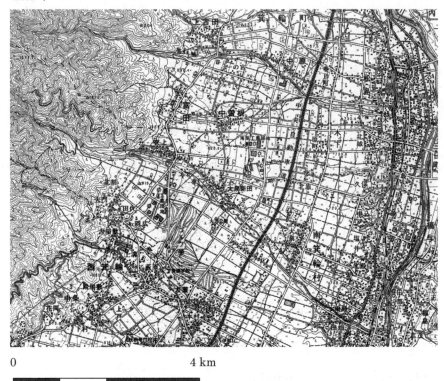

0                               4 km

図1−3

1：50,000 地形図（縮小）。

設問B
　図1－4は，アジアの湿潤な地域の山岳における植生帯の分布を，横軸に緯度，縦軸に標高をとって模式的に表したものである。

(1)　図中のA～Dに当てはまる植生帯を，下の語群から選んで，A－○のように答えなさい。
　　語　群
　　　針葉樹林　　　常緑広葉樹林　　　落葉広葉樹林
　　　サバンナ　　　ステップ　　　　　ツンドラ

(2)　低緯度地域の垂直分布においてCの植生帯が存在しない理由を，下記の語句をすべて用いて2行以内で述べなさい。語句は繰り返し用いてもよいが，使用した箇所には下線を引くこと。
　　　　　年較差　　　低温　　　落葉

(3)　ロシアのBの植生帯では林業が盛んで，日本にも木材が輸出されている。一方，日本の本州の同じ植生帯では，多くの森林が分布するにもかかわらず木材生産があまり行われていない。その理由を2行以内で述べなさい。

(4)　東南アジアのDの植生帯では，森林を伐採して火入れする焼畑が伝統的に行われてきた。しかし，従来は森林面積が維持されてきたのに対し，近年は伐採・火入れが森林面積の大幅な減少につながるケースがみられる。その理由を，伝統的な焼畑との違いに留意しながら2行以内で述べなさい。

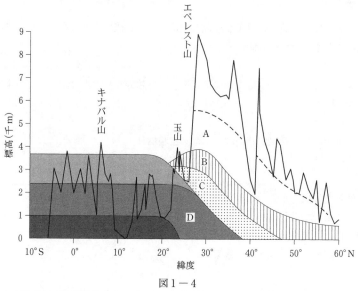

図1-4

大澤 2001 を一部改変。

# 26

世界の貿易に関する以下の設問A〜Bに答えなさい。解答は，解答用紙の(ロ)欄を用い，設問・小問ごとに改行し，設問記号・小問番号をつけて記入しなさい。

**設問A**

表2−1は，アフリカの3つの国を取り上げ，主要貿易相手国（輸出額・輸入額の上位5カ国）を示したものである。

(1) A〜Cの各国は，南アフリカ，ナイジェリア，モロッコのいずれかである。A〜Cの国名を，A−○のように答えなさい。

(2) A国とB国の主要輸出相手国の構成を比較し，その特徴とそうした特徴がみられる背景を，あわせて2行以内で述べなさい。

(3) C国では，全体の輸出額が輸入額を大きく上回っている。こうした貿易構造に反映されている，この国の経済・社会発展上の課題を2行以内で述べなさい。

(4) A〜Cの各国とも，輸入相手国の上位に中国が位置している。2000年代に入って，とくにアフリカ諸国では，中国からの輸入が急増している。こうした事態が生じている背景を2行以内で述べなさい。

表2−1

A国

| 相手国 | 輸出額 | 割合(%) |
|---|---|---|
| 全　体 | 21,417 | 100.0 |
| フランス | 4,619 | 21.6 |
| スペイン | 3,541 | 16.5 |
| ブラジル | 1,266 | 5.9 |
| インド | 1,161 | 5.4 |
| アメリカ合衆国 | 930 | 4.3 |

| 相手国 | 輸入額 | 割合(%) |
|---|---|---|
| 全　体 | 44,790 | 100.0 |
| スペイン | 5,901 | 13.2 |
| フランス | 5,548 | 12.4 |
| 中　国 | 2,968 | 6.6 |
| アメリカ合衆国 | 2,859 | 6.4 |
| サウジアラビア | 2,832 | 6.3 |

B国

| 相手国 | 輸出額 | 割合(%) |
|---|---|---|
| 全　体 | 86,712 | 100.0 |
| 中　国 | 10,139 | 11.7 |
| アメリカ合衆国 | 7,586 | 8.7 |
| 日　本 | 5,414 | 6.2 |
| ドイツ | 4,175 | 4.8 |
| インド | 3,675 | 4.2 |

| 相手国 | 輸入額 | 割合(%) |
|---|---|---|
| 全　体 | 101,611 | 100.0 |
| 中　国 | 14,638 | 14.4 |
| ドイツ | 10,237 | 10.1 |
| サウジアラビア | 7,877 | 7.8 |
| アメリカ合衆国 | 7,497 | 7.4 |
| 日　本 | 4,623 | 4.5 |

C国

| 相手国 | 輸出額 | 割合(%) |
|---|---|---|
| 全　体 | 143,151 | 100.0 |
| アメリカ合衆国 | 24,139 | 16.9 |
| インド | 15,895 | 11.1 |
| ブラジル | 10,791 | 7.5 |
| オランダ | 9,958 | 7.0 |
| イギリス | 9,042 | 6.3 |

| 相手国 | 輸入額 | 割合(%) |
|---|---|---|
| 全　体 | 35,873 | 100.0 |
| 中　国 | 7,715 | 21.5 |
| アメリカ合衆国 | 4,887 | 13.6 |
| インド | 2,888 | 8.1 |
| ブラジル | 2,868 | 8.0 |
| イギリス | 2,361 | 6.6 |

2012年。輸出額・輸入額の単位は100万米ドル。
フランスには，モナコ・海外県を含む。
アメリカ合衆国には，プエルトリコ，米領バージン諸島を含む。
国際連合 Comtrade Database による。

設問B
　表2－2は，日本が，2013年に生鮮野菜を輸入した上位6カ国について，1997年と2013年の輸入金額，1キログラムあたりの平均単価，および，輸入金額第1位の品目を示している。なお，表中のA～Cは，韓国，中国，ニュージーランドのいずれかである。

(1)　(ア)～(ウ)は，ジャンボピーマン（パプリカなど），たまねぎ，まつたけのいずれかである。それぞれの品目名を，(ア)―○のように答えなさい。

(2)　A国およびB国からの輸入の平均単価は，1997年と2013年の間にいずれも大きく低下しているが，その原因となった野菜生産の変化は両国で異なっている。この間に，A国で(ア)，B国で(ウ)が増加した理由を，両国の自然的および社会的条件に触れながら，あわせて2行以内で述べなさい。

(3)　メキシコとC国はいずれもかぼちゃが第1位品目であるが，日本の国内市場で取引されるかぼちゃは，この両国産と北海道をはじめとする国内産がほとんどを占めている。このように，メキシコとC国から多くのかぼちゃが輸入されている理由を，それぞれの自然的条件に触れながら，あわせて2行以内で述べなさい。

表2－2

| 順位 | 国 | 1997年 | | | 2013年 | | |
|---|---|---|---|---|---|---|---|
| | | 金額<br>(百万円) | 平均単価<br>(円/kg) | 輸入金額<br>第1位品目 | 金額<br>(百万円) | 平均単価<br>(円/kg) | 輸入金額<br>第1位品目 |
| 1 | A | 30,576 | 233 | しいたけ | 42,509 | 83 | (ア) |
| 2 | アメリカ合衆国 | 29,581 | 132 | ブロッコリー | 18,417 | 166 | ブロッコリー |
| 3 | B | 4,839 | 1,160 | (イ) | 11,126 | 365 | (ウ) |
| 4 | メキシコ | 7,341 | 143 | かぼちゃ | 9,911 | 126 | かぼちゃ |
| 5 | C | 10,264 | 90 | かぼちゃ | 7,225 | 102 | かぼちゃ |
| 6 | オランダ | 3,127 | 644 | (ウ) | 3,709 | 532 | (ウ) |

独立行政法人農畜産業振興機構資料による。

# 27

日本の都市と社会の変化に関する以下の設問A〜Cに答えなさい。解答は，解答用紙の(ハ)欄を用い，設問・小問ごとに改行し，設問記号・小問番号をつけて記入しなさい。

**設問A**

図3－1は，ある大都市内の3つの区A〜Cの人口密度の推移を示している。一方図3－2は，同じ3つの区の1965年および2010年の職業構成を示している。

(1) 図3－2のア〜ウは，それぞれの区に住んでいる就業者の職業構成（常住地ベースの職業構成）と，それぞれの区で働いている就業者の職業構成（従業地ベースの職業構成）を示したものである。それぞれ図3－1のA〜Cのどの区に関するものであるのかを，ア－○のように答えなさい。

(2) AとCでは1960年代から1970年代にかけて人口密度が急速に低下している。それぞれどのような理由によるものであると考えられるか，あわせて3行以内で述べなさい。

(3) Cでは1990年代後半以降，人口密度が上昇に転じているが，どのような理由によって生じたものであると考えられるか，1行で述べなさい。

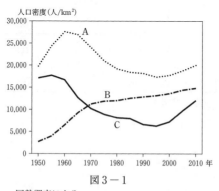

図3－1

国勢調査による。

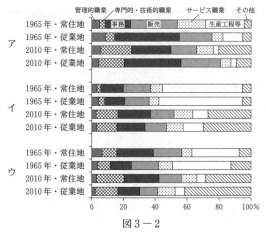

図 3 － 2

国勢調査による。
1965 年の従業地の値は，20 ％抽出値による推計値。
「生産工程等」は，「技能工，生産工程従事者および単純労働
者」(1965 年)，「生産工程従事者」(2000 年) を指す。

## 設問 B

図 3 － 3 は，1950 年〜2010 年における以下の 6 つのデータを，5 年ごとにグラフに表したものである。ただし，いずれのグラフも，上記期間における最小値が 0，最大値が 100 になるように，値を変換している。

① 東京都都心 3 区（千代田区，中央区，港区）の人口
② 東京都多摩市（現在の多摩市の範囲）の人口
③ 北海道夕張市（現在の夕張市の範囲）の人口
④ 全国の高齢者率（65 歳以上人口の割合）
⑤ 全国の完全失業率
⑥ 1 市区町村当たりの人口（政令指定都市は 1 つの市として，東京都の特別区はそれぞれを 1 つの区として数える）

(1) A から F は上記①〜⑥のいずれに相当するか。A 一〇のように答えなさい。

(2) 1950 年〜1960 年と 2000 年〜2010 年における C の変化が生じた共通の理由を，1 行で述べなさい。

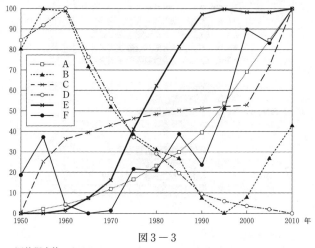

図3－3

国勢調査等による。

## 設問C

　表3－1は，東京都23区，大阪市，名古屋市を，それぞれの大都市圏の中心と
なる従業地（以下，中心市とよぶ）とし，2005年の各従業地での15歳以上就業者
数の常住地別内訳を示したものである。三大都市圏と一口に言っても，どこから中
心市に通勤してくるかという，地域的構成は異なっている。東京大都市圏では，東
京都以外の周辺県からの通勤者数が多く，郊外地域が広く形成されてきた。(a)大阪
大都市圏と名古屋大都市圏を比べると，中心市からの通勤者数と中心市以外からの
通勤者数の構成比に大きな違いがみられる。

　一方，図3－4と図3－5は，東京大都市圏と大阪大都市圏における郊外住宅地
の変化をみるために，東京駅，大阪駅からそれぞれ50〜60km圏に位置するA町
とB市を取り上げ，通勤者数の変化をみたものである。A町から東京都23区へ，
B市から大阪市への通勤者数は，1985年から1995年にかけて増加した後，1995年
以降は減少してきている。こうしたA町とB市における通勤者数の推移には，(b)郊
外住宅地の変化が大きく関わっていると考えられる。

(1)　下線部(a)について，両大都市圏でこのような違いが生じた理由として考えら
　　れることを，下記の語句をすべて用い，2行以内で述べなさい。語句は繰り返し用
　　いてもよいが，使用した箇所に下線を引くこと。
　　　　　　中枢管理機能　　　住宅地開発

(2)　下線部(b)について，郊外住宅地化とその後の変化とは，どのようなものであっ

たか。下記の語句をすべて用い，3 行以内で述べなさい。語句は繰り返し用いて
もよいが，使用した箇所に下線を引くこと。

　　　　距離帯　　団塊世代　　地価

表 3 − 1

| 中心市 | 就業者の常住地別内訳 | 人数(千人) | 構成比(%) |
|---|---|---|---|
| 東京都 23 区<br>(621.35km²) | 東京都 23 区 | 3,677 | 54.9 |
| | 23 区以外の東京都 | 516 | 7.7 |
| | その他の府県 | 2,501 | 37.4 |
| | 就業者総数 | 6,694 | 100.0 |
| 大阪市<br>(222.11km²) | 大阪市 | 953 | 45.5 |
| | 大阪市以外の大阪府 | 689 | 32.8 |
| | その他の府県 | 455 | 21.7 |
| | 就業者総数 | 2,097 | 100.0 |
| 名古屋市<br>(326.45km²) | 名古屋市 | 920 | 67.6 |
| | 名古屋市以外の愛知県 | 353 | 25.9 |
| | その他の府県 | 89 | 6.5 |
| | 就業者総数 | 1,362 | 100.0 |

国勢調査による。

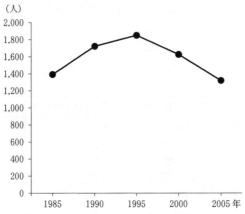

図3−4　A町から東京都23区への通勤者数の推移
国勢調査による。

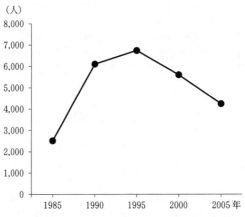

図3−5　B市から大阪市への通勤者数の推移
国勢調査による。

# 28

(2014 年度　第 1 問)

　世界と日本の化石燃料と再生可能エネルギーに関する以下の設問A〜Bに答えなさい。解答は，解答用紙の(イ)欄を用い，設問・小問ごとに改行し，設問記号・小問番号をつけて記入しなさい。

## 設問A

　人間活動に必要なエネルギーのほとんどは，化石燃料の燃焼によってまかなわれている。しかし化石燃料への依存は，燃焼の際に発生する(a)二酸化炭素による地球温暖化などの問題がある。そうしたことから，太陽や地熱など自然のエネルギーや(b)植物を利用したエネルギーの利用が拡大しているが，化石燃料を代替するまでには至っていない。

(1)　下線部(a)について，表1−1は，2010年に二酸化炭素排出量が世界でもっとも多かった上位5ヶ国を，その世界の排出量に占める割合と，それぞれの国の1人あたり排出量とともに示したものである。(ア)〜(エ)の国名を，ア—○のように答えなさい。

表1−1

| 国 | (ア) | (イ) | (ウ) | (エ) | 日本 |
|---|---|---|---|---|---|
| 二酸化炭素排出量比（％） | 24.4 | 17.7 | 5.4 | 5.3 | 3.8 |
| 1人あたり排出量（トン） | 5.6 | 17.4 | 1.4 | 11.4 | 9.1 |

日本エネルギー経済研究所資料による。

(2)　下線部(b)について，植物を利用したバイオマス燃料の燃焼は，バイオマスが再生産されれば，地球温暖化にはつながらないとみなされている。その理由を下記の語句をすべて用いて2行以内で述べなさい。語句は繰り返し用いてもよいが，使用した箇所には下線を引くこと。
　　　　　光合成　　二酸化炭素

(3)　植物からエタノールを生成して燃料として利用するバイオマスエネルギーの利用が，アメリカ合衆国とブラジルで進んでいる。それぞれの国でもっとも多く原料として使われている植物名を，アメリカ—○，ブラジル—○のように1行で答

えなさい。また，以上のような形でのアメリカ合衆国のバイオマスエネルギー生産によって生じている問題について，2行以内で述べなさい。

## 設問B

　図1−1は，日本における再生可能エネルギーによる発電能力（設備容量）の推移を示したものである。また，表1−2は，AとBの発電能力（設備容量）について，都道府県別に上位5位までを示している。

(1)　図表中のA〜Dは，風力・水力・地熱・太陽光のいずれかである。A〜DをそれぞれA−○のように答えなさい。

(2)　Aの設備容量の伸びは，1995年以降停滞している。その理由をAの立地条件とともに2行以内で述べなさい。

(3)　石炭のような化石燃料は，地球が受ける太陽エネルギーの蓄積により生成したものと考えることができる。上記再生可能エネルギーのうち，太陽エネルギーによらないものを1つ答えなさい。

(4)　Bの1，2位を占める青森県，北海道は，Bの立地条件としてどのような優位性を備えているか。自然条件の面から1行で述べなさい。

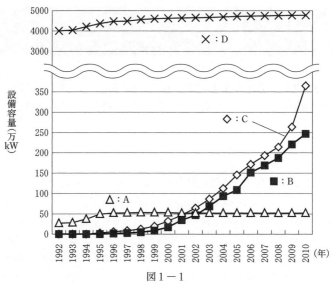

図 1 － 1

経済産業省資料による。

表 1 － 2

単位：万 kW

|  | A（2010 年） |  | B（2010 年） |
|---|---|---|---|
| 大分県 | 15.1 | 青森県 | 29.3 |
| 岩手県 | 10.4 | 北海道 | 25.7 |
| 秋田県 | 8.8 | 鹿児島県 | 19.8 |
| 福島県 | 6.5 | 福島県 | 14.4 |
| 鹿児島県 | 6.0 | 静岡県 | 13.0 |

経済産業省資料による。

# 29

　世界のヒト・モノ・情報の流動に関する以下の設問A〜Bに答えなさい。解答は，解答用紙の(ロ)欄を用い，設問・小問ごとに改行し，設問記号・小問番号をつけて記入しなさい。

## 設問A

　図2−1は，アメリカ合衆国を中心とする2008年における音声電話の通信量の分布を示している。ここでの音声電話は，電話専用回線での通話と，インターネットの回線を用いた通話の両方を含む。2つの国・地域を結ぶ線が太いほど，それらの国・地域の間の通信量が多い。この図は海底ケーブルなどの主要な長距離の通信路線を対象としており，短距離の通信路線を用いた通話（たとえば日本と韓国の間の通信）は示されていない。

　表2−1は，世界の10ヶ国における，人口100人あたりのインターネット利用者数（2008年）および1人あたりの国際電話の平均年間通話時間（分，2005年，ただしアメリカ合衆国とフィリピンは2004年，インドは2002年）を示している。ここでの国際通話時間は，図2−1とは異なり，国境を越えて行われる全ての通話を対象としている。

(1)　アメリカ合衆国とヨーロッパとの間では図2−1のAのイギリスとの回線の通信量が多く，アメリカ合衆国と中米およびカリブ海地域との間ではBのプエルトリコとの回線の通信量が多い。これらの理由を，あわせて2行以内で述べなさい。

(2)　近年，アメリカ合衆国とインドとの通信量が急増しており，図2−1によると，日本・韓国・中国との通信量に比べてかなり多い。この理由を2行以内で述べなさい。

(3)　表2−1の(a)〜(d)の国は，アイスランド，シンガポール，日本，フランスのいずれかである。(a)〜(d)の国名を，a−○のように答えなさい。

(4)　図2−1によるとアメリカ合衆国とインドとの通信量はかなり多いが，表2−1によるとインドではインターネットや国際電話の利用が他国に比べて低調である。このような現象が生じる原因を，インドの社会状況を踏まえて2行以内で述べなさい。

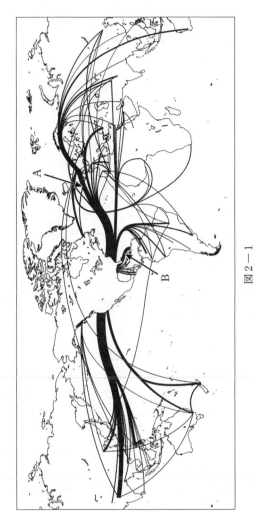

図 2 － 1

TeleGeography 社資料による。

表2−1

| 国　名 | 人口 100 人あたりの<br>インターネット利用者数 | 1 人あたりの国際電話の<br>平均年間通話時間（分） |
|---|---|---|
| (a) | 90.0 | 240.0 |
| アメリカ合衆国 | 75.9 | 280.0 |
| (b) | 75.2 | 46.3 |
| (c) | 69.6 | 1063.3 |
| (d) | 67.9 | 182.8 |
| スロバキア | 66.0 | 90.0 |
| 中　国 | 22.5 | 7.3 |
| シリア | 17.3 | 49.8 |
| フィリピン | 6.2 | 28.0 |
| インド | 4.5 | 3.0 |

世界銀行資料による。

## 設問B

図2−2と図2−3は，世界の主要都市圏の国際空港について，国際旅客数と国際航空貨物の取り扱い量の変化をみたものである。

(1) 図2−2では，アメリカ合衆国やアジアの主要都市圏と比べ，ロンドンやパリといったヨーロッパの主要都市圏で，国際旅客数の絶対数および 1990 年から 2010 年にかけての伸びが大きくなっている。その理由として考えられることを 2 行以内で述べなさい。

(2) 図2−3では，アジアの主要都市圏における国際航空貨物の取り扱い量の伸びが目立つ。とりわけ，2000 年から 2010 年にかけて，香港，ソウル，上海，台北で，国際航空貨物の取り扱い量が大幅に増加した共通の理由として考えられることを 2 行以内で述べなさい。

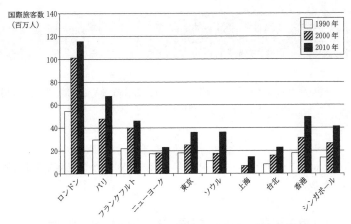

図 2－2　世界の主要都市圏における国際旅客数の変化
都市圏内にある複数の空港の国際旅客数（トランジットを含む）の合計値。
ただし，ニューヨークはジョン・F・ケネディ国際空港のみの数値。
1990 年の上海の数値は掲載されていない。
『航空統計要覧』各年版による。

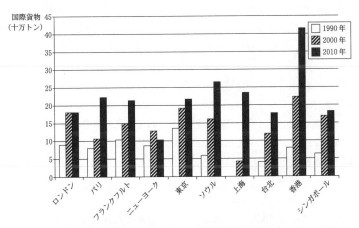

図 2－3　世界の主要都市圏における国際航空貨物取り扱い量の変化
都市圏内にある複数の空港の国際航空貨物取り扱い量の合計値。
ただし，ニューヨークはジョン・F・ケネディ国際空港のみの数値。
1990 年の上海の数値は掲載されていない。
『航空統計要覧』各年版による。

# 30

　ヨーロッパの国々に関する以下の設問A〜Bに答えなさい。解答は，解答用紙の(ハ)欄を用い，設問・小問ごとに改行し，設問記号・小問番号をつけて記入しなさい。

## 設問A

　図3－1は，ヨーロッパの主な国について輸出品構成と研究開発支出の割合をみたものである。

(1)　図3－1のA〜Dは，オランダ，スイス，ノルウェー，ポーランドのいずれかである。A〜Dの国名を，それぞれA─○のように答えなさい。

(2)　イタリアでは，繊維製品の割合が，他の国に比べ大きくなっている。とりわけイタリアの中・北部は，1980年代に「第3のイタリア」と呼ばれ，国際競争力のある繊維産地が形成されてきた。こうした地域では，繊維製品の生産にどのような特徴がみられたか，下の語群の中から適当な用語2つ以上を用いて2行以内で述べなさい。語句は繰り返し用いてもよいが，使用した箇所には下線を引くこと。

(3)　スウェーデンやフィンランドといった北欧諸国では，GDPに占める研究開発支出の割合が高くなっている。その理由として考えられることを，下の語群の中から適当な用語2つ以上を用いて2行以内で述べなさい。語句は繰り返し用いてもよいが，使用した箇所には下線を引くこと。

語　群
|  |  |  |  |
|---|---|---|---|
| 外国人労働者 | 家族 | 教育 | 高度人材 |
| 集積 | 人口 | 多国籍企業 | 中小企業 |
| デザイン | 分業 |  |  |

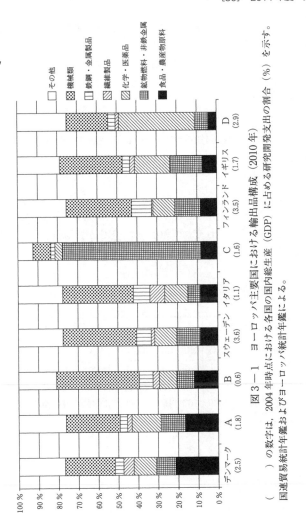

図3－1 ヨーロッパ主要国における輸出生産品構成（2010年）

（ ）の数字は、2004年時点での各国の国内総生産（GDP）に占める研究開発支出の割合（％）を示す。

国連貿易統計年鑑およびヨーロッパ統計年鑑による。

## 設問B

　表3－1は，EUの加盟国であるドイツ，フランス，スペインについて，2011年
時点でのEU域内相手とEU域外相手に分けた貿易額，および，各国のEU域内相
手とEU域外相手を含めた輸出上位品目を示している。なお，貿易収支はそれぞれ
の輸出と輸入の差額である。また，表3－1中の輸出上位品目は，図3－1の輸出
品目構成とは分類が異なる。

(1)　スペインとフランスはいずれも貿易収支が赤字であるが，フランスでは，その赤字の多くがEU域内との貿易で生じている。フランスの貿易で，EU域内との貿易赤字が最も大きいのは機械類や輸送用機器であるが，これらもEU域外との貿易収支は黒字となっている。こうした現象が起こる理由として考えられることを，2行以内で述べなさい。

(2)　スペインには，世界的に知られている自動車のブランドが見られないのに，自動車が輸出第1位となっている。その理由を，スペイン国内外の状況にふれながら，3行以内で述べなさい。

(3)　表3−2は，EU全体から見た貿易収支が大きな赤字となっているEU域外の相手国を示している。それぞれの相手国で，EUが貿易赤字を抱える理由が，どう異なっているのかを，2行以内で述べなさい。

表3−1

(2011年)

| 国 | EU域内 | | | EU域外 | | | 輸出上位品目 | | | |
|---|---|---|---|---|---|---|---|---|---|---|
| | 輸出 | 輸入 | 貿易収支 | 輸出 | 輸入 | 貿易収支 | 1位 | 2位 | 3位 | 4位 |
| ドイツ | 628 | 572 | 56 | 431 | 330 | 101 | 機械類 | 自動車 | 化学品 | 電気機器 |
| スペイン | 147 | 154 | −7 | 74 | 117 | −43 | 自動車 | 化学品 | 鉄鋼等 | 機械類 |
| フランス | 261 | 348 | −87 | 167 | 169 | −1 | 化学品 | 機械類 | 自動車 | 航空機 |

EUの範囲は2011年時点の27ヵ国。
単位は10億ユーロ。
Eurostatおよび通商白書2012年による。

表3−2

(2011年)

| 相手国 | 輸出 | 輸入 | 貿易収支 |
|---|---|---|---|
| 中国 | 136 | 293 | −157 |
| ロシア | 108 | 199 | −91 |
| 日本 | 49 | 69 | −20 |

EUの範囲は2011年時点の27ヵ国。
単位は10億ユーロ。
Eurostatによる。

# 31
(2013 年度　第 1 問)

　気候と地表環境に関する以下の設問A〜Bに答えなさい。解答は，解答用紙の(イ)欄を用い，設問・小問ごとに改行し，設問記号・小問番号をつけて記入しなさい。

## 設問A
　図1−1は，風化作用の強度分布を示したものである。この図をみて，以下の問いに答えなさい。

(1)　図1−1で，風化作用の弱い地域が，高緯度と低緯度の2つの緯度帯に存在する。それぞれの地域で風化作用が弱い理由を，あわせて2行以内で答えなさい。

(2)　風化作用の激しい地域では，土壌中の養分が溶けて流出してしまうため，一般に農業生産性が低い。しかし，風化作用の激しい地域は，土壌条件を除外すれば，植物の生育に好ましい条件を備えている。この好ましい条件とは何か，2行以内で述べなさい。

(3)　図1−1において風化作用が極めて活発な地域のなかでも，(a)ガンジス・ブラマプトラ川下流域や(b)ジャワ島のように，高い農業生産性が長期間にわたって維持されている地域が存在する。このような地域では，何らかの要因によって土壌が繰り返し更新されているために，土壌の肥沃度が維持されている。(a)と(b)それぞれの地域において土壌の更新をもたらす自然的要因とは何か，あわせて3行以内で述べなさい。

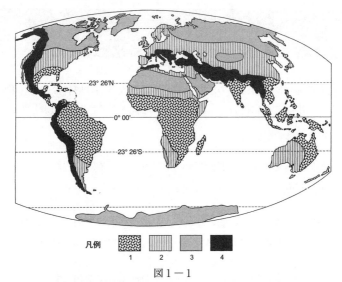

図1－1

凡例：1．風化作用が極めて活発な地域，2．風化作用が中程度の地域，
3．風化作用が微弱な地域（氷河に覆われた地域を含む），4．侵
食が激しいため地表に風化物質がほとんど残っていない山岳地域
（風化作用の強度は様々である）。

Summerfield, M. A., 1991, Global Geomorphology による。

**設問B**

図1－2のアとイは，大きな土砂崩れが生じた前と後の地形図を示したものである。

⑴　図1－2ア中の地点X付近の風景は，イの時期にどのように変わったと考えられるか，1行で答えなさい。

⑵　土砂崩れで生じた多量の土砂は，どのように流下していったと考えられるか，図1－2イ中のY，Z付近の地表面の変化にふれながら，2行以内で述べなさい。

⑶　多量の土砂が一度に崩れることに伴って，下流部ではどのような災害を起こす可能性が考えられるか，2つの例をあげて，2行以内で述べなさい。

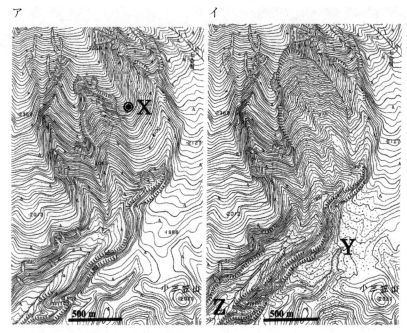

図1-2

1：25,000 地形図（縮小）

# 32

　世界の農業と水産業に関する以下の設問A〜Cに答えなさい。解答は，解答用紙の
㈣欄を用い，設問・小問ごとに改行し，設問記号・小問番号をつけて記入しなさい。

## 設問A

　世界各地の大陸の沿岸部をみると，海岸線から比較的近い場所に長大な山脈が走
り，海岸から内陸に向かって数百キロ移動する間に，自然環境や土地利用が大きく
変化する地域がある。このような地域に関する以下の問いに答えなさい。

(1)　図2の地域Aと地域Bにはいずれも砂漠気候がみられる。砂漠気候がみられる
　　のは，それぞれ山脈をはさんで海岸側と内陸側のどちら側か。地域A，地域Bの
　　順に，それぞれの地域の砂漠気候の成立理由とあわせて，全部で3行以内で述べ
　　なさい。

(2)　地域Aの概ね2000m以上の山岳地帯で栽培・飼育されている代表的な農作物
　　と家畜を，それぞれ1つずつ挙げなさい。

(3)　地域Cでは5〜10月，11〜4月のいずれの時期に降雨が集中するか。その理
　　由とともに，1行で説明しなさい。

(4)　地域Cの海岸地帯で生産されるこの地域の主食となっている農作物（ア）と，山
　　麓の丘陵地帯で生産される代表的な商品作物（イ）を，ア―○，イ―○のように，
　　それぞれ1つずつ挙げなさい。

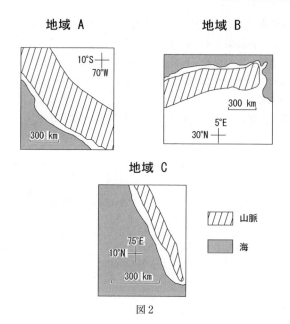

地域 A

地域 B

地域 C

///// 山脈

■ 海

図2

設問B

　農産物を，生産された地域のみで消費することに比べて，適地適作の観点から，最適な地域で大規模に生産して国際的に取引する方が，より効率的に，かつ安価に食料を確保することができると言われている。その反面，このことによってどのような問題が生じると考えられるか，想定される問題点を2つ挙げて，3行以内で説明しなさい。

設問C

　次ページの表2は，世界の主要な水産国について，1970年から2009年の漁獲量の推移，2009年の漁獲量の世界順位，2009年の養殖業生産量を示している。なお，漁獲量は養殖業生産量を含まない。

(1) (ア)～(ウ)は，アメリカ合衆国，インドネシア，ペルーのいずれかである。
　　(ア)～(ウ)の国名を，ア―○のように答えなさい。

(2) (イ)(ウ)両国の養殖業生産量(b)と漁獲量(a)の比率(b)／(a)を比較すると，大きな差が見られる。(イ)国でこの比率が高くなる理由として考えられることを，(イ)国の自然的・社会的条件から，2行以内で述べなさい。

(3) 近年，世界各国で水産資源の持続的利用についての関心が高まり，水産資源を管理するための国際的な取り組みが盛んになっている。このような国際的な取り組みが必要とされる理由を，具体的な水産資源の例を挙げて，下記の語句をすべて用い，3行以内で述べなさい。語句は繰り返し用いてもよいが，使用した箇所に下線を引くこと。

　　　　排他的経済水域　　　総量規制　　　消費量　　　生息場所

表2

| 国 | 漁獲量(万トン) | | | | | | 養殖業生産量(b)(万トン・2009年) | (b)／(a) |
|---|---|---|---|---|---|---|---|---|
| | 1970年 | 1980年 | 1990年 | 2000年 | 2009年(a) | 世界順位(2009年) | | |
| 中　国 | 249 | 315 | 671 | 1,482 | 1,520 | 1 | 4,528 | 2.98 |
| （ア） | 1,248 | 271 | 687 | 1,066 | 692 | 2 | 4 | 0.01 |
| （イ） | 115 | 165 | 264 | 412 | 510 | 3 | 471 | 0.92 |
| （ウ） | 279 | 370 | 562 | 476 | 423 | 4 | 48 | 0.11 |
| 日　本 | 872 | 1,004 | 968 | 509 | 419 | 6 | 124 | 0.30 |
| 世界計 | 6,383 | 6,824 | 8,592 | 9,467 | 9,012 | — | 7,304 | 0.81 |

漁獲量と養殖業生産量のいずれも，魚介類と海藻類を含む。

水産白書2010による（原資料はFAO資料および農林水産省資料）。

# 33

経済・産業の変化と人口に関する以下の設問A～Bに答えなさい。解答は，解答用紙の(ハ)欄を用い，設問・小問ごとに改行し，設問記号・小問番号をつけて記入しなさい。

## 設問A

図3－1は，2000年代前半における各国の都市および農村の年齢階層別の人口構成比率を図示したものである。

(1) 図中のA～Cは，インドネシア，スペイン，中国のいずれかである。A～Cの国名を，それぞれA－○のように答えなさい。

(2) アメリカ合衆国の都市では，30～44歳の年齢階層と，その子の世代である0～14歳の年齢階層の間にほとんど差がみられない。このような現象が現れる社会的な理由を，2行以内で述べなさい。

(3) 韓国の都市では，日本の都市と比べて高齢化が進んでいない。その理由を下記の語句をすべて用い，2行以内で述べなさい。語句は繰り返し用いてもよいが，使用した箇所に下線を引くこと。

　　　人口移動　　高度経済成長

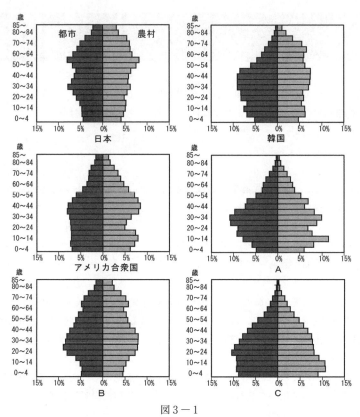

図 3 — 1

国際連合 Demographic Yearbook による。

設問B

日本の工業都市に関する次ページの小問(1)〜(4)に答えなさい。

次ページの図3－2は，日本の代表的な工業都市について，1960 年から 2010 年までの人口の変化を示したものである。図中の4つの市では，人口減少が長く続いているが，人口減少が始まった時期が異なっている。

A市は，第2次世界大戦前に石炭を原料とした（ ア ）工業都市として栄えたが，第2次大戦後，国内の石炭に代わって海外からの石炭や原油が工業原料として使われるようになると，早くも 1960 年代に人口減少を経験することになった。

B市も，戦前から国内資源に依存して（ イ ）工業とともに成長してきた都市である。（ イ ）工業に関しては，戦後の高度経済成長期に太平洋ベルトに臨海コンビナートが形成され，新たに建設された工場に生産の中心が移るなかで，大市場から遠いB市の生産量は低下していくことになった。その結果，1970 年に人口がピークに達して以降，B市の人口は減少傾向を示している。

C市は，近くの銅山を発祥とする企業が立地する企業城下町として知られている。非鉄金属工業に加えて，戦後に新設された（ ア ）工業プラントでの生産が盛んであったが，オイルショック後の 1980 年代に，京葉地区の工場に大量生産品の生産が移転するなかで，人口も減少してきている。

D市も，当初は銅山で栄えていたが，その後（ ウ ）工業が発達し，高度経済成長期には大幅な人口増加がみられた。オイルショック後もハイテク工業化を進め，人口は維持されていたが，(a)1985 年〜90 年の時期に人口減少が始まっている。

こうした人口減少の続く4市とは対照的に，この 50 年間を通じて，一貫して人口が増加しているE市には，日本を代表する（ エ ）工業の本社と主力工場が立地している。（ エ ）工業は，E市の工業出荷額の約9割を占めるなど，E市を含めたこの地域の工業の成長を牽引してきた。しかし最近，(b)国や地元自治体では，この地域の工業の業種の幅を拡げる政策を進めてきている。

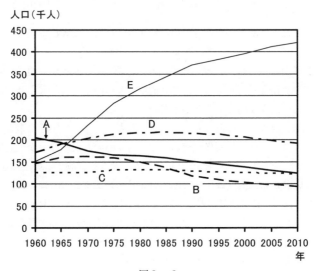

図3－2
各市とも，現在の市域に組み替えた人口を示している。
国勢調査による。

(1)　文中のA～Eの都市は，次の都市群のどの都市に該当するか，A―○のように
答えなさい。
　　　　　大牟田　　　豊田　　　新居浜　　　日立　　　室蘭

(2)　文中のア～エに該当する工業は，次の業種群のいずれかである。ア～エの業種
名を，ア―○のように答えなさい。
　　　　　食料品　　　繊維　　　　紙・パルプ　　　化学
　　　　　製鉄　　　　電気機械　　自動車　　　　　精密機械

(3)　下線部(a)について，この時期に人口減少が始まった理由を1行で述べなさい。

(4)　下線部(b)について，国や自治体がそのような政策を進めている理由として考え
られることを，2行以内で述べなさい。

# 34

ユーラシアとアメリカ合衆国の自然・産業・文化に関する以下の設問A～Bに答え
なさい。解答は，解答用紙の(イ)欄を用い，設問・小問ごとに改行し，設問記号・小問
番号をつけて記入しなさい。

**設問A**

次ページの図1は，北緯50°を中心にユーラシア大陸の一部を示したものである。
同じ北緯50°付近であっても，自然環境は場所によって大きく異なる。

(1) 図2は，図1中のa，b，cの各地点の気温の年変化を表したグラフである。
ア～ウに該当する地点の記号を，ア―○のように答えなさい。また，冬期の気温
が地点ごとに異なる理由を，2行以内で説明しなさい。

(2) 図3は，図1中のW，X，Y，Zの各国で飼育されている牛，羊・山羊，馬の
頭数を示している。カ～ケに対応する国の記号を，それぞれ，カ―○のように答
えなさい。

(3) 図1の湖Sと湖Tについて，周辺の流域環境との関わりにふれながら，湖水深
と水質の特徴，ならびにそれらの最近の変化に関して，下記の語句を全部用いて
2行以内で説明しなさい。語句は繰り返し用いてもよいが，使用した箇所に下線
を引くこと。
    気候　　人為

(4) 図1のW，Zの各国で最も多い人々に信仰されている宗教を，それぞれW―○
○教のように答えなさい。

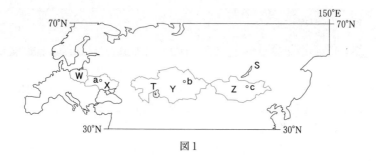

図1

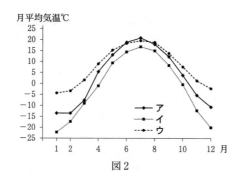

図2

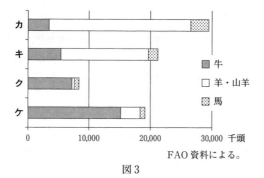

FAO資料による。

図3

設問B

　次の表は，アメリカ合衆国における地域別および州別の経済指標の変化をみたものである。

(1) 表1は，アメリカ合衆国の10の州を取り上げ，それぞれの州の人口，小麦生産量，とうもろこし生産量，工業製品出荷額，失業率を比べたものである。表1のa～eの州の位置に該当する番号を，図4の番号①～⑤から選び，それぞれa－○のように答えなさい。

(2) 表1にあげた諸州における失業率をもとに，2005年以降の雇用変化の地域的特徴とその要因について，2行以内で述べなさい。

(3) 表2は，地域別にみたアメリカ合衆国の製造業被雇用者数および地域別構成比の変化を示したものである。1967年から1987年までの時期（第1期）と1987年から2008年までの時期（第2期）でみられた変化には，どのような違いがあるか，その要因にふれながら，3行以内で述べなさい。

表1

| 州　名 | 人口 2009年 (千人) | 小麦生産量 2009年 (百万ブッシェル) | とうもろこし 生産量2009年 (百万ブッシェル) | 工業製品出荷 額2008年 (億ドル) | 失業率 2005年 (%) | 失業率 2009年 (%) |
|---|---|---|---|---|---|---|
| （　a　） | 24,782 | 61 | 255 | 6,439 | 5.4 | 7.6 |
| （　b　） | 12,910 | 46 | 2,053 | 2,703 | 5.8 | 10.1 |
| ペンシルバニア | 12,605 | 10 | 132 | 2,493 | 5.0 | 8.1 |
| （　c　） | 9,970 | 39 | 309 | 2,107 | 6.8 | 13.6 |
| オハイオ | 11,543 | 71 | 546 | 2,982 | 5.9 | 10.2 |
| インディアナ | 6,423 | 30 | 934 | 2,208 | 5.4 | 10.1 |
| ケンタッキー | 4,314 | 22 | 190 | 1,141 | 6.0 | 10.5 |
| テネシー | 6,296 | 17 | 87 | 1,386 | 5.6 | 10.5 |
| （　d　） | 2,819 | 370 | 598 | 843 | 5.1 | 6.7 |
| （　e　） | 647 | 377 | 200 | 140 | 3.4 | 4.3 |

アメリカ合衆国商務省資料による。

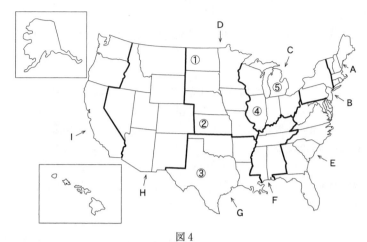

図4
A～Iは，表2の地域名記号の領域を示す。

表2

| 地域名記号 | 地域名 | 1967年 | | 1987年 | | 2008年 | |
|---|---|---|---|---|---|---|---|
| | | 製造業被雇用者数（千人） | 地域別構成比（％） | 製造業被雇用者数（千人） | 地域別構成比（％） | 製造業被雇用者数（千人） | 地域別構成比（％） |
| A | ニューイングランド | 1,562 | 8 | 1,350 | 7 | 670 | 5 |
| B | 中部大西洋岸 | 4,360 | 23 | 3,007 | 16 | 1,426 | 11 |
| C | 東北中部 | 5,151 | 27 | 4,186 | 22 | 2,886 | 23 |
| D | 西北中部 | 1,206 | 6 | 1,322 | 7 | 1,173 | 9 |
| E | 南部大西洋岸 | 2,502 | 13 | 3,104 | 16 | 1,884 | 15 |
| F | 東南中部 | 1,092 | 6 | 1,303 | 7 | 1,004 | 8 |
| G | 西南中部 | 1,083 | 6 | 1,432 | 8 | 1,315 | 10 |
| H | 山岳部 | 315 | 2 | 596 | 3 | 589 | 5 |
| I | 太平洋岸 | 2,050 | 11 | 2,650 | 14 | 1,834 | 14 |
| アメリカ合衆国 | | 19,323 | 100 | 18,950 | 100 | 12,781 | 100 |

注　A～Iの数値の合計は，アメリカ合衆国の数値と一致しないことがある。
アメリカ合衆国商務省資料による。

# 35

世界の農林業に関する以下の設問A～Cに答えなさい。解答は、解答用紙の(ロ)欄を用い、設問・小問ごとに改行し、設問記号・小問番号をつけて記入しなさい。

## 設問A

表1は、各種の農作物の輸出額の上位6位までの国について、2008年の輸出額とその順位、および1998年と1988年の順位を示している。なお、この輸出額にはそれぞれの農作物の加工品は含まれていない。

(1) A～Dは、米、とうもろこし、コーヒー、茶のいずれかである。A～Dの品目名を、A－○のように答えなさい。

(2) (ア)～(エ)の国名を、(ア)－○のように答えなさい。

(3) (イ)国は、1988年から2008年の間に、AとBでの輸出額順位を大きく上昇させている。その共通の理由として考えられることを、この国の社会状況を踏まえて、2行以内で述べなさい。

(4) 消費者の間では、AやCの農作物の中で、一定の条件を満たすものを、他に比べて割高であっても購入しようとする動きが見られるようになってきている。そのような動きが見られるようになった理由を、以下の語句を全部使用して、2行以内で述べなさい。語句は繰り返し用いてもよいが、使用した箇所に下線を引くこと。

      国際相場　　持続．　農民

表1

| 品目 | 2008年順位 | 国 | 2008年輸出額（百万ドル） | 1998年順位 | 1988年順位 |
|---|---|---|---|---|---|
| A | 1 | (ア) | 4,132 | 1 | 1 |
| | 2 | (イ) | 2,114 | 4 | 29 |
| | 3 | コロンビア | 1,905 | 2 | 2 |
| | 4 | インドネシア | 989 | 6 | 3 |
| | 5 | ドイツ | 917 | 10 | 12 |
| | 6 | ベルギー1) | 769 | 18 | 46 |
| | | 世界計 | 16,627 | | |
| B | 1 | (ウ) | 6,109 | 1 | 1 |
| | 2 | (イ) | 2,896 | 4 | 15 |
| | 3 | インド | 2,582 | 2 | 5 |
| | 4 | アメリカ合衆国 | 2,214 | 3 | 2 |
| | 5 | パキスタン | 1,682 | 6 | 3 |
| | 6 | イタリア | 820 | 7 | 4 |
| | | 世界計 | 19,955 | | |
| C | 1 | (エ) | 1,259 | 1 | 3 |
| | 2 | ケニア | 935 | 2 | 4 |
| | 3 | 中国2) | 701 | 4 | 1 |
| | 4 | インド | 590 | 3 | 2 |
| | 5 | イギリス | 325 | 5 | 5 |
| | 6 | ドイツ | 207 | 7 | 9 |
| | | 世界計 | 5,521 | | |
| D | 1 | アメリカ合衆国 | 13,885 | 1 | 1 |
| | 2 | アルゼンチン | 3,531 | 3 | 4 |
| | 3 | フランス | 2,298 | 2 | 2 |
| | 4 | (ア) | 1,405 | 28 | 46 |
| | 5 | ハンガリー | 986 | 5 | 10 |
| | 6 | インド | 781 | 62 | 68 |
| | | 世界計 | 26,933 | | |

注　1）1998年，1988年はルクセンブルクを含む。
　　2）台湾・ホンコンを含まない。
FAO資料による。

設問 B

　中国の 2008 年の農産物（加工品も含む）の輸入額は 801 億米ドル，輸出額は 359 億米ドルである（FAO 資料による。なお，中国には台湾を含む。ホンコン，マカオは含まない）。

(1)　中国の輸入額上位の農産物には，大豆などのほか，パーム油（ヤシ油），大豆油が含まれる。これら油脂類が大量に輸入されている背景を，2 行以内で述べなさい。

(2)　中国では，農産物の輸入額が輸出額を大きく上回っているが，輸出額の規模も決して小さくない。輸出額上位には，農産物のさまざまな加工食品，調理済み食品，冷凍食品などが含まれる。これらの品目が主要な輸出品目となっている背景を，2 行以内で述べなさい。

設問 C

　地球上の森林（地上部）には約 289 ギガ（$10^9$）トンの炭素が蓄積されていると推定されるが，1990 年から 2010 年にその 3.5 ％が失われている。

　図 1 は，世界をアフリカ，アジア，ヨーロッパ（含むロシア），南米，北中米，オセアニアの 6 つの地域に分けて炭素蓄積量の推移を示したものである。図中の A 地域で炭素蓄積量が最も多いのは，「地球の肺」とも言われている広大な熱帯林を有しているからである。B 地域では，人口の増加率が最も高い。C 地域と D 地域は，いずれも炭素蓄積量を増加させているが，化石燃料消費量も多い。なお，国民一人あたりの二酸化炭素排出量が最も多い国は，D 地域に含まれている。

(1)　A 地域や B 地域で起こっている炭素蓄積量減少の主な要因を 2 つ，あわせて 2 行以内で述べなさい。

(2)　C 地域と D 地域では炭素蓄積量が増加している。これにはどのような要因が考えられるか，1 行で説明しなさい。

炭素蓄積量(ギガトン)

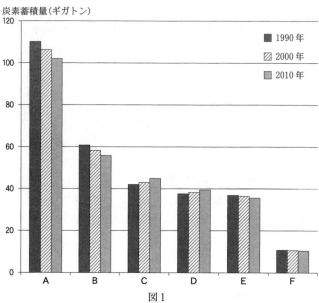

図1

FAO資料による。

# 36

地図に関する以下の設問A～Bに答えなさい。解答は，解答用紙の(ハ)欄を用い，設問・小問ごとに改行し，設問記号・小問番号をつけて記入しなさい。

**設問A**

図1は，フランドル（現ベルギー）の地理学者オルテリウスが，1570 年に作成した世界地図である。

(1)　a～cの位置に描かれている特定の緯度を示す線（緯線）の名称を，a—○のように答えなさい。

(2)　bとcの緯線が，それぞれどのような自然現象の境になっているのかを，あわせて2行以内で述べなさい。

(3)　地図に示されている陸地の分布や形は，現実にかなり近い場合と，そうでない場合がある。この原因の一つは，地図の作成時には，ある場所の地球上での位置を知ることが，今よりも難しかったためである。当時，位置の決定に使われたおもな方法と，それに起因する地図の正確さ，不正確さの内容を，以下の語句を全部用いて3行以内で述べなさい。語句は繰り返し用いてもよいが，使用した箇所に下線を引くこと。

　　　　　緯度　　　経度　　　時間　　　天文

(4)　地図の不正確さの内容には，位置の決定に用いた方法とは異なる原因によるものも認められる。このような不正確さがみられる代表的な地域の例と，その原因を，あわせて2行以内で述べなさい。

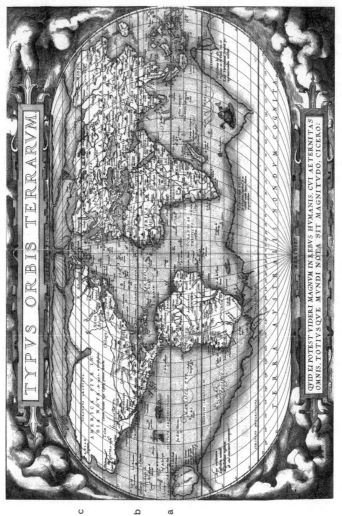

図1

設問B
　図2は，現在の東京都心およびその周辺部の標高を図示したものである。

(1)　図2のA地区では，もとの地形が人為の影響によって変化していることが読み取れる。このような変化を2種類指摘し，それぞれの原因とあわせて3行以内で述べなさい。

(2)　図2の西部の台地では，開析が進み，入り組んだ形で谷地が分布していることが読み取れる。これらの谷地に存在した河川の多くは，1960年代頃に暗渠化（フタをかけ，地中化すること）されている。河川の暗渠化が進んだ主な理由を，以下の語句を全部用いて2行以内で述べなさい。語句は繰り返し用いてもよいが，使用した箇所に下線を引くこと。
　　　　　拡幅　　生活環境　　都市化

(3)　図中の沿岸部には，多くの人工島がある。日本の大都市沿岸部に形成されたこうした人工島に，立地適性があると考えられる公共施設の例を1つあげ，その理由とあわせて2行以内で述べなさい。

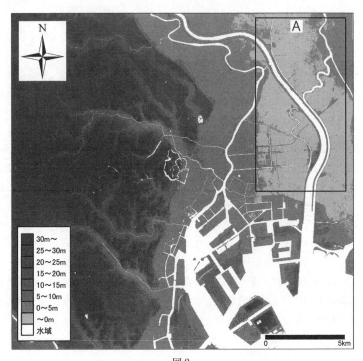

図2

国土地理院『数値地図5mメッシュ（標高)』による。

# 37

　自然と人間に関する以下の設問A～Bに答えなさい。解答は，解答用紙の(イ)欄を用い，設問・小問ごとに改行し，設問記号・小問番号をつけて記入しなさい。

### 設問A

　世界の自然災害に関する次の小問に答えなさい。図1のa～fは，1970年代以降に，それぞれの国において6種類の自然災害（火山災害，干ばつ，水害，地震災害，風害，斜面災害）が何回発生したかを集計し，その数を「多い」，「中程度」，「少ない」の3段階で表した地図である。たとえば風害の場合，発生回数31回以上が「多い」，11～30回が「中程度」，10回以下が「少ない」となっている。図の作成に用いられた自然災害は，死者が10人以上，被災者が100人以上，政府が非常事態を宣言，政府が国際支援を公式に要請，という4つの基準のうち，少なくとも1つを満たすものである。なお，斜面災害とは山崩れ，地すべり，雪崩を指す。

(1) 図1のうち，aは斜面災害，bは水害を示している。また，c～fは，火山災害，干ばつ，地震災害，風害のいずれかである。c～fがこれらのどれにあたるかを，c－○のように答えなさい。

(2) 図1のaとbを比較すると，日本では斜面災害が多いが水害の頻度は中程度であり，アメリカ合衆国では水害が多いが斜面災害は少ない。このような両国の相違が生じた原因のうち，地形および人口の分布の違いについて，2行以内で述べなさい。

(3) 図2のPとQは，世界で生じた自然災害による死者数と被災者数を，1900年～2008年の期間について示している。棒グラフは各年の値を示し，折れ線グラフは各年の値をもとにした長期的な傾向を示している。20世紀の中頃から，自然災害による死者が減少傾向にあり，被災者数が増加傾向にある理由を，3行以内で述べなさい。

a

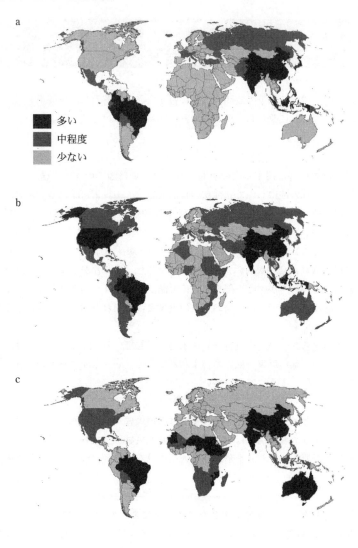

多い
中程度
少ない

b

c

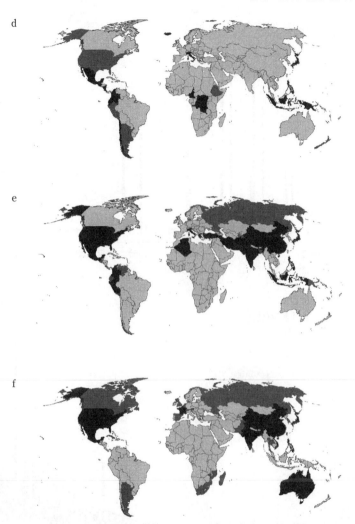

図1　出典：EM-DAT, Centre for Research on the Epidemiology of Disasters（CRED）

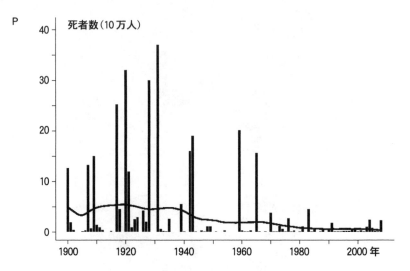

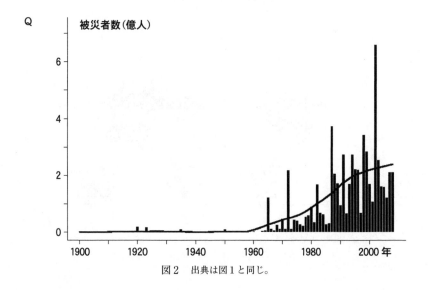

図2 出典は図1と同じ。

設問 B

　図 3 と図 4 は，大正 13 年と平成 5 年に発行された同じ場所の地形図である。こ
れらの図をみて，以下の小問に答えなさい。

⑴　図 3，4 の X，Y，Z の各集落が立地している場所に共通の地形名称を答え，
　続けて，そこに立地した理由を 2 行以内で述べなさい。

⑵　図 3，4 の集落 K と L に共通した立地条件の特徴について，下記の語句を全部
　用いて 2 行以内で述べなさい。語句は繰り返し用いてもよいが，使用した箇所に
　下線を引くこと。
　　　　　洪水　　　扇状地　　　地下水

⑶　河川 A の北と南とでは土地利用の変化に大きな違いが認められる。その違いと，
　そうした違いが生じた理由について，合わせて 4 行以内で述べなさい。

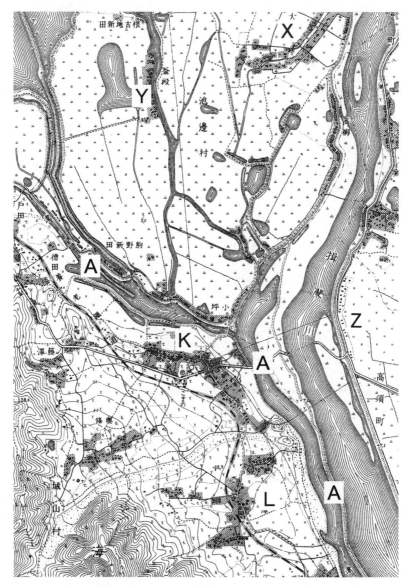

図3

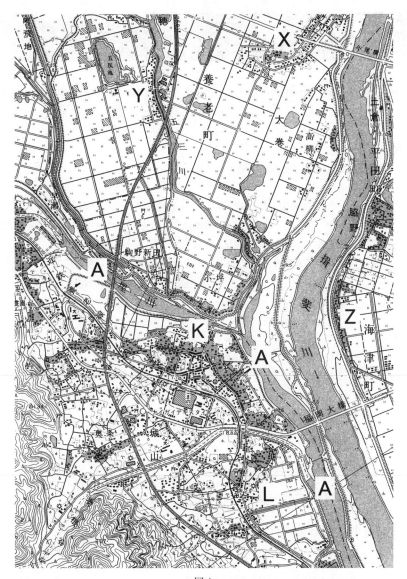

図4
（編集の都合上，図3・図4は85％に縮小―編集部）

# 38

　　資源と環境に関する以下の設問A〜Cに答えなさい。解答は，解答用紙の(ロ)欄を用い，設問・小問ごとに改行し，設問記号・小問番号をつけて記入しなさい。

**設問A**

　　世界の金属資源に関する以下の小問に答えなさい。

(1)　図1は，世界の水銀，鉄，銅，鉛の金属資源について，1980年以降の鉱石生産量（鉱石から生産された金属量）の推移を示したものである（なお，図1では，金属毎に鉱石生産量の単位が異なるので注意すること）。図中A，B，C，Dがそれぞれどの金属資源を示しているのかを，A—○のように答えなさい。

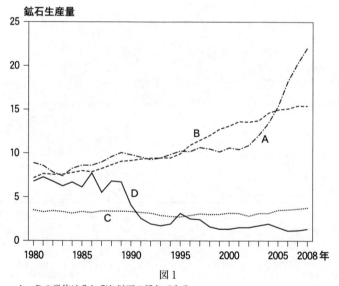

図1
A〜Dの単位はそれぞれ以下の通りである。
　A：億トン，B：百万トン，C：百万トン，D：千トン。
アメリカ合衆国地質調査所資料による。

(2)　金属Dの鉱石生産量が1990年以降，減少に転じた理由を1行で述べなさい。

(3) 2007年時点で，金属Cの全消費量は鉱石から生産された量の2.2倍になる。このような現象がなぜ生じているのかを1行で述べなさい。

### 設問B

図2は主要なレアメタルの生産量（2007年）上位3ヶ国とそのシェアを示したものである。

(1) 図2より読み取ることができる，レアメタルの資源供給上の特徴および問題点を2行以内で述べなさい。

(2) レアメタル資源に関して，日本やヨーロッパ諸国などが実施している主な資源政策を2つ，合わせて2行以内で述べなさい。

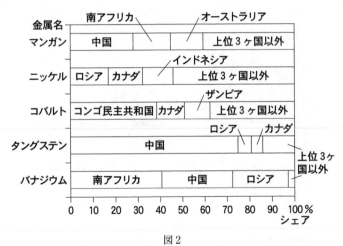

図2

アメリカ合衆国内務省・地質調査所『Minerals Yearbook』による。

設問C

　図3はある非金属資源の世界供給量の推移を内訳別に示している。この資源は，かつては日本の鉱山からも採掘されていたが，近年は採掘されないようになった。

⑴　この資源名を答えなさい。

⑵　この資源で石油や天然ガスからの回収が増加している理由とその背景を，下記の語句を全部用いて3行以内で述べなさい。語句は繰り返し用いてもよいが，使用した箇所に下線を引くこと。

　　　　大気　　　雨　　　精製

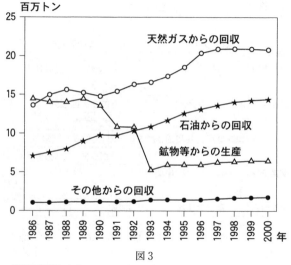

図3

NIRE資料による。

# 39

　日本の人口と人口移動に関する以下の設問 A ～ B に答えなさい。解答は，解答用紙の(ハ)欄を用い，設問・小問ごとに改行し，設問記号・小問番号をつけて記入しなさい。

## 設問 A

(1)　図 1 は，日本で 1 年間に生まれてくる子供の数（出生数）と亡くなる人の数（死亡数）および 65 歳以上人口の推移を示している。出生数は，1955 年から 1970 年まで 100 万人台であったが，1971 年から 1974 年の間は 200 万人を超え，1975 年には再び 100 万人台となった。なお，1966 年に出生数が一時的に落ち込むのは「ひのえうま」の影響である。1970 年代前半に，このような出生数のピークが見られた理由を，以下の語句を全部用いて 2 行以内で述べなさい。語句は繰り返し用いてもよいが，使用した箇所に下線を引くこと。

　　　　　出生率　　　世代　　　戦争

(2)　図 1 で，65 歳以上人口は 1955 年以来，速いペースで増加し続けているのに対し，死亡数は 1980 年代に入るまでほぼ一定で推移しており，増加傾向を見せるのは 1980 年代半ば頃からである。1980 年代半ば頃まで死亡数の増加が見られなかった理由として考えられることを 1 行で述べなさい。

(3)　表 1 は，日本の都道府県について，自然増加率（人口 1,000 人あたりの出生数と死亡数の差）の上位 10 位を示している。これらのうち，沖縄県を除いた 9 都府県について，自然増加率が上位にある共通の理由として考えられることを 2 行以内で述べなさい。

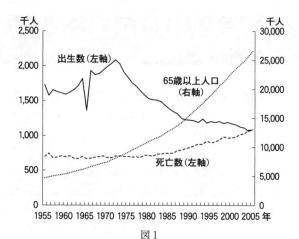

図1

出生数と死亡数は「人口動態統計」による。
65歳以上人口は総務省資料に基づいて推計。

表1

(2006年)

| 順位 | 都府県 | 自然増加率 |
|------|--------|-----------|
| 1 | 沖　縄 | 5.4 |
| 2 | 愛　知 | 2.5 |
| 3 | 神奈川 | 2.3 |
| 4 | 滋　賀 | 2.2 |
| 5 | 埼　玉 | 1.8 |
| 6 | 千　葉 | 1.2 |
| 7 | 大　阪 | 1.0 |
| 8 | 東　京 | 0.7 |
| 9 | 兵　庫 | 0.4 |
| 10 | 福　岡 | 0.4 |

自然増加率は，人口1,000人
あたりの出生数と死亡数の差。
「人口動態統計」による。

## 設問B

　国勢調査では10年に1度，調査時点の常住地と5年前の常住地とを比べること
によって，都道府県間の人口移動を調べている。次ページ以下の図表は，都道府県
間の人口移動を転入後の産業別・年齢階層別にみるとともに，主な都道府県におけ
る人口移動の特徴を示したものである。

(1) 表2は，2000年を調査時点として，主な産業について都道府県間移動者の割合と年齢階層別構成比をみたものである。表中の産業a〜dに該当する産業は，農業，製造業，金融・保険業，サービス業のいずれかである。該当する産業名を，それぞれa—○のように答えなさい。

(2) 図2は，2000年を調査時点として，各都道府県の常住者のうち，他都道府県から転入してきた人の割合を示したものである。地方圏のなかで，宮城県，香川県，福岡県で割合が高くなっているが，これらの県に共通する理由を1行で述べなさい。

(3) 表3は，1990年と2000年の2時点について，6つの都道府県をA群とB群とに分け，他都道府県からの転入者数と産業別人口移動の変化をみたものである。ただし，表3には，産業別人口移動の変化の特徴的な産業のみを示している。A群とB群との差異と，そうした差異が生じた理由を，以下の語句を全部用いて，3行以内で述べなさい。語句は繰り返し用いてもよいが，使用した箇所に下線を引くこと。

　　　　空洞化　　自然環境　　年齢

表2

| 産　業 | 各産業就業者を100とした場合の都道府県間移動者の割合（%） | 都道府県間移動者の年齢階層別構成比（%） | | | | | | |
|---|---|---|---|---|---|---|---|---|
| | | 15〜24歳 | 25〜34歳 | 35〜44歳 | 45〜54歳 | 55〜64歳 | 65歳以上 | 合計 |
| （ a ） | 13.5 | 9.2 | 42.6 | 29.1 | 15.5 | 3.5 | 0.2 | 100 |
| 公　務 | 11.2 | 20.7 | 40.6 | 21.9 | 13.3 | 3.3 | 0.3 | 100 |
| （ b ） | 8.6 | 24.2 | 44.1 | 17.3 | 8.7 | 4.6 | 1.0 | 100 |
| 卸売・小売業 | 7.9 | 29.8 | 36.5 | 18.1 | 11.2 | 3.8 | 0.5 | 100 |
| （ c ） | 6.6 | 16.9 | 43.6 | 20.8 | 12.8 | 5.3 | 0.6 | 100 |
| 建設業 | 5.6 | 14.4 | 41.5 | 18.8 | 16.6 | 7.7 | 1.1 | 100 |
| （ d ） | 0.8 | 19.3 | 36.6 | 16.6 | 13.0 | 10.7 | 3.8 | 100 |

注：卸売・小売業には飲食店も含む。
国勢調査による。

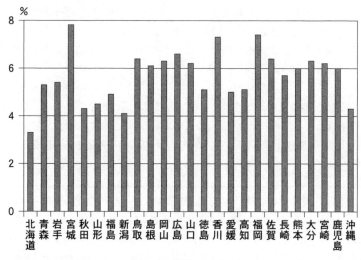

図 2

注：首都圏，中部圏，近畿圏の都府県を除く地方圏を示した。
国勢調査による。

表3

| | 都道府県 | 他都道府県からの転入者数 | | | 変化の特徴的な産業および 1985 年～1990 年と 1995 年～2000 年の 2 期間における転入者数の増減率 | | | | | |
|---|---|---|---|---|---|---|---|---|---|---|
| | | 1985 年～1990 年（千人） | 1995 年～2000 年（千人） | 2 期間の増減率（%） | 産　業 | 増減率（%） | 産　業 | 増減率（%） | 産　業 | 増減率（%） |
| A群 | 東　京 | 1,162 | 1,155 | ▲ 1 | 金融・保険業 | ▲ 16 | サービス業 | 13 | 卸売・小売業 | ▲ 2 |
| | 愛　知 | 370 | 353 | ▲ 5 | 製造業 | ▲ 33 | サービス業 | 11 | 卸売・小売業 | 6 |
| | 大　阪 | 501 | 480 | ▲ 4 | 金融・保険業 | ▲ 18 | サービス業 | 6 | 卸売・小売業 | ▲ 5 |
| B群 | 北海道 | 140 | 158 | 13 | 農　業 | 90 | サービス業 | 31 | 卸売・小売業 | 19 |
| | 長　野 | 90 | 108 | 21 | 農　業 | 58 | 卸売・小売業 | 28 | サービス業 | 23 |
| | 沖　縄 | 40 | 45 | 14 | 農　業 | 31 | サービス業 | 21 | 卸売・小売業 | 10 |

注：▲は減少を意味する。
国勢調査による。

# 40

世界と日本のダムと環境に関連する以下の問(1)～(5)に答えなさい。解答は，解答用紙の(イ)欄を用い，問ごとに改行し，冒頭に問番号をつけて記入しなさい。

(1) ザンベジ川のカリバダムと，エニセイ川のクラスノヤルスクダムは，いずれも世界有数の貯水量を有するダムである。これらのダムは異なる気候帯に属している。これら2つのダムの目的の違いを，気候に関連づけて，2行以内で述べなさい。

(2) ダムには水だけでなく，上流域で侵食によって生じた土砂が，流れ込んで堆積する。図1は，その量をもとにダムの流域の侵食速度を推定し，その分布を示したものである。中部地方には特に侵食速度の大きなダムが集中し，四国地方にも侵食速度の比較的大きなダムがみられるが，中国地方には侵食速度の小さなダムが多い。このような地域差が生じた要因として，考えられることを，2行以内で述べなさい。

(3) ダムに土砂が堆積することによって生じる問題を，下記の語句を全部用いて，3行以内で説明しなさい。語句は繰り返し用いてもよいが，使用した箇所には下線を引くこと。

　　　海岸　　洪水　　水資源

(4) 図2は，流域の面積や地形は同様だが，土地利用が異なる3つの河川A～Cにおける，降雨開始後の流出量（河川流量の通常からの増加量）の変化を，模式的に表したものである。A～Cの流域の主要な土地利用は，森林，水田，裸地のいずれかである。流域の土地利用が森林である河川は，A～Cのいずれであるかを答え，続けて，この図をもとに森林が「緑のダム」と呼ばれる理由を3行以内で述べなさい。

(5) 日本の日本海側の積雪や，ヨーロッパアルプス・ヒマラヤ・ロッキーなど世界各地に広がる氷河は，「白いダム」とも呼ばれる。「白いダム」は，(4)でとりあげた「緑のダム」と比較して，どのような役割があると考えられるか，下記の語句を全部用いて，3行以内で説明しなさい。語句は繰り返し用いてもよいが，使用した箇所には下線を引くこと。

　　　季節　　流出　　渇水

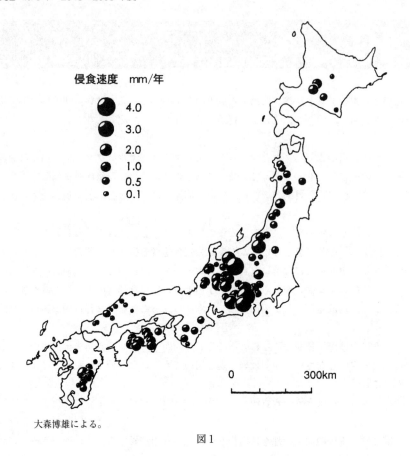

侵食速度　mm/年

4.0
3.0
2.0
1.0
0.5
0.1

0　　　　　300km

大森博雄による。

図1

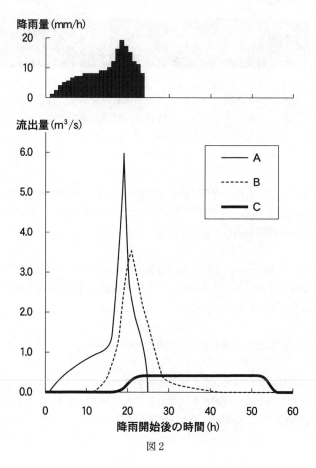

図 2

# 41

　東アジア・東南アジア・南アジアにおける地域間の交流と，社会・経済の変動に関連する以下の設問A〜Bに答えなさい。解答は，解答用紙の(ロ)欄を用い，設問・小問ごとに改行し，設問記号・小問番号をつけて記入しなさい。

## 設問A

　表は，東アジア・東南アジア・南アジアの6つの国（地域）の国籍保持者のうち，2008年に観光，商用などを目的とする旅行者（短期滞在者）として日本へ入国した者の，入国目的別の実数と割合を示したものである。

⑴　表中のア〜エは，インド，中国，台湾，フィリピンのいずれかである。ウ，エの国（地域）名を，それぞれウ―○のように答えなさい。なお中国には，香港，マカオは含まれない。

⑵　⑴のように判断した理由を2行以内で述べなさい。

⑶　アの入国目的別割合をみると観光の占める割合が高い。アからの旅行者にとって，日本のどのような地域が観光地として人気が高いと考えられるか。京都・奈良以外に具体例を2つ挙げ，それぞれの理由とあわせて，全体で2行以内で述べなさい。

⑷　日本国籍保持者のイへの旅行者数は約400万人（2007年，世界観光機関による）と，イの日本への旅行者数を大幅に上回っている。このような不均衡が生じている理由を，2つの要因を挙げて2行以内で述べなさい。

表　　　　　　　　　　　　　　　　　　　　単位：千人

| 国（地域） | 総　数 | 観　光 | | 商　用 | | 親族訪問ほか | |
|---|---|---|---|---|---|---|---|
| 韓　国 | 2,219 | 1,716 | 77 % | 326 | 15 % | 177 | 8 % |
| ア | 1,354 | 1,232 | 91 % | 90 | 7 % | 33 | 2 % |
| イ | 636 | 386 | 61 % | 191 | 30 % | 58 | 9 % |
| シンガポール | 164 | 131 | 80 % | 27 | 16 % | 6 | 4 % |
| ウ | 55 | 15 | 28 % | 16 | 29 % | 24 | 43 % |
| エ | 42 | 6 | 15 % | 23 | 55 % | 12 | 29 % |

法務省入国管理局資料による。

## 設問B

図のA～Dは，東アジアの主要国（地域）の首都である東京・北京・ソウル・台北の4都市について，月平均気温と月降水量の年変化（雨温図）を示したものである。

(1) 図のA～Dの雨温図に該当する都市名を，A―○のように答えなさい。

(2) 上記の4都市の中で，全国（地域）の人口に占める当該都市の人口の比率が最も高い都市名を答え，続けて，この国（地域）において，人口や経済的諸機能の首都への過剰な集中とそれに伴う地域間格差の拡大を抑制するために行われてきた政策を，下記の語句を全部用いて3行以内で説明しなさい。語句は繰り返し用いてもよいが，使用した箇所には下線を引くこと。

　　　　　政府機関　　工業開発　　規制

(3) Dの都市を首都とする国（地域）について，1980年代以降における産業構造の変化の特徴とその背景を，下記の語句を全部用いて3行以内で説明しなさい。語句は繰り返し用いてもよいが，使用した箇所には下線を引くこと。

　　　　　国際競争力　　技術集約型　　賃金

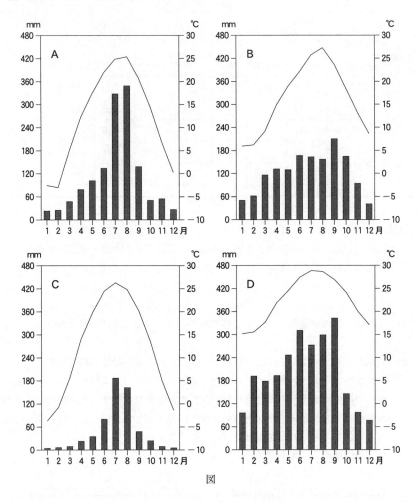

図

# 42

　交通と都市に関する以下の設問 A 〜 C に答えなさい。解答は，解答用紙の(ハ)欄を用い，設問・小問ごとに改行し，設問記号・小問番号に続けて記入しなさい。

**設問A**

　図 1 は，日本国内での航空貨物を除く貨物輸送について，輸送機関別構成比の推移を示したものである。

(1)　内航海運と自動車による貨物輸送の推移は，日本の製造業の変化を反映している。両者の変化について，以下の語句を全部用いて，3 行以内で述べなさい。語句は繰り返し用いてもよいが，使用した箇所には下線を引くこと。

　　　　　素材型産業　　ジャストインタイム

(2)　鉄道による貨物輸送は，1950 年代以降大きく構成比を落としてきたが，近年，鉄道による貨物輸送が見直されてきている。その理由を 2 行以内で述べなさい。

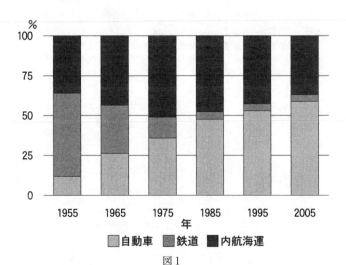

図 1

国土交通省・交通関連統計資料集より作成。構成比はトン・キロベースによる。

設問B
　表は，日本の主要港湾のうち，2006年の取扱貨物量上位5位までを示している。
㈠～㈢は，苫小牧港，千葉港，横浜港，名古屋港のいずれかである。

(1) ㈠および㈢は，他港に比べて，輸出量が著しく多い。そうした現象をもたらす
　　周辺地域の特徴を，両港に共通する輸出品目の例をあげて，合わせて2行以内で
　　述べなさい。

(2) ㈡および㈣は，他港に比べて，輸出量に対する輸入量の比率が高い。そうした
　　現象をもたらす周辺地域の特徴を，それぞれの港湾で異なる輸入品目の例をあげ
　　て，合わせて3行以内で述べなさい。

表　　　　　　　　　　　　　　　　　　　　　　　単位：百万トン

| 順位 | 港湾名 | 総貨物量 | 輸出 | 輸入 | 国内<br>(フェリー以外) | 国内フェリー |
|---|---|---|---|---|---|---|
| 1 | ㈠ | 208 | 52 | 80 | 73 | 4 |
| 2 | ㈡ | 167 | 9 | 90 | 69 | — |
| 3 | ㈢ | 138 | 42 | 45 | 51 | — |
| 4 | 北九州 | 110 | 7 | 24 | 35 | 43 |
| 5 | ㈣ | 109 | 1 | 20 | 26 | 62 |

国土交通省「港湾統計」による。
国内フェリーの貨物量は車種別の航送台数からの換算による。

設問C

　ドイツと日本の国内を鉄道で旅すると，通過する都市の間隔や規模の違いに驚く
ことがある。図2・3は，起点からの距離を横軸に，都市の人口規模を縦軸にとり，
それぞれハンブルクと東京を起点として，高速鉄道（ICE，新幹線）の停車駅のあ
る主な都市を路線ごとに線で結んだものである。

(1)　ドイツ国内の路線㋐・㋑に関する以下の説明文を読み，文中の（　a　）～（
　　e　）に該当する地名や都市名を，それぞれa－○のように答えなさい。
　　　図2の㋐は，ハンブルクから北ドイツ平原を南西方向に向かい，（　a　）工
　　業地帯の都市群を通過した後，（　b　）川に沿って南下し，ケルンで列車を乗
　　り換え，その後ドイツ最大の金融都市（　c　）を通り，バイエルン州の州都
　　（　d　）にいたる路線を示している。
　　　また㋑は，ハンブルクから北ドイツ平原を南東方向に向かうが，沿線には人口
　　規模の小さな都市しかなく，1時間半ほどで国内最大の都市（　e　）に達した
　　後，東部ドイツを南下し，ザクセン州の中心都市ライプチヒに到着する。その後
　　も南下を続け，東西に分裂していた頃の旧国境を再び越え，ニュルンベルクを通
　　り，（　d　）にいたる路線を示している。

(2)　図3の東京から600kmの区間において，㋒の路線では㋓の路線よりも，人口
　　規模の大きな都市を通過する。㋒の路線でこのような特徴が生じた理由として考
　　えられることを，下記の語句を全部用いて，2行以内で述べなさい。語句は繰り
　　返し用いてもよいが，使用した箇所には下線を引くこと。
　　　　　　メガロポリス　　工業地域

(3)　図2と図3をもとに，都市の地理的分布や人口規模のばらつきをみると，ドイ
　　ツと日本では違いがみられる。両国間の差異と，そうした差異を生じさせたと思
　　われる理由について，下記の語句を全部用いて，3行以内で述べなさい。語句は
　　繰り返し用いてもよいが，使用した箇所には下線を引くこと。
　　　　　　中央集権　　都市機能　　連邦制

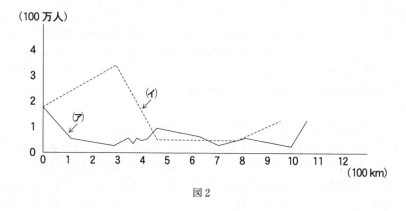

図2

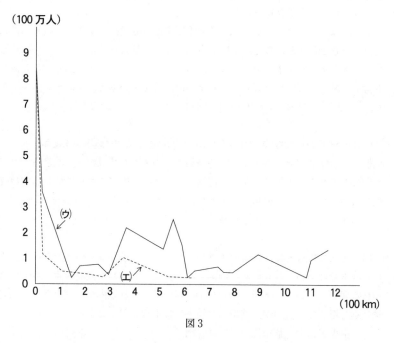

図3

距離は，時刻表に掲載されている主要駅間の距離であり，都市人口は，行政上の市の人口（ドイツは2006年，日本は2008年で，東京は23区の人口）である。図2・図3とも20万人以上の都市を示した。

# 43

全球スケールおよび地域スケールの環境に関連する以下の設問A〜Bに答えなさい。解答は，解答用紙の(イ)欄を用い，設問・小問ごとに改行し，設問記号・小問番号をつけて記入しなさい。

## 設問A

次ページの図1は，世界の森林の分布を示しており，色が濃い場所ほど森林が密である。続くページの図2は，世界の年平均流出量の分布を示す。流出量とは，降水量から蒸発散によって失われた分を差し引いた値である。なお，図中の実線は赤道であり，3本の破線は上から順に北極圏の南端（北極線），北回帰線，南回帰線である。また，図1と図2の投影法は異なっている。これらの2つの図を見て，以下の小問に答えなさい。

(1) 森林と年平均流出量がともに多い地域は，a）赤道付近，およびb）ユーラシア大陸と北米大陸の北部にまとまっている。a）とb）に分布する森林の名称と，両者の樹種の構成の違いを，あわせて2行以内で述べなさい。

(2) 森林がほとんどなく，年平均流出量が少ない地域がいくつか見られる。それらのうち，代表的な地域を北半球と南半球からそれぞれ1つ挙げ，それらの地域で年平均流出量が少ない理由とあわせて2行以内で述べなさい。理由は2地域に共通であっても構わない。

(3) 年平均流出量が多く，森林が少ない地域がいくつか見られる。それらのうち，森林が少ない共通の理由を持つ代表的な地域を2つ挙げ，その理由とあわせて2行以内で述べなさい。

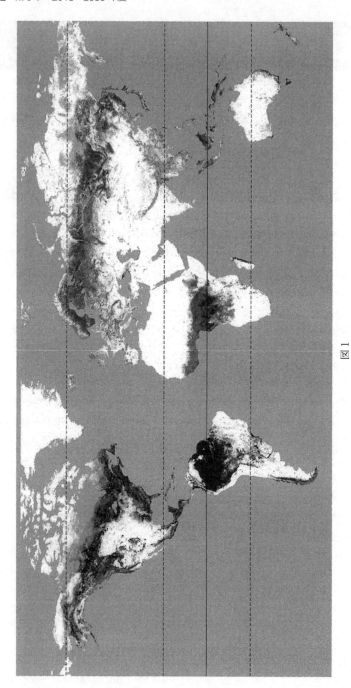

図1

世界の森林密度。
地球地図国際運営委員会事務局による。

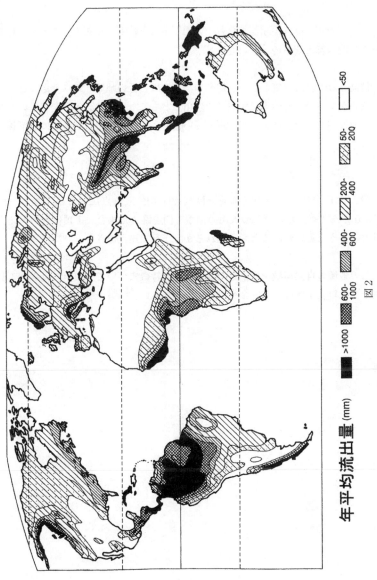

年平均流出量 (mm)

>1000
600-1000
400-600
200-400
50-200
<50

図 2

Summerfield, M. A. 1991. Global Geomorphology による。

設問B

次ページの図3は，山頂部を含む，火山を示した地形図である。この図を見て，以下の小問に答えなさい。

(1) 標高400m付近を境として，標高の高い地域と低い地域とでは地形にどのような違いがあるか。その違いが生じた理由とともに，下記の語句を全て用い，2行以内で述べなさい。語句は繰り返し用いてもよいが，使用した箇所には下線を引くこと。

　　　谷　　土砂

(2) 晴天の日中に，図中のX地点（標高404.6m三角点）およびY地点（標高578.0m三角点）から，この火山の山頂方向を眺めた場合，山頂付近の見え方にはどのような違いがあると考えられるか。1行で述べなさい。

(3) この地域の自然環境を生かした観光開発の特徴について，図中に見られる具体例を2つ以上挙げながら，2行以内で述べなさい。

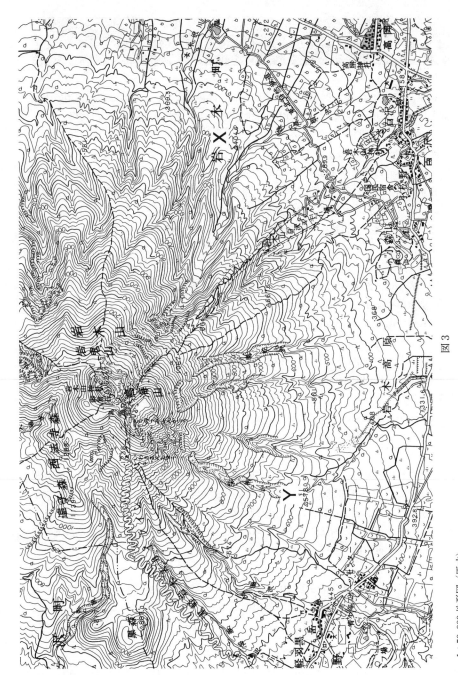

図3

1：50,000 地形図（原寸）

# 44

　　世界と日本の食料に関する以下の設問A〜Cに答えなさい。解答は，解答用紙の(ロ)欄を用い，設問・小問ごとに改行し，設問記号・小問番号をつけて記入しなさい。

**設問A**

　　次ページの表1〜3は，ヨーロッパ各国と日本の食料自給率に関するものである。食料自給率には，①品目別の消費量（重量）に対する生産量（重量）の割合を示す品目別自給率，②品目別の消費量と生産量を熱量（カロリー）換算して全品目を合算する熱量ベース自給率，③金額換算して全品目を合算する生産額ベース自給率とがある。

(1)　表1は，2003年における各国の熱量ベース自給率，および，主要品目の品目別自給率を示している。表中の(ア)〜(ウ)は，イギリス，スペイン，フランスのいずれかである。(ア)〜(ウ)の国名を，それぞれア—○のように答えなさい。

(2)　(イ)と(ウ)の国名について，そのように判断した理由を，農業生産の面から，あわせて3行以内で述べなさい。

(3)　表1に表れているようなオランダ農業の特徴を，オランダの国土の特性と関連させて2行以内で述べなさい。

(4)　食料自給率は，国別だけでなく国内地域別にも計算することができる。表2と表3は，2005年の都道府県別の(A)熱量ベース自給率と(B)生産額ベース自給率を示している。表2には，(B)を(A)で割った比率の下位10道県が並べられている。これらの道県でこの比率が下位にある理由を，これらの道県に共通する農業の特徴から2行以内で述べなさい。

(5)　表3には同じ比率の上位10都府県が並べられている。これらの中には，(ア)大都市圏およびその近郊に含まれる都府県と(イ)それ以外の県がある。(イ)で，この比率が上位にある理由を，これらの県に共通する農業の特徴から2行以内で述べなさい。

表 1

| 国 | 熱量ベース 自給率（%） | 品目別自給率（%） | | | |
|---|---|---|---|---|---|
| | | 穀　類 | いも類 | 野菜類 | 肉　類 |
| (ア) | 122 | 173 | 104 | 87 | 106 |
| (イ) | 70 | 99 | 71 | 42 | 66 |
| オランダ | 58 | 24 | 120 | 282 | 210 |
| (ウ) | 89 | 68 | 44 | 159 | 111 |
| 日本 | 40 | 27 | 83 | 82 | 54 |

『食料需給表』による。

表 2

| 順位 | 都道府県 | 熱量ベース 自給率(A)（%） | 生産額ベース 自給率(B)（%） | (B)/(A) |
|---|---|---|---|---|
| 38 | 福　島 | 82 | 113 | 1.4 |
| 39 | 宮　城 | 79 | 100 | 1.3 |
| 39 | 石　川 | 47 | 61 | 1.3 |
| 41 | 山　形 | 128 | 150 | 1.2 |
| 41 | 新　潟 | 94 | 117 | 1.2 |
| 43 | 富　山 | 72 | 71 | 1.0 |
| 43 | 福　井 | 63 | 61 | 1.0 |
| 45 | 北 海 道 | 201 | 188 | 0.9 |
| 45 | 秋　田 | 164 | 140 | 0.9 |
| 47 | 滋　賀 | 52 | 42 | 0.8 |

農林水産省試算による。

表 3

| 順位 | 都道府県 | 熱量ベース 自給率(A)（%） | 生産額ベース 自給率(B)（%） | (B)/(A) |
|---|---|---|---|---|
| 1 | 東　京 | 1 | 5 | 5.0 |
| 2 | 神 奈 川 | 3 | 14 | 4.7 |
| 3 | 山　梨 | 20 | 92 | 4.6 |
| 4 | 宮　崎 | 62 | 256 | 4.1 |
| 5 | 和 歌 山 | 30 | 109 | 3.6 |
| 6 | 長　崎 | 42 | 137 | 3.3 |
| 7 | 静　岡 | 18 | 55 | 3.1 |
| 7 | 愛　媛 | 40 | 123 | 3.1 |
| 7 | 高　知 | 47 | 144 | 3.1 |
| 10 | 大　阪 | 2 | 6 | 3.0 |

農林水産省試算による。

設問B

　下の図1は，東南アジアのインドネシア，タイ，フィリピン，ベトナムの，長期的な米の生産量の推移を示したものである。

(1)　図中のア〜エの国名を，それぞれア―○のように答えなさい。

(2)　ア国が1970年代から80年代にかけて，他国に先駆けて米の生産量を大きく増大させた理由を，2行以内で述べなさい。

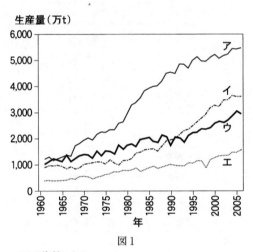

図1

　　　FAO資料による。

**設問C**

　下の図2は，1961年から2005年までの，中国における大豆の生産量および輸入量の推移を示したものである。1990年代半ば以降，大豆の生産量は徐々に増加しているのに対し，大豆の輸入量は急激に増加している。その理由を，下記の語句を全て用い，2行以内で述べなさい。語句は繰り返し用いてもよいが，使用した箇所には下線を引くこと。

　　　所得水準　　肉類

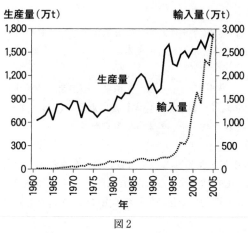

図2

FAO資料による。

# 45

日本の産業と人口の変化に関する以下の設問A～Cに答えなさい。解答は，解答用紙の(ハ)欄を用い，設問・小問ごとに改行し，設問記号・小問番号をつけて記入しなさい。

## 設問A

下の表1は，日本の産業部門から7つを取り上げ，それぞれの産業の従業者数の変化と上位3都道府県を示したものである。

(1) 表中の（ a ）～（ e ）は，医療業，宿泊業，情報サービス業，食料品製造業，輸送用機械器具製造業のいずれかである。（ a ）～（ e ）に該当する産業名を，それぞれa一○のように答えなさい。

(2) 表1で，2001年～2006年の従業者数の変化をみると，社会保険・社会福祉・介護事業では大幅な増加がみられたのに対し，総合工事業では大幅な減少がみられた。こうした対照的な変化が生じた理由について，2行以内で述べなさい。

表1

| 産業名 | 2006年の全国の従業者数（千人） | 2001年～2006年の従業者増減数（千人） | 2006年 | | |
|---|---|---|---|---|---|
| | | | 第1位 | 第2位 | 第3位 |
| （ a ） | 3,266 | 264 | 東京 （10.4） | 大阪 （7.9） | 神奈川（5.8） |
| 社会保険・社会福祉・介護事業 | 2,222 | 800 | 東京 （10.4） | 大阪 （7.0） | 神奈川（6.1） |
| 総合工事業 | 2,014 | −504 | 東京 （8.9） | 北海道（6.0） | 大阪 （5.5） |
| （ b ） | 1,248 | −80 | 北海道（7.3） | 東京 （5.9） | 愛知 （5.6） |
| （ c ） | 1,074 | 47 | 愛知 （24.8） | 静岡 （10.8） | 神奈川（8.0） |
| （ d ） | 962 | 124 | 東京 （49.9） | 大阪 （9.3） | 神奈川（8.7） |
| （ e ） | 755 | −70 | 東京 （8.9） | 北海道（6.5） | 静岡 （5.0） |

総合工事業は，各種の建築・土木工事業をさす。

都道府県名の後の括弧内の数字は，各都道府県の対全国比（％）を示す。

『事業所・企業統計調査』による。

設問B

　下の表2は，三大都市圏内のA県と地方圏のB県を取り上げ，2000年と2005年の2時点における市と町村の数を人口規模別に示したものである。2000年から2005年にかけて，A県ではほとんど変化がみられなかったのに対し，B県では町村の数が減少し，市の数が増加している。こうした違いが生じた理由として考えられることを，下記の語句をすべて用い，3行以内で述べなさい。語句は繰り返し用いてもよいが，使用した箇所には下線を引くこと。

　　　公共サービス　　　財政　　　年齢構成

表2

| 人口規模(千人) | 三大都市圏内のA県 | | | | 地方圏のB県 | | | |
| | 2000年 | | 2005年 | | 2000年 | | 2005年 | |
| | 市 | 町・村 | 市 | 町・村 | 市 | 町・村 | 市 | 町・村 |
| 100以上 | 14 | | 15 | | 1 | | 1 | |
| 50〜99 | 4 | | 2 | | 1 | | 4 | |
| 30〜49 | 1 | 6 | 2 | 5 | 4 | 1 | 5 | |
| 10〜29 | | 10 | | 11 | 1 | 16 | 2 | 8 |
| 5〜9 | | 1 | | 1 | | 15 | | 5 |
| 5未満 | | 1 | | 1 | | 25 | | 11 |
| 合　計 | 19 | 18 | 19 | 18 | 7 | 57 | 12 | 24 |

『国勢調査』による。

設問C

　次ページの図1は，日本のある大都市圏の，都心，郊外，両者の中間に位置する3つの市区を取り上げ，1980年〜2005年の生産年齢人口（15〜64歳）の推移を示したものである。同じく図2は，老年人口（65歳以上）の推移を示したものである。これらの図を見て，以下の小問に答えなさい。

⑴　図中のア〜ウは，都心，郊外，中間のいずれにあたるか。それぞれア−○のように答えなさい。

⑵　都心と郊外の市区における，生産年齢人口および老年人口の推移の特徴を，住宅供給の経緯と関連づけて4行以内で説明しなさい。

指数（1980年＝100）

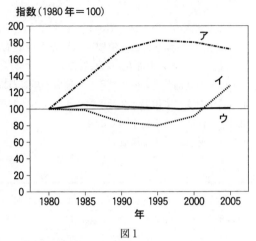

図1

縦軸は生産年齢人口（1980年を100とする指数）。
『国勢調査』による。

指数（1980年＝100）

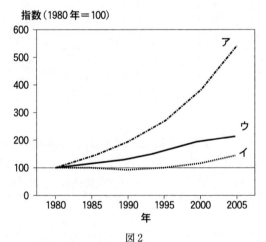

図2

縦軸は老年人口（1980年を100とする指数）。
『国勢調査』による。

# 46

　世界の主要な河川と海域に関連する以下の設問 A ～ B に答えなさい。解答は，解答用紙の(イ)欄を用い，設問・小問ごとに改行し，設問記号・小問番号をつけて記入しなさい。

## 設問 A

　次ページの図は，世界の主要な河川を描いた略図である。

(1)　図中の河川 a ～ e は，次ページの表中の河川ア～オのいずれに対応するかを，a ─○のように答えなさい。

(2)　図中の河川 a，b，c の河口部で共通して見られる，大規模な地形の名称を，地形─○のように答えなさい。また，このうち 1 つの河川の河口部では，21 世紀に多数の犠牲者を出す災害が生じた。その災害を引き起こした自然現象の名称と，被災者が最も多かった都市の名前を，自然現象─○，都市─○のように答えなさい。

(3)　図中の河川 a の流域では，農業の持続性に関わる深刻な問題が発生している。この問題について，この地域の気候と，その下での農業の特色を踏まえて，2 行以内で述べなさい。

(4)　図中の河川 b と河川 c の流域で，農業をはじめとする人間活動が引き起こしている共通の深刻な環境問題は何か。また，このような問題に対して，河川 b と河川 c の流域では，それぞれどのような対応策がとられているか。あわせて 3 行以内で述べなさい。

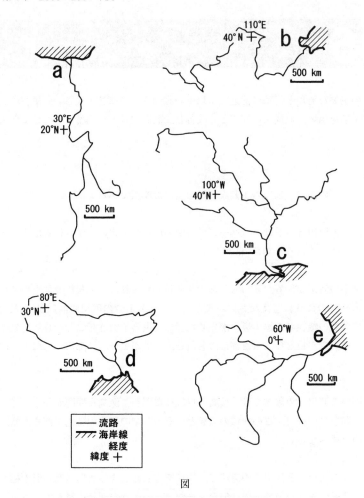

図

表

| 河川 | 流域面積<br>($10^6$km²) | 平均標高<br>(m) | 年降水量<br>(mm/年) | 年平均気温<br>(℃) |
|---|---|---|---|---|
| ア | 5.91 | 470 | 2,030 | 27 |
| イ | 3.27 | 660 | 760 | 13 |
| ウ | 1.91 | 860 | 510 | 27 |
| エ | 1.67 | 1,540 | 2,030 | 18 |
| オ | 0.81 | 1,860 | 760 | 13 |

設問B

　海域に関する次の文章を読んで，以下の小問に答えなさい。

　海洋は地球表面の7割を占めるが，漁獲が盛んに行われる場所は全海洋の1割程度に過ぎない。漁獲対象種が多く，漁獲量も大きい水域の大部分は，水深200mまでの沿岸海域である。沿岸海域は陸から栄養物質が供給されるために，植物プランクトンによる有機物生産が盛んで，魚の餌が豊富に供給される。また，海流が会合する場所は，湧昇流によって深部から栄養分が供給されることで高い生物生産が維持され，よい漁場となる。暖流である　ア　と寒流である　イ　が会合する三陸沖がその例である。水深200m以浅は，地形的には　ウ　に相当する。　ウ　は平坦で緩傾斜な浅海底で，その沖合の，より急傾斜な斜面とは傾斜変換線により区別される。

　「海洋法に関する国際連合条約」では，沿岸から200海里（約370km）までを　エ　としている。日本の国土は約38万km²だが，領海（沿岸から12海里以内）と　エ　を合わせた水域面積は約447万km²で世界第6位である。

　最近の基準では　ウ　の縁辺部が200海里以上であることを地形・地質的に裏付けることができれば，最大350海里か，2500m等深線から100海里のいずれか遠い方までを　エ　と同等とすることができるようになった。

(1)　ア～エにあてはまる適当な語句を，ア─○のように答えなさい。

(2)　下線部について，なぜ，地形・地質的な裏付けがあれば，エを広げることができるようにしたのか，考えられる理由を，エに関する権利について触れながら，3行以内で述べなさい。

# 47

　鉄鋼業と環境問題に関する以下の設問A～Bに答えなさい。解答は，解答用紙の(ロ)欄を用い，設問・小問ごとに改行し，設問記号・小問番号をつけて記入しなさい。

## 設問A

　鉄鋼業は，温室効果ガスの1つである二酸化炭素を大量に排出する産業として知られている。次ページの図は世界の主要鉄鋼生産国（ソ連崩壊前後で統計が不連続となっているロシアを除く）における粗鋼生産量の推移を示したものである。

(1)　図中のア～オは，日本，韓国，アメリカ合衆国，中国，ドイツ（ドイツ統合以前は，旧東ドイツと旧西ドイツの合計値）のうちのいずれかである。ア～オの国名を，それぞれア―○のように答えなさい。

(2)　鉄は経済発展にとって必要不可欠な存在である。エ国とオ国は，それぞれ急激な経済発展と共に鉄鋼生産量を増加させてきた。鉄鉱石から鉄を製造するためには，大量の熱を与えることが必要となる。オ国の鉄鋼業では，鉄を1トン製造するのに必要なエネルギー量が，ア国などと並んで世界でも低い水準にあるのに対して，エ国の鉄鋼業では，同量の鉄を製造するのに必要なエネルギー量が，ア～オ国の中で最も高く，ア国やオ国の約1.5倍のエネルギーを必要としている。そのため，近年，エ国に対しては，ア国などから環境対策に関する技術協力が行われている。エ国とオ国の鉄鋼生産において，このようなエネルギー効率の違いが生じた理由を，両国の鉄鋼業の特徴を踏まえた上で，4行以内で答えなさい。

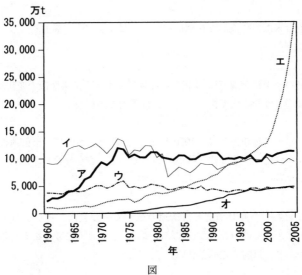

図
鉄鋼統計月報，IISI 資料などによる。

設問B

　アメリカ合衆国の代表的な鉄鋼都市であるピッツバーグ都市圏について，次の小問に答えなさい。

(1)　ピッツバーグ都市圏では，1970年代以降に大きな産業構造の変化がみられた。これはどのような変化であったか。2行以内で述べなさい。

(2)　ピッツバーグ都市圏では，1970年から1990年にかけて，市街地の広がりにも変化がみられた。その変化の特徴について，下の表を参照しながら，1行で述べなさい。

(3)　(1)(2)で解答した産業構造と市街地の広がりの変化は，ピッツバーグ都市圏におけるエネルギーの消費および環境問題に，どのような変化をもたらしたと考えられるか。3行以内で述べなさい。

表

| ピッツバーグ都市圏 | | 1970年 | 1990年 | 増減率 (%) |
|---|---|---|---|---|
| 人口 (千人) | 総人口 | 1,846 | 1,679 | −9.0 |
| | うち中心地区 | 1,605 | 1,336 | −16.8 |
| | 周辺地区 | 241 | 343 | 42.3 |
| 市街地面積(km²) | | 1,540 | 2,015 | 30.8 |

# 48

表1～3は，海外で生活する日本人と日本で生活する外国人に関するものである。以下の設問A～Cに答えなさい。解答は，解答用紙の(ハ)欄を用い，設問・小問ごとに改行し，設問記号・小問番号をつけて記入しなさい。

**設問A**

(1) 下の表1は，2005年時点の海外在留邦人の国別人数上位7か国を取り上げ，2005年と1985年における総数，長期滞在者と永住者の数を示したものである。表中の（ a ），（ b ），（ c ）は，タイ，イギリス，アメリカ合衆国のいずれかである。a～cの国名を，それぞれa－○のように答えなさい。

(2) 表1で1985年～2005年の永住者数の変化をみると，オーストラリアでの増加率が大きい。オーストラリア国内では，シドニー，メルボルンと並んで，ゴールドコースト，ブリズベンで多くなっている。ゴールドコーストやブリズベンで永住者が増加した理由を2行以内で述べなさい。

表1

| 順位<br>(2005年) | 国名 | 2005年 | | | 1985年 | | |
|---|---|---|---|---|---|---|---|
| | | 総数 | 長期滞在者 | 永住者 | 総数 | 長期滞在者 | 永住者 |
| 1 | （ a ） | 352 | 236 | 116 | 146 | 77 | 69 |
| 2 | 中国 | 115 | 114 | 1 | 17 | 13 | 4 |
| 3 | ブラジル | 66 | 2 | 64 | 120 | 5 | 115 |
| 4 | （ b ） | 55 | 44 | 11 | 20 | 18 | 2 |
| 5 | オーストラリア | 53 | 28 | 25 | 7 | 6 | 1 |
| 6 | カナダ | 46 | 21 | 25 | 17 | 5 | 12 |
| 7 | （ c ） | 36 | 35 | 1 | 8 | 7 | 1 |
| | 総数 | 1,013 | 702 | 311 | 481 | 238 | 243 |

単位は千人。

中国には，香港，マカオが含まれる。

表中の総数とは日本国籍を有する者の数，長期滞在者とは3ヶ月以上の滞在者で永住者ではない邦人，永住者とは，原則として在留国より永住権を認められている日本国籍保有者をさす。

『海外在留邦人数調査統計』による。

設問B

　下の表2は，表1と同じ順位の各国について，日本国内に居住する外国人の人数（外国人登録法に基づく登録者人数）を国籍別に示している。表2を見ると，ブラジル国籍を持つ日本居住者の数が大きな伸び率を示している。その理由を，下記の語句をすべて用い，3行以内で述べなさい。語句は繰り返し用いてもよいが，使用した箇所には下線を引くこと。

　　　　国際競争力　　　移民　　未熟練労働力

表2

| 順位 | 国（地域） | 2005年 | 1985年 |
|------|-----------|--------|--------|
| 1 | （　a　） | 49 | 29 |
| 2 | 中　国 | 520 | 75 |
| 3 | ブラジル | 302 | 2 |
| 4 | （　b　） | 17 | 7 |
| 5 | オーストラリア | 11 | 2 |
| 6 | カナダ | 12 | 2 |
| 7 | （　c　） | 38 | 3 |

単位は千人。
中国には台湾，香港，マカオが含まれる。
永住者には特別永住者を含む。
『在留外国人統計』による。

**設問C**

下の表3は，2005年時点の海外長期滞在者数上位10都市を取り上げ，2005年と1995年の人数をみたものである。なお，長期滞在者の多くは，民間企業の勤務者およびその家族が占める。

(1) 1995年～2005年の変化をみると，ニューヨーク，香港，シンガポール，ロンドンでは，低い伸び，もしくは減少を示している。こうした変化の理由として考えられることを，下の語群より適当な語句を選択して，2行以内で述べなさい。語句はいくつ選んでもよく，また繰り返し用いてもよいが，使用した箇所には下線を引くこと。

(2) 中国における長期滞在者数の増加は著しいが，2005年には北京よりも上海が上位に位置している。上海で長期滞在者数が急増した理由として考えられることを，下の語群より適当な語句を選択して，2行以内で述べなさい。語句はいくつ選んでもよく，また繰り返し用いてもよいが，使用した箇所には下線を引くこと。

語　群
　　銀行　　工場　　人口　　進出　　撤退　　後背地　　金融危機
　　都市開発　　中枢管理機能

表3

| 順位<br>(2005年) | 都市名 | 長期滞在者数 | |
|---|---|---|---|
| | | 2005年 | 1995年 |
| 1 | ニューヨーク | 46 | 42 |
| 2 | 上　海 | 40 | 4 |
| 3 | ロサンゼルス | 35 | 18 |
| 4 | バンコク | 26 | 17 |
| 5 | 香　港 | 26 | 21 |
| 6 | シンガポール | 24 | 23 |
| 7 | ロンドン | 20 | 21 |
| 8 | シドニー | 12 | 5 |
| 9 | 北　京 | 11 | 5 |
| 10 | バンクーバー | 10 | 3 |

単位は千人。
『海外在留邦人数調査統計』による。

# 49

　　ヨーロッパの自然環境に関連する以下の設問A〜Bに答えなさい。解答は，解答用
紙の(イ)欄を用い，設問・小問ごとに改行し，設問記号・小問番号をつけて記入しなさ
い。

## 設問A

　　ヨーロッパの自然環境のおいたちに関する次の文章を読んで，以下の小問に答え
なさい。

　　地球では，過去約200万年の間に，寒冷な時期（氷期）と温暖な時期（間氷期）
とが約10万年周期で繰返し訪れた。現在は間氷期にあたるが，氷期には高緯度地
域や高山地域は広く氷河に覆われた。次ページの図1は，ヨーロッパにおける氷期
の氷河の分布域と a 氷期と現在の海岸線の位置を示したものである。図2は北緯55
度付近に位置する主要都市の現在の気温と降水量のグラフである。氷河の侵食作用
が形成した谷地形が，その特徴的な横断面形から　ア　と呼ばれる。スカンジナ
ビア半島西岸では，　ア　に海水が侵入してできた　イ　を b 冬季も海水が凍結し
ない天然の良港として利用してきた。また，氷期に氷河が覆った地域には， c 湿地
や湖がしばしばみられる。バルト海南部沿岸地域やイギリスでは，土壌がやせてい
るため，　ウ　中心の農業が行われている場所が多い。そのうち，図1のP地域で
は，大きな標高差と気候の季節変化を生かした　エ　が行われている。

(1)　ア〜エに入る適切な語句を答えなさい。

(2)　図2のX〜Zは，図1中のA〜Cの都市のいずれかの現在の気温と降水量の年
　　変化を表したグラフである。X〜Zがいずれの都市に対応するか，X─○のよう
　　に答えなさい。

(3)　下線aについて，氷期の海岸線は現在の海岸線とどのような位置関係にあるか，
　　そのような位置関係の変化が生じた理由とともに2行以内で述べなさい。

(4)　下線bの理由を1行以内で述べなさい。

(5)　下線cでは，近年の人間活動によって，水質が変化し，生態系の破壊が深刻化

している。この環境問題とはどのようなものか，1 行以内で述べなさい。

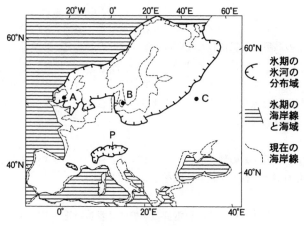

図 1

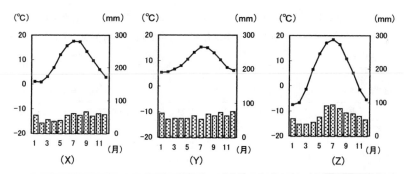

図 2

設問 B

　下の表は，北ヨーロッパ各国の発電量の構成を示している。

⑴　デンマークとフィンランドでは，火力発電が大きな割合を占めている。両国で，
　火力発電の燃料として使われている主要な資源の名前を，2つ答えなさい。

⑵　デンマークとフィンランドの「その他」には，家畜の糞尿や木屑などのバイオ
　マスを利用した発電が含まれる。これらが，化石燃料を利用した発電に比べ有利
　な点を，2行以内で述べなさい。

⑶　デンマークの「その他」には，バイオマス以外に，どのようなエネルギーを利
　用したものが含まれるか。具体例を1つ答えなさい。

⑷　デンマークとノルウェーの発電量の構成には著しい違いが見られる。その違い
　を生み出している自然環境の特徴を，2行以内で述べなさい。

⑸　アイスランドの「その他」は，どのようなエネルギーを利用したものか。また，
　そうしたエネルギーの利用を可能にしている自然環境の特徴を，1行以内で述べ
　なさい。

表

| 国 | 火　力 | 水　力 | 原子力 | その他 |
|---|---|---|---|---|
| デ ン マ ー ク | 81 | 0 | 0 | 19 |
| ス ウ ェ ー デ ン | 6 | 39 | 50 | 4 |
| ノ ル ウ ェ ー | 0 | 99 | 0 | 0 |
| フ ィ ン ラ ン ド | 50 | 11 | 27 | 12 |
| ア イ ス ラ ン ド | 0 | 83 | 0 | 17 |

　単位は％である。
　火力には，化石燃料の利用のみが含まれる。
　統計年次は 2003 年。
　OECD 資料による。

# 50

食料と環境に関する以下の設問 A ～ B に答えなさい。解答は，解答用紙の(ロ)欄を用い，設問・小問ごとに改行し，設問記号・小問番号をつけて記入しなさい。

### 設問 A

次ページの表は，いくつかの国の 1 人あたり食料供給量（年間）をまとめたものである。

(1) 表中の A ～ D は，いも類，水産物，肉類，乳製品のうちのいずれかである。A ～ D の食料名を，それぞれ A ―○○のように答えなさい。

(2) 小問(1)で，A について，そのように判断した理由を，複数の国名をあげて，1 行以内で述べなさい。

(3) いも類に含まれる主な作物は，さつまいも，じゃがいも，キャッサバ，タロ，ヤムである。これらのうち，インドネシア，ナイジェリア，タンザニア，ブラジルのいずれの国においても，その国のいも類供給量の半分以上を占めているものを 1 つ選んで答えなさい。

(4) 肉類に含まれる主なものは，牛肉，豚肉，鶏肉，羊肉である。これらのうち，中国，ドイツ，スペインのいずれの国においても，その国の肉類供給量の半分以上を占めているものを 1 つ選んで答えなさい。

(5) 穀物の供給量のうち，中国では米が最も多く，次いで小麦が多い。中国における米および小麦の生産にみられる国内の地域的な差異について，自然環境にも言及して，2 行以内で述べなさい。

(6) 牛の頭数がきわめて多いことで知られているインドでは，牛から発生する大量の牛糞が伝統的に利用されてきた。インドにおける牛糞の独特の利用方法について，1 行以内で述べなさい。

表

| 国 | A | B | C | D | 穀　物 |
|---|---|---|---|---|---|
| 中　　　　国 | 25.6 | 52.5 | 13.3 | 76.0 | 165.3 |
| モ ン ゴ ル | 0.5 | 108.8 | 80.8 | 30.8 | 128.2 |
| インドネシア | 20.8 | 9.6 | 7.5 | 67.9 | 197.6 |
| イ ン ド | 4.8 | 5.1 | 65.6 | 23.9 | 157.3 |
| ナイジェリア | 7.3 | 8.5 | 6.9 | 216.8 | 145.9 |
| タ ン ザ ニ ア | 7.0 | 10.0 | 25.6 | 188.3 | 111.9 |
| ノ ル ウ ェ ー | 54.7 | 63.6 | 274.3 | 73.4 | 128.2 |
| ド イ ツ | 14.9 | 82.3 | 252.3 | 73.0 | 118.2 |
| ス ペ イ ン | 47.5 | 117.2 | 173.4 | 80.8 | 98.7 |
| アメリカ合衆国 | 21.3 | 124.8 | 262.3 | 63.7 | 112.0 |
| ブ ラ ジ ル | 6.2 | 80.1 | 118.4 | 62.1 | 107.2 |
| オーストラリア | 22.3 | 108.8 | 236.9 | 58.6 | 89.6 |

単位は kg である。

乳製品は飲用乳を含み，バターを除く。また牛以外の家畜の乳とその製品も含む。

統計年次は 2002 年。

FAO 資料による。

設問 B

　人間が生きていくために必要な食料には，窒素などの栄養分が含まれている。そこで，ある地域における食料の生産や移動などを，窒素の量によって表すことができる。次の図の左は 1935 年の，右は 1990 年の，東京湾に注ぐ河川の流域における窒素の出入りを示したものである。

(1)　1935 年の図で，人間から田・畑へ向かっていた窒素は，何を示しているか，1 行以内で述べなさい。

(2)　1935 年と 1990 年とを比べると，鶏・豚・牛といった家畜に関する窒素の出入りも大きく変わっている。この変化の具体的な内容を，3 行以内で述べなさい。

(3)　1990 年には，東京湾に向かう窒素の量が 1935 年の 8 倍以上になっている。このことによって東京湾でどのような問題が生じているか，2 行以内で述べなさい。

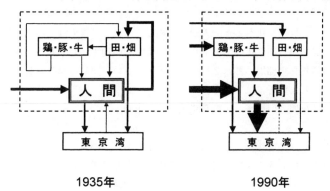

1935年　　　　　　　　1990年

　　図　東京湾に注ぐ河川の流域における，人と食料に関わる窒素の出入り
　　　　矢印が太いほど移動する年間の窒素量が大きいことを示す。
　　　　いくつかの過程を省略しているので，収支は必ずしもバランスしていない。

# 51

（2007年度 第3問）

　日本とアメリカ合衆国の産業に関する以下の設問A～Bに答えなさい。解答は，解答用紙の(ハ)欄を用い，設問・小問ごとに改行し，設問・小問番号をつけて記入しなさい。

## 設問A

　次ページの表は，日本各地の市について，人口と商業の状況を示したものである。

(1) 卸売小売比は卸売業販売額を小売業販売額で割った値である。A群とB群を比べると，卸売小売比は人口と関係があることが読み取れる。読み取れる関係とその理由として考えられることを，2行以内で述べなさい。

(2) B群とC群とを比べると，人口は同程度なのに，C群では人口1人あたりの小売業販売額がB群に比べて低くなっている。その理由として考えられることを，下記の語句を全部用いて，2行以内で述べなさい。語句は繰り返し用いてもよいが，使用した箇所には下線を引くこと。

　　　　昼夜間人口比率　　　商業集積　　　都市圏

(3) D群とE群とを比べると，人口や人口1人あたり小売業販売額は同程度なのに，卸売小売比は大きく異なっている。その理由として考えられることを，下記の語句を全部用いて，2行以内で述べなさい。語句は繰り返し用いてもよいが，使用した箇所には下線を引くこと。

　　　　地場産業　　　水産物　　　生産地

表

| グループ　市 | 人　口 (千人) | 小売業 販売額 (十億円) | 卸売業 販売額 (十億円) | 人口1人あたり 小売業販売額 (万円) | 卸　売 小売比 |
|---|---|---|---|---|---|
| A　群　ア | 1,337 | 1,820 | 11,702 | 136 | 6.43 |
| 　　　イ | 997 | 1,246 | 6,590 | 125 | 5.29 |
| B　群　ウ | 420 | 475 | 900 | 113 | 1.90 |
| 　　　エ | 321 | 446 | 1,331 | 139 | 2.99 |
| C　群　オ | 453 | 338 | 271 | 75 | 0.80 |
| 　　　カ | 404 | 286 | 186 | 71 | 0.65 |
| D　群　キ | 61 | 72 | 47 | 119 | 0.65 |
| 　　　ク | 48 | 63 | 43 | 133 | 0.68 |
| E　群　ケ | 60 | 77 | 215 | 128 | 2.79 |
| 　　　コ | 44 | 48 | 165 | 109 | 3.44 |
| 　全　国 | 126,869 | 133,279 | 405,497 | 105 | 3.04 |

人口は 2005 年 3 月 31 日現在の住民基本台帳人口。
小売業および卸売業販売額は 2004 年 6 月 1 日現在（商業統計）。
これらの市では上記の調査日の間に市町村合併は行われていない。

**設問B**

次ページの図は，アメリカ合衆国の5つの州について，製造品出荷額および業種別割合を示したものである。

(1) 図中のA〜Dは，カリフォルニア州，ミシガン州，テキサス州，ワシントン州のいずれかである。A〜Dに該当する州名を，それぞれA―○○のように答えなさい。

(2) C州とD州では，ともに輸送用機械器具の占める割合が高いが，それぞれの製品内容は異なっている。どのような違いがあるか，1行以内で述べなさい。

(3) ケンタッキー州では，10 年前の統計数値と比べると，輸送用機械器具の出荷額および割合がともに伸びてきた。これは，日本企業による自動車工場進出が大きく影響していると考えられる。ケンタッキー州および隣接する州における日本企業の自動車工業立地の特徴について，下記の語句をすべて使用して，3行以内で述べなさい。語句は繰り返し用いてもよいが，使用した箇所には下線を引くこと。

　　デトロイト　　部品　　労働力

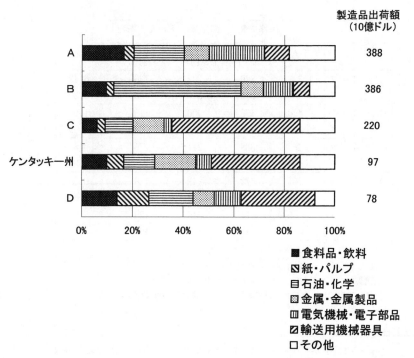

図
金属・金属製品には鉄鋼，非鉄金属を含む。電気機械・電子部品には，コンピュータ等を含む。
統計年次は2004年。
アメリカ合衆国商務省資料による。

# 52

南アメリカの自然と産業に関する以下の設問 A ～ C に答えよ。解答は，解答用紙の
(イ)欄を用い，設問・小問ごとに改行し，設問記号・小問番号をつけて記入せよ。

**設問 A**

次の図 1 のア～エは，図 2 中の a ～ d （各国の首都）における月平均気温と月降
水量の年変化を示したものである。

(1) ア～エの都市を，図 2 中の記号で，それぞれア―○のように答えよ。

(2) イの都市を(1)のように判断した理由を，2 行以内で述べよ。

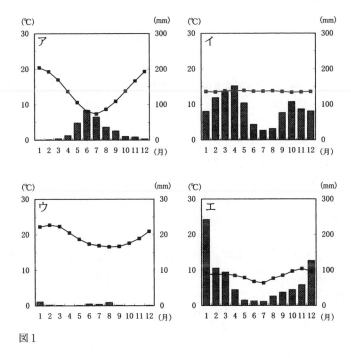

図 1

図2

## 設問B

次の表1は，南アメリカの6カ国の農産物生産量の上位5品目を示したものである。

(1) 表1中のカ～ケは，エクアドル，チリ，ブラジル，ペルーのうちのいずれかである。カ～ケの国名を，それぞれカ―○○のように答えよ。

(2) 砂糖の原料となるサトウキビは，それ以外の目的にも利用されている。砂糖以外の利用方法の例を，一つ答えよ。

(3) ペルー東部のアンデス山系東斜面における土地利用の特徴について，次の語句をすべて使用して，3行以内で述べよ。語句は繰り返し用いてもよいが，使用した箇所には下線を引くこと。

　　　高　度　　　放　牧　　　熱帯作物

表1　農産物生産量の上位5品目と生産量（万 t ）

| | (カ) | (キ) | ボリビア |
|---|---|---|---|
| 1位 | サトウキビ 454 | サトウキビ 41101 | サトウキビ 480 |
| 2位 | ジャガイモ 235 | 大豆 4921 | 大豆 155 |
| 3位 | 料理用バナナ 160 | トウモロコシ 4195 | ジャガイモ 79 |
| 4位 | 米 147 | キャッサバ 2423 | トウモロコシ 71 |
| 5位 | トウモロコシ 92 | 牛乳 2332 | バナナ 63 |

| | (ク) | (ケ) | アルゼンチン |
|---|---|---|---|
| 1位 | テンサイ 250 | バナナ 590 | 大豆 3200 |
| 2位 | 牛乳 220 | サトウキビ 570 | サトウキビ 1950 |
| 3位 | 小麦 185 | 牛乳 230 | 小麦 1480 |
| 4位 | ブドウ 175 | 米 130 | トウモロコシ 1300 |
| 5位 | トマト 130 | 料理用バナナ 65 | 牛乳 810 |

統計年次は2004年。
FAO資料による。

設問C

次の表2は，南アメリカの3カ国の輸出品の構成を示したものである。

(1) ブラジルの輸出構成の特徴を，エクアドル，ペルーと比較しながら，2行以内で述べよ。

(2) ブラジルの輸出構成の特徴を生み出した，近年における産業構造の変化について，2行以内で述べよ。

表2　輸出額の産業分類別構成（％）

|  | エクアドル | ペルー | ブラジル |
|---|---|---|---|
| 農産物 | 35.3 | 9.8 | 11.1 |
| 鉱産物 | 37.1 | 17.6 | 7.2 |
| 製造品 | 27.6 | 72.7 | 81.6 |
| 　食料・飲料・たばこ | 12.2 | 21.6 | 17.1 |
| 　繊　維 | 1.7 | 11.8 | 6.2 |
| 　木材・木製品 | 1.2 | 1.4 | 2.5 |
| 　紙・紙製品 | 0.6 | 1.0 | 3.9 |
| 　化学製品 | 6.7 | 9.8 | 10.4 |
| 　非金属鉱物 | 0.7 | 0.7 | 1.4 |
| 　基礎金属 | 0.4 | 22.3 | 8.0 |
| 　金属製品・機械・輸送機器 | 3.7 | 3.1 | 29.7 |
| 　その他の製造品 | 0.4 | 1.0 | 2.4 |

統計年次は2001年。
国連資料による。

# 53

森林と木材に関する以下の設問A～Cに答えよ。解答は，解答用紙の(ロ)欄を用い，設問・小問ごとに改行し，設問記号・小問番号をつけて記入せよ。

**設問A**

下の表1は，いくつかの国の森林と木材生産についてまとめたものである。表1中のa～eは，インドネシア，カナダ，タイ，ニュージーランド，フィンランドのうちのいずれかである。a～eの国名を，それぞれa―○○のように答えよ。

表1

| 国 | 陸地面積に占める森林面積の割合（％） | 木材生産量（百万 m³） 用材 | 木材生産量（百万 m³） 薪炭材 | 木材生産量に占める針葉樹の割合（％） |
|---|---|---|---|---|
| (a) | 72 | 49 | 4 | 84 |
| スウェーデン | 66 | 62 | 6 | 90 |
| ブラジル | 64 | 103 | 134 | 22 |
| 日 本 | 64 | 15 | — | 82 |
| マレーシア | 59 | 18 | 3 | — |
| (b) | 58 | 33 | 83 | — |
| ロシア | 50 | 125 | 49 | 60 |
| ドイツ | 31 | 38 | 5 | 78 |
| (c) | 30 | 23 | — | 99 |
| (d) | 29 | 8 | 20 | — |
| (e) | 27 | 197 | 3 | 81 |
| アメリカ合衆国 | 25 | 405 | 73 | 61 |

統計年次は，森林面積は2000年，木材生産量は2002年。
「―」は，ゼロ又は僅少。
FAO資料による。

設問B

　　日本の森林の約4割は人工林である。次の図は，植林してからの年数を5年ごと
に区分した日本の林齢別人工林面積の推移と，日本の木材供給量の推移とを示した
ものである。図を見て，以下の小問(1)～(3)に答えよ。

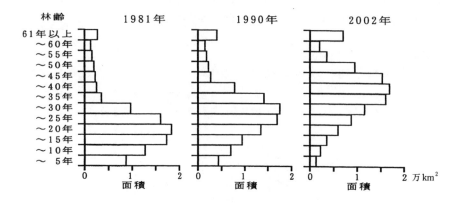

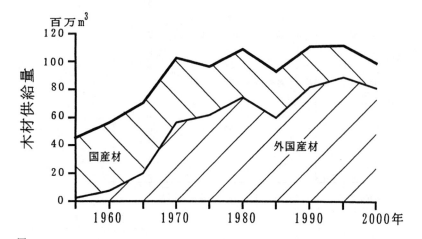

図

人工林の総面積は，1981年は9.9万km$^2$，1990年は10.3万km$^2$，2002年は10.3万km$^2$。
木材供給量には製材・合板・チップなどを含むが，薪炭材は含まない。
農林水産省資料による。

(1) 1960年代以降の各年に植林された面積の変化を，1行以内で述べよ。

(2) 1980年代以降の人工林の伐採面積と人工林の林齢の動向について，合わせて2行以内で述べよ。

(3) 人工林の林齢別面積が2002年にこのような形になった理由について，次の語句をすべて使用して，3行以内で述べよ。語句は繰り返し用いてもよいが，使用した箇所には下線を引くこと。

   輸入自由化  木材価格

**設問C**

 日本は，木材供給量の約8割を輸入している。次の表2のように，木材の輸入量の中では，チップ（木材チップ）の輸入量がきわめて多い。チップに関する以下の小問(1)〜(2)に答えよ。

   表2

|  | 輸入量<br>（百万 $m^3$） |
|---|---|
| 丸　太 | 12.7 |
| 製　材 | 8.6 |
| 合　板 | 5.0 |
| チップ | 24.8 |

統計年次は2002年。
財務省資料による。

(1) チップの主な利用目的を，一つ答えよ。

(2) 上の(1)のような利用目的のためには，かつては輸入材・国産材ともに，丸太の形で供給されていた。供給形態が丸太からチップに変化した理由を，2行以内で述べよ。

# 54

世界と日本の産業の地理的変化に関する以下の設問A〜Bに答えよ。解答は，解答用紙の(ハ)欄を用い，設問・小問ごとに改行し，設問記号・小問番号をつけて記入せよ。

**設問A**

次の表1，表2は，パソコンの生産と利用についてまとめたものである。

(1) パソコンの生産では，世界の中でアジアが多くの割合を占めている。表1は，アジアの各国・地域におけるパソコンの生産台数の推移を示している。表中のa〜cは，中国，台湾，マレーシアのいずれかである。a〜cの国・地域名を，それぞれa一○○のように答えよ。

(2) 同じ表1で，1997年には，それぞれ第2位と第3位であった日本とシンガポールは，生産が減少傾向にある。日本で生産が減少している理由を，2行以内で述べよ。

(3) 表2は，世界各国の人口1人あたり国民所得とパソコン普及率（人口千人あたりの普及台数）を示している。この表を見ると，所得水準とパソコン普及率の間には，ある程度の関係があることがわかる。しかし，韓国とマレーシアは，所得水準の割には普及率が高い。その理由のうち，両国に共通すると考えられるものを，下記の語句をすべて使用して，2行以内で述べよ。語句は繰り返し用いてもよいが，使用した箇所には下線を引くこと。

　　　　　経済発展　　人的資源　　政　府

表1

| 国・地域 | 1997年 | 2000年 | 2002年 |
|---|---|---|---|
| (a) | 37 | 247 | 590 |
| (b) | 150 | 327 | 373 |
| 韓　　　　国 | 20 | 74 | 90 |
| 日　　　　本 | 77 | 99 | 58 |
| (c) | 10 | 23 | 47 |
| シ ン ガ ポ ー ル | 42 | 23 | 14 |

単位は10万台。
電子情報技術産業協会資料による。

表2

| 国 | 人口千人あたりパソコン普及台数 | 人口1人あたり国民所得（ドル） |
|---|---|---|
| アメリカ合衆国 | 659 | 35,430 |
| 日　　　本 | 382 | 33,660 |
| イ　ギ　リ　ス | 406 | 25,560 |
| 韓　　　国 | 556 | 11,280 |
| マ　レ　ー　シ　ア | 147 | 3,550 |
| タ　　　イ | 40 | 2,000 |
| 中　　　国 | 28 | 970 |
| イ　ン　ド | 7 | 470 |

統計年次は2002年。
世銀資料による。

## 設問B

次ページの表3は，日本の東北地方と九州地方からそれぞれ3つの県を取り上げ，高等学校卒業者の就職先の変化をみたものである。いずれの県でも高卒就職者数は減少傾向にあるが，県内就職者の割合や県外就職者の就職先地域別割合については，地方ごとに比較的共通した傾向がみられる。

(1) 表3の(a)東北地方の3つの県では，1980年〜2000年にかけて東京圏で就職する高等学校卒業者の割合が減少し，県内就職者の割合が増加している。こうした変化の理由として考えられることを，下の語群より適当な語句を選択して，2行以内で述べよ。語句はいくつ選んでもよく，また繰り返し用いてもよいが，使用した箇所には下線を引くこと（以下の二つの小問も同じ）。

(2) 表3の(b)九州地方の3つの県について，東京圏で就職する高等学校卒業者の割合をみると，1980年〜1990年にかけて増加し，1990年〜2000年にかけて減少する傾向がみてとれる。1980年代に東京圏の割合が増加した理由として考えられることを，下の語群より適当な語句を選択して，2行以内で述べよ。

(3) 表3の(a)東北地方の3県においては宮城県で，(b)九州地方の3県においては福岡県で，それぞれ就職する高等学校卒業者の割合が，増加する傾向にある。このような変化が生じた理由として考えられることを，下の語群より適当な語句を選択して，3行以内で述べよ。

［語群］　一極集中　　企業誘致　　経済成長　　工業化　　高速道路
　　　　　国際化　　サービス経済化　　情報化　　商　業　　新幹線
　　　　　地方中枢都市　　都市開発

表3　高等学校卒業者の就職先の変化

(a) 東北地方

| 卒業県 | 年 | 高卒就職者数（千人） | 県内就職者の割合（%） | 県外就職者の就職先別割合（%） | | |
|---|---|---|---|---|---|---|
| | | | | 宮城県 | 東京圏 | その他 |
| 岩　手 | 1980 | 11.5 | 58 | 8 | 79 | 13 |
| | 1990 | 10.4 | 59 | 10 | 78 | 12 |
| | 2000 | 5.3 | 75 | 19 | 62 | 19 |
| 秋　田 | 1980 | 10.0 | 65 | 5 | 84 | 11 |
| | 1990 | 8.5 | 63 | 6 | 81 | 13 |
| | 2000 | 4.1 | 74 | 13 | 70 | 17 |
| 山　形 | 1980 | 10.1 | 70 | 6 | 82 | 12 |
| | 1990 | 8.5 | 72 | 9 | 77 | 14 |
| | 2000 | 4.7 | 82 | 16 | 64 | 20 |

(b) 九州地方

| 卒業県 | 年 | 高卒就職者数（千人） | 県内就職者の割合（%） | 県外就職者の就職先別割合（%） | | |
|---|---|---|---|---|---|---|
| | | | | 福岡県 | 東京圏 | その他 |
| 長　崎 | 1980 | 12.8 | 53 | 16 | 26 | 58 |
| | 1990 | 11.0 | 51 | 19 | 31 | 50 |
| | 2000 | 5.6 | 59 | 25 | 17 | 58 |
| 熊　本 | 1980 | 12.9 | 68 | 13 | 25 | 62 |
| | 1990 | 10.6 | 64 | 14 | 33 | 53 |
| | 2000 | 6.1 | 70 | 22 | 19 | 59 |
| 鹿児島 | 1980 | 15.4 | 43 | 2 | 40 | 58 |
| | 1990 | 11.4 | 43 | 2 | 47 | 51 |
| | 2000 | 6.2 | 61 | 8 | 28 | 64 |

注）東京圏は，東京都，神奈川県，埼玉県，千葉県それぞれの数値を合計
したものとする。『学校基本調査』各年版による。

# 55

(2005 年度 第1問)

　世界の植生および水資源に関する以下の設問Ａ～Ｂに答えよ。解答は，解答用紙の
㈡欄を用い，設問・小問ごとに改行し，設問記号・小問番号をつけて記入せよ。

**設問Ａ**

　次の図は，世界の植生のうちから三つを選んで，その分布を示したものである。

(1)　Ｐの分布域の植生の利用とその問題点について，2行以内で述べよ。

(2)　Ｑの分布域とほぼ重なる地域において卓越する農業の特徴について，代表的な
栽培作物名を一つあげて，2行以内で述べよ。

(3)　Ｒに隣接する地域では，地球規模での，ある環境問題が深刻化している。その
原因について，次の語句をすべて使用して，2行以内で述べよ。語句は繰り返し
用いてもよいが，使用した箇所には下線を引くこと。
　　　　降水量　　農　耕

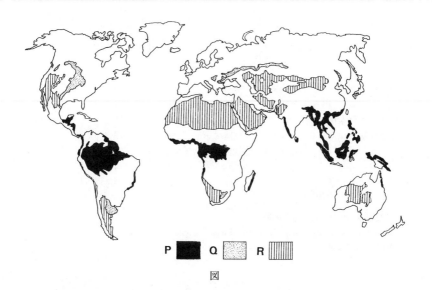

図

設問B

　次の表は，世界のいくつかの国の水資源と農業についてまとめたものである。

(1)　表中のa～cは，インド，インドネシア，カナダ，ニュージーランドのうちの
　いずれかである。a～cの国名を，それぞれa―○○のように答えよ。

(2)　エジプトでは，水資源量はきわめて少ないが，たとえば小麦の生産量がオース
　トラリアの約3分の1（2000～2002年平均）に達しているように，農業が可能
　である。このように，水資源量がきわめて少なくても農業が可能であることの理
　由を，1行以内で述べよ。

(3)　日本とフランスとを比べると，日本では，降水量はフランスよりも多いが，耕
　地面積に占める灌漑面積の割合はフランスよりも大きい。その理由を，両国の農
　業の特徴に関連させて，2行以内で述べよ。

(4)　灌漑農業は，農地の生産性を高める一方で，深刻な環境問題を生じさせている。
　アメリカ合衆国やオーストラリアに共通して見られるこのような環境問題につい
　て，その原因も含めて，2行以内で述べよ。

表

| 国 | 降　水　量 (mm/年) | 降水総量 (立方 km/年) | 水資源量 (立方 km/年) | 耕地面積に占める灌漑面積の割合(%) |
|---|---|---|---|---|
| (a) | 2,620 | 4,990 | 2,838 | 15.4 |
| 日　本 | 1,718 | 649 | 424 | 54.5 |
| (b) | 1,170 | 3,846 | 1,260 | 31.2 |
| アメリカ合衆国 | 760 | 7,116 | 2,460 | 12.2 |
| フランス | 750 | 414 | 180 | 8.4 |
| 中　国 | 660 | 6,334 | 2,812 | 37.1 |
| (c) | 522 | 5,205 | 2,740 | 1.6 |
| オーストラリア | 460 | 3,561 | 352 | 5.2 |
| エジプト | 65 | 65 | 2 | 100.0 |

　水資源量＝降水総量－蒸発散量
　耕地面積・灌漑面積には永年作物地（樹園地）を含む。
　国土交通省及びFAOの資料による。

# 56

　中国に関する以下の設問A～Cに答えよ。解答は，解答用紙の(ロ)欄を用い，設問・小問ごとに改行し，設問記号・小問番号をつけて記入せよ。

## 設問A

　次ページの図1は，中国の五つの都市における月平均気温と月降水量の年変化を示したものである。また図2は，これらの都市の位置を示したものである。

(1)　図1中のa～dは，ウルムチ，上海，香港，ラサのいずれかである。a～dの都市名を，それぞれa－○○のように答えよ。

(2)　図2のように，北京と秋田はいずれも北緯40度付近に位置しているが，日本海を隔てた両都市における気候には，さまざまな違いが見られる。そのうち，北京と秋田における降水量の年変化に見られる違いを，その理由にも言及しながら，2行以内で述べよ。

(3)　上海とウルムチのそれぞれの周辺地域における農業に見られる違いについて，次の語句をすべて使用して，2行以内で述べよ。語句は繰り返し用いてもよいが，使用した箇所には下線を引くこと。
　　　　稲　作　　　家　畜　　　野　菜

## 設問B

　中国には，全人口の9割以上を占める漢民族のほかにも，さまざまな少数民族が暮らしている。ウルムチを含む地域は「省」ではなく，少数民族の「自治区」になっている。この自治区の少数民族のうち最大の割合を占めるウイグル族の，宗教と食生活の特色を，2行以内で述べよ。

## 設問C

　中国政府による2001年からの第10次5カ年計画では，西部（内陸部）の開発に，従来以上に力を入れて取り組もうとしている。そのような政策の背景を，3行以内で述べよ。

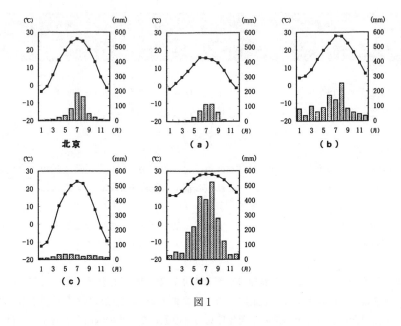

図 1

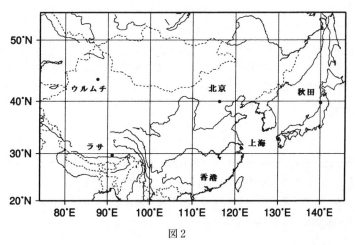

図 2

# 57

日本の都市および地域に関する以下の設問A〜Bに答えよ。解答は，解答用紙の(ハ)欄を用い，設問・小問ごとに改行し，設問記号・小問番号をつけて記入せよ。

## 設問A

次ページの表1は，日本国内の4地点における時刻表を示したものである。

(1) 表1中のa〜dは，①成田空港の上海行きの航空便，②東京郊外の住宅団地のバス停（最寄りの駅前行き），③人口約10万人の地方都市の駅前のバス停，④人口約5000人の山間部の村のバス停の時刻表のいずれかである。a〜dに該当するものの番号（①〜④）を，それぞれa―○のように答えよ。

(2) 成田空港から北京や上海に向かう航空便の利用者数は，過去10年間に増加してきている。その理由を，下の語群の中から適切な語句を選んで，2行以内で述べよ。語句はいくつ選んでもよく，また繰り返し用いてもよいが，使用した箇所には下線を引くこと（以下の二つの小問も同じ）。

(3) 地方中小都市の中心商店街では，シャッターを下ろしたままの店舗が目立つ。このように，閉鎖された店舗が中心商店街で増加している地理的要因について，下の語群の中から適切な語句を選んで，2行以内で述べよ。

(4) 山間部の村では，民間のバス会社に代わって，自治体がバスを運行している事例が見られる。このようなバスの運行が地域社会に果たしていると考えられる役割について，下の語群の中から適切な語句を選んで，2行以内で述べよ。

[語群]　移　民　　過疎化　　観光客　　空洞化　　現地生産　　高齢者
　　　　　自家用車　　駐車場　　通学者　　ビジネス客　　民営化
　　　　　モータリゼーション　　Uターン　　労働力　　ロードサイド

表1

| 時 | a 分 | b 分 | | c 分 | | d 分 | | | | | |
|---|---|---|---|---|---|---|---|---|---|---|---|
| 6 | | | | 55 | | 27 | 40 | 52 | | | |
| 7 | | | | 34 | | 2 | 12 | 22 | 32 | 42 | 52 |
| 8 | 15 | | | 7 | 35 | 4 | 16 | 30 | 42 | 52 | |
| 9 | | 50 | | 20 | | 14 | 35 | 55 | | | |
| 10 | | 0 | | 21 | 52 | 19 | 39 | 59 | | | |
| 11 | | 25 | | 32 | | 19 | 39 | 59 | | | |
| 12 | | | | 20 | | 19 | 39 | 59 | | | |
| 13 | | 50 | | 53 | | 19 | 39 | 59 | | | |
| 14 | | 20 | | 7 | | 19 | 39 | 59 | | | |
| 15 | 45 | 5 | | 20 | 42 | 19 | 39 | 59 | | | |
| 16 | | | | 40 | | 19 | 39 | | | | |
| 17 | | 0 | | 15 | 50 | 0 | 14 | 40 | | | |
| 18 | | 10 | 35 | 50 | | 4 | 24 | 44 | | | |
| 19 | | 5 | | 25 | 56 | 4 | 24 | 44 | | | |
| 20 | | 20 | | 20 | | 9 | 29 | 49 | | | |
| 21 | | | | 15 | | 9 | 29 | 49 | | | |
| 22 | | | | | | 9 | 29 | | | | |

いずれも月曜日の時刻（臨時便を除く）。

設問B

　都市の規模を表す指標としては，人口がよく用いられる。人口には，一般に使われる夜間人口（常住人口）のほかに，昼間人口がある。昼間人口は，働いている職場や通っている学校の場所を考慮した人口である。たとえば，A市の昼間人口は，次の式で計算される。

　　　A市の昼間人口＝（A市の夜間人口）

　　　　　　　　　　－（A市からの通勤・通学による流出人口）

　　　　　　　　　　＋（A市への通勤・通学による流入人口）

　また，昼夜間人口比率は，夜間人口100人あたりの昼間人口の比率で表す。

(1)　次の表2は，三大都市圏都心部の昼間人口・夜間人口の推移を示したものである。この表によれば，1965年から1990年までの間には，昼夜間人口比率は一貫して上昇した。その理由を，2行以内で述べよ。

(2)　しかし昼夜間人口比率は，1995年から2000年にかけて初めて低下に転じた。このような昼夜間人口比率の低下は，昼間人口の減少と，夜間人口の増加とによるものである。そのうち，夜間人口の増加の理由として考えられることを，次の語句をすべて使用して，2行以内で述べよ。語句は繰り返し用いてもよいが，使用した箇所には下線を引くこと。

　　　　　再開発　　　地　価

表2

| 年 | 昼間人口<br>（千人） | 夜間人口<br>（千人） | 昼夜間<br>人口比率 |
|---|---|---|---|
| 1965 | 16,047 | 13,985 | 114.7 |
| 1975 | 16,877 | 13,505 | 125.0 |
| 1985 | 17,111 | 13,107 | 130.5 |
| 1990 | 17,608 | 12,850 | 137.0 |
| 1995 | 17,538 | 12,676 | 138.4 |
| 2000 | 17,304 | 12,837 | 134.8 |

三大都市圏都心部は，東京都特別区
部・大阪市・名古屋市。
国勢調査による。

# 58

　今日の国際社会では，国家の枠を超えた地域統合への動きや，隣接する二国間での国境を越えた交流の深まりが，さまざまな形で見られる。これに関連する以下の設問A〜Bに答えよ。解答は，解答用紙の(イ)欄を用い，設問・小問ごとに改行し，設問記号・小問番号をつけて記入せよ。

## 設問A

　東南アジア諸国連合（ASEAN）や欧州連合（EU）の拡大・深化は，地域統合への動きを代表するものである。これらは，いずれも1967年にそれぞれ5カ国，6カ国が集まって発足したが（EUはその前身であるECとして），その後加盟国が増加し，今日では，国際社会における有力な政治・経済圏を形成するに至っている。

(1)　ASEANに1990年以降に加盟した国のうちから，二つあげよ。

(2)　EUの前身であるECの発足当時からの加盟国のうちから，二つあげよ。

(3)　現在のASEAN，EU，アメリカ合衆国を比較した場合，域内総人口が最も小さいのはどこか。

(4)　同じく現在のASEAN，EU，アメリカ合衆国を比較した場合，国内総生産（GDP）の総額が最も小さいのはどこか。

(5)　東西冷戦が終結してからは，EUでは，政治・安全保障面での協力もさることながら，経済統合・経済協力に力を入れている。これまでEUでは，経済統合・経済協力をどのような形で進めてきたか。次の語句をすべて使用して，3行以内で述べよ。語句は繰り返し用いてもよいが，使用した箇所には下線を引くこと。
　　　関　税　　通　貨　　農業政策

設問B

　次の表は，国境を接する二つの国の組み合わせを，東南アジア，ヨーロッパ，北アメリカの3地域から取り上げ，それぞれの国の輸出額と主な輸出先を示したものである。

(1)　表中の二つの組み合わせ（タイとマレーシア，ドイツとフランス）のそれぞれにおいて，主な輸出先の特徴に違いが生じた理由を，合わせて3行以内で述べよ。

(2)　メキシコでは，アメリカ合衆国との国境に近い地域に，アメリカ合衆国や日本などの多国籍企業の工場が多く立地している。その理由を2行以内で述べよ。

(3)　表中の国々では，内容や程度の差はあるものの，国内における地域間格差の問題をかかえている。ドイツでは，どのような内容の地域間格差が問題となっているか。2行以内で述べよ。

表

| 国 | 輸　出　額 (10億ドル) | 輸出先上位3カ国と 輸出額に占める割合(%) |
|---|---|---|
| タ　　　イ | 58.4 | アメリカ合衆国(21.7) 日　　　　本(14.1) シンガポール( 8.7) |
| マ レ ー シ ア | 84.5 | アメリカ合衆国(21.9) シンガポール(16.5) 日　　　　本(11.6) |
| ド　イ　ツ | 535.5 | フ ラ ン ス(11.3) アメリカ合衆国(10.1) イ ギ リ ス( 8.3) |
| フ ラ ン ス | 296.0 | ド　イ　ツ(15.7) イ ギ リ ス(10.3) ス ペ イ ン( 9.4) |
| アメリカ合衆国 | 692.8 | カ ナ ダ(23.7) メ キ シ コ(12.6) 日　　　　本( 8.3) |
| メ キ シ コ | 136.3 | アメリカ合衆国(88.4) カ ナ ダ( 1.8) ド　イ　ツ( 1.5) |

統計年次は1999年。
貿易統計年鑑による。

# 59

　世界と日本の農業に関する以下の設問A〜Bに答えよ。解答は，解答用紙の(ロ)欄を用い，設問・小問ごとに改行し，設問記号・小問番号をつけて記入せよ。

**設問A**

　次の表1は，米の生産量の上位12カ国について，生産量・輸出量・輸入量を示したものである。

(1) 表1中のa〜dは，アメリカ合衆国，インドネシア，タイ，中国のいずれかである。a〜dの国名を，それぞれa−○○のように答えよ。

(2) ベトナムでは，1980年代以降生産量が増大し，輸出量は世界第2位となった。生産量が増大した理由を，2行以内で述べよ。

(3) 日本では，1970年代以降，生産調整によって生産量が減少してきた。そのような政策がとられた理由を，2行以内で述べよ。

表1

| 国 | 生産量<br>（百万 t） | 輸出量<br>（百万 t） | 輸入量<br>（百万 t） |
|---|---|---|---|
| a | 189.8 | 3.2 | 0.2 |
| イ　ン　ド | 132.8 | 2.8 | — |
| b | 51.0 | — | 2.2 |
| バングラデシュ | 36.9 | — | 0.9 |
| ベ　ト　ナ　ム | 32.0 | 3.9 | — |
| c | 25.6 | 6.5 | — |
| ミ　ャ　ン　マ　ー | 20.7 | 0.1 | — |
| フ　ィ　リ　ピ　ン | 12.4 | — | 0.8 |
| 日　　　　本 | 11.6 | 0.2 | 0.7 |
| ブ　ラ　ジ　ル | 11.0 | — | 0.8 |
| d | 9.3 | 2.7 | 0.4 |
| 韓　　　　国 | 7.2 | — | 0.1 |

統計年次は1999〜2001年平均。

生産量はもみ量，輸出量・輸入量は精米量。

—は10万 t未満。

FAO資料による。

設問B

　次の表2は，日本の農家類型別分類の定義を示したものである。また表3は，農家類型別の農業生産額の割合を示したものである。

(1)　日本では長い間，表2の上段のような専兼業別分類が使われてきたが，これに加えて，1995年からは下段のような主副業別分類が使われている。このような新しい分類が使われるようになった背景について，3行以内で述べよ。

表2

| 分類法 | 農家類型 | 定　義 |
|---|---|---|
| 専兼業別 | 専業農家 | 世帯員の中に兼業従事者がいない農家 |
| | 兼業農家 | 世帯員の中に兼業従事者が1人以上いる農家 |
| 主副業別 | 主業農家 | 農業所得が主で，65歳未満の自営農業従事60日以上の世帯員がいる農家 |
| | 準主業農家 | 農外所得が主で，65歳未満の自営農業従事60日以上の世帯員がいる農家 |
| | 副業農家 | 65歳未満の自営農業従事60日以上の世帯員がいない農家 |

(2)　表3を見ると，米では，他の品目に比べて，準主業農家や副業農家の割合が高い。その理由を，2行以内で述べよ。

表3

| 品　目 | 生産額（千億円） | 農家類型別割合（%） | | |
|---|---|---|---|---|
| | | 主業農家 | 準主業農家 | 副業農家 |
| 米 | 23 | 36 | 28 | 36 |
| いも類・野菜 | 23 | 85 | 9 | 6 |
| 果実 | 8 | 71 | 17 | 12 |
| 花き | 4 | 84 | 9 | 7 |
| 生乳 | 7 | 96 | 2 | 2 |
| 肉用牛・豚 | 10 | 92 | 5 | 3 |

統計年次は2000年。
農林水産省資料による。

# 60

自然環境の利用に関する以下の設問A〜Bに答えよ。解答は，解答用紙の(ハ)欄を用い，設問・小問ごとに改行し，設問記号・小問番号をつけて記入せよ。

## 設問A

次の文章を読んで，下の小問(1)〜(2)に答えよ。

日本の河川環境は，堤防やダムの建設，砂利の採取などをはじめとする人間活動によって，大きく変貌してきた。たとえばダムの建設は，ダムの上流側と下流側の双方に影響を与え，河川の景観や生態系を変化させてきた。

(1) ダム建設の主な目的を，発電以外に二つあげよ。

(2) ダムの上流側および下流側での河川環境の変化について，次の語句をすべて使用して，合わせて3行以内で述べよ。語句は繰り返し用いてもよいが，使用した箇所には下線を引くこと。

　　　魚　　　侵食

設問B

　次の表は，主な自然エネルギーによる発電能力（設備容量）を，上位5カ国について示したものである。

(1) 表のa～cは，水力，地熱，風力のいずれかである。a～cの自然エネルギーを，それぞれa－○○のように答えよ。

(2) aの国々において，そのような自然エネルギーの利用を可能にする自然条件を，1行で述べよ。

(3) 化石燃料と比べた場合の自然エネルギーの特徴を，次の語句をすべて使用して，3行以内で述べよ。語句は繰り返し用いてもよいが，使用した箇所には下線を引くこと。

　　　供給量　　枯渇　　地球温暖化

(4) 水力，地熱，風力のような自然エネルギーは，発電だけではなく，歴史的にはさまざまな目的に利用されてきたし，その中には現在も利用されているものもある。そのような過去または現在における自然エネルギーの利用の例を，発電以外に二つあげて，それぞれ○○のための○○エネルギーの利用というように，合わせて2行以内で述べよ。

表

| a | | b | |
|---|---|---|---|
| アメリカ合衆国 | 2.75 | アメリカ合衆国 | 92.29 |
| フィリピン | 1.05 | カ　ナ　ダ | 61.99 |
| メ キ シ コ | 0.75 | ブ ラ ジ ル | 46.70 |
| イ タ リ ア | 0.63 | ロ　シ　ア | 42.57 |
| 日　　　本 | 0.53 | 中　　　国 | 40.68 |
| c | | 太陽光 | |
| ド イ ツ | 8.74 | 日　　　本 | 0.32 |
| アメリカ合衆国 | 4.25 | アメリカ合衆国 | 0.14 |
| ス ペ イ ン | 3.21 | ド イ ツ | 0.11 |
| デ ン マ ー ク | 2.50 | オーストラリア | 0.03 |
| イ ン ド | 1.51 | イ タ リ ア | 0.02 |

単位は百万kW。
統計年次は項目・国によって異なり，1991～2001年のうちのいずれかの年次である。
国連資料，環境年表，日本地熱調査会資料により作成。

# 61

発展途上国の開発に関する以下の設問A〜Bに答えよ。解答は，解答用紙の(イ)欄を用い，設問・小問ごとに改行し，設問記号・小問記号をつけて記入せよ。

**設問A**

近年，多くの発展途上国では，開発にともなう自然環境の改変が急速に進んでいる。以下の二つの文章の(a)〜(e)にあたる語句を，(a)—○○のように答えよ。

東南アジアの低湿地の海岸部における主要な自然植生は（　(a)　）であるが，（　(b)　）をはじめとする養殖池の造成のために消滅した地域も少なくない。一方，スマトラ島やボルネオ島の平野部や丘陵部では，（　(c)　）の栽培のための大規模な開発による天然林の消失が著しい。

ブラジルでは，南部と北部との所得格差が著しく，政府は，北部の開発を積極的に進めてきた。とくに1970年代以降，（　(d)　）川流域の熱帯雨林地域の開発が本格化し，大規模な耕地や放牧地が開かれた。放牧地での（　(e)　）の飼育には，先進国のアグリビジネスも深く関わっている。

設問B

次の表は，ラテンアメリカ，アジア，アフリカの各地域からそれぞれ2カ国を選び，男女別の識字率と，女性識字率に対する男性識字率の比率を示したものである。

(1) X群の国々の識字率は，いずれも高い水準にある。これらの国々に共通する民族構成の特徴と言語の状況を，2行以内で述べよ。

(2) Y群やZ群のような識字率の低い国々では，今後，経済・社会の開発を図っていく上で，識字教育が重要な役割を果たすと考えられる。しかし実際に識字教育を普及させていく上では，さまざまな困難も予想される。Z群の国々が直面すると考えられる困難を，使用言語の問題に絞って，2行以内で述べよ。

(3) Y群やZ群のような識字率の低い国々では，男女間での識字率の格差が大きい。このことは，どのような社会的問題を引き起こしていると考えられるか，3行以内で述べよ。

| グループ | 国　名 | 識字率(全体)<br>(%) | 識字率(男性)<br>(%) | 識字率(女性)<br>(%) | 識字率(男性)<br>/識字率(女性) |
|---|---|---|---|---|---|
| X　群 | アルゼンチン | 96.8 | 96.8 | 96.8 | 1.0 |
| | ウルグアイ | 97.6 | 97.1 | 98.0 | 1.0 |
| Y　群 | ラオス | 64.8 | 76.2 | 53.4 | 1.4 |
| | カンボジア | 68.0 | 80.2 | 57.2 | 1.4 |
| Z　群 | ニジェール | 16.0 | 23.8 | 8.5 | 2.8 |
| | マリ | 25.6 | 35.8 | 16.0 | 2.2 |

ユネスコ資料による。

# 62

　世界の自然環境および都市に関する以下の設問A〜Bに答えよ。解答は，解答用紙の(ロ)欄を用い，設問・小問ごとに改行し，設問記号・小問記号をつけて記入せよ。

**設問A**

　次の図1の(ア)〜(ウ)は，それぞれ熱帯，温帯，極地のいずれかの地点について，気温の日変化（縦軸）と年変化（横軸）を，等温線のパターンによって模式的に示したものである。ただし，同じ濃さでも三つの地域の間で互いに同じ気温を示しているわけではない。

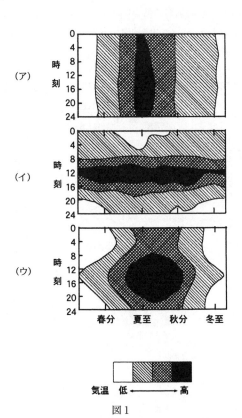

図1

(1) (ア)～(ウ)は，それぞれ熱帯，温帯，極地のうちのどの地域に対応しているか。それぞれ(ア)―○○のように答えよ。

(2) (ア)と(イ)の等温線のパターンの違いが生ずる理由を，2行以内で述べよ。

### 設問B

次ページの表は，1964年～2000年にオリンピック大会が開催された10都市を示している。また図2は，表の都市のうち6都市について，月平均気温（折れ線グラフ）と月降水量（棒グラフ）を示している。

(1) 図2のa～dは，それぞれミュンヘン，モントリオール，ソウル，シドニーのいずれかである。a～dの都市名を，それぞれa―○○のように答えよ。

(2) オリンピックのテレビ生中継では，開催地との時差を実感することが多い。表の都市のうち，日付の違いを考慮しない場合，東京との時差が最も大きい都市を答えよ。ただし，該当する都市が二つ以上あるときには，それらのうちの一つだけを答えればよい。また，夏時間の実施の有無は無視する。

(3) メキシコシティにおける都市的環境問題の特徴を，地形条件との関係に留意して，2行以内で述べよ。

(4) モントリオールとバルセロナは，いずれもそれぞれの国の中で独自の文化的特徴を持つ地域の中心都市である。それぞれの地域の文化的特徴を，合わせて3行以内で述べよ。

表

| 年 | 都 市 名 | 年 | 都 市 名 |
|------|--------------|------|----------------|
| 1964 | 東 京 | 1984 | ロサンゼルス |
| 1968 | メキシコシティ | 1988 | ソウル |
| 1972 | ミュンヘン | 1992 | バルセロナ |
| 1976 | モントリオール | 1996 | アトランタ |
| 1980 | モスクワ | 2000 | シドニー |

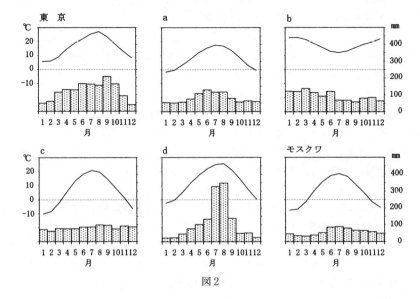

図2

# 63

　日本の工業に関する以下の設問A～Bに答えよ。解答は，解答用紙の(ハ)欄を用い，設問・小問ごとに改行し，設問記号・小問記号をつけて記入せよ。

**設問A**

　表1～3は，工業の業種別構成と工業用水の利用状況を示したものである。

(1)　表1は，工業全体の出荷額に占める業種別構成比の推移をみたものである。(ア)～(ウ)は，繊維，金属，機械のいずれかである。(ア)～(ウ)の業種名を，それぞれ(ア)—○○のように答えよ。

(2)　表2は，工業全体の用水量に占める業種別構成比の推移をみたものである。(a)～(c)は，紙，化学，機械のいずれかである。(a)～(c)の業種名を，それぞれ(a)—○○のように答えよ。

(3)　表3は，用途別水使用量の変化を示している。これによると，1965 年以降の生活用水と農業用水の使用量は増加する傾向にあるが，工業用水だけは，1975 年以降減少してきている。工業用水の使用量が減少した理由を，以下の語句をすべて用いて，2行以内で述べよ。語句は繰り返し用いてもよいが，使用した箇所には下線を引くこと。

　　　　産業構造　　循環利用

表1　　　　　　　　　　　　　　　　　　　(単位　%)

| 年 | 食料品 | (ア) | 紙 | (イ) | 化　学 | (ウ) |
|---|---|---|---|---|---|---|
| 1960 | 12.4 | 12.3 | 3.9 | 18.8 | 11.8 | 25.8 |
| 1970 | 10.4 | 7.7 | 3.3 | 19.3 | 10.6 | 32.4 |
| 1980 | 10.5 | 5.2 | 3.2 | 17.1 | 15.5 | 31.8 |
| 1990 | 10.2 | 3.9 | 2.7 | 13.8 | 9.7 | 43.1 |
| 2000 | 11.6 | 2.3 | 2.6 | 11.1 | 11.0 | 45.8 |

食料品には飲料・飼料・たばこも含む。
紙にはパルプも含む。
化学には石油・石炭製品も含む。繊維には衣服も含む。
金属は，鉄鋼，非鉄金属，金属製品を合計した値である。
『工業統計表』による。

表2　　　　　　　　　　　　　　　　　（単位　％）

| 年 | (a) | 金属 | (b) | (c) | 食料品 | 繊維 |
|---|---|---|---|---|---|---|
| 1970 | 41.2 | 29.8 | 3.7 | 11.0 | 4.7 | 3.6 |
| 1980 | 40.6 | 31.7 | 7.2 | 9.0 | 4.3 | 2.2 |
| 1990 | 39.4 | 31.3 | 10.7 | 8.5 | 3.6 | 1.7 |
| 2000 | 43.4 | 30.7 | 9.3 | 7.9 | 3.2 | 0.9 |

『工業統計表』による。

表3　　　　　　　　　　　　　　　（単位　億m$^3$）

| 年 | 生活用水 | 工業用水 | 農業用水 | 合計 |
|---|---|---|---|---|
| 1965 | 68 | 127 | 500 | 695 |
| 1975 | 114 | 166 | 570 | 850 |
| 1985 | 143 | 144 | 585 | 872 |
| 1995 | 163 | 140 | 585 | 889 |

国土交通省資料による。

## 設問B

図1〜2は，自動車とカラーテレビの国内生産と輸出入の推移を示したものである。

(1) 図1は，自動車の国内生産台数と輸出入台数の推移をみたものである。このうち輸出台数は，1985年まで伸びていたが，それ以降は減少もしくは微増に留まっている。その理由を，下の語群より適当な語句を選択して，3行以内で述べよ。語句はいくつ選択してもよいが，使用した箇所には下線を引くこと。

(2) 図2は，カラーテレビの国内生産額，輸出入額の推移をみたものである。1990年以降，国内生産額が大幅に減少し，輸入額が増大している。その理由を，下の語群より適当な語句を選択して，3行以内で述べよ。語句はいくつ選択してもよいが，使用した箇所には下線を引くこと。

語　群

円高　　　オイルショック　　貿易摩擦　　海外生産　　市場
労働力　　アメリカ合衆国　　EU　　　　　ASEAN　　 OPEC

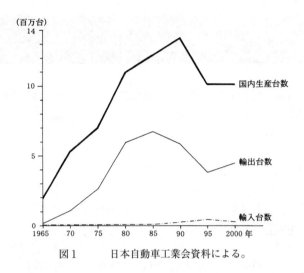

図1　　　　日本自動車工業会資料による。

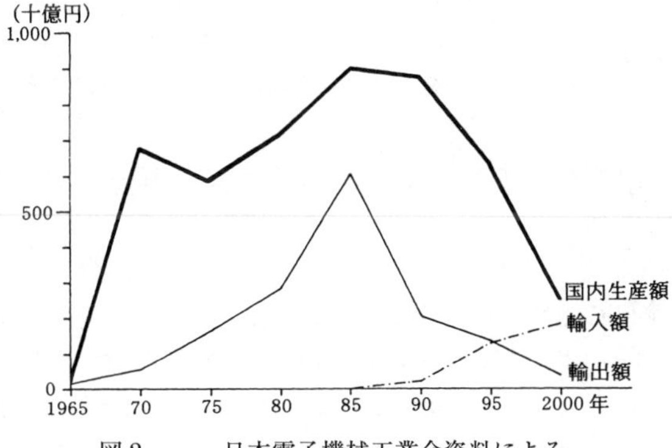

図2　　　　日本電子機械工業会資料による。

# 64

アメリカ合衆国に関する以下の設問A〜Bに答えよ。解答は，解答用紙の(イ)欄を用い，設問・小問ごとに改行し，設問記号・小問記号をつけて記入せよ。

## 設問A

次の文章を読み，下の小問(1)〜(3)に答えよ。

　夏のある朝，サンフランシスコを飛び立った飛行機は，急に高度を上げて(a)緑の樹木に覆われた山脈を越える。山脈の東側には(b)乾燥した大地が広がる。さらに広い山岳地帯を越えると，(c)広い平原に出る。その後プレーリーの上を飛んで，(d)何本かの大きな川を横切ると，再び山岳地帯の上を飛び，大西洋岸に出てニューヨークに着陸する。

(1)　下線(a)〜(c)の名称（地名）を，それぞれ(a)―○○のように答えよ。

(2)　下線(d)の河川群は下流で合流し，北アメリカ大陸で最大の川となる。合流した後の川の名称を答えよ。

(3)　下線(b)から(d)の地域にかけて西から東へ向かうと，自然環境の変化に応じて，農業の特徴にどのような変化が見られるか。次の語句をすべて使用して，3行以内で述べよ。語句は繰り返し用いてもよいが，使用した箇所には下線を引くこと。

　　　降水量　　家畜　　作物

設問 B

　次の表は，アメリカ合衆国の主要な農産物について，世界の生産量・輸出量に占めるアメリカ合衆国の割合（%），順位，およびアメリカ合衆国における生産量に占める輸出量の割合（%）を示したものである。

|  | 生産量 | 輸出量 | 輸出／生産 |
|---|---|---|---|
| とうもろこし | 40.3（1） | 62.5（1） | 19.0 |
| 大　豆 | 49.3（1） | 64.8（1） | 34.1 |
| 小　麦 | 11.2（2） | 26.8（1） | 42.2 |
| 牛　肉 | 21.6（1） | 12.9（2） | 5.7 |

　　カッコ内は順位。年次は 1996〜98 年平均。
　　FAO 資料による。

(1)　アメリカ合衆国における，とうもろこしと大豆に共通の主な用途を，生食用以外に二つあげよ。

(2)　アメリカ合衆国の「穀物メジャー」とは何か，2 行以内で述べよ。

(3)　小麦の生産量が世界第 1 位の国は中国（19.3%）である。中国の小麦貿易に見られるアメリカ合衆国との相違点を，1 行で述べよ。

(4)　牛肉の輸出量が世界第 1 位の国はオーストラリア（16.4%）であるが，生産量では第 6 位（3.4%）である。オーストラリアの牛肉貿易に見られるアメリカ合衆国との相違点を，1 行で述べよ。

# 65

　次ページの表は，各国の人口増加率，65歳以上人口割合，1人あたり国内総生産（GDP）を示したものである。これを見て，以下の設問A～Dに答えよ。解答は，解答用紙の(ロ)欄を用い，設問・小問ごとに改行し，設問記号・小問記号をつけて記入せよ。

## 設問A

　(ア)～(エ)は，アメリカ合衆国，インド，中国，ドイツのいずれかである。(ア)～(エ)の国名を，それぞれ(ア)—○○のように答えよ。

## 設問B

　X群の国は人口増加率がもっとも高い。このような国で，人口増加率が高い理由を，次の語句をすべて使用して，2行以内で述べよ。語句は繰り返し用いてもよいが，使用した箇所には下線を引くこと。

　　　　多産多死　　　乳　児

## 設問C

　Y群の国はともに人口増加率が1％程度であるが，1人あたりGDPは大きく異なっている。

(1)　(イ)国の1人あたりGDPは，むしろX群の国に近い。このことから見ると，(イ)国の人口増加率がX群の国に比べて特別に低いとも考えられる。(イ)国の人口増加率がこのように低い理由を1行で述べよ。

(2)　(ウ)国の1人あたりGDPは，むしろZ群の国に近く，(ウ)国の人口増加率がZ群の国に比べて特別に高いとも考えられる。(ウ)国の人口増加率がこのように高い理由を1行で述べよ。

設問D

　　Z群のような国では，近年，総人口の中で高齢者の占める割合が高くなる人口高齢化が，重要な社会問題であると考えられている。このような国で人口高齢化が進む理由を，次の語句をすべて使用して，3 行以内で述べよ。語句は繰り返し用いてもよいが，使用した箇所には下線を引くこと。

　　　　出生率　　　平均寿命　　　人口ピラミッド

| 群 | 国 | 人口増加率 (%) | 65 歳以上人口割合 (%) | 1 人あたり GDP （ドル） |
|---|---|---|---|---|
| X | フィリピン | 2.6 | 5.9 | 866 |
| | (ア) | 1.9 | 4.3 | 451 |
| Y | (イ) | 1.1 | 6.9 | 738 |
| | (ウ) | 1.0 | 12.7 | 31,456 |
| Z | (エ) | 0.5 | 15.7 | 26,014 |
| | 日　　本 | 0.3 | 16.0 | 30,046 |

　　人口増加率は 1990〜98 年の年平均。
　　65 歳以上人口割合と 1 人あたり GDP の年次は 1995 年から 1999 年の間で，
　　国によって異なる。
　　国連および IMF の資料による。

# 66

　図1は，約7000年前の海岸線と西暦1920年頃の海岸線の復元図である。1920年頃の海岸線を示したのは，1920年代以降海岸地形の人工改変が大幅に進んでいるため，改変が及んでいない自然状態に近い海岸線を示すためである。図2と図3（2万5千分の1地形図，いずれも原寸）は，図1の一部地域を示した地形図である。これらの図に関連する以下の設問A〜Bに答えよ。解答は，解答用紙の(ハ)欄を用い，設問・小問ごとに改行し，設問記号・小問記号をつけて記入せよ。

## 設問A

(1)　図1において，(X)で示した河口付近に発達する地形の名称を答えよ。

(2)　図1において，(Y)から(X)へ向かって海岸線は，どのように移動したと考えられるか。次の語句をすべて使用して，2行以内で述べよ。語句は繰り返し用いてもよいが，使用した箇所には下線を引くこと。

　　　河　川　　洪　水　　土　砂

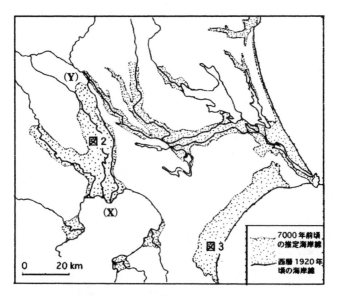

図1

(3)　図2において，河川PQ（大落古利根川）沿いには，Mのような比較的古い集落が発達する。こうした集落が立地している地形の名称を答えよ。

(4)　図2において，大落古利根川から離れたNのような場所における土地利用の変化について，2行以内で述べよ。

(5)　図3において，集落は海岸線と並行して発達している。その理由を2行以内で説明せよ。

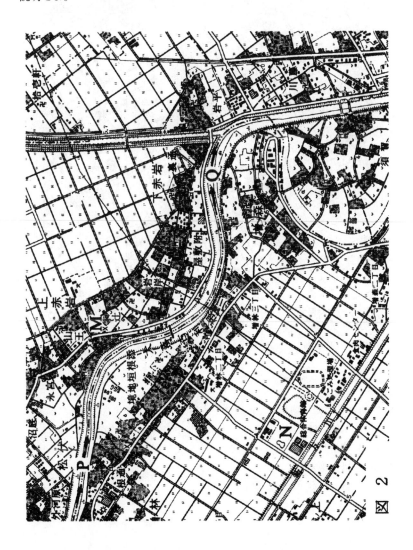

図2

図3

設問B

　約7000年前以降に陸化した地域は，一般にさまざまな災害に対して脆弱である。このような地域では，どのような災害が生じやすいか，その理由とともに，次の語句をすべて使用して，4行以内で説明せよ。語句は繰り返し用いてもよいが，使用した箇所には下線を引くこと。

　　　地　震　　台　風　　地下水

# 67

次ページの図に示された，南アジアを代表する大河，X，Yの流域に関する以下の設問A〜Cに答えよ。解答は，解答用紙の(イ)欄を用い，設問・小問ごとに改行し，設問記号・小問記号をつけて記入せよ。

## 設問A

(1) Xの河川名を答えよ。

(2) Yが通過する国名を，上流から順に3つ答えよ。

(3) Yの上流域一帯に居住する主要な民族の名前と，その民族が信仰する宗教の名前を答えよ。

## 設問B

X，Yの下流域一帯は，大規模な洪水が毎年起こることで知られている。

(1) X，Yの下流域一帯に広がる低地の地形の名称を答えよ。

(2) この地域は，大規模な洪水が毎年起こるにも関わらず，灌漑の整備が農業生産量を大きく引き上げた。その理由を，次の語句をすべて使用して，3行以内で述べよ。語句は繰り返し用いてもよいが，使用した箇所には下線を引くこと。

　　　　乾　季　　　緑の革命

(3) この地域の沿岸部一帯に，高潮をともないながら大規模な災害をもたらすことのある自然現象の名称を答えよ。

設問C

P，Qはいずれも人口数百万人の大都市であり，住民の多くが共通の言語を用いている。両都市の間はそれほど離れていないが，それぞれ異なる国の領域内にある。

(1) P，Qの都市名を，P－○○，Q－○○のように答えよ。

(2) P，Qのそれぞれが属する国で，最も構成比率の高い宗教の名前を，P－○○，Q－○○のように答えよ。

(3) Pの属する国における近年の社会経済状況の変化を，以下の語句を用いて3行以内で説明せよ。語句は繰り返し用いてもよいが，使用した箇所には下線を引くこと。

　　　　カースト　　工業化

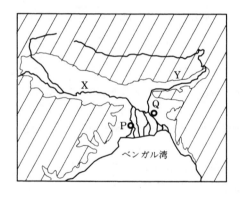

# 68

世界の放牧地・牧草地と森林に関する以下の設問A～Bに答えよ。解答は，解答用紙の(ロ)欄を用い，設問・小問ごとに改行し，設問記号・小問記号をつけて記入せよ。

## 設問A

表1は，いくつかの国における放牧地・牧草地の面積と，その国土面積に対する割合，および牛・羊の頭数を示したものである。

(1) 表1より，モンゴルは，放牧地・牧草地の総面積がニュージーランドの8倍以上であるのに，牛と羊の頭数ははるかに少ない。このように大きな差がみられる理由を，自然環境の観点から3行以内で述べよ。

(2) イギリスとデンマークでは，ともに畜産業がさかんであるといわれているにもかかわらず，デンマークの国土面積に対する放牧地・牧草地の割合は，イギリスに比べると格段に小さい。両国でこのように大きな違いが生じる理由を，2行以内で述べよ。

表1

| 国 | 放牧地・牧草地の総面積(千ha) | 国土面積に対する放牧地・牧草地の割合(%) | 家畜頭数(千頭) | |
|---|---|---|---|---|
| | | | 牛 | 羊 |
| モ ン ゴ ル | 117,150 | 74.8 | 3,613 | 14,166 |
| ニュージーランド | 13,500 | 49.9 | 8,772 | 47,595 |
| イ ギ リ ス | 11,097 | 45.3 | 11,519 | 44,471 |
| デ ン マ ー ク | 317 | 7.4 | 1,974 | 142 |

放牧地・牧草地の総面積は1994年，家畜頭数は1998年の値。
FAO資料による。

設問B

(1) 表2は，いくつかの国における森林の状況を示したものである。このうちa群
の国々では，近年，森林面積が大きく減少している。その理由を3行以内で述べ
よ。

(2) 同じく表2のb群の国々では，近年，森林面積がほとんど変化していないか，
逆に増加している。その理由を2行以内で述べよ。

(3) 日本は，国土面積の約3分の2を森林が占めている。現在の日本において，用
材生産以外に森林がはたしている機能について，2行以内で述べよ。

表2

| グループ | 国 | 国土面積に対する森林の割合(%) | 森林面積の1975—90年における年平均変化率(%) |
|---|---|---|---|
| a　群 | ナイジェリア | 11.8 | −2.1 |
| | タ　　　イ | 26.3 | −1.8 |
| | フィリピン | 45.3 | −1.7 |
| | メ キ シ コ | 24.9 | −1.2 |
| b　群 | フィンランド | 68.6 | 0.0 |
| | ノルウエー | 25.7 | 0.0 |
| | フ ラ ン ス | 27.2 | 0.1 |
| | カ　ナ　ダ | 49.5 | 0.6 |

国土面積に対する森林の割合は1994年の値。
FAO資料による。

# 69

(2001 年度　第 3 問)

エネルギー消費に関する以下の設問 A ～ B に答えよ。解答は，解答用紙の(ハ)欄を用い，設問・小問ごとに改行し，設問記号・小問記号をつけて記入せよ。

**設問 A**

表 1 は，いくつかの国の一次エネルギー消費量と $CO_2$ 排出量を示したものである。

(1) 国 a ～ d は，インドネシア，オーストラリア，ドイツ，フランスのいずれかである。a ～ d の国名を，それぞれ a －○○のように答えよ。

(2) 中国およびインドは，一次エネルギー消費量（合計）に対して，$CO_2$ 排出量が相対的に多い。その理由を 1 行以内で述べよ。

(3) 化石燃料消費量の増大によって生じる国際的な環境問題として，$CO_2$ 排出量の増加以外にどのようなものが考えられるか，2 行以内で述べよ。

表 1

| 国 | 一次エネルギー消費量 | | | | | $CO_2$ 排出量 |
| | 石 炭 | 石 油 | 天然ガス | その他 | 合 計 | |
|---|---|---|---|---|---|---|
| 中　国 | 658 | 194 | 19 | 20 | 891 | 853 |
| 日　本 | 87 | 272 | 55 | 102 | 515 | 318 |
| a | 86 | 139 | 72 | 50 | 347 | 237 |
| インド | 153 | 88 | 18 | 9 | 268 | 243 |
| b | 15 | 88 | 31 | 114 | 248 | 98 |
| カナダ | 27 | 81 | 71 | 59 | 238 | 131 |
| c | 42 | 36 | 17 | 7 | 102 | 83 |
| d | 10 | 51 | 32 | 3 | 94 | 72 |

年次は 1997 年。単位は 100 万トン（一次エネルギーは石油換算，$CO_2$ は炭素換算）。
中国には香港・台湾を含まない。
『エネルギー・経済統計要覧』による。

設問B

　　表2は，日本の一次エネルギー消費量とGNPの推移を示したものである。

⑴　X／Yの値が，1973年から1985年にかけて大幅に減少した理由を2行以内で
　述べよ。

⑵　天然ガスの消費量が増加してきた理由を，以下の語句を用いて2行以内で説明
　せよ。語句は繰り返し用いてもよいが，使用した箇所には下線を引くこと。
　　　　　環　境　　エネルギー輸送

⑶　石炭の消費量も，1979年以降は増加傾向にある。現在の石炭の主要な2つの
　用途を語句で記せ。

表2

| 年　度 | 一次エネルギー消費量 | | | | 合　計 (X) | 実　質 GNP (Y) | X／Y |
|---|---|---|---|---|---|---|---|
| | 石　炭 | 石　油 | 天然ガス | その他 | | | |
| 1960 | 415 | 379 | 9 | 204 | 1,008 | 728 | 1.38 |
| 1973 | 596 | 2,982 | 59 | 217 | 3,854 | 2,293 | 1.68 |
| 1979 | 567 | 2,940 | 215 | 390 | 4,111 | 2,855 | 1.44 |
| 1985 | 788 | 2,280 | 382 | 603 | 4,053 | 3,467 | 1.17 |
| 1998 | 893 | 2,853 | 670 | 1,033 | 5,449 | 4,867 | 1.12 |

単位は一次エネルギーは兆kcal，実質GNPは千億円（1990年価格）。
『エネルギー・経済統計要覧』による。

# 70

地中海沿岸地域に関する以下の設問A〜Bに答えよ。解答は，解答用紙の(イ)欄を用い，設問・小問ごとに改行し，設問記号・小問記号をつけて記入せよ。

## 設問A

下の図に関する次の小問(1)〜(5)に答えよ。解答は，(1)ー○，(2)ー○，(3)ー○○川，(4)ー○○山脈，(5)ー○○のように記入せよ。

(1) 経度0度の線を，a〜hの中から選んで，記号で答えよ。

(2) 緯度40度の線を，a〜hの中から選んで，記号で答えよ。

(3) xの河川名を記せ。

(4) yの山脈名を記せ。

(5) zはカタルーニャ地方の中心都市である。zの都市名を記せ。

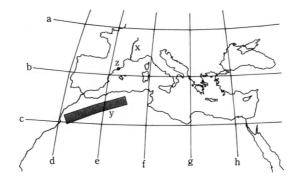

設問B

次の文章を読んで，下の小問(1)〜(3)に答えよ。

①地中海沿岸地域は，東アジアと比べると，山々の形や植生が異なり，人々の顔立ちや言葉，建物の様子や生活様式なども違う。地中海沿岸地域を訪れる人の多くは，「異国に来たな」という印象を強く受けるのである。

しかしながら，地中海沿岸地域といっても，②地中海の北岸諸国と南岸諸国とでは，産業が違い，言語や宗教も異なっている。また，地中海東部の国と西部の国においても，産業は違うし，文化も異なっている。とりわけ，③フランス南部からスペイン東部にかけての地中海沿岸地域は，ヨーロッパの新興工業地域として注目を集めている。地中海沿岸諸国の自然や社会の特徴を一言で表現するのは，はなはだ難しいのである。

(1) 下線部①に関して，地中海沿岸地域と日本との植生の違いについて，2行以内で述べよ。

(2) 下線部②に関して，イタリアとアルジェリアとの産業，言語，宗教の違いについて，3行以内で述べよ。

(3) 下線部③に関して，地中海沿岸の新興工業地域は，ヨーロッパの古くからの工業地帯と比較して，どのような特徴を持っているか，2行以内で述べよ。

# 71

現代の世界では，一口に「発展途上国」といっても，地域や国によって，産業構成や社会変化のあり方は大きく異なっている。次の表は，発展途上国の中から6カ国を選び，3つのグループに分けて，1980年と1995年の産業構成および都市人口率を示したものである。

この表に関する以下の設問A〜Cに答えよ。解答は，解答用紙の(ロ)欄を用い，設問・小問ごとに改行し，設問・小問記号をつけて記入せよ。

## 設問A

イ群は，タイとマレーシアである。ロ群とハ群は，①コロンビアとメキシコ，②サウジアラビアとオマーン，③エチオピアとタンザニアのいずれかである。

(1) ロ群とハ群は，それぞれ①〜③のうちのどれか。ロ群—④のように答えよ。

(2) そのように判断した理由を，合わせて3行以内で述べよ。

## 設問B

イ群とロ群の産業構成の変化には著しい差異が見られる。イ群の産業構成の変化をもたらした政治経済的背景を，次の語句をすべて使用して，3行以内で述べよ。語句は繰り返し用いてもよいが，使用した箇所には下線を引くこと。

　　　外資導入　　　輸出指向

## 設問C

イ群のa国に比べると，同じイ群のb国や，ハ群のe国・f国は，都市人口率がきわめて高い水準にある。このような差異が見られる理由を，農村社会の特色の面から，次の語句をすべて使用して，3行以内で述べよ。語句は繰り返し用いてもよいが，使用した箇所には下線を引くこと。

　　　大土地所有制　　　小農経営　　　プランテーション

| グループ | 国 | | GDP の産業別構成(%) | | | | 都市人口率(%) |
|---|---|---|---|---|---|---|---|
| | | | 第1次 | 第2次 | うち製造業 | 第3次 | |
| イ　群 | a 国 | 1980 | 23 | 29 | [22] | 48 | 17 |
| | | 1995 | 11 | 40 | [29] | 49 | 20 |
| | b 国 | 1980 | 22 | 38 | [21] | 40 | 42 |
| | | 1995 | 13 | 43 | [33] | 44 | 54 |
| ロ　群 | c 国 | 1980 | 57 | 12 | [ 6] | 31 | 11 |
| | | 1995 | 57 | 10 | [ 3] | 33 | 13 |
| | d 国 | 1980 | 45 | 18 | [11] | 37 | 15 |
| | | 1995 | 59 | 17 | [ 8] | 24 | 24 |
| ハ　群 | e 国 | 1980 | 19 | 32 | [23] | 49 | 64 |
| | | 1995 | 14 | 32 | [18] | 54 | 73 |
| | f 国 | 1980 | 8 | 33 | [22] | 59 | 66 |
| | | 1995 | 8 | 26 | [19] | 66 | 75 |

GDP の産業別構成は付加価値ベース。
世界銀行資料による。

# 72

　近年の行動空間の変化に対する以下の設問A〜Bに答えよ。解答は，解答用紙の(ハ)欄を用い，設問・小問ごとに改行し，設問・小問記号をつけて記入せよ。

**設問A**

　モータリゼーションは，近年の行動空間の変化をもたらした大きな要因である。しかし，世界各国を比較してみると，自動車の普及の程度には大きな差がある。また，日本国内でのモータリゼーションの進展の様子にも地域差が見られる。

(1)　表1は，日本，韓国，中国，アメリカ合衆国，カナダ，ブラジル，ドイツについて，1995 年における人口 100 人あたりの乗用車保有台数と乗用車保有総数を示したものである。c〜gの国名を，それぞれ c −○○のように答えよ。

表1

| 国 | 人口 100 人あたり乗用車保有台数 | 乗用車保有総数 (100 万台) |
|---|---|---|
| a | 51.7 | 136.1 |
| b | 49.6 | 40.5 |
| c | 46.6 | 13.8 |
| d | 35.7 | 44.7 |
| e | 13.3 | 6.0 |
| f | 8.0 | 12.5 |
| g | 0.3 | 3.5 |

日本自動車工業会資料による。

(2)　表2は，1965年と1995年の100世帯あたりの乗用車保有台数を，上位と下位の都道府県について示したものである。この表を見ると，1965年と1995年とでは上位と下位の都府県が大きく入れ替わっている。その理由として考えられることを，3行以内で述べよ。

表2

| | 1965年 | | | 1995年 | |
|---|---|---|---|---|---|
| 順位 | 都道府県 | 100世帯あたり乗用車保有台数 | 順位 | 都道府県 | 100世帯あたり乗用車保有台数 |
| 1 | 愛　知 | 15.7 | 1 | 群　馬 | 149.4 |
| 2 | 東　京 | 15.3 | 2 | 岐　阜 | 145.5 |
| 3 | 京　都 | 11.7 | 3 | 富　山 | 145.0 |
| 4 | 神奈川 | 11.6 | 4 | 栃　木 | 144.9 |
| 5 | 大　阪 | 11.2 | 5 | 茨　城 | 144.1 |
| 43 | 新　潟 | 4.1 | 44 | 京　都 | 85.5 |
| 44 | 島　根 | 3.7 | 45 | 神奈川 | 84.4 |
| 45 | 秋　田 | 3.5 | 46 | 大　阪 | 72.2 |
| 46 | 鹿児島 | 3.3 | 47 | 東　京 | 61.1 |

運輸省資料による。

## 設問B

　近年の日本において行動空間の変化が大きかったものとして観光がある。次の表3は，日本の代表的な観光地である市，町，村をそれぞれ1つずつ選んで，1985年と1995年の人口と，1995年のサービス業就業者の割合を示している。1995年の全国平均のサービス業就業者の割合は24.8％であるから，表3のいずれの市町村も，宿泊施設をはじめとするサービス業が盛んであることが分かる。

　表3を見ると，p市は，q町やr村に比べて人口規模の大きな市であるにもかかわらず，人口減少を経験している。逆に，q町とr村は，普通であれば過疎化が進んでいることの多い山岳地域に位置しているのに，人口増加の傾向にある。

(1)　p市は，海に面した温泉観光都市で，大型バス用の駐車場を持つ大型ホテルが建ち並んでいる。p市の人口減少は，近年の観光行動の変化が理由になっていると考えられる。このような観光行動の変化を，2行以内で述べよ。

(2)　q町とr村は，共に山岳地域の観光地である。ところが，季節ごとの観光客数の変化のパターンを見ると，q町とr村とでは大きく異なっており，q町では8月に，r村では1月に，それぞれピークがある。このような季節変化のパターンの差が生じる理由を，次の語句をすべて使用して，3行以内で述べよ。語句は繰り返し用いてもよいが，使用した箇所には下線を引くこと。

　　　　気　温　　降水量　　スポーツ

表3

| 市町村 | 人口 | | サービス業就業者の割合(%) |
| --- | --- | --- | --- |
| | 1985年 | 1995年 | 1995年 |
| p市 | 134,775 | 128,255 | 37.1 |
| q町 | 15,051 | 15,345 | 43.9 |
| r村 | 7,919 | 8,906 | 43.0 |

国勢調査による。

# 73

　次の図は，東アジアから北部ヨーロッパにかけての地域を示したものである。この図および次の文章に関する以下の設問A〜Eに答えよ。解答は，解答用紙の(イ)欄を用い，設問・小問ごとに改行し，設問記号・小問番号をつけて記入せよ。

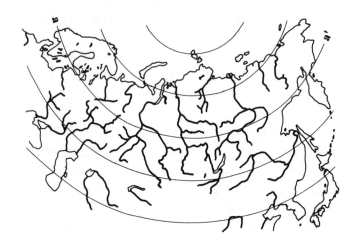

　東京（成田）からアムステルダムに直行する飛行機は，(イ)両地点を結ぶ最短コースに近いコースをとって，ユーラシア大陸の大河を幾本も横切って飛び，そのたびに眼下の景観は大きく変化する。

　成田を飛び立った飛行機は，日本列島および日本海を横切り，アジア大陸に入る。中国とロシアの国境をなすアムール川（黒竜江）に沿うように飛んだ後，河口に大きな三角州を持つことで知られるレナ川の流域の上空に至る。(ロ)バイカル湖に源を発する大河を越えると，くねくねと湾曲した河川の流れる大地が開ける。この大地の西部を流れるオビ川，さらにその西の(ハ)アジアとヨーロッパの境界をなす山脈を越えると，湖の点在する平原が広がり，しばらくすると方形に区画された耕地が見られるようになる。飛行機は(ニ)ロシアの西への出口である海の上を飛び，やがて水路網が張りめぐらされた耕地を眼下に見ながらアムステルダムに着陸する。

設問 A

　上の文章の下線部の最短コース(イ)，大河(ロ)，山脈(ハ)，海(ニ)の名称を，(イ)○○コース，(ロ)○○川のように答えよ。

設問 B

(1)　図中の緯線 a － a′は北緯何度を示すか。

(2)　成田～アムステルダム間の飛行距離はおよそ何 km 位か。次の(a)～(d)の中から選んで，記号で答えよ。

(a)　5,000 km　　　　(b)　10,000 km　　　　(c)　15,000 km

(d)　20,000 km

設問 C

　アジア大陸の東岸部からアムール川にかけての地域（ a 地域）と，レナ川から大河(ロ)にかけての地域（ b 地域）とでは，自然景観が大きく異なる。 b 地域と比べた場合の a 地域の地形と植生の特徴について，2 行以内で述べよ。

設問 D

　大河(ロ)からオビ川にかけての地域（ c 地域）は，ロシアの産業を支える重要な地域として注目されている。 c 地域の産業の特徴について，次の語句をすべて使用して，3 行以内で述べよ。語句は繰り返し用いてもよいが，使用した箇所には下線を引くこと。

　　　　原　料　　　開　発　　　工　業

設問 E

　山脈(ハ)を越えてからアムステルダムに至る地域（ d 地域）に見られる代表的な農業としては，酪農と混合農業がある。 d 地域の混合農業の特徴について，次の語句をすべて使用して，3 行以内で述べよ。語句は繰り返し用いてもよいが，使用した箇所には下線を引くこと。

　　　　気　候　　　家　畜　　　作　物

# 74

人口に関する以下の設問A〜Bに答えよ。解答は，解答用紙の(ロ)欄を用い，設問・小問ごとに改行し，設問記号・小問番号をつけて記入せよ。

## 設問A

今日の国際社会では，国境を越えた労働力の移動がますます盛んになっている。次の表1は，世界の主要な外国人労働力の受け入れ国の中から4カ国を選び，それぞれについて，外国人労働人口（他国籍労働人口）とその国の労働人口全体に占める割合とを示したものである。

(1) 表1の国a〜dは，シンガポール，アラブ首長国連邦，イタリア，ドイツのいずれかである。a〜dの国名を，それぞれa—○○のように答えよ。

(2) a国をはじめその周辺の国々では，外国人労働人口の割合が極端に高い。その理由を，2行以内で述べよ。

(3) c国では，長年にわたって多くの外国人労働力を受け入れてきた。その結果，この国の社会制度において，どのような課題が生じているか。3行以内で述べよ。

表1

| 国 | 外国人労働人口（千人） | 労働人口全体に占める割合(%) |
|---|---|---|
| a | 805 | 89.4 |
| b | 116 | 8.3 |
| c | 2,500 | 8.0 |
| d | 500 | 2.1 |

統計年次は1990年。ILOリポートによる。
ドイツの数値には旧東ドイツを含まない。

設問B

　　国や地域の人口を男女別に比べてみると，必ずしも男女が同数にはならない。「女子100人に対する男子の数」は人口性比と呼ばれ，男女の数のバランスを示す指標として用いられる。この人口性比は，社会や産業構造の相違を反映して，地域によって差がある。

　　日本全体の人口性比は，1965年以降，96.2〜96.9の間で比較的安定している。しかし，都道府県単位で人口性比を求めてみると，かなりの変動が見られる。1965年または1995年のいずれかの時点で人口性比がそれぞれ上位5位までに入るのは，北海道・埼玉県・千葉県・東京都・神奈川県・愛知県・大阪府の7都道府県であった。次の表2は，これらの7都道府県について，人口性比の変化を示したものである。

(1)　a，b，cは，いずれも人口性比が低下しているが，その理由は互いに異なっている。そのうちcの人口性比の低下の理由として考えられることを，1行以内で述べよ。

(2)　d，eは，ともに人口性比が上昇傾向にある。その共通の理由として考えられることを，2行以内で述べよ。

表2

| 都道府県 | 1965年 | 1975年 | 1985年 | 1995年 |
|---|---|---|---|---|
| 神奈川県 | 106.1(1) | 105.7(1) | 104.9(1) | 104.3(1) |
| a | 104.9(2) | 102.7(2) | 101.4(3) | 100.2(5) |
| b | 101.6(3) | 99.7(6) | 97.8(8) | 96.6(13) |
| 埼玉県 | 100.6(4) | 102.2(3) | 102.1(2) | 102.4(2) |
| c | 99.8(5) | 96.5(11) | 95.0(17) | 92.6(29) |
| d | 98.9(6) | 102.0(4) | 101.1(4) | 101.7(3) |
| e | 98.6(7) | 100.3(5) | 100.1(5) | 100.3(4) |

（　）内は各年次における全国順位。国勢調査による。

# 75

日本における自然災害に関する以下の設問A～Cに答えよ。解答は，解答用紙の(ハ)欄を用い，設問・小問ごとに改行し，設問記号・小問番号をつけて記入せよ。

### 設問A

次の文章の(イ)，(ロ)にあてはまる語句を，(イ)○○のように答えよ。

「天災は忘れたころにやってくる」といわれている。日本列島は世界的に見ても自然災害が多い地域で，さまざまな自然現象に起因する災害がしばしば発生し，多くの人的・物的な被害をもたらしてきた。これらのうち，20世紀において，日本列島で最も大きな人的被害（死者・行方不明者の合計）をもたらした自然災害は，(イ)地方を襲った(ロ)である。

### 設問B

高潮と津波は，河川洪水とならんで，日本列島で発生する代表的な水災害である。

(1) 高潮と津波は，それぞれどのような自然現象によって発生するか。合わせて2行以内で述べよ。

(2) 高潮は，どのような自然条件の場所で被害が激しくなるか。2行以内で述べよ。

### 設問C

日本列島では，大雨によってしばしば河川洪水が発生する。しかし河川洪水の発生は，雨の降り方だけではなく，地表の状態などにも関係するので，同じ量の雨が降っても，同じように洪水が起こるとは限らない。

次の図は，大都市圏内のある河川（長さ42.3km，流域面積235km$^2$）で1958年9月と1982年9月に発生した洪水について，流域における1時間あたりの降水量と，その川の下流部における流量を示したものである。

(1) この図から，降水量のピーク時刻と下流部における流量との関係が時代とともにどのように変化してきているかを読み取って，2行以内で述べよ。

(2) 上の(1)のような変化が起こった理由について，次の語句をすべて使用して，2行以内で述べよ。語句は繰り返し用いてもよいが，使用した箇所には下線を引くこと。

　　　都市化　　浸　透

(3) 上の(1)のような変化に対して，大都市圏において考えられる洪水対策の具体的な方策を2つ挙げて，それぞれ1行以内で述べよ。

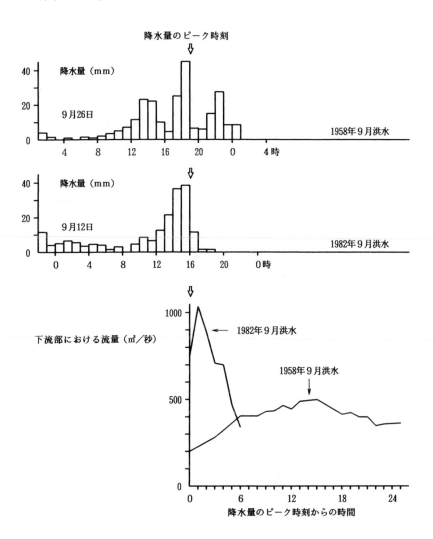

MEMO

MEMO

MEMO

MEMO

MEMO

MEMO

MEMO